IRENE STRENGE

Kurt von Schleicher

Zeitgeschichtliche Forschungen

Band 29

Kurt von Schleicher

Politik im Reichswehrministerium
am Ende der Weimarer Republik

Von

Irene Strenge

Duncker & Humblot · Berlin

Bibliografische Information Der Deutschen Bibliothek

Die Deutsche Bibliothek verzeichnet diese Publikation in
der Deutschen Nationalbibliografie; detaillierte bibliografische
Daten sind im Internet über <http://dnb.ddb.de> abrufbar.

Umschlagbild: Kurt von Schleicher
(© picture-alliance / dpa)

Alle Rechte vorbehalten
© 2006 Duncker & Humblot GmbH, Berlin
Fremddatenübernahme und Druck:
Berliner Buchdruckerei Union GmbH, Berlin
Printed in Germany

ISSN 1438-2326
ISBN 3-428-12112-0

Gedruckt auf alterungsbeständigem (säurefreiem) Papier
entsprechend ISO 9706 ♾

Internet: http://www.duncker-humblot.de

Danksagung

Ohne die Hilfe vieler freundlicher Menschen wäre dieses Buch nicht geschrieben worden. Allen, die mich unterstützten, sei herzlich gedankt.

Mein besonderer Dank gilt den Mitarbeitern des Militärarchivs in Freiburg, die beim Aufsuchen der Akten halfen.

Juliane Lange sei gedankt für ihre Hilfe bei der Herbeischaffung von Literatur. Niels-Peter Strenge danke ich für seine Hilfe bei der Suche nach Tageszeitungen aus dem Jahre 1932.

Sabrina Peters und Wiebke Strenge halfen dabei, die Arbeit zu tippen, dafür herzlichen Dank!

Georgia Büchele danke ich dafür, dass sie das Manuskript kritisch durchgelesen hat.

Knud von Harbou sei bedankt für manchen freundlichen Hinweis.

Meinem Mann Hans-Peter Strenge danke ich für seine unendliche Geduld, mit der er meine Überlegungen anhörte, für seine Einwände, Gegenargumente, für seine konstruktive Kritik und für seine Ermutigung, das Buch zu schreiben.

Irene Strenge

Inhalt

A. Einleitung 11

B. Schleichers politisches Credo 16

    I. Drei Ziele 16

    II. Drei Gefahren 20

    III. Wie Schleicher zu seinem politischen Credo gelangte 21

    IV. Konsequenzen 27

        1. Unpolitische Reichswehr 27

        2. Dualismus Preußen / Reich 29

        3. Ausnahmezustand als fürsorgerische Maßnahme 32

    V. Einstellung der Reichswehr gegenüber dem Ausnahmezustand .. 34

C. Machtausbau unter Reichspräsident v. Hindenburg 36

    I. Streit um das Ausführungsgesetz nach Art. 48 Abs. 5 WV 37

    II. Wehrmachtsabteilung 42

    III. Stellung der Reichswehr 43

    IV. Rechtsruck Dezember 1926 46

        1. Meissners Vorschlag 47

        2. Ansicht des Reichspräsidenten 48

        3. Pünders Resümee 49

        4. Schleichers Pläne 50

            a) Politischer Lagebericht 50

            b) Aktionsplan 51

    V. Wechsel von Gessler zu Groener 53

    VI. Ministeramt 54

D. Schleicher und die NSDAP 57

    I. Hitlers Reichswehrrede vom 15. März 1929 58

    II. Rechtsruck 1929 60

    III. Suche nach dem neuen Kanzler 62

    IV. Der Hüter der Verfassung 64

    V. Reichskanzler Brüning 67

    VI. Reichstagswahl am 14. September 1930 69

    VII. Konflikt Schleichers mit Thüringen, ein Vorspiel zum Preußenschlag 72

    VIII. Ulmer Reichswehrprozess 74

    IX. Konzept der Reichswehrführung vom August 1931 79

    X. Groener als Doppelminister 83

    XI. Wiedereinführung der Monarchie? 85

    XII. SA-Verbot 89

E. Schleicher-Hitler-Pakt 95

    I. Schleichers Kurswechsel 97

    II. Schleicher als Verhandlungspartner der NSDAP 101

    III. Täuschung und Geheimhaltung gegenüber der NSDAP-Basis 102

F. Durchführung des Schleicher-Hitler-Pakts 105

    I. Groeners Sturz 105

    II. Brünings Sturz 108

    III. Die Kanzlerfrage: Präsidialkabinett mit Tolerierung 111

        1. Franz v. Papen als neuer Kanzler 111

        2. Tolerierung 114

    IV. Aufhebung des SA-Verbots 115

    V. Reichstagsauflösung und Neuwahl 116

    VI. Preußenschlag 117

        1. Verhandlungen zwischen Schleicher und Hitler über den Preußenschlag? 118

        2. Schleichers Grundsatzrede vom 26. Juli 1932 122

        3. Wertung des Preußenschlages 125

Inhalt 9

G. Lavieren mit dem Ausnahmezustand 127

    I. Staatsnotstand, Verfassungsnotstand 128

    II. Politik zwischen dem 31. Juli und dem 13. August 1932 – Regierungsumbildung? 130

    III. Verhandlungen zwischen Schleicher und Hitler am 6. August 1932 131

    IV. Unterredung bei Hindenburg am 13. August 1932 134

    V. Neudecker Notstandstreffen am 30. August 1932 139

    VI. Reichstagseröffnung und Auflösungsoption 145

    VII. Reichstagsauflösung am 12. September 1932, Notstandspläne 147

    VIII. Treubruch 150

    IX. Neuorientierung der Wehrmacht 153

        1. Aufgaben der Wehrmacht 154

        2. „Neue Weisungen" 155

        3. Bewertung der Neuorientierung 160

H. Ende der Regierung v. Papen 164

    I. Berliner Verkehrsbetriebe-Streik 164

    II. Reichstagswahl am 6. November 1932 166

    III. Planspiel Ott 168

    IV. Rücktritt der Regierung Papen 171

    V. Der Gereke-Plan 173

    VI. Regierungsneubildung nach Papens Rücktritt 180

    VII. Mission Ott in Weimar, 1. Dezember 1932 182

    VIII. Gesprächsrunde in Berlin am 1. Dezember 1932 185

    IX. Kabinettssitzung am 2. Dezember 1932 186

    X. Kriegsspiele 189

    XI. Missverständnis des Planspiels Ott 194

    XII. Seltene Klarsicht Papens 196

J. **Kanzler v. Schleicher** 198

    I. Regierungsbildung 198

    II. Erste Erfolge, erste Fehler 199

    III. Schleicher und der Reichstag 200

    IV. „Arbeit schaffen", die Rundfunkrede vom 15. Dezember 1932 203

    V. „Querfront" 204

    VI. Otto Brauns Angebot an Schleicher 208

    VII. Schleichers Sturz 209

        1. Der Landbund 210

        2. Ministerbesprechung am 16. Januar 1933 212

        3. Putsch der Potsdamer Garnison? 213

        4. Keine Auflösungsorder und keine Hinausschiebung der Neuwahl 214

    VIII. Reaktion des Ministeramtes 218

K. **Schleichers Resümee** 220

L. **Politik nach dem 30. Januar 1933** 222

M. **Schleichers Ermordung** 224

N. **Ergebnis** 226

Quellen- und Literaturverzeichnis 228

    I. Quellen 228

    II. Dokumentensammlungen 228

    III. Literatur 229

Personenregister 233

A. Einleitung

Kurt von Schleicher wurde am 7. April 1882 in Brandenburg geboren. Am 30. Juni 1934 wurde er im Zuge des sog. „Röhm-Putsches" ermordet. Schleicher war Militär und betrieb doch zugleich als „Büro-General" Politik. Er gehörte dem Kabinett v. Papen als Reichswehrminister an. Das nächste Kabinett führte Schleicher selbst als letzter Reichskanzler vor Hitler. Schleicher ist immer noch eine umstrittene Persönlichkeit.[1]

Schleicher gilt als intrigant, unzuverlässig, opportunistisch, treubrüchig, als einer, der hinter den Kulissen die Fäden zog, und dabei selbst das Licht der Öffentlichkeit scheute. Als er schließlich während seiner Kanzlerschaft ins Rampenlicht treten musste, habe er versagt – ein Kanzler ohne Konzept, der sich auf ein Gebilde namens „Querfront" stützen wollte, das schon vor Schleichers Amtsantritt gescheitert schien. Als sich der Reichspräsident von ihm offen abwandte, habe ihn seine letzte Intrige, das „Planspiel Ott", eingeholt und Schleicher sei nur noch die Demission übrig geblieben. So wird Schleicher überwiegend gesehen.

Ziel dieser Arbeit ist es, das negative Bild Schleichers teilweise zu revidieren:

- Schleicher hatte ein klares Konzept, wie er die Weimarer Republik umgestalten wollte. Er trieb seine Reichsreform auf kaltem Wege konsequent voran, begann sie mit dem Preußenschlag und setzte sie fort mit einer grundsätzlichen Neuorientierung der Wehrmacht. Schleicher erkannte immer deutlicher, dass seine Pläne keine Unterstützung durch die SPD finden würden. Er setzte sich deshalb für den Ausschluss der SPD aus der Regierungsverantwortung ein.

- Das „Querfront"-Konzept stammte nicht von Schleicher, sondern von Günther Gereke, der daran seit 1930 arbeitete (s. u. H. V. Der Gereke-Plan). Schleicher versuchte, den Plan Gerekes zu komplettieren und umzusetzen. Schleicher verfolgte damit zwei Ziele, nämlich Arbeit zu schaffen und ferner, sich Rückhalt außerhalb des Parlaments zu schaffen, um einen Bürgerkrieg zu umgehen.

Während die Geschichtsschreibung ein durchweg negatives Bild Schleichers zeichnet, gab es unter den Weggefährten Schleichers geteilte Meinungen. Wilhelm Groener, ehemals Schleichers väterlicher Freund, fühlte sich von Schleicher verraten. Er schrieb dem ehemaligen Ziehsohn voll Bitterkeit am 29. November 1932, als dessen Kanzlerschaft schon sehr wahrscheinlich war: „Wer hat denn jetzt Ver-

---

[1] Zu den äußeren Lebensdaten Schleichers: Findbuch zu Beständen des Bundesarchivs, Bd. 17, Bestand N 42 Nachlass Kurt von Schleicher, bearbeitet von *Gerhard Granier*, 1980; *Christoph Gusy*, S. 269.

trauen zu Ihnen, fast niemand, man hält Sie für ungewöhnlich klug, gewandt, gerissen und erwartet von Ihnen, daß Sie Kanzler werden wegen Ihrer Klugheit und Gerissenheit." (...) „Die Reitpeitschmanieren müssen aufhören. Das kann auch Hitler. Dazu braucht man Sie nicht."[2]

Joachim v. Stülpnagel, einst freundschaftlich mit Schleicher verbundener Mitarbeiter, weist darauf hin, dass Schleicher sich durch ewige Besserwisserei den Unmut seiner Kabinettskollegen zugezogen habe. Mehrere Minister des Kabinetts Papen hätten nach dem Scheitern dieses Kabinetts zu Stülpnagel in Bezug auf Schleicher gesagt: „Nun soll er es doch selbst versuchen."[3]

Einen positiven Eindruck von Schleicher hatte Generalleutnant v. Jacobi, Schleichers Vorgesetzter während einer Sonderaufgabe im Sommer 1917 an der Ostfront an der Beresina, der einzigen Aufgabe übrigens, die den Militär Schleicher an die Front führte. Im Jahre 1932 beschreibt Jacobi Schleicher, der zu diesem Zeitpunkt bereits Reichswehrminister ist, als energischen, dabei stets rücksichtsvollen Vorgesetzten und als treuen Kameraden, der sich eine ganz besondere Vertrauensstellung erworben habe.[4] Generalmajor Hanshenning v. Holtzendorff, seit dem Weltkrieg mit Schleicher freundschaftlich verbunden, ab 1929 bis zum Januar 1933 als Zivilreferent für Wirtschaftsfragen im Ministeramt des Reichswehrministeriums tätig und fast täglich mit Schleicher zusammen, schrieb 1946 über Schleicher: „Man wusste, dass er unbedingt zu einer gemachten Zusage stand." (...) „Seine alten Mitarbeiter verehrten ihn als großzügigen Vorgesetzten und guten Kameraden und wussten, dass sich hinter dem oft bizarren Äußeren ein lauterer, nur der Sache dienender Charakter verbarg."[5] Ähnlich positiv beurteilt Eugen Ott, langjähriger Freund und Mitarbeiter Schleichers, seinen „hochverehrten Chef.": „Sein Wirken galt nicht seinem persönlichen Vorteil, sondern unserem deutschen Volk und Vaterland bis zu seinem Tod durch Mörderhand."[6]

Die engen militärischen Mitarbeiter verkannten nicht, dass Schleichers Eigenschaften auch negativ gewertet werden konnten: Seine direkte Sprache konnte entweder als Aufrichtigkeit und Offenherzigkeit oder als „Berliner Schnauze" gelten. Schleichers betonte Selbstsicherheit erschien den einen als Heldenmut in schwierigen Situationen, anderen als sträfliche Leichtfertigkeit. Die Mitarbeiter wussten, dass sie nicht alle Äußerungen Schleichers ernst nehmen durften. Manchmal machte er nur einen seiner üblichen Scherze. Die Unterscheidung, was ernst gemeint war und was nicht, scheint schwierig gewesen zu sein. Auch im Rückblick ist nicht immer eindeutig zu erkennen, ob Schleicher scherzte, ernsthaft sprach, ob er einen „Versuchsballon" startete, um die Reaktion seines Gegenüber zu erkunden, oder ob er nur laut irgendeine Möglichkeit erwog, um sie dann doch zu ver-

---

2 Ursachen und Folgen, 8. Bd., Dok. 1922.
3 Nachlass *Joachim v. Stülpnagel*, N5/25, Brief Ott, S. 1 und S. 1 Rückseite.
4 *Heinz Brauweiler*, S. 35; *Ernst Niekisch*, S. 150.
5 Nachlass *Hanshenning v. Holtzendorff*, N 264/5, S. 2.
6 *Eugen Ott*, Vorgeschichte, S. 16.

werfen. War Schleicher schon in der ersten Augusthälfte 1932 für Hitlers Kanzlerschaft oder war das nur eine Erwägung, die er dem Reichspräsidenten einmal vorstellen wollte? Wünschte Schleicher wirklich die Wiedereinführung der Monarchie oder war das ein Witz von ihm?

Die positive Beurteilung Schleichers durch seine engsten militärischen Kollegen mag ihren Grund darin haben, dass sie Schleichers politische Grundeinstellungen, seine Ziele kannten. Dieses politische Credo soll zu Beginn vorgestellt werden (s. u. B. Schleichers politisches Credo). Gemessen an diesen Zielen handelte Schleicher geradlinig und folgerichtig. Wer diese Ziele nicht kannte, mochte Schleicher als Intriganten einschätzen. Denn um der Ziele willen tauschte Schleicher ohne weiteres Personen aus. Schleicher „machte" und stürzte Kanzler und Minister. Schleicher änderte auch schon einmal den politischen Weg und die Mittel, wenn das seinen Zielen dienlich schien. Den Zielen aber blieb Schleicher treu. Das muss für diejenigen, die sich wie Marionetten in Schleichers politischem Handeln vorkamen, menschlich enttäuschend gewesen sein. Groener, Brüning und Papen hatten allen Grund, sich von Schleicher betrogen zu fühlen. Im Wesentlichen diese menschlich unerfreuliche Personalpolitik ist es, die Schleicher bis heute in negativem Licht darstellt. Andererseits stand Schleichers Handeln ab Mitte 1929 unter dem Leitstern, Hitler, die NSDAP und die SA unschädlich zu machen. Das macht Schleichers Personalpolitik nicht sympathischer, aber doch verzeihlicher.

Schleicher betrieb Politik ganz wesentlich durch Ausnutzung persönlicher Beziehungen. Wichtig waren für Schleicher seine zwei Vater-Sohn-Verhältnisse zu Reichswehrminister Groener und zu Reichspräsident v. Hindenburg. Befreundet war er mit Reichskanzler v. Papen und mit Oskar v. Hindenburg, dem Sohn des Reichspräsidenten. Sobald diese Freundschaften in die Brüche gingen, hatte Schleicher seine politische Position verspielt.

Im Reichswehrministerium hatte er ein besonderes Vertrauensverhältnis zu Oberstleutnant Eugen Ott (1888–1977), der als Chef der Wehrmachtabteilung im Reichswehrministerium von 1931–1933 wesentlich Schleichers Politik mitgestaltete. Ferdinand Eduard v. Bredow (1884–1934), von 1926 bis 1928 in der Wehrmachtsabteilung im Reichswehrministerium als Chef der Abwehr-Abteilung, von Juni 1932 bis Januar 1933 Chef des Ministeramts im Reichswehrministerium, stand Schleicher ebenfalls persönlich nahe. Ott und Bredow werden die wichtigsten Helfer Schleichers in allen verfassungsrechtlichen Fragen der Jahre 1926 bis 1933 sein. Rittmeister Erwin Planck (1893–1945), ein Freund Schleichers, fungierte 1932/33 als Staatssekretär und Chef der Reichskanzlei. Zu dem Freundeskreis um Schleicher zählte ferner Erich Marcks (1891–1944). Seit dem 17. August 1932 leitete er die Pressestelle der Reichsregierung als Reichspressechef. Auf seinen Posten gelangte er zwischen den „Eckdaten" 13. August, als das für Hitler so beschämende Gespräch mit Hindenburg stattfand, und 30. August, dem Tag sowohl der Reichstagseröffnung als auch des „Neudecker Notstandstreffens" (s. u. F. II., III.). In diesen Augusttagen fand ein Umbruch der Politik statt. Es begann die Phase der Hinwendung zum – dann doch nicht durchgeführten – Staatsnotstand. Die Koinzidenz der Ereignisse war zufällig, doch war gerade in jener schwierigen Zeit Marcks wichtig als jemand, der über viele Informationen verfügte, und ferner als jemand, der Nachrichten lancieren konnte.

Schleicher knüpfte über seinen Freundeskreis weitere Beziehungen zu Dritten, wobei Schleicher nicht selbst in Erscheinung trat. So war z. B. Erich Marcks mit Horst Michael bekannt, einem Schüler des Staatsrechtlers Carl Schmitt.[7] Durch Vermittlung von Horst Michael lud Marcks C. Schmitt am 12. Februar 1931 in sein Elternhaus, das Haus des Historikers Marcks, zum Abendessen ein. Hier lernte Schmitt Marcks jun. selbst und Eugen Ott kennen. Schleicher nutzte die Verbindung über Ott zu Schmitt gern. C. Schmitts Veröffentlichungen ließen sich gut zur rechtlichen Absicherung von Maßnahmen benutzen, die Schleicher durchsetzen wollte.

Die Quellenlage über die politischen Aktivitäten Schleichers ist spärlich. Das liegt an Schleichers konspirativer Vorgehensweise. Schleicher arbeitete in hochsensiblen Bereichen. Schriftliche Unterlagen vermied er möglichst. Musste doch etwas geschrieben werden, so war das Schriftstück nach Gebrauch sofort zu vernichten. Keinerlei Unterlagen sind über Schleichers außenpolitische Ambitionen zu finden. Gleichwohl scheint er mit dem Außenminister Stresemann Kontakte gepflogen zu haben, die über das rein Gesellschaftliche hinausgingen. Bei Schleichers Ermordung nahmen die Täter Unterlagen aus dem Hause Schleichers an sich. Ihr Verbleib ist nicht aufzuklären. Auf diese Weise dürfte auch das Manuskript Schleichers „Menschen und Situationen", aus dem Schleicher ein Buch zu machen gedachte, verloren gegangen sein. Das Wenige, das gleichwohl als Schleichers Nachlass überkommen ist, lässt kaum Schlüsse auf Schleichers politische Aktivitäten zu. Lediglich Schriftstücke, die Dritte verfassten oder sammelten, vor allem Ott, Bredow und Schmitt, geben Aufschluss über Schleichers Tätigkeit.

Die aufschlussreichsten Schriftstücke finden sich im Nachlass Ferdinand v. Bredows. Hervorzuheben ist hier besonders die im Bundesarchiv, Militärarchiv in Freiburg, befindliche Akte N 97/9, die seinerzeit im Reichswehrministerium offenbar außerhalb des allgemeinen behördlichen Aktenumlaufs geführt wurde. Bredow legte in dieser Akte Vorgänge mit höchster Geheimhaltungsstufe ab. Diese „Giftakte" würde niemand zu sehen bekommen. Nur Bredow würde von ihrem Inhalt bei Bedarf Gebrauch machen. Drei Vorgänge sind in dieser Akte zusammengefasst: Die Landesverratssache Göring vom Sommer 1932, die als Argument für ein Verbot der NSDAP hätte herhalten können; ferner der Vorgang Papen/d'Ormesson, der eine Rolle bei der Auswahl Papens zum Kanzler gespielt haben dürfte; schließlich eine handschriftliche Skizze „Aufgaben der Wehrmacht", die für die grundsätzliche Neuorientierung der Wehrmacht wichtig ist. Inhaltlich verbindet diese drei Vorgänge nichts, außer dass ihnen Bredow außerordentliche Wichtigkeit beimaß.

---

[7] Zum Freundeskreis um Schleicher, insbesondere auch zur Person Horst Michael: *Wolfram Pyta*, Konstitutionelle Demokratie, VfZ 1999, S. 417, 421 ff.

A. Einleitung

Wegen der schwierigen Quellenlage wird jede Auseinandersetzung mit der historischen Bedeutung Schleichers fragmentarisch bleiben müssen. In der Zeit zwischen dem Ende des Ersten Weltkrieges und dem Ausnahmezustand 1923/24 formte Schleicher seine politischen Anschauungen aus. Diese gilt es zunächst darzustellen. Besonderes politisches Gewicht erlangen Schleichers Handlungen ab 1926, als er unter der Reichspräsidentschaft v. Hindenburgs zu immer größerem Einfluss gelangte.

Weil Schleicher sich in alle politischen Fragen hineinmischte, ist es notwendig, sich zu beschränken. Unwichtiges mag hintangestellt bleiben, einige wichtige Punkte gilt es herauszugreifen, so die grundsätzlichen Überlegungen vom Dezember 1926, die den Weg der Präsidialkabinette vorzeichnen (s. u. C. IV. Rechtsruck 1926). Besonders wichtig erscheinen die Verhandlungen Schleichers mit Hitler im Frühsommer 1932, die in ihrer Intensität geradezu einen Pakt bilden (s. u. E. Schleicher-Hitler-Pakt). Neben den Verhandlungen bemühte sich Schleicher darum, die SA und die NSDAP zu schwächen bis zur Unschädlichkeit (s. u. G. Lavieren mit dem Ausnahmezustand). Im Herbst 1932 trat noch ein ganz wesentliches politisches Anliegen hinzu: Arbeit zu schaffen – wie auch immer und um welchen Preis auch immer, auch um den Preis, Papen zu stürzen und eine „Querfront" zu versuchen (s. u. H. V. Der Gereke-Plan; J. V. Arbeit schaffen, „Querfront").

B. Schleichers politisches Credo

Wie sahen die politischen Grundüberzeugungen aus, denen Schleicher sich verschrieben hatte? Einige diesbezügliche mündliche Äußerungen Schleichers sind von Zeugen überliefert. Danach sah Schleicher drei große politische Ziele, die es zu verwirklichen galt (s. u. B. I. Drei Ziele). Er sah drei Gefahren für diese Ziele (s. u. B. II. Drei Gefahren). Das sieht nach einem eher schlicht gestrickten politischen Muster aus. Indessen: so quecksilbrig Schleicher das politische Tagesgeschäft betreibt, so starr wird er an der Idee der drei Ziele und der drei Gefahren festhalten.

I. Drei Ziele

Am 20. Dezember 1918 entwickelte Schleicher vor Generalstabsoffizieren in einem strategischen Stufenprogramm seine drei politischen Ziele:

1. Wiederherstellung der Regierungsgewalt,

2. Gesundung der Wirtschaft,

3. Restitution der äußeren Macht.

Hauptmann Rabenau beschreibt die Szene später in seinem Bericht über Besprechungen von Generalstabsoffizieren über die politische Lage: „Am Abend des 20. 12. war erneut eine politische Besprechung im Generalstab. Man saß und stand, auf äußerste gedrängt, um einen länglichen Tisch herum. Schleicher sprach." (. . .) „Er hat an diesem Tag ein Programm aufgestellt, von dem er nicht wieder abgekommen ist. Drei Etappen nannte er. Zunächst müsse man im Innern eine Regierungsgewalt wieder aufrichten, die sich durchzusetzen vermöge. Wenn der Soldat dabei helfe, könne das verhältnismäßig schnell gehen. Auf der Basis der wiederhergestellten Ordnung müsse man sodann zur Gesundung der Wirtschaft kommen. Erst auf den Schultern einer aus den Trümmern wieder aufgebauten Wirtschaft könne alsdann nach langen, mühevollen Jahren an die Wiedererrichtung der äußeren Macht herangegangen werden."[1]

Eugen Ott formuliert 1965 in einem Vortrag die drei Ziele Schleichers mit ähnlichen Worten:

„In den zehn Jahren von 1923 bis 1933, als ich die Ehre hatte, im Reichswehrministerium mit dem General von Schleicher zusammenzuarbeiten, betonte der General in vielen poli-

---

[1] *Jens Flemming / Claus-Dieter Krohn / Dirk Stegmann / Peter-Christian Witt* (Hrsg.), Kapitel II, Dok. 6a.

I. Drei Ziele

tischen Gesprächen, es gäbe für die Aufgaben des Staatsmannes eine absolut unabdingbare Reihenfolge:
1. die Stärkung der Staatsautorität
2. die Sanierung der Wirtschaft und
3. die Außenpolitik."[2]

Am breitesten schildert Vincenz Müller, seinerzeit Mitarbeiter in der Wehrmachtsabteilung im Reichswehrministerim, später Vorstandsmitglied der NDPD der DDR und General der Nationalen Volksarmee, in seinen Memoiren die drei Ziele Schleichers.[3] Müller betont, Schleicher habe von diesen Zielen bis Januar 1933 nicht abgelassen. Er sei ihnen in der laufenden Arbeit treu geblieben, nur habe er die Wege, auf denen die Ziele erreicht werden sollten, jeweils aktualisiert entsprechend der zu erwartenden weiteren Entwicklung. Müller berichtet von einer Ansprache Schleichers, gehalten Ende Februar/Anfang März 1924 anläßlich des Endes des reichsweiten Ausnahmezustandes. Das Jahr 1923, so gibt Müller Schleicher wieder, habe gezeigt, dass eine weitere Stärkung der Staatsautorität erforderlich sei. Die Autorität des Reiches gegenüber den Ländern müsse mit allem Nachdruck verfolgt werden. Schleicher sei sodann auf die vordringlich wichtige Sanierung der Wirtschaft eingegangen. Damit, so Schleicher, habe die Reichswehr nicht unmittelbar zu tun. Die sozialpolitisch-wirtschaftlichen Probleme wie Abschaffung des Acht-Stunden-Arbeitstages, Sozialfürsorge, Krankengeld und Arbeitslosenunterstützung stellten indessen Kernfragen für die Ruhe im Innern dar. Insofern seien auch diese Probleme für die Stärkung der Staatsautorität von Belang. Diese Errungenschaften wollte Schleicher unangetastet beibehalten. Andererseits wollte er die Arbeitgeberseite, die Industrie, gestärkt sehen, denn nur auf diese Weise kämen die Arbeiter zu Brot und Arbeit. Ruhe im Innern und Gewinnung der Arbeiterschaft für den Wehrgedanken würden die erwünschte Folge sein.[4] Außenpolitisch, so Schleicher in seiner Ansprache vom März 1924 weiter, gehe es darum, in geduldiger Kleinarbeit die Fesseln des Versailler Vertrages abzustreifen. Zunächst einmal müssten Diktate der Alliierten und Sanktionen aufhören. Es müsse erreicht werden, dass man auf gleicher Ebene verhandele. Dann müsse schrittweise die Souveränität im ganzen Reich erzielt werden. Dann müsse die Räumung des Ruhrgebietes von den Franzosen erreicht werden. Danach komme die Räumung der drei linksrheinischen Zonen.

Schleichers oberstes Ziel war die Festigung der „Staatsidee", „Regierungsgewalt" bzw. „Staatsautorität". Gerade weil Schleicher dieses oberste Ziel immer wieder betonte, ist zu klären, was er darunter konkret verstand. In der Weimarer Reichsverfassung kommen diese Begriffe nicht vor. Schleicher verstand unter „Staatsautorität": Reichspräsident plus Reichswehr als Stütze zur Umsetzung der Maßnahmen nach Art. 48 WV. Nicht umsonst trägt die Verordnung vom 13. April

---

[2] *Eugen Ott*, Moskau, S. 7; ders., Bild, S. 366.
[3] *Vincenz Müller*, Vaterland, S. 223 ff.; ders., Nachlass N 774/22, Manuskripte, Bl. 20–24.
[4] Nachlass *Vincenz Müller*, N 774/34, Antworten, Bl. 7.

1932, die SA und SS verbot, die Überschrift „Verordnung des Reichspräsidenten zur Sicherung der *Staatsautorität*". Schleicher sah in der Institution des Reichspräsidenten eine Klammerfunktion für den Zusammenhalt des Reiches und für die Aufrechterhaltung der inneren Ordnung. Art. 48 Abs. 1 WV stand für den Zusammenhalt des Reiches, den der Reichspräsident notfalls mit der bewaffneten Macht erzwingen konnte; Art. 48 Abs. 2 WV wies dem Reichspräsidenten die Kompetenz zum Eingreifen bei Unruhen zu, notfalls mit der bewaffneten Macht. Das galt selbstverständlich nur für äußerste Notfälle, die die Polizei nicht in den Griff bekommen konnte.

Hannshenning v. Holtzendorff fasst zusammen: „Innenpolitisch hatte er (gemeint ist Schleicher, d. Verf.), wie damals Wenige, die verfassungsmäßige Bedeutung der Reichswehr erkannt. Sie war das einzige Machtmittel des Reichspräsidenten, wenn nach Artikel 43 (offensichtlicher gemeint ist Art. 48, d. Verf.) der Verfassung von Weimar der Staatsnotstand erklärt werden musste, um Ruhe und Ordnung im Inneren aufrechtzuerhalten. Mit diesem Machtmittel hatte 1923 der erste Reichspräsident Ebert das Reich gegen radikale Elemente von rechts und links, sowie einzelstaatliche Sonderbestrebungen zusammengehalten. Die zunehmende Radikalisierung infolge der wirtschaftlichen Not in Deutschland ließ befürchten, dass man noch einmal auf dieses letzte Mittel zurückgreifen müsse."[5]

Schleicher trat stets dafür ein, dass der militärische Ausnahmezustand kein Dauerzustand sein dürfe, wie Holtzendorff hervorhebt: „,Es sitzt sich schlecht längere Zeit auf den Spitzen von Bajonetten', sagte er warnend den Leuten, die 1923 und 1932 den „militärischen Ausnahmezustand" als *Dauerzustand* benutzen wollten." Holtzendorff unterstreicht in seinem Manuskript das Wort Dauerzustand und führt an, dass das Schicksal der Regierung Primo de Rivera in Spanien Anfang der dreißiger Jahre ein warnendes Beispiel in dieser Hinsicht gewesen sei.[6] Schleicher scheint diese Formulierung mit den Spitzen der Bajonette gern und häufig benutzt zu haben.

Interessant im Zusammenhang mit dem Begriff der Staatsautorität ist eine maschinenschriftliche Notiz von Vincenz Müller für das Manuskript seines Buches „Ich fand das wahre Vaterland": „Normale Zeiten zunächst bis 1928, gekennzeichnet durch Ringen um Staatsautorität, dabei aber schon verschiedene Auffassungen: Wessen Staat, beherrschender Einfluss, wirtschaftlicher Aufbau". Handschriftlich ist hinzugefügt: „Und doch, Frage wohin geht Fahrt, warum? Antwort 30. 1. 33." Müller hat den handschriftlichen Vermerk wieder gestrichen.[7] Vincenz Müller versteht also unter Staatsautorität nicht nur „Reichspräsident plus Art. 48 WV plus Reichswehr" wie ihn Schleicher überwiegend gebraucht. Vielmehr geht Vincenz Müller darüber hinaus. Er bezieht die künftige Entwicklung generell mit ein, wohin dieser Staat steuern wird.

---

[5] Nachlass *Hanshenning v. Holtzendorff*, N 264 / 5, S. 2, 3.

[6] Nachlass *Hanshenning v. Holtzendorff*, N 264 / 5, S. 14.

[7] Nachlass *Vincenz Müller*, N 774 / 22, Manuskripte, Bl. 40.

I. Drei Ziele

Die Aufrechterhaltung der Staatsautorität korrespondierte mit den Grundsätzen des Wehrrechts. „Die Reichswehr dient dem Staat" – das war das Selbstverständnis der Reichswehr. Damit war der Staat als abstrakte Ordnung, der Staat in seiner Rolle als Dienst am Staatsvolk gemeint. Die zeitbedingten Umstände dieses Staates sollten belanglos sein. Der „Staat an sich" war es, den der Soldat nach innen und nach außen schützen sollte.[8] Der Soldat sollte Dienst am „Staat in seiner permanenten Identität" leisten, wie der Chef der Heeresleitung v. Hammerstein-Equord formulierte.[9] Nie versuchte die Reichswehrführung explizit, die Weimarer Verfassung abzuschaffen, oder auch nur einzuschränken. Sie nahm vielmehr für sich in Anspruch, stets auf dem Boden der Weimarer Verfassung zu stehen. Konsequenterweise achtete die Reichswehrführung darauf, dass die Reichswehr als Organisation „unpolitisch" blieb und sich eben nicht in Verfassungsangelegenheiten einmischte. Denn nur so, völlig unpolitisch, würde die Reichswehr ein brauchbares Werkzeug in der Hand des Reichspräsidenten sein.

Die „Berufspflichten des deutschen Soldaten vom 2. März 1920" ordnen dementsprechend an:

„Art. 1. Eingedenk seines hohen Berufs, das Vaterland und seine Verfassung zu schützen, muss der Soldat stets eifrig bemüht sein, seine Pflichten treu und gewissenhaft zu erfüllen."

Die Neufassung der „Berufspflichten" vom 9. Mai 1930 ging in der Betonung der Verfassungstreue noch weiter:

„Art 1. Die Reichswehr ist das Machtmittel der gesetzmäßigen Reichsgewalt. Sie schützt die Grenzen des Deutschen Reiches und seinen Bestand nach außen und innen. Das Deutsche Reich ist eine Republik. Ihrer Verfassung schwört der Soldat die Treue."[10]

Dennoch: Die Verfassung war Schleicher letztlich gleichgültig. Die Struktur Reichspräsident plus Wehrmacht als Garant der Staatsautorität war ihm wichtig, sonst nichts. Folgerichtig hat Schleicher im Gegensatz zu Franz v. Papen keine grundsätzlichen Neuordnungspläne hinsichtlich des Staatswesens laut geäußert. Wenn Papen von seinem „Neuen Staat" mit einem Zweikammersystem, mit Oberhaus und einem Pluralwahlrecht für Familienoberhäupter, Kriegsteilnehmner und Kriegsbeschädigte phantasierte, dann hörte Schleicher kaum zu.[11] Doch Schleichers Schweigen täuscht. Schleicher war eher der Pragmatiker.[12] Die Verfassung mochte auf dem Papier stehen bleiben, das Verfassungsgefüge wollte Schleicher gleichwohl ändern und zwar in Richtung einer Stärkung der Staatsautorität, wie Schleicher sie verstand. Die von Schleicher gebilligten und bewerkstelligten „Kampfkabinette" oder „Präsidialkabinette" ließen den Buchstaben der Verfassung unangetastet und stärkten den Reichspräsidenten, also die „Staatsautorität". Den-

---

[8] *Ernst Rudolf Huber*, Verfassungsgeschichte, VI, S. 627 ff.
[9] *Ernst Rudolf Huber*, Verfassungsgeschichte, VI, S. 629.
[10] HeeresVOBl. 1922, S. 141; HeeresVOBl. 1930, S. 75.
[11] *Karl-Friedrich v. Plehwe*, S. 206.
[12] *Christoph Gusy*, S. 276.

noch widersprachen sie dem Geiste der Verfassung. Der Preußenschlag, eine Reichsreform „auf kaltem Wege" änderte die Verfassungsurkunde ebenfalls nicht, beschädigte aber das föderalistische Prinzip. Die Neuorientierung der Wehrmacht Oktober/November 1932 schließlich machte den Weg für ein schnelleres Durchgreifen des Militärs, falls erforderlich, frei, das sich 1923/24 schon einmal abgezeichnet hatte. Die Verfassungsurkunde blieb gleichwohl unverändert. Schleicher hat also sehr wohl grundsätzliche Neuordnungspläne gehabt und auch durchgesetzt, nur öffentlich geäußert hat er sie nicht.

II. Drei Gefahren

Schleicher sah drei große Gefahren, die alternativ oder sogar im schlimmsten Fall kumulativ den Staat bedrohen konnten: Ultra-linke Kräfte, ultra-rechte Kräfte, Angriffe von äußeren Mächten.

Die ultra-linken und ultra-rechten Kräfte könnten innere Unruhen heraufbeschwören. Das würde den Bürgerkrieg bedeuten. Das Reich hätte dabei auseinanderbrechen können. Eine angreifende äußere Macht hätte theoretisch Frankreich, auch Polen oder die Tschechoslowakei sein können, weniger die Sowjetunion. 1931 gab es Informationen über einen polnischen Mobilisationsplan, der an der Absicht, bei gebotener Gelegenheit ganz Schlesien im Handstreich zu nehmen, keinen Zweifel lassen konnte. Besonders schlimm musste die Gefahrensituation werden, wenn innere Unruhen sowohl von links als auch gleichzeitig von rechts Deutschland schwächten und diese Situation von einem äußeren Feind für einen Angriff auf das Reichsgebiet ausgenutzt würde. Schleichers Befürchtungen mussten zunehmen, je stärker die NSDAP sich ab 1929 präsentierte. Schleicher dürfte die KPD für noch gefährlicher gehalten haben als die NSDAP. Hinter der KPD stand Moskau, von dort sollte die Weltrevolution über Deutschland vorangetragen werden, so jedenfalls ließ die KPD es verlauten. Hinter der NSDAP stand keine auswärtige Macht. Deshalb musste Schleicher bei allen Maßnahmen gegen die NSDAP eines berücksichtigen: Diese Maßnahmen durften keinesfalls zu einer Abwanderung von NSDAP-Mitgliedern zur KPD führen. Manche Maßnahme Schleichers gegen die NSDAP, die aus heutiger Sicht halbherzig wirkt, dürfte von dieser Furcht bestimmt gewesen sein. Wäre er zu heftig gegen die NSDAP oder die SA vorgegangen, so wären die Anhänger des Nationalsozialismus zur KPD ausgewichen – so jedenfalls Schleichers Befürchtung.

Theoretisch wird Schleicher die drei Gefahren schon unmittelbar nach dem Weltkrieg ausgemacht haben. Das Jahr 1923 bestätigte ihm, dass seine Befürchtung nur zu berechtigt waren. Brüning schreibt dazu: „Der Albdruck, der auf General v. Schleicher ständig lastete, gegründet auf die Erfahrung von 1923, war in der Furcht begründet, dass Nazi- und Kommunistenaufstände gleichzeitig ausbrechen und so ausländischen Mächten eine Gelegenheit geben könnten, ihre Grenzen auf Kosten Deutschlands noch weiter auszudehnen. Diese Furcht nahm immer größere

Dimensionen in General v. Schleichers sensitiver Gemütsart an, die zum Glück durch das ausgeglichene Temperament und den Mut von General v. Hammerstein im Gleichgewicht gehalten wurden."[13]

Groeners Erlaß vom 22. Januar 1930 an alle Angehörigen der Reichswehr, der sog. Hirtenbrief, der auf Schleichers Initiative zurückgeht, beschreibt die drei Gefahren: „Die wirtschaftliche Not zeigt uns grell die unlösbare Verflechtung unserer Wirtschaft mit den wirtschaftlichen Kräften anderer Völker." (...) „Die Kommunisten glauben die Zeit näher gerückt, wo sie den heutigen Staat und die heutige Gesellschaft umstürzen können." (...) „Auch das Ziel der Nationalsozialisten – so unklar es auch ausgesprochen wird – liegt in derselben Richtung. Auch sie wollen die gewaltsame Zerschlagung des heutigen Staates und die Diktatur ihrer Partei. Sie unterscheiden sich von den Kommunisten nur durch die nationale Grundlage, auf der sie fußen." (...) „Die Nationalsozialisten wie die Kommunisten wollen die Zertrümmerung des Bestehenden mit allen Mitteln der Gewalt. Das bedeutet den Bürgerkrieg, den Bürgerkrieg in einem Lande, das von feindseligen Nachbarn umgeben und wie kein anderes eingebettet ist in die Gesamtwirtschaft der Welt." Dann beschwört der Hirtenbrief Schleichers politisches Ziel der starken Staatsautorität: „In allen Notzeiten eines Volkes gibt es einen unerschütterlichen Felsen im stürmischen Meer: die Staatsidee. Die Wehrmacht ist ihr notwendiger und sinnfälliger Ausdruck." (...) „Aber nur einer starken Reichsgewalt wird es gelingen, Deutschlands Geschicke in der Zukunft zu meistern. In der einigen, geschlossenen, überparteilichen Reichswehr findet das Reich sein schärfstes und vornehmstes Machtmittel."[14]

Anfang November 1932 wurde das von Schleicher so sehr gefürchtete Horrorszenario fast wahr: KPD und NSDAP fanden sich für einige wenige Tage zur gemeinsamen, koordinierten Aktion zusammen, zu dem sog. Berliner Verkehrsbetriebe-Streik (s. u. F. V.). Es hätte nur noch des Eingreifens einer auswärtigen Macht bedurft, um Schleichers Befürchtungen vollends Wirklichkeit werden zu lassen.

III. Wie Schleicher zu seinem politischen Credo gelangte

Schleicher wurde am 8. August 1914 in den Stab des Generalquartiermeisters im Großen Hauptquartier versetzt. Das war entscheidend für Schleichers Wendung zur Politik. Fischer schreibt dazu 1932: „Hier stand er mitten im lebendigen Fluß der Beziehungen des Heeres und der Heeresleitung zur Heimat. Hier gewann, je länger der Krieg dauerte, desto mehr das Interesse für die politischen Vorgänge im „Hinterland" und in den verbündeten Staaten die Oberhand." (...) „Die Politik hatte ihn jetzt und ließ ihn nicht mehr los."[15]

---

[13] *Heinrich Brüning*, Brief, S. 226.
[14] *Ernst Rudolf Huber*, Dok. 386.
[15] *Rudolf Fischer*, S. 15.

Als Leiter des Büros des Generalquartiermeisters befasste sich Schleicher auch mit den Beziehungen des Frontheeres zur Heimat. Eine gemischt militärisch-politische Laufbahn begann, die Schleicher mit der kurzen Unterbrechung eines Fronteinsatzes im Sommer 1917 bis zum 30. Januar 1933 in verschiedene Positionen innerhalb des Heeres und ab Mitte 1932 innerhalb der Reichsregierung führte. Am 1. April 1922 wurde Schleicher zum Leiter der selbständigen Gruppe T 1 III im Reichswehrministerium (Heeresabteilung des Truppenamtes – politische Angelegenheiten) ernannt. Dieses Truppenamt führte praktisch die Aufgaben des ehemaligen Generalstabs weiter. Hier hatte Schleicher eng mit v. Seeckt zusammenzuarbeiten, auch wenn beide offenbar politisch keineswegs immer gleicher Meinung waren. Als Chef der Wehrmachtsabteilung 1926, dann als Chef des Ministeramtes 1929, schließlich als Reichswehrminister 1932 und als Reichskanzler und gleichzeitiger Wehrminister 1932/33 wuchs Schleicher größter politischer Einfluss zu. Vor allem ab 1926 fungierte Schleicher gewissermaßen als Scharnier zwischen Politik und Wehrmacht. Der rechtliche Dreh- und Angelpunkt war dabei immer Art. 48 WV, weil er die Macht des Reichspräsidenten an die bewaffnete Macht als sein Exekutivorgan knüpfte.

Nach dem Waffenstillstand vom November 1918 machte Schleicher angesichts der im Reich aufflammenden Unruhen seine Erfahrungen mit dem Ausnahmezustand, der in den ersten Monaten vor Inkrafttreten der Weimarer Verfassung noch Belagerungszustand genannt wurde. Schleicher begriff, dass das Ziel des Ausnahmezustandes zwar primär die Wiederherstellung der öffentlichen Sicherheit und Ordnung war. Schleicher stellte jedoch zwischen diesem polizeirechtlichen Aspekt und der Sicherung der Wirtschaft eine Beziehung her. Die Wiederherstellung der öffentlichen Sicherheit und Ordnung werde nur zu erreichen sein, wenn der wirtschaftliche Zusammenbruch verhindert würde. Hetzer seien festzunehmen, Streiks zu verhindern und auf die Hebung der Produktion sei hinzuwirken. Man sieht bereits hier, im Jahre 1920, wie eng wirtschaftliche Belange und der Ausnahmezustand miteinander verbunden sind. Angesichts der wirtschaftlichen Not ist das auch durchaus verständlich. Denn innere Unruhen mussten eine weitere Schwächung der ohnehin nach Kriegsende nicht florierenden Wirtschaft zur Folge haben. Eine schwache Wirtschaft würde wiederum zu Unruhen führen.

Das Jahr 1923 ist durch schwerste Unruhen mit z.T. separatistischer Tendenz geprägt. Der britische Botschafter Lord d'Abernon schreibt resümierend am 31. Dezember 1923 in sein Tagebuch:

„Nun geht das Krisenjahr zu Ende. Die inneren und äußeren Gefahren waren so groß, dass sie Deutschlands ganze Zukunft bedrohten. Eine bloße Aufzählung der Prüfungen, die das Land zu bestehen hatte, wird einen Begriff davon geben, wie schwer die Gefahr, wie ernst der Sturm war." (...) „In den zwölf Monaten vom Januar bis heute hat Deutschland die folgenden Gefahren überstanden:
Die Ruhrinvasion;
Den kommunistischen Aufstand in Sachsen und Thüringen;
Den Hitler-Putsch in Bayern;

III. Wie Schleicher zu seinem politischen Credo gelangte

Eine Wirtschaftskrise ohnegleichen;
Die separatistische Bewegung im Rheinland."[16]

Es war im Herbst 1923 soweit gekommen, dass fast zeitgleich drei separatistische Aufstände die Einheit des Reiches bedrohten, und das auch noch in einer Phase galoppierender Inflation. In Sachsen und Thüringen drängten Kommunisten auf eine Loslösung vom Reich. In Bayern drohten rechte Kräfte mit einer Lösung von Berlin, was schließlich in dem Marsch auf die Feldherrnhalle eskalierte. Der Separatismus war so weit gediehen, dass zwischen dem kommunistisch beeinflussten Thüringen und dem rechts beeinflussten Bayern ein militärischer Grenzschutz eingerichtet wurde. Man möge sich das einmal vorstellen: Militärischer Grenzschutz zwischen zwei Bundesländern! Der Zerfall des Reiches schien direkt bevorzustehen. Das Ausland sah die bevorstehende Schwächung Deutschlands nicht ungern. Allein diese Episode zeigt, wie gefährdet die Einheit des Reiches war. Die drei Gefahren, die Schleicher ausgemacht hatte, – innere Unruhen von links und rechts zugleich mit ausländischem Angriff – waren also so unrealistisch nicht.

Am 26. September 1923 führte Reichspräsident Ebert den reichsweiten Ausnahmezustand herbei (VO vom 26. September 1923, RGBl. 1923 I, S. 905). Gemäß § 2 dieser Verordnung ging die vollziehende Gewalt auf den Reichswehrminister über, der sie auf Militärbefehlshaber übertragen kann. Im Einvernehmen mit dem Reichsminister des Innern kann der Reichswehrminister auf dem Gebiet der Zivilverwaltung Regierungskommissare ernennen.

Reichswehrminister Gessler hatte schon im Herbst 1923 für die Handhabung des Ausnahmezustandes vorgesorgt. Es ging Gessler dabei, wie er selbst äußerte, um die ganz deutliche Klarstellung, dass der Ausnahmezustand nichts anderes bezwecke, als die Wiederherstellung der öffentlichen Sicherheit und Ordnung. Keineswegs solle der Ausnahmezustand ein Rachefeldzug sein. Gessler schreibt dazu: „In diesem Sinne hatte ich überall Vorbereitungen für ein Winterhilfswerk durch die Militärbefehlshaber eingeleitet und wurde darin von dem Chef der Heeresleitung Seeckt unterstützt. Das wusste der Reichspräsident, als er mir die diktatorische Gewalt übertrug."[17] Im Herbst 1923 zeigte sich, dass sie nicht ausreichend war. Am 19. Oktober 1923 gab Gessler einen Erlaß „Ausführung über die Behandlung wirtschaftlicher Fragen" heraus.[18] Es ging darin um die Versorgung der Bevölkerung mit Lebensmitteln. Gessler war sich darüber im Klaren, dass hier das eigentliche Arbeitsfeld des militärischen Ausnahmezustandes überschritten war. Er schreibt: „Die ausreichende Versorgung der Bevölkerung mit Lebensmitteln ist das drängendste Problem des Augenblicks. Die immer schärfere Form der wirtschaftlichen Not ist letzten Endes die Wurzel allen Übels. Plünderungen, Felddiebstähle, politische Verhetzungen und Unruhen sind Folgeerscheinungen und äußere Symptome. Lebensmittel sind zur Genüge vorhanden; die Gründe für die unzulängliche Verteilung sind

---

[16] *Otto Gessler,* S. 237.
[17] *Otto Gessler,* S. 260.
[18] Abgedruckt bei: *Heinz Brauweiler,* S. 50 ff.

bekannt." (...) „Dies (i. e. die Versorgung der Bevölkerung mit Lebensmitteln, d. Verf.) ist natürlich in erster Linie Aufgabe der Regierung, ich bin aber der Ansicht, dass sich auch den Militärbefehlshabern hier ein besonders dankbares Gebiet der Tätigkeit darbietet. Der militärische Ausnahmezustand gibt nicht nur das Recht zum Befehl, er schließt auch die Pflicht zur Fürsorge in sich." (...) „Ich bin der Ansicht, dass gerade der Soldat als neutrale und unparteiische Instanz besonders geeignet ist, eine ausgleichende Mittlerrolle zwischen den Interessen der landwirtschaftlichen Produzenten und denen der städtischen und industriellen Verbraucher zu übernehmen." Fragen der Ernährung, der Währung, der Preisbildung, der Erwerbslosenfürsorge, der Krankenversicherung, ja selbst die Bekämpfung von „Schlemmerei und Luxus" gehörten im Ausnahmezustand in den Arbeitsbereich des Militärs.[19]

Schleichers Abteilung T 1 III hatte viel zu tun während des reichsweiten Ausnahmezustandes. Es ging weniger darum, Verordnungen, Befehle oder Anweisungen über die Handhabungen des Ausnahmezustandes zu erlassen. Das konnten die Militärbefehlshaber vor Ort tun, um dort das Erforderliche zu veranlassen. Vielmehr ging es in der T 1 III darum, Erfahrungsberichte entgegenzunehmen und auszuwerten. Vor allem hieß es, Beschwerden zu bearbeiten. Der Preußische Innenminister Severing wandte sich mehrfach beschwerdeführend an das Reichswehrministerium. Severing wünschte für Preußen eine Aufhebung des Ausnahmezustandes mit Rücksicht auf die erregte Stimmung in der Arbeiterschaft. Seeckt lehnte das schärfstens ab.[20] Schleicher erfuhr also aus erster Hand, wie der Ausnahmezustand vor Ort wirkte, wie das Militär helfen konnte und welche Schwierigkeiten sich den Befehlshabern entgegenstellten.

Heinz Brauweiler, Mitarbeiter des Stahlhelm und mit Schleicher persönlich bekannt, würdigt in seinem Buch von 1932 Schleichers Verdienste in der Krisensituation 1923: „Schleichers größte Leistung wurde die Durchführung des militärischen Ausnahmezustandes im Winter 1923/24. Seit Monaten war alles bedacht und bis in die Einzelheiten vorbereitet. Als endlich die Regierung Stresemann zu dem Entschlusse „überrumpelt" wurde, konnte die gesamte Organisation fast wie ein Uhrwerk abrollen. Nach der Aufhebung des Ausnahmezustandes befahl General von Seeckt, dass sämtliche Herren, die an der Bearbeitung beteiligt waren, sich in dem großen Saal des Ministeriums versammeln sollten, damit er ihnen seinen Dank ausspreche. Es erschienen Major von Schleicher und fünf Offiziere seiner Abteilung. Noch heute sind von diesen im Reichswehrministerium tätig: Hauptmann Ott, jetzt Major und Chef der Wehrmachtsabteilung, und Hauptmann Marcks, jetzt Major und Leiter der Presseabteilung. Schleicher erhielt die Beförderung außer der Reihe zum Oberstleutnant, – nebenbei bemerkt, der einzige „Sprung" in seiner sonst regelmäßigen militärischen Laufbahn."[21] Als Chef der Heeresleitung sprach Seeckt anläßlich der Aufhebung des militärischen Ausnahmezustandes in einer schrift-

---

[19] *Rudolf Fischer*, S. 40, 41.
[20] *Vincenz Müller*, Vaterland, S. 206.
[21] *Heinz Brauweiler*, S. 36, 37.

III. Wie Schleicher zu seinem politischen Credo gelangte

lichen Kundgebung vom 1. März 1924 allen Angehörigen der Reichswehr Dank und Anerkennung aus. Die „Wiederherstellung der Reichsautorität" und die Behebung des wirtschaftlichen Chaos stellte Seeckt dabei besonders heraus. Seeckt sagt aber außerdem, dass die Reichswehr keine Alltagsarbeit leisten solle. Sie werde sonst als scharfe Waffe des militärischen Ausnahmezustandes abstumpfen. Diese Waffe solle für außerordentliche Zeiten und Aufgaben unverbraucht und aktionsfähig erhalten bleiben. Die Reichswehr solle sich deshalb nunmehr ausschließlich mit militärischen Aufgaben beschäftigen. Aus der Politik solle sie jetzt wieder herausgenommen werden.[22]

Die oben genannten Ausführungen Brauweilers, alles sei seit Monaten bedacht und vorbereitet gewesen und wie am Schnürchen abgelaufen, lassen den Schluß zu, dass sich Schleicher und die Offiziere seiner Abteilung schon vor dem Konflikt Bayern/Reich mit Fragen des militärischen Ausnahmezustandes beschäftigt und dafür Pläne erarbeitet haben müssen. Möglicherweise sind einzelne Maßnahmen prophylaktisch geplant worden. Unterlagen darüber finden sich nur spärlich.[23] Angesichts des hohen Geheimhaltungsgrades bei allen den Ausnahmezustand betreffenden Fragen ist das kein Wunder. Lediglich eine detailliertere Anweisung Noskes vom Januar 1920, die also schon drei Jahre alt war, könnte Aufschluss über konkret für den Ausnahmezustand zu treffende Maßnahmen geben. Dort werden zunächst die beiden Zweckrichtungen des militärischen Ausnahmezustandes erklärt, nämlich

1. Ruhe und Ordnung im Reiche aufrechtzuerhalten durch:
    a) Unterdrückung der Hetzpresse,
    b) Festsetzung der Hetzer,
    c) Verhinderung jeder Kundgebung und Handlung, die sich gegen den Bestand des Reiches richtet.
    d) Sorgfältige Verteilung und rücksichtsloser Einsatz der militärischen und polizeilichen Kräfte, um jeden Aufruhr im Keime zu ersticken...
2. den Zusammenbruch des Wirtschaftslebens zu verhindern durch:
    a) Verhinderung und Bekämpfung von Streiks in lebenswichtigen Betrieben,
    b) Hebung der Produktion.[24]

---

[22] Vgl. *Heinz Brauweiler*, S. 53, 54.

[23] Nur ein Schreiben Schleichers vom 14. Dezember 1923 ist erhalten, mit dem er „anliegende Richtlinien über die Handhabung des Ausnahmezustands, die die Minister des Innern im Einverständnis mit dem Chef der Heeresleitung an die Ober- und Regierungspräsidenen herausgegeben hat" übersendet (Bundesarchiv, Militärarchiv RW 6/v. 49, Bl. 5). Erhalten sind ferner Richtlinien, die der Preußische Innenminister Severing und der Reichswehrminister auf Grund der VO v. 26. September 1923 für Preußen erarbeitet hatten (Bundesarchiv, Militärarchiv, RW 6/v. 49, Bl. 6 Rückseite). Diese Richtlinien zeigen deutlich die Tendenz auf, die zivilen Behörden so lange als irgend möglich ihre Arbeit tun zu lassen. Militärische Befehlshaber sollen erst dann eingreifen, wenn die Polizei der Unruhen nicht Herr wird.

[24] Schrift Noskes vom Januar 1920, abgedruckt bei: *Jens Flemming/Claus-Dieter Krohn/Dirk Stegmann/Peter-Christian Witt*, Bd. 1, Kap. II, 2, Dok. 7, S. 76.

Der Ausnahmezustand hielt bis zum 1. März 1924 an. Schleicher wollte ihn jedoch schon kurz nach dem Jahreswechsel 1923/24 aufgehoben sehen.[25] Schleicher war stets darauf bedacht, den militärischen Ausnahmezustand zeitlich so kurz zu halten, wie nur irgend möglich. Das Instrument des Ausnahmezustandes solle sich nicht durch lange Dauer abnutzen. Zum Jahresende sah Schleicher ausschließlich wirtschaftliche Probleme, die zu lösen waren. Wenn aber keinerlei militärische, sondern nur noch wirtschaftliche Probleme bestanden, so war nach Meinung Schleichers der Ausnahmezusand nicht das richtige Mittel. In diesem Punkt hatten also Schleicher und Seeckt divergierende Ansichten.[26] Seeckt ersuchte erst am 13. Februar 1924 Ebert, den militärischen Ausnahmezustand aufzuheben. Seeckt schrieb an Ebert: „Die Staatsautorität ist so gefestigt, dass die unter dem Ausnahmezustand eingeleitete Sanierung unseres Staats- und Wirtschaftslebens auch ohne ihn weitergeführt werden kann. Ich schlage daher vor, die Anordnungen vom 26. 9. und vom 8. 11. 1923 zu Anfang März aufzuheben."[27] Ebert entsprach dem Wunsch Seeckts durch Verordnung vom 28. Februar 1924 (RGBl. 1924 I, S. 152) mit Wirkung vom 1. März 1924. Eine dauernde Militärdiktatur war damit in weite Ferne gerückt.

Schleicher fasste seine Ansicht über den staatserhaltenden Charakter des militärischen Ausnahmezustandes in einer Denkschrift[28] vom 12. August 1924 zusammen: „Im Jahre 1919 hatte der militärische Ausnahmezustand Deutschland aus der völligen Zerrüttung des Winters 1918 herausgehoben und wieder zu einem Staat gemacht. Vom Januar 1920 ab hatte er die Befriedung Deutschlands vollendet und ging schon daran, die zur Sanierung des Staats- und Wirtschaftslebens nötigen Maßnahmen zu treffen, ähnlich denen, die durch die Notverordnungen des Winters 1923 vollzogen worden sind, als der Kapp-Putsch diese Ansätze vernichtete und Deutschland von neuem in schwere innere Kämpfe verstrickte. Der militärische Ausnahmezustand des Winters 1923/24 hat es verhütet, dass Deutschland nach dem Mißerfolg des Ruhrkampfes von neuem in die Anarchie versank; er hat das Reich zum Siege über die Umsturzparteien und die Sonderbestrebungen einzelner Länder geführt; er hat es ihm ermöglicht, dem Auslande wieder als geschlossener Staat gegenüberzutreten; er hat schließlich der Reichsregierung möglich gemacht, auf Grund des Ermächtigungsgesetzes durch Notverordnungen die notwendigen tiefen Eingriffe in das deutsche Wirtschaftsleben vorzunehmen und es auf die Rentenmark umzustellen; er hat die Not gelindert, wo er es konnte. Als er aufgehoben

---

[25] Anders z. B. *Gottfried Treviranus,* S. 366. Er unterstellt Schleicher, dass dieser zusammen mit Hasse, seinem Chef in der Abteilung T 1 III des Reichswehrministeriums und mit Stülpnagel ein Triumvirat haben bilden wollen, um die Diktatur auf Dauer auszuüben; Seeckt habe das nicht zugelassen.

[26] *Vincenz Müller,* Vaterland, S. 207, 208.

[27] *Ernst Rudolf Huber,* Dok. 340.

[28] Denkschriften waren ein häufig benutztes Mittel, um politischen Einfluss zu nehmen. In allen Ministerien wurden Denkschriften verfasst, und zwar nicht nur vom Minister für seine Kabinettskollegen oder den Kanzler, sondern auch von Abteilungschefs für ihren Minister.

wurde, war die Autorität des Reiches so gefestigt, dass man unbedenklich dem Reichsminister des Innern gewisse Vollmachten einräumen konnte – eine Maßnahme, die im Oktober 1923 noch die Abdankung des Reiches bedeutet hätte."[29] Die Denkschrift stellt heraus, dass der militärische Ausnahmezustand nicht nur die Unruhen in den Griff bekommen habe – sonst hätte er nach dem 9. November 1923 aufgehoben werden können. Der Ausnahmezustand habe auch der Wirtschaft gedient und die Not der Bevölkerung gelindert.

IV. Konsequenzen

Schleicher gewann aus den Ereignissen dieses Jahres Überzeugungen, die seine spätere Politik, insbesondere den sog. Preußenschlag vom 20. Juli 1932, maßgeblich beeinflussten. Schleicher bekannte sich spätestens Ende 1923 zu drei Erkenntnissen. Mögen ihm auch schon seit dem November 1918 derartige Gedanken gekommen sein; das Jahr 1923 verfestigte sie zu Überzeugungen. Diese drei Erkenntnisse blieben bestimmend für seine Politik bis zum 30. Januar 1933:

1. die Reichswehr sollte aus der „Drecklinie der Politik" herausbleiben und völlig unpolitisch sein. Die völlige politische Abstinenz des Heeres sollte die sog. „Generallinie" sein. Diese Erkenntnis war nicht neu, nun aber wurde sie sehr betont vorgetragen.
2. Das Nebeneinander von Preußen und Reich hielt Schleicher für schädlich.
3. Der Ausnahmezustand diente zur Fürsorge für die Bevölkerung, wenn die wirtschaftlichen Grundlagen die Versorgung der Bevölkerung nicht mehr gewährleisteten. Mochte er Härten mit sich bringen, so war der Ausnahmezustand doch letztlich positiv als Hilfe für das Volk, nicht etwa als Mittel zur Unterdrückung zu werten.

1. Unpolitische Reichswehr

„Die Offiziere müssen wieder gehorchen lernen und von der verflixten Politik die Finger lassen. Politik dürfen nur wenige treiben und diese zäh und verschwiegen," forderte Groener schon am 6. Juli 1919.[30] Seeckt machte in einem Erlaß vom 18. April 1920[31] klar, was unter politischer Neutralität der Reichswehr zu verstehen sei: „Mit allen Kräften soll die politische Betätigung jeder Art dem Heere ferngehalten werden." (...) „Wir fragen nicht nach der politischen Färbung des Einzelnen; aber von jedem, der jetzt noch in der Reichswehr dient, muss ich annehmen, dass er seinen Eid ernst nimmt und sich freien Willens und als ehrlicher

---

[29] *Rudolf Fischer*, S. 39.
[30] *Gottfried Treviranus*, S. 365.
[31] *Ernst Rudolf Huber*, Dok. 170.

Soldat auf den Boden der Reichsverfassung gestellt hat. Wer den unglücklichen Märzsturm nicht verurteilt, wer gar glaubt, dass von seiner Wiederholung irgend etwas anderes als neues Unheil für Volk und Reichswehr entstehen könnte, der sollte selbst das Gefühl haben, dass für ihn kein Platz mehr im Heer ist."

Groener fasste die Bedeutung der politischen Abstinenz der Reichswehr so zusammen: „Es ist ganz falsch zu fragen, wo die Reichswehr steht. Die Reichswehr tut, was ihr befohlen wird, und damit basta."[32] Schleicher äußerste sich 1931 so: „Über eins muss Klarheit herrschen: Politik macht nur die Leitung der Reichswehr; nur die Leitung behandelt oder ermittelt die Auffassungen anderer. Für die Truppe gilt nach wie vor uneingeschränkt die Forderung der Überparteilichkeit und des Gehorsams."[33]

Schleicher erläuterte seine Vorstellung von dem unpolitischen Charakter der Reichswehr noch einmal am 13. Januar 1933 bei einem Abendessen mit geladenen Journalisten. Schleicher hob dabei hervor, dass Hitler offenbar aus der Reichswehr so eine Art SA machen wolle, wenn er Kanzler würde. Eine Zusammenfassung der Gedanken Schleichers, die er an diesem Abend äußerte, enthält das sog. Moskau-Dokument: „Das würde niemals zugelassen werden, und es würde die ganze Arbeit der letzten zehn Jahre zerschlagen, die immer darin bestanden habe, die Truppe aus der Politik herauszuhalten. Es sei klar, dass der Reichswehrminister selbst natürlich eine politische Persönlichkeit sein und sich politisch betätigen müsse, – aber er müsse das ja nur darum tun, um gerade die Reichswehr, d. h. die Truppe von allen politischen Einflüssen frei zu halten und was an Politik da sei, auf seine eigenen Schultern zu nehmen."[34]

Es leuchtet ein, dass eine kommunistisch oder nationalsozialistisch unterwanderte Truppe schwer in einem Bürgerkrieg gegen die eigenen Gesinnungsgenossen eingesetzt werden kann. Doch damit wird auch schon die Crux der Konstruktion von der unpolitischen Reichswehr deutlich. Es ist die Diskrepanz zwischen äußerem und innerem Forum eines jeden Soldaten. Der einzelne Soldat hat natürlich seine eigenen politischen Ansichten, sein eigenes inneres Forum. Das soll er aber nicht nach außen tragen, schon gar nicht durchsetzen dürfen. Doch je mehr Soldaten einer bestimmten politischen Richtung, etwa dem Nationalsozialismus, zuneigen, desto schwerer wird der Grundsatz von der unpolitischen Wehrmacht aufrecht zu erhalten sein, desto mehr wird die Truppe eben doch unterwandert.

Wie sehr der Grundsatz von der politischen Abstinenz in den letzten Jahren der Republik aufweicht, zeigt sich daran, ob und wann es Mitgliedern der NSDAP erlaubt ist, in der Reichswehr tätig zu sein. Am 16. Juli 1929 hatte der Reichswehrminister verfügt, zivile Angestellte und Arbeiter, die der NSDAP angehörten und

---

[32] *Friedrich Meinecke*, S. 69.

[33] Zitiert nach *Vincenz Müller*, in: Klaus Mammach, Vorwort zu Vincenz Müller, Ich fand das wahre Vaterland, S. 15.

[34] Moskau-Dokument, in: *Henry A. Turner*, Anhang, S. 247, 248.

bei der Reichswehr tätig seien, seien zu entlassen. Im Januar 1931 wurde diese Verfügung wieder aufgehoben. Ab Januar 1932 durften sogar Soldaten Mitglied der NSDAP sein.

Wenn einerseits Schleicher vollkommen klar war, dass die NSDAP einen anderen Staat wollte und dass die NSDAP deshalb unschädlich gemacht werden müsse, so berücksichtigte Schleicher andererseits immer seine drei Gefahrenpunkte. Darunter war eben auch der Angriff einer ausländischen Macht. Um diesen abzuwehren, benötigte Schleicher neben der Reichswehr den Landesschutz und den Grenzschutz. Um die Mannschaften für Landesschutz und Grenzschutz zu rekrutieren, konnte Schleicher die NSDAP nicht vollkommen vor den Kopf stoßen, denn gerade aus ihren Reihen kamen die Männer für diese Einheiten. Dieses Wechselspiel zwischen Verbot der NSDAP einerseits und Angewiesensein auf die NSDAP wegen des Grenz- und Landesschutzes andererseits wird aus einem Schreiben des Reichswehrministers Groener vom September 1931 an Kanzler Brüning deutlich.[35] Dort heißt es: „Eine Entscheidung in dem Sinne, dass die N.S.D.A.P. als eine Partei anzusehen sei, die ihre Ziele mit Gewalt erstrebe, hätte zur Folge:

1. Alle nationalsozialistischen Arbeiter und Angestellten müssten aus den Wehrmachtsbetrieben entlassen, neue dürften nicht eingestellt werden." (...)
2. „Die Landes- und Grenzschutzarbeiten wären in erheblichem Masse gefährdet. Der Grenzschutz ist die Organisation der ortsansässigen Bevölkerung zur Selbstverteidigung. Die Auswahl für den Grenzschutz kann sich daher nur an die Grenzbevölkerung halten, die aber erfahrungsgemäss grossen Teils mit der nationalsozialistischen Bewegung sympathisiert. Wenn ein wirksamer Grenzschutz organisiert werden soll, ist es daher unerlässlich, auch diese Kreise zu erfassen und zwar um so mehr, als bekanntlich die links eingestellte Bevölkerung den Grenzschutzarbeiten im allgemeinen ablehnend gegenübersteht." (...)

Wenn man aus heutiger Sicht unbegreiflich findet, wie Schleicher „wertvolle Elemente" der NSDAP bzw. der SA an die Reichswehr binden wollte, so muss man stets Schleichers Bestreben berücksichtigen, den Grenz- und Landesschutz auszubauen. Das war ohne die NSDAP letztlich nicht möglich. Wurde sie verboten, so würden sich die „wertvollen Elemente" um so weniger an die Reichswehr heranziehen lassen, sondern renitent reagieren.

2. Dualismus Preußen / Reich

Schleicher hielt auf Grund seiner Erfahrungen vor allem aus dem Jahre 1923 das Nebeneinander von Reich und Ländern, insbesondere das Nebeneinander von Reich und dem größten der Länder, Preußen, für ein Unding. Auf den ersten Blick scheinen der Ausnahmezustand und der Dualismus Preußen / Reich nichts mit-

---

[35] Nachlass Schleicher, N 42 / 25, Bl. 27 ff.

einander zu tun zu haben. Die beiden Probleme sind indessen verknüpft durch ihre jeweilige verwaltungsmäßige Ausgestaltung. Dem Reich stand zur Durchführung des Ausnahmezustandes allein die bewaffnete Macht zur Verfügung. Art. 48 WV hob das ausdrücklich hervor. Eigentlich war das ohnehin klar, denn ein anderes Exekutivorgan hatte das Reich bzw. der Reichspräsident überhaupt nicht. Über das Exekutivorgan Polizei verfügten allein die Länder. Wenn in den Ländern eine dem Reich oppositionelle Politik betrieben wurde, so musste das im Extremfall, also im Ausnahmezustand, zu Konflikten führen. Gessler drückte das so aus und begründete den militärischen Ausnahmezustand 1923/24: „Die militärische Form des Ausnahmezustandes war unentbehrlich, weil das Reich für die ganze innere Verwaltung, außer den Finanzen, keinen Unterbau hatte. Nur die territoriale Einteilung des Reichsheeres gab der Autorität der Reichsregierung einen sicheren Boden im ganzen Reichsgebiet. Zur Kontrolle der militärischen Anordnungen und zur Wahrung der Interessen der Zivilbevölkerung war die Ernennung von Zivilkommissaren bei den Wehrkreiskommandos vorgesehen."[36]

Magnus v. Braun beschreibt am praktischen Beispiel den Bezug zwischen Ausnahmezustand und Dualismus-Problem: „Das Reich besaß keinen Unterbau an Polizei und lokalen Organen, kurz keinen Verwaltungsapparat, war also nicht imstande, Maßnahmen durchzuführen, wenn es bei Preußen, dem größten Staate Deutschlands, auf Widerstand stieß. Wenn Preußen z. B. abgelehnt hätte, die vom Reich erlassenen Kartoffel,- Getreide-Polizeivorschriften durchzuführen, dann hätte der Reichspräsident nur die Möglichkeit gehabt, auf Grund des Art. 48 der Verfassung mit militärischer Gewalt einzuschreiten, hätte damit die Gefahr heraufbeschworen, dass Soldaten auf Polizisten schossen und umgekehrt."[37]

Auch Reichswehrminister Gessler hatte derartige Überlegungen. Er entwarf seine Gedanken über eine Zusammenfassung Preußens mit dem Reich in einem Schreiben an den Hamburger Bürgermeister Petersen vom 1. Februar 1924. Dort heißt es: „So gibt es heute nur mehr einen Weg, um das Reich vor der tödlichen Gefahr eines Konfliktes mit Preußen zu bewahren. Die Einheit zwischen der Reichs- und der preußischen Regierung muss hergestellt werden, ehe dieser Konflikt ausbricht." (...) „Es wäre zunächst bei der nächsten Umbildung des Reichskabinetts die Personalunion der wichtigen Ministerposten als fait accompli ohne Verfassungsänderung herzustellen." (...) Ich bin mir allerdings bewußt, dass derartige radikale Vorschläge keinerlei Aussicht haben, kampflos auf dem Wege parlamentarischer Kompromissverhandlungen durchgesetzt zu werden. Es wird zum mindesten die Auflösung beider Parlamente, eines mächtigen Antriebs aus dem Volke selbst, vielleicht des Zurückgreifens auf ein Plebiszit oder gar der eventuellen Bereitschaft zum Staatsstreich bedürfen."

Schon hier wird der Grundgedanke für den Preußenschlag vom 20. Juli 1932 aufgedeckt. Sogar ein Staatsstreich soll möglich sein. Aus der Feder eines am-

---

[36] *Otto Gessler*, S. 261.
[37] *Magnus v. Braun*, S. 249 ff.

IV. Konsequenzen

tierenden Reichsministers ist das schon eine bemerkenswerte Äußerung! Doch andererseits soll durch die Zusammenfassung von Reich und Preußen dem Reich gerade nicht geschadet werden.

Das Dualismus-Problem ließ die führenden Männer m Reichswehrministerium nicht los. Erich Marcks befasste sich 1930/31 mit grundsätzlichen Überlegungen angesichts der Erfahrungen mit dem Ausnahmezustand. Da Marcks und Schleicher eng zusammenarbeiteten, wird man annehmen dürfen, dass Schleicher und Marcks ihre Gedanken untereinander ausgetauscht haben. Marcks wiederholt in seinen Überlegungen zu „Staat und Reichswehr" zunächst den Grundgedanken der Schleicher'schen Politikanschauung: Die reale Macht des Reiches bestehe in der Reichswehr, die formale im Artikel 48 WV. Es müsse die Machtvollkommenheit erhalten bleiben, die Art. 48 WV dem Reichspräsidenten einräume. Doch solle angesichts der in Bayern gemachten Erfahrungen die Reichswehr nicht mehr dazu eingesetzt werden, die Autorität des Reiches gegenüber den Ländern aufrecht zu erhalten. Die Reichsverfassung solle so umgestaltet werden, dass sie künftig Konflikte zwischen Reich und Ländern ausschliesse. Das Reich solle sich durch Personalunion mit Preußen und Zusammenlegung aller in Frage kommenden Behörden die Macht eines Großstaates verschaffen. Erich Marcks fasst die Problematik zusammen: „Die Übertragung der Exekutive auf die Wehrmacht ist und bleibt in allen Staaten das letzte Mittel des Staates, um seine inneren Gegner zu besiegen. Wenn es sich nur um die Niederwerfung des inneren Aufruhrs gehandelt hätte, so wäre der Zweck des Ausnahmezustandes Anfang Dezember 1923 erreicht gewesen. Dass es weder dem Inhaber der vollziehenden Gewalt, noch dem Reichspräsidenten oder der Reichsregierung möglich erschien, den militärischen Ausnahmezustand aufzuheben, – die Gründe hierfür lagen in der Struktur des Reichs. Wenn in einem einheitlichen Staat, wie z. B. in Preußen, die Militärgewalt ihre Aufgabe erfüllt hat, kann sie die Exekutive der einheitlichen, straff über das ganz Land reichenden Zivilgewalt zurückgeben. Das Reich besitzt diese Gewalt nicht; es musste warten, bis Sachsen und Thüringen sich der Reichspolitik unterwarfen, bis Bayern wenigstens auf militärischem Gebiet nachgab. Und um das zu erreichen, hatte es nur ein Exekutivorgan, die Reichswehr. Diese musste also das Heft in Händen behalten, bis das Reich seine Innenpolitik durchgesetzt hatte." (...) „Daher muss sich das Reich durch Personalunion mit Preußen und Zusammenlegung aller in Frage kommenden Behörden die Macht dieses Großstaates verschaffen und die nord- und mitteldeutschen Länder in diesen Staatsverband unmittelbar aufnehmen. Im Interesse der Überordnung der Regierungsgewalt über die militärische, im Interesse der Fernhaltung der Wehrmacht aus der Politik ist die Schaffung eines geschlossenen Großstaates, einer festen Hausmacht des Reiches in Nord- und Mitteldeutschland, eine zwingende Notwendigkeit."[38]

---

[38] *Erich Marcks,* Staat und Reichswehr, in: Wissen und Wehr, 1930, Heft 2; *ders.,* Rückblick auf die ersten 10 Jahre der Reichswehr, in: Wissen und Wehr, Januar 1931, zitiert in: *Heinz Brauweiler,* S. 56 ff.

Zu einer Personalunion oder einer andersartigen Vereinigung Preußens mit dem Reich kam es 1924 noch keineswegs. Die Reichsregierung beschloss zur Gewährleistung einer einheitlichen Politik im Reich und in den Ländern lediglich in § 26 Geschäftsordnung für die Reichsbehörden: „Die präsidierenden Mitglieder der Landesregierungen sollen mehrmals im Jahre zu gemeinsamen Besprechungen mit der Reichsregierung vom Reichskanzler eingeladen werden, um gemeinschaftlich die wichtigen politischen, wirtschaftlichen und finanziellen Fragen zu erörtern und in persönlicher Fühlungnahme zu einer verständnisvollen einheitlichen Politik in Reich und Ländern beizutragen."[39] Das war eine Absichtserklärung für eine einheitliche Politik, mehr aber auch nicht. Gemeinsame Sitzungen preußischer Minister und der Reichsminister fanden tatsächlich statt. Zu einer gemeinsamen Politik konnte es gleichwohl nicht kommen. Insbesondere bei der Problematik des Landesschutzes und des Grenzschutzes konnte es zwischen einem sozialdemokratisch bestimmten Preußen und der Reichsregierung kaum zu einer Zusammenarbeit kommen, nicht einmal unter dem sozialdemokratischen Reichskanzler Müller. Hieraus resultiert Schleichers „Rechtsruck-Politik" und seine Initiative für den Preußenschlag, wie noch zu zeigen sein wird (s. u. D. IV. Rechtsruck 1929, F. II. Preußenschlag).

3. Ausnahmezustand als fürsorgerische Maßnahme

Der Ausnahmezustand war neben der Unterdrückung von Unruhen auch das Mittel, um wirtschaftliche, soziale und finanzpolitische Probleme zu lösen. Das resultierte noch aus dem früheren Belagerungszustand. Dessen Hauptzweck war gewesen, die Bevölkerung der belagerten Stadt mit Nahrungsmitteln zu versorgen. Art. 48 WV hatte diesem Zweck, die Bevölkerung mit dem Notwendigsten zu versorgen, gerade im zweiten Halbjahr 1923 bis in das erste Halbjahr 1924 hinein gedient. Man sprach seither von „Wirtschaftsnotstand", wenn Art. 48 WV für Notverordnungen auf wirtschaftlichem, sozialem und finanzpolitischem Gebiet bemüht wurde. Seeckt hatte den wirtschaftlichen Sicherungseffekt des Ausnahmezustandes betont, als er am 17. November 1923 in dem Aufruf „An die Reichswehr" sagte: „Als meine vornehmste Aufgabe bei der Sicherung des Reiches betrachte ich neben der Aufrechterhaltung der öffentlichen Ordnung, nach besten Kräften und mit aller Energie mitzuwirken bei der Sicherung der Ernährung."[40]

Aufgrund der Meldungen, die Seeckt von den Militärbefehlshabern erhielt, erteilte er als Inhaber der vollziehenden Gewalt den zuständigen Regierungsstellen Anweisungen und unterbreitete Vorschläge, und zwar auch bei wirtschaftlichen und sozialen Problemen. In Schleichers Zuständigkeit bei der T 1 III fiel es, entsprechende Schriftsätze an die zivilen Stellen zu erarbeiten. Er setzte Hauptmann Eugen Ott für die Ausarbeitung der Schriftsätze ein.[41]

---

[39] Geschäftsordnung der Reichsregierung vom 3. Mai 1924, RMinBl. 1924, S. 173 ff.
[40] *Hans v. Seeckt*, An die Reichswehr, vom 17. November 1923, HeeresVOBl. 1923, S. 597.
[41] *Vincenz Müller*, Vaterland, S. 206, 207.

IV. Konsequenzen

Der fürsorgerische Aspekt des Ausnahmezustandes ist bisher kaum herausgestellt worden. Ausnahmezustand, Art. 48 WV – das klingt nach Diktatur und Unterdrückung. Schon Noske schrieb 1920 über seine Richtlinien für den Ausnahmezustand an die kommandierenden Generäle und die Reichswehrgruppenkommandos: „Wenn die vollziehende Gewalt im Sinne vorstehender Richtlinien verständnisvoll gehandhabt wird, so wird der Ausnahmezustand zum Segen des Vaterlandes ausschlagen."[42]

Gerade die Fortgeltung des Ausnahmezustandes bis in das Frühjahr 1924 zeigt, welch große Bedeutung dem fürsorgerischen Element des Ausnahmezustandes zukommt. Schon am 9. November 1923 hätte er aufgehoben werden können, wenn es nur um die Niederschlagung separatistischer Unruhen gegangen wäre. Fortan, nach dem 9. November 1923 bis in das Frühjahr 1924, ging es vordringlich darum, die Ernährung der Bevölkerung im Wege des Ausnahmezustandes zu sichern. Das scheint Schleicher schon im Herbst 1923 dahin beeinflusst zu haben, dass er an die Errichtung einer „legalen Diktatur" zwecks Lösung aller politischen Probleme dachte.[43] Die Staatsautorität zu festigen, die Wirtschaft zu sanieren – das waren neben der außenpolitischen Stabilisierung Schleichers Hauptziele. Der Ausnahmezustand, das Regieren nur mit Art. 48 WV passten dazu. Wenn das zuträfe, so hätte die Idee des Präsidialkabinetts ihre Wurzeln bereits im Ausnahmezustand 1923/24, weil Schleicher aus dem Jahr 1923 den Eindruck mitnahm, dass Art. 48 Abs. 2 WV eine Art Zauberstab in der Hand des Reichspräsidenten war. Der Ausnahmezustand des Art. 48 WV hatte Notsituationen gelindert, er hatte das Reich zusammengehalten, er war die einzige und letzte Chance, das Reich vor dem Bürgerkrieg zu bewahren. Kein Wunder, dass Schleicher wieder an Art. 48 Abs. 2 WV, Notverordnungen und Ausnahmezustand dachte, als das Reich ab Mitte 1929 in immer größere Schwierigkeiten geriet. Wenn man sich fragt, wieso ausgerechnet ein Militär sich für den Weg wirtschaftlicher Gesundung interessiert, für den doch eigentlich der Wirtschaftminister zuständig ist, so findet man die Antwort wiederum in Art. 48 Abs. 2 WV. Wenn die wirtschaftliche Sanierung mit Art. 48 Abs. 2 WV durchgesetzt werden sollte, so war der Einsatz der bewaffneten Macht denkbar.

Gerade weil sich Art. 48 WV 1923/24 so wirkungsvoll erwiesen hatte, nahm man später, zu Zeiten der Präsidialkabinette, seinen inflationären Gebrauch in Kauf. Außerdem blieben viele Verordnungen, die zu Eberts Zeiten auf Grund des Art. 48 WV erlassen worden waren, in Gebrauch. Sie ließen sich praktisch gut handhaben. Also arbeitete die Verwaltung auch in den Jahren 1925 bis 1929, als keine neuen Notverordnungen erlassen wurden, in weitem Umfang mit Notverordnungen – eben mit jenen, die Ebert in Kraft gesetzt hatte. So wurde zwischen Ausnahmezustand und normalem gesetzgeberischem Zustand in den Jahren 1924 bis 1930 nicht deutlich genug unterschieden. Auch das dürfte den späteren häufigen

---

[42] *Jens Flemming / Claus-Dieter Krohn / Dirk Stegmann / Peter Christian Witt*, Bd. 1, Kap. II, Dok. 7.
[43] *Hagen Schulze*, S. 469.

Gebrauch des Art. 48 WV erleichtert haben. Eine Initiative des Reichsinnenministers in der Kabinettssitzung vom 18. Februar 1928, alle auf Art. 48 WV gestützen Verordnungen außer Kraft zu setzen und, sofern notwendig, deren Inhalt als Gesetz erneut in Kraft zu setzen, um der Verfassung zu genügen, verlief sehr schnell im Sande.[44] Man war sich durchaus darüber einig, dass Art. 48 WV nur für Notsituationen gedacht war und eigentlich mit den Notverordnungen nicht mehr gearbeitet werden dürfe. Aber nun waren die Notverordnungen einmal in der Welt und bewährten sich gut. Es wäre sicherlich arbeitsaufwendig gewesen, die Notverordnungen außer Kraft zu setzen, dann zu prüfen, was von ihrem Inhalt noch erforderlich sei und diesen notwendigen Rest als Gesetz wiederum in Kraft zu setzen und dafür Parlament und Reichsrat bemühen zu müssen. Da unterblieb diese Korrektur einfach. Dieser Umstand, dass die Notverordnungen immer noch galten und ihr Inhalt sich gut bewährt hatte, dürfte es dem Reichspräsidenten ab 1930 erleichtert haben, wiederum Notverordnungen zu erlassen.

V. Einstellung der Reichswehr gegenüber dem Ausnahmezustand

Die Reichswehr selbst stand dem Ausnahmezustand kritisch gegenüber. Sie war sich genau bewusst, dass sie im militärischen Ausnahmezustand polizeiliche Aufgaben ausübte. Die Reichswehr fühlte sich beim Einsatz im Innern Deutschlands unwohl und eigentlich fehl am Platze. Sie sah ihre Aufgabe im Vorgehen gegen äußere Feinde, aber nicht gegen die eigenen Landsleute. Das Reichswehrministerium sah die Aufgabe, die der Wehrmacht im Innern des Reiches zufiel, aber als mindestens ebenso wichtig an wie den Einsatz gegen äußere Feinde. Gessler nannte die Reichswehr in der Krisensituation 1923/24 die „eiserne Klammer des Reiches".[45]

Seeckt wusste um den Unmut der Reichswehr, als eine Art Hilfspolizei eingesetzt zu werden. Er hatte deshalb bereits am 10. September 1923 eine Verfügung erlassen, in der er den Einsatz der Reichswehr bei inneren Unruhen klarstellte. Kompetenzstreitigkeiten zwischen militärischen und zivilen Stellen, wie sie in den vorangegangenen Ausnahmezuständen des Jahres 1923 vorgekommen waren, sollten damit vermieden werden. Es hieß in dieser Verfügung: „Wir stehen vor der größten Krise, die das Reich bisher durchgemacht hat. Durch die unbedingte und rücksichtslose Aufrechterhaltung der Staatsautorität wird diese Krise überwunden werden können. Die Abneigung des Soldaten, in den inneren Kampf einzugreifen, ist begründet. Sie darf aber nicht dazu führen, dass die Staatsautorität als solche aufs Spiel gesetzt wird."[46]

---

[44] Kabinettssitzung vom 18. Februar 1929, AdR, Müller, Nr. 126.

[45] *Otto Gessler*, S. 237.

[46] *Hans v. Seeckt*, S. 351, 352.

V. Einstellung der Reichswehr gegenüber dem Ausnahmezustand

Auch als die Zeiten nach dem Ausnahmezustand von 1923/24 ruhiger wurden und der militärische Ausnahmezustand keine Rolle mehr spielte – er wurde erst wieder im Zuge des Preußenschlages am 20. Juli 1932 verhängt – blieb der Unmut innerhalb der Reichswehr über ihre „hilfspolizeilichen" Aufgaben bestehen. Nichts wird das so deutlich zeigen wie Hitlers Reichswehrrede von 1929, die diesen Unmut geschickt und expressis verbis aufgreift und den Soldaten zusichert, dass sie unter nationalsozialistischer Führung nicht zu Hilfspolizisten herabgleiten würden, was bei Fortbestehen des augenblicklichen Systems jedoch alsbald geschehen werde (s. u. D. I. Hitlers Reichswehrrede vom 15. März 1929).

Schon gleich nach dem Ende des Weltkrieges wünschte das Reichswehrministerium, dass die Funktion des Heeres bei Einsätzen innerhalb der Reichsgrenzen geregelt werden müsse. Deshalb gab es aus den Jahren 1919 und 1921 die Vorschrift „Verwendung der Reichswehr im Reich (ViR)". Sie enthielt drei Bestandteile:

- allgemeine Führungs- und Kampfgrundsätze für den Truppeneinsatz im Innern (in Verbindung mit der Dienstvorschrift über Schußwaffengebrauch bei der Reichswehr)
- Zusammenarbeit mit Zivilbehörden und Polizei
- Nachrichtenverbindungen und Versorgung.[47]

Bezeichnenderweise ließ Schleicher im Herbst 1932, als er eine bewaffnete Auseinandersetzung der Reichswehr mit der SA überlegte, diese ViR-Vorschriften im Zuge der Neuorientierung der Reichswehr von Vincenz Müller überarbeiten (s. u. G. IX. Neuorientierung der Wehrmacht). Ebenso bezeichnenderweise ließ Blomberg die Neufassung der ViR sofort im Februar 1933 wieder kassieren.

---

[47] Vgl. *Vincenz Müller*, Vaterland, S. 344.

C. Machtausbau unter
Reichspräsident v. Hindenburg

Nachdem Schleicher seine politischen Überzeugungen 1924 gefestigt hatte, begann er mit deren Umsetzung unter der Ägide des Reichspräsidenten v. Hindenburg ab 1925.

Nach dem Tod Reichspräsident Eberts liebäugelten sowohl Gessler als auch Seeckt mit einer Kandidatur als Nachfolger. Auch Hindenburg war im Gespräch, zeigte sich aber einer Kandidatur gegenüber zunächst spröde. Harold Gordon meint, Schleicher habe Seeckt als Nachfolger Eberts favorisiert. Eine Kandidatur Hindenburgs habe Schleicher nicht recht gefallen. Denn Hindenburg würde vermutlich als alter Militär die militärischen Angelegenheiten niemandem anderen überlassen.[1] Vincenz Müller, der Mitarbeiter Schleichers, stellt es anders dar: Schleicher habe Seeckt zur Zurückhaltung geraten. Stresemann habe sich mit Rücksicht auf das Ausland gegen Gesslers Kandidatur ausgesprochen. Die Rücksicht auf das Ausland erschwerte aber auch eine Kandidatur Hindenburgs. Gerade bemühte sich Stresemann um Verständigung mit Frankreich und England. Hindenburg war dort noch als Generalfeldmarschall des Weltkriegs in lebhafter Erinnerung. Seine Kandidatur hätte die Verhandlungen, die später zum Pakt von Locarno führen sollten, stören können.

Schließlich jedoch sei Schleicher, so Vincenz Müller weiter, aus dem Loebell-Ausschuß, der sich für eine gemeinsame Kandidatur eines rechten Kandidaten im zweiten Wahlgang einsetzte, mit der Nachricht gekommen, man habe sich auf Hindenburg als Kandidaten geeinigt. Folgende Argumente sprächen für Hindenburg: Als Sieger von Tannenberg werde er die rechte Wählerschaft gewinnen. Die Wähler würden sich nicht mehr daran stören, dass unter Hindenburg als Chef des Generalstabs der Weltkrieg verloren worden sei. Für Hindenburg spreche, dass Ludendorff sich feindselig von ihm abgewandt habe und bei dem Marsch auf die Feldherrnhalle beteiligt gewesen sei. Schleicher, so zitiert Müller weiter, habe als Plus für Hindenburg angeführt, dass er seinen Verfassungseid aus religiösen Gründen sehr ernst nehmen werde. Darüber sollten sich die Rechtskreise nicht täuschen. Ein Abrutschen nach links werde Hindenburg ohne Zweifel verhindern. Er werde immer Interesse an der Reichswehr haben und ihr helfen.[2] Der Hinweis auf Ludendorff einerseits und den Verfassungseid sowie das „Abrutschen nach links" andererseits und die Bemerkung, die „Rechtskreise" möchten sich keiner Täuschung

---

[1] *Harold Gordon,* S. 315.
[2] *Vincenz Müller,* Vaterland, S. 284, 285.

über Hindenburgs Eidestreue hingeben, zeigen, dass Schleicher keine grundlegende Verfassungsänderung wollte: Keinen Putsch von rechts, keinen von links, keinen Putsch von oben. Hindenburg würde sich jeder dieser drei möglichen Stoßrichtungen widersetzen.

Nach der Wahl Hindenburgs im Jahre 1925 stand Schleicher der unkomplizierte direkte Zugang zum Hause des Reichspräsidenten offen auf Grund seiner Freundschaft zu Oskar v. Hindenburg und auf Grund der seit den Zeiten der OHL zu Hindenburg selbst bestehenden Bekanntschaft. Das sicherte Schleicher um so stärkeren politischen Einfluss, als er nun einerseits als Freund des Hauses Hindenburg andererseits als Militär seine Ideen von der Staatsautorität umsetzen konnte. So sollte sich Hindenburgs Wahl als Glücksfall für Schleicher erweisen.

I. Streit um das Ausführungsgesetz nach Art. 48 Abs. 5 WV

Schleicher bekam sehr bald nach Hindenburgs Amtsantritt Gelegenheit, für die starke Stellung des Reichspräsidenten und damit für sein Ziel der Stärkung der Staatsautorität, zu kämpfen. Ein Ausführungsgesetz nach Art. 48 Abs. 5 WV wurde immer dringender gefordert. Aus Schleichers Sicht bedeutete ein solches Gesetz eine Schwächung der Staatsautorität.

Schon 1925 hatte Reichskanzler Luther versucht, ein Ausführungsgesetz durchzubringen, war aber gescheitert. Luther scheint das Problem des Ausführungsgesetzes nach Eberts Tod angepackt zu haben. Ebert hatte viele Notverordnungen auf Grund des Art. 48 WV unterzeichnet. Ebert hatte daraus keine Präsidialdiktatur gemacht, und 1924 war die Situation auch nicht in eine Militärdiktatur entglitten. Beides war bei einem Nachfolger Eberts nicht ausgeschlossen. Luther wird also mit seiner Initiative vorgebaut haben, damit ein künftiger Reichspräsident von vornherein gewissen verfassungsmäßigen Bindungen unterliege und Art. 48 WV nicht zu einem „Diktatur-Artikel" verkommen könne.

Luther erkannte an, dass in Krisenzeiten die gesetzesvertretende Verordnungskompetenz des Art. 48 WV ein wichtiges Mittel zur Krisenbekämpfung war. Er mahnte aber, dass dies nur als eine Hilfestellung der Verfassung für kurze Zeit, nicht als Dauerzustand gewollt war. Um eine Verordnungskompetenz dauernd in die Verfassung einzubauen, brachte das Kabinett Luther im März 1925, also noch vor der Wahl eines Nachfolgers für Ebert, im Reichstag folgenden Gesetzentwurf ein: Als Art. 77a WV sei folgender Text einzufügen; „Wenn die Beseitigung eines ungewöhnlichen Notstandes es dringend erfordert und der Reichstag nicht versammelt ist, kann die Reichsregierung mit Zustimmung des Reichsrats und des Ausschusses zur Wahrung der Rechte der Volksvertretung Verordnungen, die der Verfassung nicht zuwiderlaufen, mit Gesetzeskraft erlassen. Diese Verordnungen sind alsbald dem Reichstag vorzulegen. Auf sein Verlangen sind sie außer Kraft zu setzen."

In der Begründung hieß es, in einer reichstagslosen Zeit bleibe nichts übrig als auf Art. 48 Abs. 2 zurückzugreifen, was zwar verfassungsrechtlich statthaft, aber, da als äußerster Notbehelf gedacht, staatspolitisch unerwünscht sei. Es hat den Anschein, als habe das Reichswehrministerium alles daran gesetzt, diesen Gesetzentwurf dilatorisch behandeln zu lassen. Der Reichstag beschloss den Entwurf nicht. Das Kabinett Müller brachte ihn, nachdem der Reichstag am 31. März 1928 aufgelöst worden war, nicht wieder in den am 20. Mai 1928 neu gewählten Reichstag ein. Damit war diese Gesetzesinitiative gescheitert.[3]

Dieser verfassungsändernde Gesetzentwurf Luthers setzt zwar nicht ausdrücklich bei Art. 48 WV an, ist aber inhaltlich genau das Ausführungsgesetz, von dem Art. 48 Abs. 5 WV spricht. Mit dieser Verfassungsänderung wäre zwar das Notverordnungsrecht des Reichspräsidenten aus Art. 48 Abs. 1 und Abs. 2 WV buchstabenmäßig nicht angetastet worden. Aber daneben hätte es für die Reichsregierung ein Notverordnungsrecht gegeben. In der Verfassungswirklichkeit hätte das dazu führen können, dass der Reichspräsident politisch kaltgestellt worden wäre und nur die Reichsregierung Notverordnungen erlassen hätte. Hindenburg und sein Berater- und Freundeskreis erkannten, dass der Gesetzentwurf des Kabinetts Luther einen Machtverlust für den Reichspräsidenten bedeutete und verhielten sich entsprechend kühl.

Als dieser verfassungsändernde Gesetzentwurf des Kabinetts Luther nicht recht weiterkam, machte der Reichsinnenminister Külz einen weiteren Vorstoß, um das Notverordnungsrecht klarer zu regeln. Schon am 8. Januar 1926 hatte die SPD-Fraktion im Reichstag den Antrag zur Abstimmung gestellt, die Reichsregierung zu ersuchen, unverzüglich das in Art. 48 Abs. 5 der Reichsverfassung vorgesehene Ausführungsgesetz zu Art. 48 WV vorzulegen. Külz übersandte nun am 14. August 1926 dem Reichsjustizminister, dem Reichswehrminister, dem Büro des Reichspräsidenten und dem Staatssekretär in der Reichskanzlei einen Referentenentwurf eines Ausführungsgesetzes zu Artikel 48 der Reichsverfassung mit der Bitte um Stellungnahme.[4] Nunmehr liefen also zwei Initiativen nebeneinander her, um die Diktaturgewalt des Reichspräsidenten in den Griff zu bekommen: der dilatorisch behandelte Gesetzentwurf Luthers und der Referentenentwurf aus dem Reichsinnenministerium.

Der Referentenentwurf für das Ausführungsgesetz zu Art. 48 WV war vordringlich darauf gerichtet, die Rolle der Reichswehr zu bestimmen, die sie im Rahmen des Art. 48 WV spielen sollte und durfte. § 1 Referentenentwurf lautete: „Ordnet der Reichspräsident das Einschreiten der bewaffneten Macht an, weil ein Land die ihm nach der Reichsverfassung oder den Reichsgesetzen obliegenden Pflichten nicht erfüllt, so soll er, sofern nicht Gefahr im Verzug ist, über das Vorliegen dieser Pflichtverletzung vorher den Staatsgerichtshof für das Deutsche Reich gutacht-

---

[3] Zu dem gesamten Komplex: *Ernst Rudolf Huber*, Verfassungsgeschichte, Bd. VI, S. 447.

[4] Referentenentwurf zum Ausführungsgesetz nach Art. 48 Abs. 5 WV, AdR, Marx III, IV, Nr. 70.

I. Streit um das Ausführungsgesetz nach Art. 48 Abs. 5 WV

lich hören." Das betraf also den Einsatz der Reichswehr im Rahmen des Art. 48 Abs. 1 WV.

Zu Art. 48 Abs. 2 WV sah der Entwurf in § 10 vor, dass der Reichspräsident die von ihm im Rahmen des Ausnahmezustandes gemäß Art. 48 Abs. 2 WV angeordneten Maßnahmen einem Reichsbeauftragten übertragen könne. § 10 Abs. 2 des Entwurfs besagte: „Zu Reichsbeauftragten sollen regelmäßig Beamte der Zivilverwaltung oder sonstige Zivilpersonen bestellt werden (bürgerlicher Ausnahmezustand). Die Bestellung eines Militärbefehlshabers als solchen zum Reichsbeauftragten (militärischer Ausnahmezustand) soll nur erfolgen, wenn andernfalls die Wiederherstellung der öffentlichen Sicherheit und Ordnung nicht gesichert erscheint." Der Entwurf geht also als Regelfall von dem zivilen Ausnahmezustand aus.

§ 15 des Entwurfs konkretisiert den militärischen Ausnahmezustand:

„1. Im Falle des militärischen Ausnahmezustandes ist dem Militärbefehlshaber ein bürgerlicher Beauftragter zur Seite zu stellen.

2. Anordnungen des Militärbefehlshabers, die nur infolge der Außerkraftsetzung von Grundrechten der Reichsverfassung zulässig sind, bedürfen zu ihrer Rechtswirksamkeit der Zustimmung des bürgerlichen Beauftragten; Rechtsverordnungen bedürfen seiner Gegenzeichnung. Weisungen des Militärbefehlshabers an die bürgerlichen Verwaltungsbehörden sowie allgemeine Anordnungen an die Bevölkerung ergehen im Benehmen mit dem bürgerlichen Beauftragten. Bei Gefahr im Verzuge sind sie dem bürgerlichen Beauftragten unverzüglich nachträglich mitzuteilen.

3. Überträgt der Reichspräsident gemäß § 10 die Durchführung der von ihm angeordneten Maßnahmen auf den Reichswehrminister und übt dieser sie selbst aus, so soll der Reichspräsident den Reichsminister des Innern als bürgerlichen Beauftragten bestellen."

Der Referentenentwurf tendiert eindeutig zum zivilen Ausnahmezustand. Wenn aber doch der militärische Ausnahmezustand angeordnet werden muss, so ist er so bald wie möglich in den zivilen Ausnahmezustand umzuwandeln. Im Falle des Art. 48 Abs. 1 WV wird der militärische Ausnahmezustand entschärft durch eine Vorkontrolle des Staatsgerichtshofs.

Der Reichspräsident ließ erkennen, dass er ein entsprechendes Gesetz niemals ausfertigen werde. Er sah sich in seinen verfassungsmäßigen Kompetenzen aus Art. 48 WV geschmälert. Insbesondere würde er nicht dulden, dass ihm der Staatsgerichtshof „vor die Nase gesetzt" werde (§ 1, ferner noch § 5, § 7 des Referentenentwurfs). Das Reichswehrministerium vertrat denselben harschen Standpunkt. Es kündigte eine „Gegen-Denkschrift" an.[5]

---

[5] Aufzeichnung des Regierungsrates Planck zum Entwurf eines Ausführungsgesetzes zu Art. 48 der Reichsverfassung, 14. September 1926, AdR, Marx III, IV, Nr. 80.

Der Reichswehrminister richtete am 12. November 1926 ein Schreiben an den Innenminister, das sich mit dem Referentenentwurf befasst.[6] Das war die angekündigte „Gegen-Denkschrift". Der Reichspräsident äußerte sich am 22. November gegenüber dem Kanzler zu dem Referentenentwurf.[7] Beide Schreiben enthalten dieselben Gedanken, das Schreiben des Reichspräsidenten ist etwas umfangreicher ausgefallen.

Das Schreiben des Reichswehrministers vom 12. November 1926 stellt einen Gedanken heraus, den Gessler und Schleicher schon 1923/24 entwickelt hatten, nämlich die unbedingt notwendige Stärkung der Reichsgewalt, die insbesondere durch eine Personalunion Preußens mit dem Reich gefördert werden müsse. Der Reichswehrminister schreibt: „Nicht auf ein Ausführungsgesetz zum Artikel 48 kommt es an, sondern darauf, durch eine Stärkung der Reichsgewalt in normaler Zeit der Notwendigkeit der Anwendung des Artikel 48 das Wasser abzugraben." (...) „Mittel zur Stärkung der Reichsgewalt:

1. Wiedervereinigung der Macht Preußens mit der Reichsgewalt (vergl. Letzte Denkschrift des RWM über den Ausnahmezustand und zur 1. Bayerischen Denkschrift).

2. Verstärkung der Präsidialen Gewalt (Amerika)."

Sowohl das Schreiben des Reichswehrministers als auch das Schreiben des Reichspräsidenten gehen ausführlich auf § 15 des Referentenentwurfs ein und missbilligen ihn einhellig. Eine Art Rangfolge zwischen militärischem und zivilem Beauftragten sei abzulehnen. Der Reichspräsident dürfe nicht festgelegt werden, wen er als Beauftragten bestellen müsse. Beide Schreiben beziehen sich auf die VO des Reichspräsidenten vom 26. September 1923 (RGBl. 1923 I, S. 905). Danach kann der Inhaber der vollziehenden Gewalt Regierungskommissare ernennen. Diese Regelung habe sich bewährt. Es solle dabei belassen werden. Die Schreiben sind einander so ähnlich, dass man meinen könnte, dieselbe Person habe sie verfasst: Schleicher. Beide Schreiben kommen zu demselben Schluß: Das Ausführungsgesetz möge nicht beschlossen werden. Das Schreiben des Reichswehrministers sagt es drastisch: „Ich würde es daher als die bei weitem beste Lösung betrachten, die Angelegenheit versanden zu lassen oder bis auf weiteres zu verzögern."

Der Referentenentwurf wurde einfach fallengelassen, „versanden" gelassen, wie Schleicher es formuliert hatte. Ob der Entwurf jemals eine doppelt qualifizierte Zweidrittelmehrheit im Reichstag gefunden hätte, wie sie für Verfassungsänderungen nötig war, war höchst zweifelhaft. Doch selbst wenn das gelungen wäre, hatte der Reichspräsident sich bereits vorab geweigert, das verfassungsändernde Gesetz auszufertigen. Schon wegen dieser Weigerung brachte man den Entwurf nicht weiter voran. Nirgends wird jedoch die juristische Frage aufgeworfen, ob und wann

---

[6] Der Reichswehrminister an den Reichsminister des Innern. 12. November 1926, AdR, Marx, Nr. 116.

[7] Der Reichspräsident an den Reichskanzler, AdR, Marx, III, IV, Nr. 122.

I. Streit um das Ausführungsgesetz nach Art. 48 Abs. 5 WV

der Reichspräsident verpflichtet ist, ein beschlossenes Gesetz auszufertigen. Die Autorität des Reichspräsidenten verbot derartige Überlegungen wohl von vornherein.

Bemerkenswert ist, dass der Gesetzentwurf Luthers auf die reichstagsfreie Zeit als Gefahr für die Gesetzgebung hinweist. Die gesetzgeberische Tätigkeit darf aber keinen Stillstand kennen. Deshalb also soll die Regierung die Kompetenz erhalten, Gegenstände verbindlich zu regeln, zwar nicht in Form von Gesetzen, immerhin aber in Form von Verordnungen. Luther sieht die reichstagsfreie Zeit also als negativen Problemfall an. Anders wird Schleicher es nachher während der Zeit der Präsidialkabinette sehen: In der reichstagsfreien Zeit sieht Schleicher ein Positivum. In dieser Zeit erlässt der Reichspräsident nach Art. 48 WV Notverordnungen, ohne dass das Palament sie mit einem Außerkraftsetzungsantrag „kippen" kann. Der Reichspräsident verfügte damit über das größtmögliche Maß an Staatsautorität, das denkbar war. Diese Praxis durfte allerdings nicht zu weit getrieben werden. Denn das wäre ein Regieren „auf den Spitzen der Bajonette" gewesen, was Schleicher nicht wünschte. Diese Diskussion zeigt, dass die Präsidialkabinette ab 1930 nicht aus einem gewissermaßen luftleeren Raum entstanden sind. Das Regieren in reichstagsfreier Zeit mit Verordnungen war als Variante schon 1926 im Spiel, wenn auch noch mit negativer Bewertung.

Schleicher scheint auch weiterhin befürchtet zu haben, dass die Machtfülle des Reichspräsidenten durch ein Ausführungsgesetz nach Art. 48 Abs. 5 WV geschmälert werden könnte, obwohl es keine weiteren Gesetzentwürfe zu Art. 48 Abs. 5 WV gab. Das zeigt sich in den Entwürfen für Reichstagsauflösungen, die der Staatsrechtler C. Schmitt im September 1932 prophylaktisch anfertigte (s. u. F. VI. Reichstagseröffnung und Auflösungsoption). Unter Ziff. VI heißt es dort: „Ausführungsgesetz zu Art. 48? Kann nicht zum Gegenstand eines durch Neuwahl zu entscheidenden Konfliktes zwischen Reichstag und Reichsregierung gemacht werden. Die in diesem Fall unbedingt notwendige Auflösung müsste anders begründet werden!"[8] Der Anstoß zu Schmitts Überlegungen war aus dem Reichswehrministerium gekommen. Da Anfang September 1932 von einem Ausführungsgesetz überhaupt keine Rede war, wird man annehmen dürfen, dass Schleicher auf diesen Punkt der Untersuchung Wert gelegt hat angesichts seiner Erfahrungen von 1926. Schmitts Ansicht, dass ein bevorstehender Reichstagsbeschluss über ein Ausführungsgesetz nach Art. 48 Abs. 5 WV kein Auflösungsgrund sein kann, ist ohne weiteres zuzustimmen. Denn die Weimarer Verfassung hatte in Art. 48 Abs. 5 WV selbst das Verlangen nach einem Ausführungsgesetz geäußert. Wenn der Reichstag einem ausdrücklichen Gebot der Verfassung nachkommt, so wäre seine Auflösung in diesem Falle ein Durchkreuzen des Verfassungsauftrages und folglich verfassungswidrig gewesen.

---

[8] Anlage 1 zur Ministerbesprechung vom 16. Januar 1933, 11.15 Uhr, AdR, Schleicher, Nr. 56.

II. Wehrmachtsabteilung

Schleicher konnte seine Machtposition im Reichswehrministerium ab 1926 noch weiter ausbauen. Im Januar 1926 richtete Reichswehrminister Gessler die Wehrmachtsabteilung ein. Diese Maßnahme geht vermutlich auf eine Anregung Schleichers zurück. Er befand sich in einer Stellung zwischen dem Reichswehrminister Gessler und dem Chef der Heeresleitung v. Seeckt, die Schleicher offenbar nicht recht behagte. Es kam immer wieder zu internen Kommunikationsschwierigkeiten. Seeckt erfuhr Dinge, die Schleicher nicht erfuhr. Um diese Schwierigkeiten zu beseitigen, entstand die Wehrmachtsabteilung. Ihre Aufgabe war die Zusammenfassung aller Arbeiten von politischem Charakter oder von Möglichkeiten politischer Auswirkungen für das Ministerium (Heeresleitung und Marineleitung). Die Wehrmachtsabteilung war direkt dem Minister unterstellt. Innerhalb des Reichswehrministeriums wurde die Bildung der neuen Abteilung so begründet:

a) „Stärkung der Stellung und des Einflusses des Ministers in allen Fragen von politischer Bedeutung

b) Einfangen auch der Marine, die bisher „Veilchen" ist

c) bisherige Stellung der T 1 3 als Abteilung des Truppentransportamtes eigentlich nur Heeressache. Bessere Beachtung der Anweisungen und Forderungen des Ministers und zugleich einheitliche Abwehr von Angriffen und

d) dazu noch einige Vorkommnisse, nämlich Kommunikationsschwierigkeiten, Vorbauen gegen den von SPD verschiedentlich geforderten parlamentarischen Staatssekretär im Reichswehrministerium."[9]

Schleicher wurde die Leitung der Wehrmachtsabteilung mit Wirkung vom 1. Februar 1926 übertragen. In der Wehrmachtsabteilung waren die Nachrichtenstellen des Reichswehrministeriums, das politische Referat des Truppenamtes und die Marineabteilung zusammengefasst. Bedenkt man, dass das Truppenamt eine Art Nachfolge der früheren Obersten Heeresleitung war, so kann man ermessen, welche Bedeutung die Wehrmachtsabteilung tatsächlich hatte. Schleicher war in seiner Stellung als deren Leiter zum politischen Berater des Reichswehrministers geworden. Die gesamte Verfassungspolitik war damit in Schleichers Ressort angesiedelt. Durch die Schaffung der Wehrmachtsabteilung hatte Gessler sich das politische Referat selbst unterstellt. Bisher hatte dieses beim Chef der Heeresleitung, also Seeckt, ressortiert. Schleichers unangenehme Mittelstellung zwischen Gessler und Seeckt war damit entschärft. Die Wehrmachtsabteilung bildete gewissermaßen ein Scharnier zwischen Poltik und Reichswehr. Immer wieder hatte Schleicher darauf hingewiesen, dass die Reichswehr unpolitisch zu sein habe, sonst sei sie kein funktionsfähiges Werkzeug in der Hand des Reichspräsidenten. Nur eine einzige Stelle sollte sich in die Politik einmischen dürfen: seine, Schleichers, Wehrmachtsabteilung.

---

[9] Vgl. Nachlass *Vincenz Müller,* Manuskripte, N 774/22, Bl. 96.

Eugen Ott, Schleichers Freund, war innerhalb der Wehrmachtsabteilung verantwortlich für die technische Durchführung des Ausnahmezustandes. Das wird in der Zeit der Präsidialkabinette überaus wichtig.

III. Stellung der Reichswehr

Seeckt missbilligte verständlicherweise die Bildung der Wehrmachtsabteilung. Denn Schleicher gewann damit größeren Einfluss als der Chef der Heeresleitung. Das mochte dem Reichswehrminister Gessler übrigens ganz recht sein. Die Spitze des Reichswehrministerium war von dem persönlichen Beziehungsgeflecht zwischen den leitenden Männern geprägt. Die Freundschaft Gessler/Schleicher war nun einmal enger als die Freundschaft Gessler/Seeckt. Das Verhältnis Schleicher/Seeckt scheint eher höflich kühl gewesen zu sein.

Im Herbst 1926 ergab sich für Schleicher eine Gelegenheit, Seeckt ganz ins Abseits zu drängen, so dass er seinen Abschied nahm. Seeckt erlaubte dem Kronprinzen die Teilnahme am Herbstmanöver 1926, und zwar die Teilnahme in Reichswehruniform. Die Presse bauschte das Ereignis auf. Nicht so sehr die Teilnahme an sich war Stein des Anstoßes, sondern die Teilnahme in Reichswehruniform. Der Kronprinz war nicht auf die Republik vereidigt, einen nachträglichen Eid lehnte er ab. Nur vereidigt hätte er aber die Reichswehruniform tragen dürfen. Schleicher war als Chef der Wehrmachtsabteilung einerseits und als Freund des Kronprinzen andererseits von der Teilnahme des Kronprinzen sicherlich vorab informiert. Seeckt hatte aber Reichswehrminister Gessler nicht ausdrücklich informiert und Schleicher tat es auch nicht. Da es sich um eine hochpolitische Angelegenheit handelte, hätte eigentlich Gessler die Verantwortung dafür übernehmen und konsequenterweise zurücktreten müssen. Statt dessen aber nahm Seeckt den Abschied. Er bot dem Reichspräsidenten zuvor noch einen Kompromissvorschlag an, der ihn im Amt hätte belassen können. Hindenburg lehnte aber ab. Er scheint dabei auf einen entsprechenden Rat Schleichers gehört zu haben. Schleicher hat Reichswehrminister Gessler in der Frage der Entlassung Seeckts keine Ratschläge erteilt, wie dieser selbst in seinen Memoiren schreibt.[10] Allerdings hätte Schleicher ihm doch wohl Kenntnis von dem Vorhaben des Kronprinzen geben müssen. Schleichers Schweigen sieht weniger wie eine Nachlässigkeit aus als vielmehr wie eine Intrige zu Lasten Seeckts.

General Wilhelm Heye trat die Nachfolge Seeckts an. Er war eine weniger starke Persönlichkeit als Seeckt. Dementsprechend minderte sich auch der Einfluss des Chefs der Heeresleitung noch weiter. Schleicher sorgte dafür, dass sein Freund v. Hammerstein-Equord Heye 1930 ablöste.

Den Wechsel von Seeckt zu Heye nahm Schleicher zum Anlass, die Stellung der Reichswehr neu und grundsätzlich zu definieren. Er tat das in der „Niederschrift

---

[10] *Otto Gessler*, S. 305.

von grundsätzlichen Ausführungen des Ob. Schleicher über die Stellung der Reichswehr zur politischen Lage".[11] Diese Niederschrift datiert „nach September 1926". Sie entstand in einer Situation, die nicht nur durch den Wechsel der Heeresleitung, sondern gleich durch mehrere wichtige Verschiebungen in der politischen Lage geprägt war:

1. Seeckts Abschied und seine Ablösung durch Heye hatten einige Unruhe in der Reichswehr ausgelöst.
2. Der Ruf nach einer Wiedereinführung der Monarchie wurde laut, insbesondere in der Reichswehr.
3. Die Regierungskrise des Kabinetts Marx III vom Dezember 1926 und der von Schleicher nunmehr herbeigewünschte Rechtsruck zeichneten sich ab.
4. Im Januar 1927 stand die Auflösung der Interalliierten Militär-Kontroll-Kommission bevor. Es war unklar, wie dann die parlamentarische Kontrolle über die Reichswehr ausgeübt werden solle. Schleicher jedenfalls wünschte eine derartige Kontrolle keineswegs.
5. Preußen rollte die Frage der demokratischen Kontrolle der Reichswehr speziell im Zusammenhang mit der Frage des Heeresersatzes und des Landesschutzes auf. Diese Verquickung war für Schleicher besonders gefährlich, weil Fragen der von ihm mitaufgebauten „schwarzen Reichswehr" ans Licht der Öffentlichkeit gezerrt werden könnten.

Hier traf also ein ganzes Bündel von grundsätzlichen Problemen aufeinander. Schleicher steckte in dieser Situation erst einmal seine Ziele ab.

Die Niederschrift Schleichers über die künftige Stellung der Reichswehr gliederte sich in:

A. Einstellung der Reichswehr
  1. zum Staat
  2. zu den verfassungsmäßigen Gesetzen
  3. zur Bevölkerung

B. Landesschutz

C. Volkssport

D. Einzelheiten.

Unter Punkt A. 1. „Einstellung der Reichswehr zum Staat" führte Schleicher aus, dass ein Kaiserreich jedenfalls gegenwärtig nicht wiederhergestellt werden könne. Es müsse von einer breiten Zustimmung des Volkes getragen sein. Momentan gebe es eine solche Zustimmung nun einmal nicht. „Nicht Republik oder Monarchie ist jetzt die Frage, sondern, wie soll diese Republik aussehen? Und da liegt es doch wirklich auf der Hand, dass sie nur nach unseren Wünschen aus-

---

[11] *Thilo Vogelsang,* Reichswehr, Dok. 3.

gebaut werden kann, wenn wir freudig und unermüdlich an diesem Bau mitwirken", schrieb Schleicher weiter. Man möge sich nicht um den Begriff „Republik" herumdrücken, sondern solle ihn mutig gebrauchen. Dann werde auch „unsere" Einstellung zum Staat freier, positiver und herzlicher. Das Wort „unsere" in Bezug auf die Einstellung muss bedeuten: Die Einstellung des Heeres. Hier klingt wieder das an, was Ott über Schleicher sagte: Die Staatsform – Monarchie oder Republik – interessiert Schleicher wenig, er kümmert sich nur darum, wie sich das Heer gewissermaßen „einrichten" kann innerhalb des bestehenden Staatswesens.

Unter A. 2. „Einstellung der Reichswehr zu den verfassungsmäßigen Gewalten" schrieb Schleicher: „In diesem Zusammenhang (gemeint ist der Abgang v. Seeckts, d. Verf.) muss auch einmal das törichte Gerede von Diktatur, Art. 48 usw. besprochen werden. Der Art. 48 ist zusammen mit der Wehrmacht die stärkste Waffe des Reichspräsidenten, die ihm die Verfassung in die Hand gegeben hat, um das Reich aus schweren Lagen jeder Art herauszuführen. Das ist ein durchaus legaler Akt, auch wenn außergewöhnliche Mittel angewendet werden. Der Reichspräsident ist also der Alleinberechtigte und -verantwortliche für die Anwendung des Art. 48, die Reichswehr ist gegebenenfalls ein ausführendes Organ, nichts weiter. Deshalb sollte gerade sie sich mit derartigen Möglichkeiten nicht beschäftigen, sie setzt sich damit unnötig in ein falsches Licht." Das ist wieder einmal das Schleicher'sche Bild von der Staatsautorität: Der Reichspräsident verkörpert die oberste Staatsgewalt und setzt sie – nicht unbedingt, aber notfalls eben doch – über Art. 48 WV mittels der Reichswehr durch.

In dem Punkt A. 3. „Einstellung der Reichswehr zur Bevölkerung" überlegt Schleicher, wie Politik praktisch zu gestalten sei: „Gerade die Wehrmacht ist dazu befähigt, der Republik ihren Sinn als übergeordnete Staatshoheit wiederzugeben und den Parteien damit ihre Waffe aus der Hand zu schlagen." (...) „Am Besten, wenn der Regierungskurs nach rechts geht, nach dem guten alten Grundsatz, dass man im Gewinn am ehesten abgeben kann. Wie ich überhaupt auch (als) die beste Reichswehrpolitik ansehe, dass bei zu starkem Ausschlagen des Regierungspendels nach rechts oder links ganz unmerklich die entgegengesetzte Schulter belastet werden muss."

Diese Niederschrift von grundsätzlichen Ausführungen über die Stellung der Reichswehr ist eine bewusste Kehrtwende in der Wehrpolitik. Die politisierende Reichswehrspitze erhielt mit Schleichers Papier eine richtungweisende Linie.[12] Unpolitisch sollte die Reichswehr nach wie vor sein und bleiben. An dieser grundsätzlichen Auffassung änderten Schleichers Ausführungen kein Jota. Anders als früher aber forderte Schleicher nun ein positiv gegenüber der Republik eingestelltes „inneres Forum" eines jeden Soldaten. Der Soldat sollte die Republik bejahen, sie aufgeschlossen, geradezu herzlich bejahen und rückwärtsgewandte Sehnsüchte auf eine Wiederherstellung der Monarchie ablegen.

---

[12] Vgl. *Thilo Vogelsang*, Reichswehr, S. 409 ff.

Die Reichswehr soll auch weiterhin Instrument in der Hand des Reichspräsidenten sein. Aber sie soll es in offenem Bekenntnis zur Republik sein. Das scheint zunächst widersprüchlich. Denn wenn die Reichswehr lediglich Instrument sein soll, so könnte die Einstellung des einzelnen Soldaten eigentlich gleichgütig sein. Die Bedeutung dessen liegt darin, dass Schleicher sich hier bewusst von der Seeckt'schen Einstellung abwendet, dass die Wehrmacht ausschließlich auf den Chef der Heeresleitung fixiert sein soll. Einen „Staat im Staate" wünscht Schleicher nicht. Es gibt etliche Seeckt zugeschriebene Sprüche, wie „Ob die Reichswehr zuverlässig ist, weiß ich nicht, aber sie tut, was ich will" oder: „Wo die Reichswehr steht, weiß ich nicht, aber sie steht hinter mir". Damit wollte Schleicher aufräumen. Denn wenn in der Reichswehr tatsächlich eine derartige Auffassung vorhanden war, so war sie nur in der Hand des Chefs der Reichswehr ein geeignetes Instrument, in der Hand des Reichspräsidenten aber nicht unbedingt.

IV. Rechtsruck Dezember 1926

Für eine Verstärkung der präsidialen Gewalt, wie sie Schleicher vorschwebte, ergab sich im Dezember 1926 eine Chance in der Regierungskrise des Kabinetts Marx III. Dieses Kabinett stützte sich auf eine Minderheitskoalition. Es war deshalb auf die Zusammenarbeit mit der SPD angewiesen. Das war eine höchst labile Konstellation. Der Manchester Guardian deckte am 6. Dezember 1926 in seinem Leitartikel die Zusammenarbeit zwischen „Schwarzer Reichswehr" und Roter Armee auf. Die Reichswehr, so der Guardian, arbeite außerdem mit der Großindustrie zusammen, russische Granaten lagerten in deutschen Häfen, deutsche Offiziere würden auf sowjetrussischem Boden ausgebildet. Möglicherweise war dieser Zeitungsartikel eine Reaktion auf Schleichers „Niederschrift von grundsätzlichen Ausführungen über die Stellung der Reichswehr". Aus der Sicht der Engländer mussten die dort festgeschriebenen Gedanken ein Ausbund an Verlogenheit sein. Denn das Bekenntnis zur Republik inkludierte die Einhaltung des Versailler Vertrages, der schließlich die Weimarer Republik und ihre Politik von Anfang an begleitet hatte und auf den stets Rücksicht zu nehmen war. Aber gerade die Existenz der „Schwarzen Reichswehr" zeigte, wie Schleicher Verfassung und Versailler Vertrag umging.

Die Aufregung in Deutschland war ungeheuer. Jene, die von der Zusammenarbeit zwischen „Schwarzer Reichswehr" und Roter Armee, ja sogar von der Existenz einer geheimen Armee, nichts wussten, regten sich über die enthüllten Tatsachen selbst und ihre möglichen außenpolitischen Gefahren auf. Jene, die um die Zusammenarbeit wussten und sie sogar wollten – dazu zählte die Spitze im Reichsministerium –, sahen in jeglicher Enthüllung ihrer Machenschaften Landesverrat.

Die SPD kündigte wegen der Enthüllungen über die „Schwarze Reichswehr" die Zusammenarbeit mit der Regierung Marx auf und stellte im Reichstag einen Misstrauensantrag am 16. Dezember 1926. Scheidemann begründete diesen Antrag mit einer Rede, in der er die Zusammenarbeit zwischen Reichswehr und Roter Armee mit den schon vom Manchester Guardian vorgebrachten Tatsachen noch einmal schonungslos offenlegte und tadelte. Am 17. Dezember 1926 stürzte das Kabinett.

Das politische Rennen war im Dezember 1926 völlig offen. Theoretisch konnte sie sich nach rechts entwickeln in Richtung auf eine Stärkung der präsidialen Stellung. Theoretisch konnte sie sich nach links entwickeln, gestützt auf eine starke SPD, die dann ihre wehrpolitischen Ansprüche angemeldet hätte. Für den Reichspräsidenten und den Kreis um ihn, insbesondere für Schleicher, war diese Frage schon entschieden. Schleicher strebte nach rechts und nach der Unabhängigeit von der SPD. Schleicher erklärte Ende Dezember 1926, dass es am besten sei, „wenn der Regierungskurs nach rechts geht."[13] Schleicher hätte zwar gern mit der SPD zusammengearbeitet, schließlich hatte er ein gutes Verhältnis zu Ebert gehabt. Im Januar 1927 schien Schleicher den guten Kontakt zur SPD noch einmal wieder aufnehmen zu wollen. Allein das war angesichts der kritischen Haltung der SPD gegenüber Schleichers Wehrpolitik zum Scheitern verurteilt. So schreibt Stülpnagel: „Wir, mehr oder weniger maßgebende Offiziere in der Heeresleitung haben immer gehofft, mit den Sozialdemokraten uns zu verständigen. Weniger die ‚Monarchisten', sondern vielmehr die ‚Marxisten' verhinderten ein besseres Verhältnis."[14] Das dürfte auch Schleichers Haltung gewesen sein.

Es ist damals, im Dezember 1926, zu einer Art „Brain-Storming", wie man heute sagen würde, über das weitere Vorgehen gekommen, insbesondere über die Bildung der künftigen Regierung. Meissner, Pünder und Schleicher erarbeiteten Vorschläge, wie in dieser Situation ein Kabinett gebildet werden könne, das von der SPD unabhängig sei. Für Schleicher muss die Situation im Dezember 1926 geradezu ideal ausgesehen haben: Den eher unbequemen Chef der Heeresleitung Seeckt hatte er ersetzen können durch Heye, Schleicher selbst hatte als Chef der Wehrmachtsabteilung die Stellung eines Staatssekretärs erlangt, das Ohr des Reichspräsidenten gehörte ihm. Schleicher konnte also nach zwei Seiten politisch agieren, nämlich in das Reichswehrministerium wie auch in das Reichspräsientenpalais hinein. Aber die Situation war eben nur fast ideal: Denn die Enthüllungen des Manchester Guardian stellten Schleichers Wehrpolitik in Frage.

1. Meissners Vorschlag

Meissner äußerte in einer Denkschrift „Bemerkungen zur Regierungsbildung" vom 18. Dezember 1926, das beste wäre jetzt eine Mehrheitsregierung auf einer breitgefächerten Grundlage von der DNVP bis zum Zentrum. Die zweitbeste Möglichkeit sei eine „Regierung der Persönlichkeiten". Doch die werde nur lebensfähig

---

[13] *Andreas Hillgruber,* S. 184; *Thilo Vogelsang,* Reichswehr, S. 409 ff. (Aufzeichnung Schleichers).

[14] Nachlass *Joachim v. Stülpnagel,* N 5/25, Brief Gordon, S. 4, Bl. 5.

sein, wenn der Reichspräsident zur Auflösung des Reichstages bereit sei und wegen der alsdann zu treffenden Maßnahmen hinter dieser Regierung stehe.

Die von Meissner vorgeschlagene zweitbeste Lösung bedeutete, dass der Reichspräsident dieser „Regierung der Persönlichkeiten" notgedrungen alle von ihr gewünschten Notverordnungen unterzeichnen müsse. Meissner hatte erkannt, dass das Parlament eventuell ganz ausgeschaltet werden müsste. Denn es würde sonst über ein Misstrauensvotum die Mitglieder der „Regierung der Persönlichkeiten" stürzen und deren Notverordnungen mit Außerkraftsetzungsanträgen gemäß Art. 48 Abs. 3 WV torpedieren können. Meissners Vorschlag läuft auf ein Präsidialkabinett hinaus, wie es unter Brünings Kanzlerschaft entstehen wird. Das Präsidialkabinett war also nicht erst eine kurz vor Brünings Kanzlerschaft geborene Idee. Meissner verficht hier eine sehr harte Linie gegenüber dem Parlament. Die Möglichkeit einer Tolerierung des Kabinetts erörtert Meissner nicht.

2. Ansicht des Reichspräsidenten

Der Reichskanzler Marx referierte in der Kabinettssitzung vom 18. Dezember 1926, wie sich der Reichspräsident selbst die Regierungsbildung denke.[15] Der Reichspräsident sah Marx zufolge drei denkbare Lösungen:

a) eine Rechtskoalition mit Einschluß des Zentrums

b) eine Minderheitskoalition mit wohlwollender Neutralität des Zentrums

c) ein Beamtenkabinett.

Die Alternative a) entsprach der ersten und vordringlich gewünschten Alternative Meissners. Im Gegensatz zu Meissner denkt Hindenburg immerhin schon theoretisch an die Möglichkeit einer Tolerierung, die er in der Alternative b) eine „wohlwollende Neutralität" nennt. Die Alternative c) ging mit Meissners Vorschlag eines Kabinetts der Persönlichkeiten fast konform. Nur hatte Hindenburg den Kreis enger gezogen und von einem Kabinett der Beamten gesprochen. Offenbar sollte aber dieses Beamtenkabinett wie das von Meissner propagierte Persönlichkeitenkabinett vom Parlament unabhängig sein. Also muss auch Hindenburg daran gedacht haben, den Reichstag notfalls auf Dauer auszuschalten. Er mag eventuell gehofft haben, dass sich hinter dem Beamtenkabinett doch noch eine wie auch immer zusammengewürfelte Mehrheit einstellen werde. Konkret wird die Frage der dauernden Ausschaltung des Reichstags erst nach der Reichstagswahl am 31. Juli 1932 erörtert werden.

Meissner fungierte als Staatssekretär des Reichspräsidenten. Er beriet ihn in allen verfassungsrechtlichen Fragen. Da Meissners Vorstellungen und die vom Reichskanzler referierten Ideen des Reichspräsidenten nicht wesentlich voneinander abweichen, wird man davon ausgehen dürfen, dass zwischen Meissner und

---

[15] Kabinettssitzung vom 18. Dezember 1926, AdR, Marx III, IV, Nr. 162.

IV. Rechtsruck Dezember 1926   49

Hindenburg die Fragen der Regierungsbildung einvernehmlich besprochen worden sind. Da Marx von dem Reichspräsidenten referiert, er wünsche als zweitbeste Lösung ein Minderheitskabinett mit wohlwollender Neutralität des Zentrums, wird also auch Meissner die Problematik der Tolerierung durchaus gesehen haben, ohne sie in seine Vorschläge ausdrücklich aufzunehmen.

3. Pünders Resümee

Der Staatssekretär in der Reichskanzlei Pünder schrieb für den Reichskanzler Marx am 28. Dezember 1926 eine Art Resumée aller Überlegungen nebst eigener Wertung nieder.

Pünder lehnte eine Einbindung der SPD in die Regierungsverantwortung als ganz unmöglich ab. Denn die SPD selbst halte eine Große Koalition für unmöglich. Ein Rechts-Minderheitskabinett, also ein Kabinett ohne das Zentrum, sei ebenfalls nicht möglich, ein Beamtenkabinett ganz aussichtslos. Der Gedanke an eine Weimarer Koalition sei erledigt: „Wer der Meinung ist, die Weimarer Koalition solle nach ihrem etwaigen Scheitern im Reichstage diesen auflösen, übersieht, dass es fast als ausgeschlossen zu gelten hat, dass eine Regierung der Weimarer Koalition die Auflösungsordre erhalten würde."[16] Auch hier taucht der Gedanke auf, den Reichstag einfach aufzulösen, wenn er sich gegen die Regierung stellt.

Pünder gelangt zu dem Ergebnis, nur ein Rechts-Mehrheitskabinett mit dem Zentrum und womöglich auch den Demokraten sei möglich. Daneben gebe es allerdings noch die Möglichkeit, wieder eine Regierung der bürgerlichen Mitte zu schaffen.

Interessant ist in Pünders Resumée die Aussage, dass der Reichspräsident wahrscheinlich die Gespräche über eine Neubildung der Regierung nicht selbst führen werde. Er werde wohl auch nicht den Reichskanzler damit betrauen. „Wahrscheinlicher ist, dass ein Herr der Volkspartei als homo regius bestellt werden wird. Ich glaube, man denkt hierbei an Herrn Minister Curtius", fährt Pünder fort. Der Begriff des „homo regius" wird meist mit Papen und seiner Mission Ende Januar 1933 in Verbindung gebracht. Ersichtlich arbeitete der Reichspräsident aber auch früher schon mit diesem Begriff. Gemeint war er offenbar in dem Sinne, dass der „Homo regius" diejenigen politischen Ziele und Ideen vertrete, die der neuen Regierung vorgegeben werden sollten. Es lag nahe, gerade ihn mit den Gesprächen zu betrauen, denn er würde seine Ziele am besten selbst erklären und mit möglichen Koalitionspartnern absprechen können.

---

[16] Staatssekretär Pünder an den Reichskanzler, 28. Dezember 1926, AdR, Marx, III, IV, Nr. 164.

4. Schleichers Pläne

Schleicher legte zwei Schriften vor: „Aktionsplan für die Kabinettsbildung" und „Politischer Lagebericht."[17] Wie kam Schleicher als Militär überhaupt dazu, sich in die Regierungsbildung einzumischen? Schleicher wird dafür zwei Gründe gehabt haben: Zum einen wollte er unter allen Umständen Gessler als Reichswehrminister in der neuen Regierung sehen als „Unterpfand" dafür, dass am Charakter der Reichswehr nichts geändert werde, wie es in dem Aktionsplan heißt. Das war angesichts der Enthüllungen des Guardian eine verständliche Überlegung. Denn gerade deshalb war es nötig, Kontinuität der Wehrpolitik durch Beibehaltung des Reichswehrministers zu sichern. Zweitens hatten Meissner und Hindenburg überlegt, ob das künftige Kabinett ein Minderheitskabinett sein könnte, das mit Art. 48 WV und gestützt auf das Vertrauen Hindenburgs regieren würde. Insofern stand der Einsatz der bewaffneten Macht, wenn auch nur sehr entfernt, so aber doch schon im Raum. Insofern war Schleicher also von der Regierungsbildung durchaus tangiert.

Schleichers beide Schriften scheinen nur für den innerdienstlichen Gebrauch im Reichswehrministerium bestimmt gewesen zu sein. Das ergibt sich aus dem handschriftlichen Verteiler–Kopf des Aktionsplans. Er weist aus, dass der Aktionsplan nur in fünf Exemplaren hergestellt ist und dass vier Exemplare an Militärs gingen, während Schleicher das fünfte Exemplar für sich behalten haben dürfte.

a) Politischer Lagebericht

Der politische Lagebericht, überschrieben mit den Worten „Entwicklung der politischen Lage", stellt Schleichers Einschätzung von der Situation des Parlaments dar. Schleicher entwickelt verschiedene, „Kombinationen" genannte Alternativen, die für eine künftige Regierung infrage kommen könnten: Den Sozialdemokraten und den Deutschnationalen müsse ad oculos geführt werden, dass sie keine Regierung mit parlamentarischer Mehrheit bilden könnten. Einer denkbaren Kombination aus Zusammenarbeit von Zentrum und Deutschnationalen ohne Gessler und Külz in der Regierung und unter Anlehnung an die SPD solle vorgebeugt werden. Schleicher präferiert die Kombination Zentrum und Deutschnationale, wobei unbedingt Gessler, obwohl der DDP zugehörig, in die Regierung hineingenommen werden solle. Die letzte Kombination stellt Schleicher so dar: „Sollte sich auch diese Koalition (durchgestrichen, am Rand handschriftlich: Kombination; gemeint ist die Kombination Zentrum und Deutschnationale unter Einbeziehung von Gessler, d. Verf.) nicht verwirklichen lassen, so bleibt nur die Betrauung eines besonderen Vertrauensmannes des Reichspräsidenten mit der Kabinettsbildung ohne jede Bindung, aber mit der Auflösungsordre in der Tasche." Das

---

[17] *Josef Becker,* Vierteljahreshefte für Zeitgeschichte (VfZ) 1966, 69 ff., *Thilo Vogelsang,* Reichswehr, S. 409–413, *Peter Blomeyer,* S. 125; Findbuch Nachlass Schleicher, Nr. 20 (Seite 54).

IV. Rechtsruck Dezember 1926　　　　　　　51

ist bereits eindeutig die Konstruktion des Präsidialkabinetts, wie Papen es später führen sollte. Denn hier wird nicht nur auf das Vorhandensein oder Fehlen einer parlamentarischen Mehrheit abgestellt. Vielmehr wird schon der nächste Schritt, nämlich die Auflösungsordre als Druckmittel gegen ein renitentes Parlament in die Betrachtung einbezogen. Das Schriftstück endet mit der Feststellung, dass sich „unsere" Tätigkeit in zwei Richtungen auswirken müsse: „1. Keine Mitteregierung ohne Gessler, 2. Zusammenbringen von Zentrum und Deutschnationalen zu irgendeiner Form der Zusammenarbeit."

Schleicher will Ende 1926 noch kein Präsidialkabinett. Er zieht ein parlamentarisch gestütztes Regieren im Dezember 1926 vor, überlegt aber schon einmal als ultima ratio, wie Politik auch ohne Parlament betrieben werden könne. Darin trifft er sich mit Hindenburg und Meissner, die ebenfalls ein vom Reichspräsidenten gestütztes Regieren ohne das Parlament schon einmal „andenken".

b) Aktionsplan

Der Aktionsplan Schleichers beschreibt die praktische Umsetzung der Gedanken des Papiers „Entwicklung der politischen Lage". Getrennt voneinander sollen der SPD-Politiker Hermann Müller und dann der DNVP-Politiker Westarp empfangen werden. Ihnen soll gemäß Buchstabe a) des Aktionsplans die Bedingung für die Regierungsbildung genannt werden, nämlich die Bildung einer tragfähigen Mehrheit im Parlament. In einem dritten Schritt solle das Zentrum Vorschläge für eine Regierungsbildung unterbreiten dürfen, jedoch ebenfalls mit der Maßgabe, eine parlamentarische Mehrheit hinter diese Regierug zu bringen. Eine weitere Bedingung für die Regierungsbildung benennt Schleicher unter Buchstabe b): „Keine Änderung an Charakter der Reichswehr. Als Unterpfand Wiederkehr Gessler." Als vierten und letzten Schritt, „falls Zentrum nichts fertig bekommt", nennt der Aktionsplan: „Betrauung eines Vertrauensmannes zur Bildung einer Regierung ohne jede Parteibindung, aber mit der Auflösungsordre in der Tasche." Gerade in dieser Formulierung, die fast wortgleich den Politischen Lagebericht wiederholt, zeigt sich, dass beide Papiere zusammenhängen und der Aktionsplan auf dem Politischen Lagebericht aufgebaut ist.

Der Aktionsplan gibt nach der Darstellung dieses Programms Argumentationshilfen: Allen Beteiligten sei zu eröffnen, dass für den Reichspräsidenten das Hin und Her mit dauernden Krisen unzumutbar sei. Weiter heißt es: „Falls es dem Parlament nicht gelänge, eine Regierung mit sicherer Mehrheit zu bilden, wäre es Pflicht des Reichspräsidenten, eine Regierung seines Vertrauens ohne Befragung der Parteien und ohne Rücksicht auf deren Wünsche zu bestellen und dieser Regierung mit der Auflösungsorder in der Tasche alle verfassungsmäßigen Möglichkeiten an die Hand zu geben, um sich im Parlament eine Mehrheit zu schaffen. Persönlich: Ich bin überzeugt, dass ein solches Vorgehen eine Regierung auf breiter Basis schaffen oder aber die notwendige Atmosphäre für Neuwahlen bringen wird. Für eine Linie und einen festen Willen besteht aber immer weitgehendes Verständnis im Volk."

Wenn Schleicher in den beiden ersten Programmpunkten einfach von „Empfang Hermann Müller" bzw. „Empfang Westarp" spricht, fragt sich, ob Schleicher selbst die beiden Herren empfangen und ihnen die Bedingungen für die Regierungsbildung nennen will oder ob Schleicher hier einen Plan für Hindenburg erarbeitet, wie dieser vorgehen solle. Für die Version, dass Schleicher selbst die beiden Politiker empfangen will, könnte sprechen, dass in der Argumentationshilfe von dem Herrn Reichspräsidenten in der dritten Person gesprochen wird, also von einem Abwesenden, über dessen Ansichten von dem „Hin und Her" der Krisen und über dessen Pflicht, einen Vertrauensmann zu ernennen, geredet wird. Das ist jedoch nur ein vager Anhaltspunkt. Schleicher hatte außerdem in dem Politischen Lagebericht erklärt, in welche Richtung „unsere" Tätigkeit gehen müsse. Der Politische Lageplan war nur in die Hände von Militärs gelangt. Auch das spricht dafür, dass der Aktionsplan keine Anregungen für den Reichspräsidenten enthielt, sondern für das eigene Vorgehen des Reichswehrministeriums gedacht war. Wie auch immer der Aktionsplan gemeint war, ob als eigene Aktion oder als Aktion, die dem Reichspräsidenten vorzuschlagen sei – auf jeden Fall zeigt die Existenz des Aktionsplans, wieviel Macht Schleicher bereits im Dezember 1926 errungen hatte.

Der Aktionsplan enthält in komprimierter Form Schleichers Plan vom Regieren mittels eines Präsidialkabinetts, auch wenn dieser Begriff noch nicht fällt. Der Aktionsplan befürwortet zwar in erster Linie ein Mehrheitskabinett, dann aber schon in zweiter Linie ein Präsidialkabinett, wenn eine Mehrheitskabinett nicht möglich sei. Dieses Kabinett müsse alle verfassungsmäßigen Möglichkeiten an die Hand gegeben bekommen, um sich eine parlamentarische Mehrheit zu verschaffen, hatte Schleicher gefordert. Es gibt jedoch keine rechtliche Möglichkeit für die Regierung, eine parlamentarische Mehrheit herzustellen. Schleicher könnte höchstens an politische Möglichkeiten gedacht haben. Das Kabinett, das vom Reichspräsidenten die Auflösungsorder erhält, kann dem Parlament mit der Auflösung drohen. Das Parlament hat dann zu fürchten, dass zum einen das Kabinett in der folgenden „reichstags-freien" Zeit ungehemmt Art. 48 WV ausnutzen kann. Zum anderen muss das Parlament sich ausrechnen, wie nach einer Neuwahl die Stimmen verteilt sein werden und ob es sich dann nicht lohnt, doch von Fall zu Fall die Regierung mehrheitlich zu stützen.

Schleicher und Brüning werden im Juli/August 1930 genau diesen Weg beschreiten. Nach der Neuwahl am 14. September 1930 des am 18. Juli 1930 aufgelösten Reichstages werden sie jedoch feststellen, dass die Parteigrenzen so dehnbar nicht sind. Es findet sich keine Mehrheit hinter der Regierung. Die SPD wird „nur" zur Tolerierung bereit sein, also zu einer begrenzten Zusammenarbeit und das auch nur, weil sie Hitler fürchtet und deshalb lieber Brüning toleriert.

Schleicher benutzt in dem Papier „Entwicklung der politischen Lage" zum ersten Mal den Begriff „Vertrauensmann" für einen Kanzler, der nur mit dem Vertrauen des Reichspräsidenten, also mit Art. 48 WV, regieren kann. In dem Aktionsplan spricht Schleicher von einer „Regierung seines Vertrauens". Die Planungen vom Dezember 1926 zeichneten zwar die Arbeitsweise der Präsidialkabinette vor. Am deutlichsten wird in dieser Hinsicht Schleicher. Doch erschien ein solches „Kabinett der Persönlichkeiten" oder ein „Kabinett der Minderheiten" jetzt noch nicht als wünschenswert. Schleicher liebäugelte schon damit, einen renitenten Reichstag einfach aufzulösen und die Regierung gestützt auf das Vertrauen des Präsidenten arbeiten zu lassen. Indessen wünschen alle, die an diesen Planungen beteiligt waren, eine Mehrheitsregierung. Nur eben eine Mehrheitsregierung ohne die SPD sollte es sein, wie Pünder es am deutlichsten ausdrückt. Der Umbruch „weg vom Parlamentarismus" bereitet sich schon im Dezember 1926 vor – also mitten in der vermeintlich so stabilen Phase der Weimarer Republik – und nicht erst 1929 und ist gepaart mit der Forderung „weg von der SPD". Im Januar 1927 gelang die Bildung des Kabinetts Marx IV, das eine Koalition aus Bürgerlicher Mitte und Rechten hinter sich bringen konnte. Der Kelch eines Präsidialkabinetts war vorübergegangen, und zwar zunächst auch unter Beibehaltung Gesslers als Reichswehrminister.

V. Wechsel von Gessler zu Groener

Im Januar 1928 kam es zu einer Änderung im Kabinett Marx IV. Seit dem 19. Januar 1928 amtierte nunmehr Wilhelm Groener, der väterliche Freund Schleichers, als Reichswehrminister. Der amtsmüde Gessler hatte den Posten schon länger abgeben wollen. Schleicher und Meissner hatten sich bei Hindenburg für Groener eingesetzt. Mit seiner Ernennung waren die in der OHL ehemals einflussreichen Männer wieder zusammen: Hindenburg, Schleicher und Groener bildeten wieder eine Trias und arbeiteten miteinander in einem engen Geflecht freundschaftlicher Beziehungen.

Der neue Reichswehrminister Groener konnte sich auf keine Partei stützen. Er hing nur von Hindenburgs Gunst ab. Er war der erste Minister, der „präsidial" regieren musste. Die Ernennung Groeners muss aus Schleichers Sicht in sein System der rechtsgerichteten Regierung bei gleichzeitiger unmerklicher Belastung der „linken Schulter" gepasst haben. Seitens der SPD schlug dem neuen Reichswehrminister nämlich einiges Wohlwollen entgegen, was noch zurückgehen mochte auf die Zeit des Zweckbündnisses Ebert-Groener vom November 1918. Die SPD hoffte nun, Groener werde die Reichswehr eng an den Staat heranführen, sodass es bis zu einer regelrechten parlamentarischen Kontrolle der Reichswehr kommen könnte.

Groener hatte sogleich Gelegenheit, die Politik der Offenlegung wehrpolitischer Maßnahmen zu demonstrieren, die Schleicher mit seinen „Grundsätzlichen Ausführungen über die Stellung der Reichswehr zur politischen Lage" Ende 1926 begonnen hatte. Die Phöbus-Affäre, auch Lohmann-Affäre genannt, sorgte für öffentliche heftige Aufregung. Lohmann, Kapitän zur See und als Leiter der Seetransportabteilung der Marineleitung im Reichswehrministerium tätig, hatte – vermutlich sogar mit stillschweigender Billigung des damaligen Reichswehrministers Gessler – Geschäfte mit der Phöbus-Film-AG betrieben. Daraus hatte sich ein Firmengeflecht entwickelt, das Lohmann selbst nicht mehr übersah und das schließlich erhebliche Verluste machte. Zweck der Angelegenheit war gewesen, Geld für die geheime Aufrüstung zu beschaffen. Groener und Schleicher informierten die Parteiführer von der Sache und appellierten gleichzeitig an deren Verschwiegenheit mit dem Hinweis, es gelte, die vaterländischen Interessen zu wahren. Es gelang, dass die Parteiführer mit Ausnahme der KPD im Haushaltsausschuß einen Antrag initiierten, das Lohmann'sche Firmengeflecht zu liquidieren. Der Reichstag nahm den Antrag des Haushaltsausschusses an. Damit war die für das Reichswehrministerium mehr als peinlich Angelegenheit bereinigt.

Für Schleicher muss die Beseitigung der Phöbus-Lohmann-Affäre ein Schlüsselerlebnis gewesen sein. Es war möglich gewesen, eine wichtige und schwierige Angelegenheit über Gespräche mit den Parteiführern beizulegen und so eine Front von den Deutschnationalen bis hin zur SPD zu bilden. Das war bisher einzigartig in der Geschichte der Weimarer Republik. Mit den einzelnen Parteiführern unterschiedlichster Couleur ließ sich also im kleinen Kreis vernünftig über Problemlösungen reden, mochten die Parteiführer auch im Parlament aus Rücksicht auf ihre Parteifreunde lauthals opponieren. Über alle Parteigrenzen hinweg funktionierte zum ersten Mal eine Art „Querfront"!

VI. Ministeramt

Mit Erlaß vom 21. Februar 1928 verfügte Reichswehrminister Groener die Zusammenfassung der dem Reichswehrminister direkt unterstellten Dienststellen, ausgenommen die Haushaltsabteilungen des Heeres und der Marine zum sog. Ministeramt. Zum Ministeramt gehörten also die Wehrmachtsabteilung, die Rechtsabteilung und die Adjutantur des Ministers. Es nahm am 1. März 1928 unter Schleichers Leitung seine Tätigkeit auf. Schleicher dürfte wenigstens als Mit-Initiator des Ministeramts gelten, wenn er nicht sogar der alleinige Initiator war. Zum 30. März 1928 wurde der Apparat, der dem Minister direkt unterstellt war, noch weiter ausgebaut. Eine Abwehrabteilung wurde gebildet. Hier waren die Spionagegruppen der Reichswehr und der Marine gebündelt.

Wichtig war die Kompetenz des Chefs des Ministeramts, den Minister zu vertreten „in allen Fällen, welche die Chefs der Heeres- und Marineleitung nicht selbst zu vertreten wünschten, vor allem im Reichskabinett und im Reichstag." Im Oktober 1930 wurde diese Vollmacht noch erweitert. Der Chef des Ministeramts durfte den Reichswehrminister vertreten „in allen Fragen, die militärische Dinge überhaupt nicht berühren, und bei den militärischen Fragen, die rein politischer Natur sind." Der Chef des Ministeramtes fungierte als Vertreter des Ministers und hatte

VI. Ministeramt

damit eine Stellung ähnlich einem Staatssekretär. Fortan ist Schleicher viel häufiger in Kabinettsbesprechungen zu finden als Groener, den politische Dinge weniger interessierten als rein militärtechnische Fragen. Er nannte Schleicher bezeichnenderweise seinen „Cardinal in politicis". Mit der Zusammenfassung von Ämtern zum Ministeramt wurde die militärische Führung gestrafft.

Der Posten des Chefs des Ministeramts wurde allseits als Schlüsselposition im Reichswehrministerium eingeschätzt. Das Reichswehrministerium wollte den Posten mit einem Militär besetzen, um parlamentarische und andere Einflüsse auszuschalten, die die Schlagkraft der Reichswehr hätten beeinträchtigen können. Das Parlament wünschte einen Zivilisten, um eben diese parlamentarische Kontrolle zu gewährleisten. Schleicher konnte sich in dem Gerangel um den Posten durchsetzen.

Gleichwohl hoffte die SPD – zumal als Regierungspartei in der Großen Koalition nach den Reichstagswahlen vom 20. Mai 1928 – weiterhin darauf, das Heer parlamentarischer Kontrolle unterwerfen zu können. Auf dem Magdeburger Parteitag vom 26. bis 31. Mai 1929 beschloss die SPD ein Papier, das ihre Haltung gegenüber der Reichswehr aufzeigte. Unter Punkt III. hatte die SPD einen Katalog von zehn Forderungen formuliert, die sie an die Wehrpolitik richtete. Unter Ziff III. 1) forderte sie die Kontrolle des Reichstages über alle Angelegenheiten der Reichswehr und über alle Verträge und Abmachungen der Heeresverwaltung. Das dürfte die weitestgehende Forderung unter den auch sonst für die Reichswehr schwer zu verkraftenden Forderungen gewesen sein. Schleicher erklärte, er sei „im großen und ganzen" mit diesem Programm zufrieden. Er erachte es aber für notwendig, abzuwarten, „wie die SPD das Bekenntnis zur Reichswehr vertrete." Schleicher blieb skeptisch.[18] Die Forderung der SPD nach parlamentarischer Kontrolle der Wehrmacht war ohnehin mit der Besetzung des „Staatssekretärspostens", des Postens des Chefs des Ministeramtes durch Schleicher illusorisch geworden.

Innerhalb des Reichswehrministeriums wirkte sich die mit dem Ministeramt verbundene Neuorganisation vom Frühjahr 1928 erheblich aus. Sie entmachtete den Chef der Heeresleitung Heye noch mehr als bisher schon und eröffnete dem Minister noch mehr direkten Einfluss auf die Truppe. Von der Umstrukturierung profitierten Groener und Schleicher gleichermaßen. Schleicher erhielt noch mehr politische Macht als bisher. Groener erreichte eine noch klarere Arbeitsteilung zwischen seinem eigenen Arbeitsgebiet und Schleichers Betätigungsfeld.

Nachdem Schleicher die Leitung des Ministeramtes angetreten hatte, behielt er zunächst noch seinen bisheriger Posten des Leiters der Wehrmachtsabteilung. Fregattenkapitän Götting übernahm dann die Leitung der Wehrmachtabteilung von 1929 bis 1931. Von 1931 bis zum 30. Januar 1933 leitete Oberstleutnant Eugen Ott die Wehrmachtsabteilung. Als Schleicher am 1. Juni 1932 in das Kabinett Papen als Reichswehrminister eintrat, übernahm Oberstleutnant Ferdinand v. Bredow die Leitung des Ministeramts.

---

[18] Vgl. *Vincenz Müller*, S. 320.

Mit der Errichtung zunächst der Wehrmachtsabteilung und dann des Ministeramtes hatte Schleicher die Scharnierstelle zwischen der bewusst unpolitisch gehaltenen Wehrmacht und der Politik der Reichsregierung bzw. des Reichspräsidenten besetzt. Es war nicht nur Schleichers Freundschaft zu Oskar v. Hindenburg und zu dem Reichspräsidenten selbst, die Schleicher so großen Einfluss zukommen ließ. Die Struktur innerhalb des Reichswehrministeriums, wie Schleicher sie mit der Wehrmachtsabteilung und dann mit dem Ministeramt auf seine Person und seinen Einfluss zugeschnitten hatte, verhalf Schleicher zu seiner Macht. Andererseits lag diese Macht auch in der Struktur des Art. 48 WV begründet, wonach der Reichspräsident auf die bewaffnete Macht zurückgreifen konnte. Je nachdem, wie das Ministeramt die Durchführbarkeit des Ausnahmezustandes bzw. seine Gewinnchancen in einem Bürgerkrieg einschätzte, sollte sich Hindenburg ab Ende August 1932 zur Durchführung des Staatsnotstandes bereiterklären, um dann davor doch immer wieder zurückzuschrecken.

D. Schleicher und die NSDAP

„Meine Taktik gegenüber Hitler war doch im Grunde ähnlich wie unsere Taktik 1918/19 in der OHL gegenüber der Revolution: Die SPD an den Staat heranführen, die radikalen Teile bekämpfen und Störungen durch sie verhindern. Ich glaubte, dass namentlich in der SA viele gute Kräfte waren, an denen die Reichswehr durchaus Interesse hatte, um Reserven zu gewinnen. Mir waren die Gegensätze in der Partei bekannt, auch die große Uneinigkeit in der Frage: alleiniger Machtanspruch oder Beteiligung an einer Präsidialregierung. Es ist mir oft vorgeworfen worden, dass ich von Regierungsseite aus mit der NSDAP Verbindung aufgenommen habe – mit Röhm, mit Strasser und auch mit Hitler. Wenn ich mein Ziel erreichen wollte, musste ich mit ihnen verhandeln."[1] So erklärte Schleicher selbst sein Verhalten gegenüber der NSDAP bzw. der SA. Eine Äußerung Vincenz Müllers stützt diese Aussage Schleichers. Schleicher habe ihm im April 1934 gesagt, bei noch so vielen Unterschieden der Lage und der Verhältnisse sei seine Einstellung gegenüber der NSDAP die gleiche wie 1918/19 gegenüber der Linken gewesen: „Mit denen, die sich zum Staat bekennen, zusammenarbeiten, die Radikalen bekämpfen."[2]

Das Zentrum nahm ebenfalls für sich in Anspruch, seine historische Mission nach der Revolution 1918 habe darin gelegen, die Sozialdemokraten in den Staat hineingebracht und „bourgeoisiert" zu haben.[3] Da verbuchten also gleich zwei Institutionen, nämlich die OHL und das Zentrum, den Erfolg für sich, die SPD „gezähmt" zu haben. Das „Heranführen an den Staat" wird eine zentrale Taktik Schleichers gegenüber der NSDAP, gegenüber der SA und allgemein gegenüber der Jugend, insbesondere der Schüler sein, die gar nicht erst in die SA oder NSDAP eintreten sollen. Auf diesem historischen Hintergrund von 1918 ist es jedenfalls erklärlich, dass Schleicher überhaupt die Idee zu einer Zähmung der NSDAP und der SA durch Heranführung an den Staat kam. Es mag hier dahingestellt bleiben, ob das Zentrum oder die OHL sich selbst überschätzten in der Meinung, ausgerechnet sie hätten die SPD an den Staat herangeführt. In der Situation von 1929 jedenfalls muss die NSDAP sich ungleich harmloser für Schleicher ausgenommen haben als die linken Revolutionäre von 1918. Denn 1918 stand zu befürchten, dass die Linke Hilfe aus Moskau erhalten könnte, die NSDAP hatte im Jahre 1929 keine ausländischen Helfer – so jedenfalls müsste es für Schleicher ausgesehen haben.

---

[1] *Vincenz Müller,* Vaterland, S. 349.
[2] Nachlass *Vincenz Müller,* N 774/34, Antworten, Bd. 1, Bl. 64.
[3] *Walther Schotte,* S. 72, 73.

Schleicher sah etwa ab Mitte 1929 die NSDAP als eine ernst zu nehmende Größe und als eine Gefahr an. In der Diskussion um den Young-Plan hatte die NSDAP reichsweit Aufmerksamkeit erlangen können. Das veranlasste Groener und Schleicher, sich verstärkt um die Innenpolitik zu kümmern, um Störungen seitens der NSDAP vorzubeugen.[4]

Schleicher war ein grundsätzlicher Gegner des Nationalsozialismus, auch wenn er ihm positive Nuancen abgewinnen konnte. Holtzendorff stellt fest, Schleicher sei der Ansicht gewesen, dass die NSDAP eine an sich gesunde Reaktion des Volkskörpers darstelle und außerdem die einzige Partei gewesen sei, die der radikalen Linken Stimmen abgewinnen konnte und schon abgewonnen hatte. Zur Wehrpolitik sei die NSDAP im Gegensatz zur KPD positiv eingestellt gewesen.[5] Auf den ersten Blick erscheint Schleichers künftige Politik gegenüber der NSDAP merkwürdig widersprüchlich und wankelmütig. Schleicher will die NSDAP unschädlich machen. Gleichwohl will er in den kommenden Jahren der Präsidialkabinette NSDAP-Mitglieder in die Regierungen der Länder hineinnehmen. Die SA, jedenfalls ihre „wertvollen Elemente", wie Schleicher es ausdrückte, wollte er an die Wehrmacht heranführen, um die SA dadurch zu schwächen. Als Gipfel aller Widersprüchlichkeiten befürwortet Schleicher schließlich Hitler als Kanzler. Schleicher versuchte, NSDAP und SA sowohl zu spalten, als auch zu instrumentalisieren. Er meinte, sie geradezu zu brauchen, um die in NSDAP und SA gebundenen Kräfte von der KPD, der von ihm am allermeisten gefürchteten Partei, fernzuhalten. Ferner wollte Schleicher NSDAP- und SA-Mitglieder für Landesschutz und Grenzschutz nutzen. Verbote und gewaltsames Vorgehen würden dafür kontraproduktiv wirken. Schleicher selbst versuchte seine Haltung der NSDAP gegenüber mit den Worten zu erklären: „Ich habe geglaubt, des Nationalsozialismus auf parlamentarischem Wege Herr zu werden. Das wurde unmöglich. Es waren Revolutionäre, die nur mit Gewalt zu bekämpfen waren. Dazu fehlte mir die Kraft."[6] Es fehlte ihm für die gewaltsame Bekämpfung nicht nur die Kraft, sondern vor allem auch die Überzeugung.

I. Hitlers Reichswehrrede vom 15. März 1929

Am 15. März 1929 hatte Hitler, dessen Partei bei den Reichstagswahlen 1928 nur 2,6% der Stimmen und 12 Sitze erreicht hatte, unangenehm auf sich aufmerksam gemacht. Er griff die Reichswehr in einer längeren Rede an. Sie stand unter der bezeichnenden Überschrift: „Die Reichswehr am Scheidewege: mit dem Marxismus in den Abgrund – oder mit der deutschen Volkserhebung zur Freiheit."[7] Zu den Marxisten zählte damals aus Sicht der rechten Kreise auch die SPD. Der

---

[4] *Karl-Friedrich v. Plehwe*, S. 117.
[5] Nachlass *Hanshenning von Holtzendorff,* N 264/5, S. 5.
[6] *Eugen Ott,* Bild, S. 367; ders., Vorgeschichte, S. 8.
[7] Auszugsweise in: *Thilo Vogelsang,* Reichswehr, Dok. 112, S. 281 ff.

I. Hitlers Reichswehrrede vom 15. März 1929

„Völkische Beobachter" zitierte die Rede auszugsweise, legte ihr größte Bedeutung bei und forderte alle Parteigenossen auf, sich eingehend mit dieser Rede zu beschäftigen. Schon das musste Schleicher alarmieren. Hitler griff in seiner Rede den unpolitischen Charakter der Reichswehr an, also den zentralen Punkt von Schleichers Bemühungen. Er sagte: „Schon hier hätte das Heer eine politische Mission zu erfüllen, nämlich die, nicht etwa parteipolitisch zu denken, sondern das parteipolitische Getriebe und Ungeziefer selbst zu vernichten. Würde man z. B. nationalsozialistisch gedacht haben, und wäre man demgemäß eingestellt gewesen, dann hätte Deutschland niemals in diesen Sumpf der Parteipolitik, von Parteien und Parlamentswirtschaft geraten können." Hitler fuhr fort, die Reichswehr stehe jeder beliebigen Regierung als toter Mechanismus zur Verfügung. Dieser Mechanismus sei nur bestimmt, im Interesse der demokratisch-marxistischen Machthaber die Ruhe und Ordnung zu bewahren. Die NSDAP indessen sehe die Funktion der Reichswehr als Kader-Armee für das Volksheer des kommenden Volksstaates.

Der Reichswehrminister verbot die Verbreitung der Rede innerhalb der Reichswehr. Bei vielen Offizieren stieß die Rede jedoch auf Billigung. Sie teilten Hitlers Kritik an dem Einsatz der Reichswehr im Reichsinnern, also bei inneren Unruhen. Hitler hatte in seiner Rede prophezeit, 60 Jahre würden genügen, „um den Offizier aus seiner früheren Stellung zu beseitigen und hinunterzuziehen zum Polizeiwachtmeister." Ähnlich formulierte der Angeklagte Scheringer im Ulmer Reichswehrprozess von 1930 (s. u. D. V.). Er sagte, die Offiziere wollten das Heer nicht als „Polizeitruppe für Ruhe und Ordnung" verstanden wissen. Es solle vielmehr Kerntruppe für den „kommenden Befreiungskampf der Nation" sein.

Das Selbstverständnis der Mehrheit der Soldaten war nun einmal auf die Auseinandersetzung des Reiches mit äußeren Mächten gerichtet. Die „Schande von Versailles" spielte dabei eine große Rolle. Für unter seiner Würde hielt man es jedoch, bei inneren Unruhen als Aushilfsbüttel einzugreifen, wenn die Polizei sich überfordert zeigte.

Die Rede Hitlers muss für Schleicher Signalwirkung gehabt haben. Denn Hitler griff hier das Grundprinzip der Reichswehr, ihre politische Abstinenz, an. Außerdem griff Hitler Schleichers Gefüge von der Staatsautorität an, das der Reichspräsident mit Art. 48 WV und der bewaffneten Macht darstellte. Wenn die Reichswehr sich nicht als „Hilfspolizei" betätigen solle, wie Hitler forderte, so würde Art. 48 WV ins Leere laufen. Der Einsatz im Innern war ebenso wichtig wie der Einsatz gegen äußere Feinde. Die Einsatzbereitschaft im Innern war fast noch wichtiger, denn seit dem Ende des Weltkrieges hatte es keinen Einsatz gegen einen äußeren Feind gegeben, wohl aber war es in den ersten Jahren der Weimarer Republik nötig, die Reichswehr für den Einsatz im Innern bereitzuhalten, zumal im Ausnahmezustand 1923/24. Schleicher würde künftig weiterhin strikt darauf achten, dass das Heer unpolitisch blieb. Das würde immer schwieriger werden, je mehr Soldaten mit der NSDAP sympathisierten. Ferner würde Schleicher von nun an auch verstärkt darauf zu achten haben, ob Hitler legal vorgehen werde oder nicht. Die Rede legte nahe, dass er das nicht tun werde. In diesem Fall würde das Heer gefragt sein, Hitler zu bekämpfen. Das wiederum würde nur möglich sein, wenn das Heer nicht von Nationalsozialisten infiltriert wäre.

II. Rechtsruck 1929

Ein weiterer deutlicher Rechtsruck nach der Rechtswendung vom Dezember 1926 ist Mitte 1929 auszumachen. Beide Rechtswendungen – 1926 und 1929 – sind gekennzeichnet durch zwei aufeinander treffende Problemfelder, wobei beide Problemfelder miteinander verknüpft sind und einander bedingen. Die Verantwortlichen meinten, die ineinandergreifenden Problemfelder nur mit einer Wendung nach rechts lösen zu können. 1926 sind das die Krise des Kabinett Marx und die Offenlegung der geheimen Aufrüstung. Im Jahre 1929 ist es wiederum das Problemfeld der Aufrüstung und wiederum die „reichswehrfeindliche Haltung" der SPD. Dazu tritt als zweites Problemfeld das Erstarken der NSDAP.

In der ersten Phase des Rechtsrucks seit Ende 1926 gelingt es, die SPD aus der Regierungsverantwortung herauszuhalten. Doch dann bereitet die Reichstagswahl vom 20. Mai 1928 einer SPD-geführten Regierung der Großen Koalition den Weg. Damals hatte Schleicher sich für den Sozialdemokraten Müller als Kanzler eingesetzt. Schleicher erhoffte sich davon

1. Mitarbeit der SPD bei Abrüstungsfragen, die in die Sackgasse geraten waren,
2. weniger Kritik der SPD in Fragen des Grenz- und Landesschutzes und in Fragen der Zusammenarbeit mit der Roten Armee,
3. Festlegung der SPD auf ein Wehrprogramm.[8]

Schleichers Erwartungen erfüllten sich nur teilweise. Zur Mitarbeit in Abrüstungsfragen war die SPD bereit. Kritik an Grenz- und Landesschutz gab es weiterhin, insbesondere von dem SPD-Ministerpräsidenten in Preußen Otto Braun. Insofern konnte ein SPD-Kanzler Müller die Dualismusproblematik Preußen/Reich nicht entschärfen. Mit der Festlegung auf ein Wehrprogramm kam die SPD dem Reichswehrministerim auf ihrem Magdeburger Parteitag zwar entgegen, jedoch nicht weit genug und nicht eindeutig genug. Außerdem hatte die Angelegenheit „Panzerkreuzer A" – der „Wahlkampfschlager" der SPD im Mai 1928 lautete „Kinderspeisung statt Panzerkreuzer" – gezeigt, dass die SPD nicht geschlossen hinter dem Kanzler Müller stand. Sie ließ den eigenen Kanzler mit ihrem Abstimmungsverhalten gegen die Regierung im Reichstag ins offene Messer laufen. Aus Schleichers Sicht musste es wenig Sinn machen, noch weiter mit einem Angehörigen der SPD als Kanzler zu arbeiten.

Mit dem sozialdemokratischen Kanzler Müller war ein Wehr-Etat, wie er Schleicher vorschwebte, nicht durchzubringen. Der Wehr-Etat des Jahres 1928 galt für Schleicher als „Mindest-Standardplan", der Wehr-Etat 1929 war ausdrücklich als

---

[8] Nachlass *Vincenz Müller,* N 774/34, Antworten, Bl. 36.

"Notetat" bezeichnet worden. Das war für Schleicher und seinen Minister viel zu wenig. Groener ließ durchblicken, er werde möglicherweise zurücktreten, wenn der Wehr-Etat von 39 Millionen Reichsmark für 1930 nicht bewilligt werde.[9]

Hinzu kam, dass Groener und Schleicher schon 1928/29 an eine Umformung des Heeres in ein Milizheer gedacht hatten und zwar in dreifacher Stärke gegenüber dem gegenwärtigen Heer. Schleicher wird selbst sehr gut gewusst haben, dass mit einem auf 300.000 Mann verstärkten Heer kein Krieg gegen das Ausland zu führen war. Die Heeresverstärkung zielt deshalb deutlich auf mögliche Unruhen im Innern ab. Diese wären allerdings mit einem solchen Heer gut in den Griff zu bekommen. Diese Heeresvergrößerung musste aber um so schwieriger sein, wenn der Etat hinten und vorn nicht reichte. Die Vergrößerung der Reichswehr auf die dreifache Stärke wird ein Ziel Schleichers sein, das er bis zum 30. Januar 1933 nicht aus den Augen lässt. Er bekommt damit Schwierigkeiten bei der SPD, die sich zu einem erheblichen Teil antimilitaristisch gibt, und natürlich bei den Mächten der Entente, die auf der Einhaltung der Versailler Beschränkungen bestehen werden. Schleicher wird also auf Heimlichkeiten ausweichen.

Nicht nur der Wehr- Etat stellte ein Problem dar. Es gab drei gravierende Problemfelder, denen das Kabinett Müller vermutlich nicht gewachsen sein würde:

– die Sanierung des Haushaltes,

– die Arbeitslosigkeit, die finanziert sein wollte,

– die Annahme des Young-Plans im Parlament. Eine von DNVP und NSDAP mit großem Polarisierungseffekt initiierte Volksabstimmung über ein Gesetz gegen den Young-Plan hatte ihn zum Politikum erster Ordnung gemacht und zu größter Unruhe in der Öffentlichkeit geführt.

Diese Probleme durften nicht auf die lange Bank geschoben werden. Zeitlich gebunden war die Deckungsvorlage für den Haushalt. Der Haushalt war jeweils für ein Jahr zu bewilligen (Art. 85 Abs. 1, 2 WV). Die Deckungsvorlage musste also beschlossen werden – wie auch immer.

Es zeichnete sich ab, dass der Kanzler Müller für ein von ihm ausgearbeitetes Finanzprogramm im Parlament keine Mehrheit finden würde. Also würde er den Weg über Art. 48 WV gehen müssen. Der Reichspräsident würde das Finanzprogramm im Wege einer Notverordnung in Kraft setzen müssen. Das wollten Groener und Schleicher verhindern. Sie fürchteten, die SPD werde einem aus ihren eigenen Reihen stammenden Kanzler das Leben schwer machen, wenn dieser mit Art. 48 WV regiere. Dann werde möglicherweise die Regierungstätigkeit ganz zum Erliegen kommen. Zudem würde die SPD einen großen Machtauftrieb bekommen, wenn ein SPD-Kanzler über Art. 48 WV verfügen könnte. Eine „maßlose Hetze von Rechts gegen den Reichspräsidenten" werde die Folge sein.[10]

---

[9] Vermerk Staatssekretär Pünder zum Wehretat 1930 vom 4. Februar 1930, AdR, Müller, Nr. 433.

[10] *Thilo Vogelsang*, Reichswehr, S. 72, 73.

Es wird auch für Schleicher eine Rolle gespielt haben, dass Müller der „Sabotage des Landesschutzes durch Preußen" nicht entschieden entgegengearbeitet hatte. Als Sabotage empfand Schleicher nämlich die hinhaltend ablehnende Haltung Otto Brauns in dieser Angelegenheit.

III. Suche nach dem neuen Kanzler

Groener und Schleicher fassten offenbar schon im Sommer 1929, noch während der Kanzlerschaft Müllers, als mögliche neue Kanzlerkandidaten den Fraktionsvorsitzenden des Zentrum Brüning oder Scholz, den Vorsitzenden der DVP, ins Auge. Denn schon im Sommer 1929 hat es mit Brüning über die Kanzlerfrage Gespräche gegeben. Im Herbst verfolgten Groener und Schleicher die Frage nicht offen weiter. Möglicherweise wollten sie nach dem Magdeburger Parteitag der SPD abwarten, ob sich der Kurs der SPD doch den Forderungen anpassen werde, die Schleicher an die Kanzlerschaft Müllers gestellt hatte, nämlich Mitarbeit bei Abrüstungsfragen und Unterlassen der Kritik an Grenz- und Landesschutz. Erst als deutlich wurde, dass die SPD keine entscheidende Richtungsänderung vornehmen würde, sondern eigentlich alles so weiterlaufen ließ, wie es vor ihrem Magdeburger Parteitag schon gelaufen war, sah sich Schleicher genötigt, auf die Ablösung des sozialdemokratischen Kanzlers Müller zu setzen.

Vincenz Müller teilt Schleichers Überzeugung in dieser Zeit mit: „Die weitere Stärkung der Autorität der Reichsregierung sowohl gegenüber den Ländern wie auch vor allem in der Krisenzeit gegenüber dem Reichstag hielt Schleicher nach der gegebenen parlamentarischen Situation für unerläßlich" (...) „Schleicher vertrat die Meinung, dass man eben im Notfalle mit dem Artikel 48 regieren müsse."[11]

Nach einer der regelmäßigen wöchentlichen Lagebesprechungen im Reichswehrministerium fasste Noeldechen, der Adjutant Schleichers, die Ansicht Schleichers wie folgt zusammen:

„– Keine Auflösungsorder an diese Regierung oder an eine Regierung der Weimarer Koalition

– Kein Platzen dieser Regierung (...) sondern Bildung einer Regierung auf überparteilicher Grundlage (...)

– Dazu Ernennung von Brüning oder Scholz – (wenn Brüning aus irgendeinem Grunde absagt) – zum Kanzler mit dem Auftrage, ohne Befragung der Fraktionen und ohne irgendwelche Koalitionsbindungen eine Regierung von Persönlichkeiten zu bilden, die bereit sind, die wirtschaftliche und finanzielle Sanierung ohne Rücksicht auf Parteien und Länder durchzuführen."[12]

---

[11] *Vincenz Müller*, in: Klaus Mammach, Vorwort zu Vincenz Müller, Ich fand das wahre Vaterland, S. 19.
[12] *Andreas Hillgruber*, S. 186.

III. Suche nach dem neuen Kanzler

Heinrich Brüning, so äußerte sich Schleicher gegenüber Meissner, werde als ehemaliger Frontsoldat die Sympathien sowohl Hindenburgs als auch der Reichswehr haben. Seine sozialpolitische Einstellung sei sogar bei der SPD sehr geschätzt. Die rechtsgerichteten Parteien andererseits würden dem konservativ eingestellten Brüning keinen Widerstand entgegenstellen. Brüning schien also ein Politiker zu sein, der dem gesamten politischen Spektrum und gleichermaßen der Reichswehr genehm war. Wenn dieser Kanzler Art. 48 WV benötigte, würde er nicht „auf den Spitzen der Bajonette" regieren müssen. Der künftige Kanzler sollte zwar antiparlamentarisch und antimarxistisch regieren. Aber um so besser würde es sein, wenn der Kanzler im Parlament und bei den „Marxisten", also auch bei der SPD, auf einige Akzeptanz stieße. Das würde das Regieren erleichtern.

Bei einem Abendessen im Hause des Generals Willisen am 26. Dezember 1929 sondierten Schleicher und Meissner bei Brüning, wie er zur Übernahme des Kanzleramtes stand. Das Gespräch orientierte sich an den Gedanken, die Noeldechen niedergeschrieben hatte. Brüning wurde in Aussicht gestellt, er werde mit Art. 48 WV regieren, also Notverordnungen entwerfen und auf die Unterschrift des Reichspräsidenten zählen können. Notfalls werde der Reichstag aufgelöst, wenn er die Aufhebung der Notverordnungen verlange. Auch darauf könne Brüning zählen. Brüning verhielt sich zurückhaltend, sodass Schleicher meinte, er werde die Kanzlerschaft nicht übernehmen und er, Schleicher, werde das dann wohl selbst tun müssen. Brüning hat bei jenem Abendessen geäußert, wenn jede Notverordnung des Reichspräsidenten vom Reichstag gebilligt oder bei einem Außerkraftsetzungsantrag aufgehoben werden müsse, so könne der Reichspräsident den Reichstag auflösen und Neuwahlen ausschreiben. Das könne aber nicht laufend geschehen. Jeder andere Lösungsversuch wäre ein Staatsstreich von oben und mithin ein gefährliches Spiel für den Reichspräsidenten. Man müsse damit rechnen, dass ein solches Vorgehen einen Generalstreik herausfordern und den Zerfall der Reichseinheit fördern werde. Schleicher entgegnete, ihm lägen Rechtsgutachten von Rechtslehrern gegenteiliger Auffassung vor, die er gern zur Verfügung stellen wolle.[13]

Am 15. Januar 1930 konkretisierten Hindenburg und Meissner gegenüber Graf Westarp, wie ein künftiges Kabinett auszusehen habe:

a) antiparlamentarisch;

b) antimarxistisch – wegen der Wirtschaft und der Finanzen sei es zumindest für einige Zeit erforderlich, den sozialdemokratischen Einfluss auszuschließen;

c) in Preußen sei ein Wandel erforderlich.[14]

Aus heutiger Sicht klingen diese drei Vorgaben so ungeheuerlich, weil Parlamentarismus und Föderalismus aus der politischen Landschaft nicht wegzudenken sind. Gar eine Partei wie die SPD von der politischen Einwirkung auszuschlie-

---

[13] *Gottfried Treviranus*, S. 370.
[14] *Thilo Vogelsang*, Reichswehr, S. 70.

ßen, grenzt ans Ungeheuerliche – noch dazu zu einem Zeitpunkt, als die SPD als Mehrheitspartei einer Regierungskoalition den Reichskanzler stellt. Die antiparlamentarische Stoßrichtung mag man noch mit einigen Schwierigkeiten deshalb rechtfertigen, weil die damalige Lage schnelles und energisches Handeln forderte, um die Wirtschaft in Schwung zu bringen, insbesondere, um Arbeitsplätze zu schaffen. Der Ausschluß der SPD und der Wandel in Preußen sind unentschuldbar. Diese beiden Forderungen tragen Schleichers Handschrift, der seine wehrpolitischen Pläne in Gefahr sah. Der SPD konnte 1929 niemand ernsthaft den Willen absprechen, Wirtschaft und Finanzen sanieren zu wollen. Das Argument, sie wegen der Wirtschaft und der Finanzen zumindest einige Zeit auszuschalten, muss als vorgeschoben angesehen werden.

Schleichers Ansicht über die SPD, die ihn zu dem „Rechtsruck" veranlasst haben dürfte, äußerte er knapp, wenn auch verklausuliert, noch einmal am 13. Januar 1933 vor Journalisten. Das sog. Moskau-Dokument zitiert Schleicher mit der Äußerung: „Es sei überhaupt bedauerlich, dass die Sozialdemokratie die große Aufgabe, die ihr nach der Revolution zugefallen sei, nicht verstanden habe, dann wäre der ganze Nationalsozialismus überflüssig gewesen."[15] Schleicher hatte seit dem Kriegsende 1918 mit Ebert gut und vertrauensvoll zusammenarbeiten können. Nicht wenige Reichswehrangehörige hatten ihn deswegen mit Skepsis betrachtet. Er hatte sogar das Schimpfwort „Erfüllungspolitiker" hören müssen. Doch bleibt unklar, was Schleicher mit der großen Aufgabe meint, die den ganzen Nationalsozialismus überflüssig gemacht haben würde. Möglicherweise ist damit die ambivalente Haltung der SPD gegenüber Schleichers Wehrpolitik gemeint. Hätte die SPD mitgezogen, hätten alle die jungen Leute gleich in die Reichswehr eingebunden werden können, die zur NSDAP bzw. zur SA gegangen waren.

IV. Der Hüter der Verfassung

Das Gespräch zwischen Brüning und Schleicher am Abend des 26. Dezember 1929[16] umreißt die Problematik, mit der die Präsidial-Kanzler zu kämpfen haben: Wenn man den Reichstag mittels Notverordnungen überspielen muss, so muss man ihn auflösen. Dann muss aber der Reichstag innerhalb der in Art. 25 Abs. 2 WV vorgeschriebenen Frist von 60 Tagen, gerechnet ab dem Datum der Auflösung, wiedergewählt werden. Brüning kalkuliert schon 1929 die Folge ein: Es könne zum Bürgerkrieg kommen. Auch Schleicher muss die gesamte Problematik schon vor jenem Abendessen erkannt haben. Deshalb hielt er vorsorglich Rechtsgutachten von Rechtslehrern bereit. Was mögen das für Gutachten gewesen sein?

Es könnten zwei Veröffentlichungen des Staatsrechtlers C. Schmitt aus dem Jahre 1929 gewesen sein:

---

15 Moskau-Dokument, in: *Henry A. Turner,* Anhang, S. 247, 250.
16 *Heinrich Brüning,* Memoiren, S. 150.

– Der Hüter der Verfassung,[17]
– Das Reichsgericht als Hüter der Verfassung.[18]

Ferner käme infrage die Schrift von Heinrich Herrfarth über die Kabinettsbildung nach der Weimarer Verfassung, die sich mit dem destruktiven Misstrauensvotum auseinandersetzt und als Abhilfe ein Kampfkabinett zulassen will. Herrfarth nennt dafür die Begründung, wenn das Parlament einem Kabinett das Misstrauen ausspreche, so bringe die Entlassung des Kabinetts keine Problemlösung. Ein Präsidialkabinett mit einer schiedsrichterlichen Stellung oberhalb des Parteiengezänks müsse tastend nach neuen Inhalten suchen und schließlich zu normalen Regierungsformen zurückfinden.[19] Schließlich könnte Schleicher sich auch auf den Vortrag des Staatsrechtlers Alexander Rüstow „Diktatur innerhalb der Grenzen der Demokratie" bezogen haben, den dieser am 5. Juli 1929 in der Hochschule für Politik in Berlin gehalten hatte.[20]

Insbesondere Schmitts Aufsatz „Der Hüter der Verfassung" wird oft als Beispiel dafür herangezogen, dass Schmitt die Präsidialdiktatur wenn nicht erfunden, so doch zumindest habe untermauern helfen. Darin tut man ihm Unrecht. Zum einen war die Konstruktion des Präsidialkabinetts schon seit der Dezemberkrise 1926 im Gespräch. Damals hatte Schmitt offenbar noch keine Verbindung zu dem Kreis um Schleicher. Zum anderen muss man beide Veröffentlichungen, „Das Reichsgericht als Hüter der Verfassung" und „Der Hüter der Verfassung" als Einheit lesen und begreifen. Schmitt führt in der Arbeit „Das Reichsgericht als Hüter der Verfassung" aus, was grundsätzlich unter dem Begriff „Hüter der Verfassung" zu verstehen ist, wer Hüter der Verfassung sein kann. Schmitt kommt zu der Erkenntnis, es gebe keinen „schlechthinnigen" (sic) Hüter der Verfassung. Alle Bestimmungen und Organisationen zum Schutz der Verfassung erhalten ihren konkreten Sinn dadurch, so Schmitt, dass die Verfassung von einer bestimmten Seite her bestimmte Missbräuche oder gar Verletzungen befürchtet. Wer der jeweiligen Gefahr steuern kann, der ist in dieser Situation „Hüter der Verfassung". Die Frage nach dem Hüter der Verfassung ist also untrennbar verbunden mit der Frage nach der besonderen Richtung, aus welcher eine Gefahr droht.[21] Vom Ansatzpunkt her ist nach Schmitt jedes Verfassungsorgan und nicht zuletzt das Volk selbst Hüter der Verfassung.

Schmitt gelangt in seinen Aufsätzen zu zwei Konsequenzen: Das Reichsgericht jedenfalls scheide als Hüter der Verfassung aus. Denn seine Entscheidung über die

---

[17] *Carl Schmitt*, Der Hüter der Verfassung, AöR 1929, (Bd. 55), S. 161.

[18] *Carl Schmitt*, Das Reichsgericht als Hüter der Verfassung, 1929, in: Verfassungsrechtliche Aufsätze aus den Jahren 1924–1954.

[19] *Heinrich Herrfarth*, Die Kabinettsbildung nach der Weimarer Verfassung, 1927. *Heinrich Herrfarth* war, soweit ersichtlich, der erste Wissenschaftler, der sich mit der Frage beschäftigte, was geschehen solle, wenn Parlamentswille und Regierungswille dauerhaft gegeneinander standen. Er sprach sich als erster für ein „Kampfkabinett" aus.

[20] Vgl. *Ernst Rudolf Huber*, Verfassungsgeschichte VII, S. 742, Fn. 39.

[21] *Carl Schmitt*, Das Reichsgericht als Hüter der Verfassung, S. 66.

Verfassungskonformität eines Rechtssatzes würde selbst einen gesetzgeberischen Akt darstellen. Denn wenn es den Rechtssatz als nicht verfassungskonform erkenne, so mache es die Gesetzeslandschaft um ein Gesetz ärmer und verändere die Gesetzeslandschaft, indem es sie dezimiere. Das Reichsgericht dürfe aber nicht zum Gesetzgeber avancieren.[22] Deshalb dürfe das Reichsgericht nicht als Hüter der Verfassung gelten.

Die zweite Konsequenz ist C. Schmitts Befürwortung einer Stärkung der Präsidialmacht in seiner Arbeit „Der Reichspräsident als Hüter der Verfassung". Schmitt sieht vier mögliche Träger der Führung im Staat: Führung durch den Reichspräsidenten, durch den Reichskanzler, durch das Kabinett, durch den Reichstag. Der Reichspräsident ist vom Volk direkt gewählt und daher mit unmittelbarster demokratischer Willensäußerung des Plebiszits ausgestattet. Die Verfassung, so Schmitt, hätte die Einsetzung durch das Volk unmittelbar nicht gewählt, wenn der Reichspräsident eine nur repräsentative Funktion haben sollte. Wenn seine Handlungen durch das Plebiszit gedeckt sind, so gebührt dem Reichspräsidenten eine gestaltende und führende Funktion. Nicht umsonst hieß Schmitts Aufsatz „die Bibel der Generäle". Denn die Begründung, der Präsident habe seine Macht vom obersten Souverän, dem Volk, erhalten, deshalb seien auch alle Maßnahmen des Reichspräsidenten von seiner plebiszitären Stellung getragen, rechtfertigt sogar die Einsetzung einer Präsidiakdiktatur als „mittelbar" plebiszitär getragene Maßnahme.

Gewiss hat Schmitt den Reichspräsidenten als den Hüter der Verfassung herausgestrichen und den Rückgriff auf Art. 48 WV nahe gelegt. Aber der Reichspräsident ist eben nicht der alleinige Hüter und Art. 48 WV ist nicht das einzige Heilmittel. Konsequenterweise wird Schmitt in der Diskussion um den Verfassungsnotstand, die vehement Ende August 1932 einsetzt, Art. 48 WV lediglich als eine – wenn auch in ihren Auswirkungen gravierend wichtige – Kompetenzzuweisung analysieren, nicht aber als Rechtsgrundlage für einen Verfassungsnotstand (s. u. F.). Mit dieser Auslegung hält sich Schmitt eng an den Verfassungstext. Schmitt hat nie einer inflationären Anwendung des Art. 48 WV das Wort geredet. Er hat auch nie gewollt, dass der Reichspräsident in seiner Eigenschaft als Hüter der Verfassung sich zum Diktator aufschwingt. Wer Schmitts Arbeit „Hüter der Verfassung" als bahnbrechend für die Präsidialdiktatur ansieht, übersieht, dass Schmitt sich lediglich mit den rechtlichen Möglichkeiten der Verfassung auseinandersetzte und der Theorie verhaftet blieb. Eine andere Sache ist es, was die Praxis aus Schmitts Überlegungen machte. Wenn Schmitt ein Vorwurf treffen könnte, so höchstens der, dass er die praktischen Auswirkungen außer Acht ließ, zu deren Erörterung er sich als Wissenschaftler allerdings auch nicht berufen fühlte.

---

22 Das Grundgesetz löst diese Problematik in Art. 100 GG i. V. m. § 31 Abs. 2 BverfGG dahin, dass Inzidenzentscheidungen „Gesetzeskraft" haben. Sie sind also nicht Gesetze, sondern wirken wie Gesetze, indem verbindlich die Nichtigkeit, also die Unwirksamkeit ex tunc festgestellt wird. Damit ist die Problematik der Durchbrechung des Grundsatzes der Gewaltenteilung elegant umgangen.

V. Reichskanzler Brüning

Mit den beiden Elementen, dem Erlaß von Notverordnungen und der Reichstagsauflösung, arbeiteten Schleicher und Brüning fortan. Brüning offenbarte diese Tendenz in seiner Regierungserklärung vom 1. April 1930:

„Das neue Reichskabinett ist entsprechend dem mir vom Herrn Reichspräsidenten erteilten Auftrag an keine Koalition gebunden. Doch konnten selbstverständlich die politischen Kräfte dieses Hohen Hauses bei seiner Gestaltung nicht unbeachtet bleiben. Das Kabinett ist gebildet mit dem Zweck, die nach allgemeiner Auffassung für das Reich lebensnotwendigen Aufgaben in kürzester Zeit zu lösen. Es wird der letzte Versuch sein, die Lösung mit diesem Reichstage durchzuführen. Einen Aufschub der lebensnotwendigen Arbeiten kann niemand verantworten. Die Stunde erfordert schnelles Handeln."[23]

Diese Regierungserklärung zeigt, dass Brüning sich an Meissners Vorgaben – antiparlamentarisch, antimarxistisch, auf Wandel in Preußen bedacht – halten will. Wenn Brüning von einem „letzten Versuch" mit dem Reichstag spricht, so bedeutet das, dass bei einem Scheitern des Versuches künftig ohne den Reichstag regiert werden muss. Dies bedeutet, dass der Reichstag aufgelöst werden wird und die Regierungsgeschäfts mit Art. 48 WV durchgeführt werden. Jeder Reichstagsabgeordnete dürfte die Drohung Brünings verstanden haben. Das Kabinett selbst hat kein SPD-Mitglied in seinen Reihen, war also „antimarxistisch". Sollte der Reichstag „marxistisch" handeln, m. a. W. sollte die SPD im Verbund mit anderen Parteien Notverordnungen zu Fall bringen, so würde der Reichstag eben aufgelöst. Die dritte Vorgabe „Wandel in Preußen" ist in Brünings zweimal gebrauchter Formulierung „lebensnotwendige Aufgaben" enthalten. Neben der dringend notwendigen Sanierung der Wirtschaft sah Schleicher auch immer den Ausbau von Grenzschutz und Landesverteidigung als lebensnotwendig an und damit die Brechung des preußischen Widerstandes dagegen. Angesichts des engen Beziehungsgeflechts zwischen Meissner, Schleicher und Brüning ist davon auszugehen, dass der von Meissner am 15. Januar 1930 gegenüber Westarp geforderte Wandel in Preußen auch von Brüning als Kanzlerkandidat gefordert wurde. Brüning musste diese Bedingung „Wandel in Preußen" auch berücksichtigen. Er wird die Formulierung „Wandel in Preußen" nicht expressis verbis in seine Regierungserklärung aufgenommen haben, um sich nicht vorzeitig um die Sympathien der SPD zu bringen. Und ferner galt es, auf seine eigene Zentrumspartei Rücksicht zu nehmen, die schließlich die Preußische Regierung mit trug.

Schleicher war zunächst zufrieden mit dem neuen Kanzler. Kurz nach dessen Regierungserklärung schrieb Schleicher an eine Freundin am 4. April 1930: „Mit der Entwicklung in der großen Politik bin ich nicht unzufrieden. Der Kanzler fängt an, sicherer zu werden. Ich stehe, wie man so sagt, in Lauerstellung. Wenn es gelingt, den Motor richtig in Gang zu bringen, wird die Sanierung der Wirtschaft gelingen. Sie wissen, dass mich das sehr glücklich und zufrieden machen würde."[24]

---

[23] *Ernst Rudolf Huber,* Dok. 390.
[24] *Julius v. Friedrich,* S. 19.

Am 22. Juni 1930 schrieb Schleicher an eine Freundin: „Ich mache die Sorgen und Beklemmungen des politischen Lebens nicht mit, sehe die Rettungslinien zu klar vor mir, um Verzweiflung zu mimen. Letzten Endes kann man eine wirtschaftliche Sanierung nicht mit Rosen und Beifallklatschen durchführen".[25] Schleicher hatte also feste Vorstellungen, wie Brüning gegen den Reichstag vorgehen solle, welche „Rettungslinien" er verfolgen müsse. Schleicher wusste auch, dass das ein schwieriger Weg werden würde.

Brüning begann seine Politik gegen den Reichstag „ohne Rosen und Beifallklatschen" bereits im Juli 1930. Der Reichstag lehnte am 16. Juli 1930 eine Deckungsvorlage für den Haushalt ab. Brüning ließ sich daraufhin vom Reichspräsidenten zwei Notverordnungen unterzeichnen, die den Inhalt der Deckungsvorlage wiederholten. Der Reichstag beschloss am 18. Juli, diese Notverordnungen außer Kraft setzen zu lassen (Art. 48 Abs. 3 WV). Reichspräsident Hindenburg musste diesem Beschluss zwingend entsprechen. Er unterzeichnete Brüning jedoch auch die Auflösungsverordnung für den Reichstag. Brüning konnte damit den Reichstag, der gegenüber seinen Notverordnungen unbotmäßig reagiert hatte, noch in laufender Sitzung am 18. Juli „nach Hause schicken". Brüning setzte seine politischen Zielvorgaben sogleich mit zwei weiteren Notverordnungen vom 26. Juli wiederum durch – nunmehr in einer „reichstags-freien" Zeit. Diese Notverordnungen brauchten also keine Außerkraftsetzungsanträge zu fürchten. Das Vorgehen Brünings gegen den Reichstag zeigt, dass die Einschätzung Brünings als des ewigen Zauderers falsch ist. In der Situation der ersten Jahreshälfte 1930 standen Probleme an, die gelöst werden mussten, so z. B. die Deckung des Haushalts. Brüning ging diese Probleme mit Energie an. Ob sein energisches Zupacken gegen den Reichstag unter Außerachtlassung weiterer Chancen zu Gesprächen mit der SPD der politisch richtige Weg war, mag auf einem anderen Blatt stehen.

Brünings Vorgehen warf zwei grundlegende Rechtsprobleme auf:

1. Durfte eine Materie, die der Reichstag als Notverordnung missbilligt hatte, gleichwohl nach einer Reichstagsauflösung wiederum in einer Notverordnung geregelt werden?
2. Durfte eine haushaltsrechtliche Materie in Form einer Notverordnung geregelt werden, obwohl Art. 85 Abs. 2 VW vorschrieb, dass der Haushaltsplan „durch ein Gesetz festgestellt" wird und Art. 87 WV bestimmte, dass das Reich nur „aufgrund eines Reichsgesetzes" Kredite aufnehmen dürfe?

C. Schmitt veröffentlichte ein Rechtsgutachten, das das Vorgehen Brünings verfassungsrechtlich billigte und absicherte. Schmitt präsentierte am 28. Juli 1930, also schon 10 Tage nach der Reichstagsauflösung und nur zwei Tage nach Inkrafttreten der umstrittenen Notverordnungen sein „Verfassungsrechtliches Gutachten über die Frage, ob der Reichspräsident befugt ist, auf Grund des Art. 48 Abs. 2 RV finanzgesetzlich-vertretende Verordnungen zu erlassen".[26] Schmitt führte darin

---

[25] *Julius v. Friedrich*, S. 20.

aus, ein mehrheits- und handlungsfähiges Parlament werde immer durch Außerkraftsetzungsanträge oder notfalls durch Misstrauensbeschluss seinen Willen durchsetzen können. Werde das Parlament aufgelöst und würden in parlamentloser Zeit Notverordnungen erlassen, so sei das das eigentliche Notrecht. Die Regierung müsse dann um so verantwortungsbewusster handeln und dem neugewählten Reichstag gleich bei seinem Zusammentritt die Notverordnungen zur Beschlussfassung vorlegen. Sei das Parlament aber nicht mehrheits- und handlungsfähig, so liege es nicht im Sinne der Verfassung, dass ein solches Parlament auch noch die Reichsregierung handlungsunfähig machen könne. Schmitt tarierte in seinem Aufsatz das Verhätnis zwischen arbeitsunfähigem Reichstag und Reichsregierung aus. Die Regierung erhält die Möglichkeit, gegen einen arbeitsunfähigen Reichstag ihren Willen durchzusetzen. Sobald aber der Reichstag nach einer Neuwahl arbeitsfähig geworden ist, hat die Regierung mit ihm zusammen den politischen Faden wieder aufzunehmen und ihm die inzwischen erlassenen Notverordnungen zur nachträglichen Entscheidung vorzulegen. Das scheint eine sehr parlamentsfreundliche Lösung zu sein. Die Schwierigkeit liegt aber in der Entscheidung, wann ein Parlament arbeitsunfähig ist. Das Parlament, das Brüning am 18. Juli 1930 auflösen ließ, wird man kaum so nennen dürfen. Denn bei der SPD war noch Verhandlungsspielraum vorhanden, den Brüning aber nicht ausnutzte, nicht ausnutzen wollte.

Es lässt sich nicht sagen, ob Schmitt dieses Gutachten aus eigener Initiative schrieb oder ob Brüning oder jemand aus dem Freundeskreis um Schleicher ihn dazu aufforderte. Hier beginnt indessen die juristische Unterstützung der Präsidialkabinette durch den Staatsrechtler C. Schmitt. Schmitt wird bis hin zum 30. Januar 1933 rechtliche Überlegungen beisteuern, die den jeweils regierenden Kanzler Brüning, Papen, Schleicher stützen. Sei es nach dem Preußenschlag, sei es prophylaktisch für Begründungen für Reichstagsauflösungen – Schmitt liefert eine juristische Untermauerung. Es mag Schmitt, der Brüning seit gemeinsamen Studententagen in Straßburg kannte, geschmeichelt haben, als „Berater" Brünings tituliert zu werden, Schmitt selbst nennt sich einen „Freund" Schleichers. Brüning und Schleicher werden die Beziehung zu Schmitt vielleicht nicht als so eng bewertet haben. Er scheint für sie eher ein brauchbarer Ideenlieferant für künftige Planungen bzw. Rechtfertiger bereits geschehener Aktionen gewesen zu sein.

VI. Reichstagswahl am 14. September 1930

Der Reichstag wurde am 14. September 1930 neu gewählt, und zwar mit erdrutschartigem Zugewinn für die NSDAP. Bisher hatte sie 12 Sitze im Reichstag, nun waren es 107. Ein erheblicher Stimmenzuwachs für die NSDAP war auf Grund der Entwicklung seit 1929, insbesondere auf Grund der Landtagswahlen der

---

[26] Teilweise abgedruckt in: *Jens Flemming / Claus-Dieter Krohn / Dirk Stegmann / Peter-Christian Witt*, Bd. 1, S. 39.

Jahreswende 1929/1930 vorauszusehen. Warum hatten Brüning und Schleicher dennoch die Reichstagsauflösung durchgeführt und die Neuwahl samt dem vorhersehbaren Wahlerfolg der NSDAP in Kauf genommen?

Schleicher hatte vor der Wahl immerhin versucht, eine rechte Sammlungsbewegung ins Leben zu rufen, einen „Neuen Hindenburgbund". Hier sollten sich alle Splittergruppen und rechte Gruppierungen vom Landbund bis zu den Deutschnationalen zusammenfinden und Wähler von der NSDAP abziehen. Besonders auf die Volkskonservativen, eine Parteibildung um Treviranus und Graf Westarp nach deren Bruch mit Hugenberg und der DNVP-Fraktion, hatte Schleicher seine Hoffnungen gesetzt. Doch nur 0,8 % der Wähler gaben dieser neuen Kreation des rechten Spektrums am 14. September 1930 ihre Stimme. Die erste Option Schleichers, rechtsorientierte Wähler der NSDAP zu entfremden und auf den Hindenburgbund zu fokussieren, war gründlich gescheitert.

Außerdem nahm Schleicher in Kauf, ohne Parlament zu regieren, wenn die NSDAP so stark werden sollte, dass der neugewählte Reichstag arbeitsunfähig würde. Das hieß, den neu gewählten Reichstag wieder aufzulösen oder ihn auf unbestimmte Zeit zu vertagen, wenn er sich renitent verhalten sollte. Zwei Äußerungen Schleichers belegen, dass er an diese Möglichkeit des Regierens ohne Parlament dachte. Am 26. September 1930 sagte er, wenn die Mehrheitsbildung im Reichstag wie erwartet scheitern werde, so könne der Reichstag entweder aufgelöst oder längerfristig vertagt werden. Das präsidiale Minderheitskabinett werde dann die Krise allein bekämpfen.[27] Eine zweite Äußerung Schleichers in dieser Richtung findet sich in einem Brief an eine Freundin vom 16. Oktober 1930: „Im übrigen denke ich, dass wir am Sonnabendabend klar sehen werden, ob der Reichstag alles schluckt oder ob wir zur Regierung ohne Parlament kommen. Eine wesentliche Erleichterung für die Führung der Reichswehr ist das schnelle Ausscheiden von Heye und Übernahme der Geschäfte durch Hammerstein."[28] Am 31. Oktober 1930 übernahm Hammerstein das Amt des Chefs der Heeresleitung. Die auf persönlichen freundschaftlichen Beziehungen aufgebaute Präsidialregierung benötigte freundschaftliche Beziehungen zum Chef der Heeresleitung. Schleicher hatte sie nicht zu dem ausscheidenden Heye, wohl aber zu Hammerstein. Es ist bezeichnend, dass Schleicher in seinem Brief die beiden Gedanken: Regierung ohne Parlament und Wechsel des Chefs der Heeresleitung unmittelbar und ohne jeden Übergang hintereinander behandelt. Für ihn waren beide Gedanken engstens miteinander verknüpft. Wenn nämlich ohne Parlament regiert wurde, also mit Art. 48 WV, stand latent immer die Möglichkeit im Raum, die bewaffnete Macht als Exekutivorgan einsetzen zu müssen. Also war es wichtig, zum Chef der Heeresleitung ein freundschaftlich vertrautes Verhältnis zu haben. Ähnliches äußerte Schleicher am 25. Oktober 1930 vor Wehrkreisbefehlshabern. Er erklärte, es bestehe zwar die Möglichkeit einer parlamentarischen Tolerierung durch die SPD. Doch auf Dauer

---

[27] *Johannes Hürter*, S. 270 m. w. N.
[28] *Julius v. Friedrich*, S. 21.

VI. Reichstagswahl am 14. September 1930

sei eine unmissverständliche Regierungsweise mit Art. 48 ohne Reichstag die wahrscheinlichere Lösung.[29]

Schleichers Absicht, den am 14. September 1930 gewählten Reichstag nötigenfalls à fonds perdu auch auf die Gefahr eines noch stärkeren Anwachsens der NSDAP hin wieder aufzulösen, wird ferner aus einer Notiz deutlich, die Schleicher am 26. September 1930 fertigte.[30] Dort sind folgende Schritte für ein „Weiteres Vorgehen mit dem neuen Reichstag" aufgezählt:

„1. Aufstellung eines Programms, das Wirtschaft, Finanzen und nationale Belange umfassen soll.

2. Einladung an alle, die guten Willens sind, eine Mehrheit für dieses Programm zu finden. Sonst muss das Programm mit einer Minderheit durchgeführt werden.

3. Feststellung, dass in diesem Reichstag eine Mehrheitsregierung überhaupt nicht zu bilden ist.

4. Die Initiative geht auf den Reichspräsidenten, bzw. auf die durch ihn ernannte Regierung über.

5. Ob dann der Reichstag erneut aufgelöst wird oder er Harakiri begeht, indem er sich freiwillig auf Jahr und Tag vertagt, wird von der Entwicklung abhängen."

Die beiden Alternativen für ein Regieren ohne Parlament, die Auflösung oder Vertagung, hätten allerdings einige Probleme mit sich gebracht. Man hätte schlechterdings kaum alle 60 Tage (Art. 25 Abs. 2 WV) bzw. 90 Tage (Art. 25 Abs. 2 i. V. m. Art. 23 Abs. 2 WV) Neuwahlen abhalten können. Schleicher wird also an eine Hinausschiebung der Neuwahlen gedacht haben oder an ein Ermächtigungsgesetz. Diese Situation hatte das Parlament schon einmal durchgemacht, nämlich im Dezember 1923, und das wird Schleicher im Gedächtnis geblieben sein. Damals hatte das Kabinett für dringend notwendige Maßnahmen auf den Gebieten der Finanzen, der Wirtschaft und des Sozialbereichs keine Mehrheit finden können. Damals waren die Alternativen Auflösung oder Ermächtigungsgesetz diskutiert worden. Und in Anhalt und in Oldenburg hatte man auch schon einmal den Neuwahltermin über die zulässige Frist hinaus verschoben und dafür staatspolitische Notwendigkeiten als Grund angegeben. Natürlich wusste man, dass damit gegen die Verfassung verstoßen würde, tröstete sich aber damit, es geschehe zum Wohl des Staates und dieses Wohl müsse einer buchstabengetreuen Erfüllung der Verfassung vorgehen. Dieser Gedankengang wird ab Mitte 1932 im Rahmen der Staatsnotstandsplanungen wieder aufgegriffen und konkretisiert werden.

Genau diese Abfolge wird Schleicher bis zum 30. Januar 1933 immer wieder abspulen: Arbeit mit einer Reichstagsmehrheit, sonst mit einer tolerierenden Minderheit. Gelingt auch das nicht, wird mittels Art. 48 WV regiert. Formal geschieht das durch den Reichspräsidenten, der die Notverordnungen unterzeichnet, tatsäch-

---

[29] Vgl. *Johannes Hürter*, S. 270.
[30] *Thilo Vogelsang*, Reichswehr, Dok. 6.

lich aber durch die Regierung, die sie ihm vorschlägt. Letzteres ist Usus und steht nicht in der Verfassung. Streng nach der Verfassung kann der Reichspräsident über Notverordnungen allein regieren, ohne die Reichsregierung zu konsultieren. Nur eine Gegenzeichnung eines Regierungsmitglieds – das kann der Kanzler oder der zuständige Fachminister sein – ist erforderlich. Wie sich der Reichstag dazu stellt, ist dann letztlich gleichgültig. Entweder wird er aufgelöst oder er vertagt sich selbst auf unbestimme Zeit. Diese letzte Möglichkeit ist für den Reichstag am ungünstigsten. Denn bei Neuwahlen würde er wieder neue Einflussmöglichkeiten gewinnen, bei einer Vertagung begibt er sich seines Einflusses freiwillig. Deswegen spricht Schleicher auch zutreffend von „Harakiri."

Der zu erwartende kräftige Stimmenzuwachs für die NSDAP könnte aus Schleichers Sicht sogar zwei Vorteile gehabt haben:

– Das Ausland würde begreifen, dass es die Regierung Brüning bei der Reparationsproblematik würde unterstützen müssen.

– Ferner würde der Erfolg der NSDAP die SPD in die Knie zwingen. Sie würde künftig die Regierung Brüning tolerieren müssen, wollte sie nicht eine Regierung unter Beteiligung Hitlers heraufbeschwören. Unter diesem Aspekt ist eventuell auch das Gespräch Brünings mit Hitler nach der Wahl am 5. Oktober 1930, also wenige Tage vor der Eröffnungssitzung des Reichstages am 13. Oktober 1930, zu sehen. Es sollte keineswegs ein Angebot an Hitler enthalten. Vielmehr sollte es ein Druckmittel gegenüber der SPD sein. Es galt, ihr klar vor Augen zu führen, dass es notfalls auch ohne die Tolerierung seitens der SPD im Reichstag gehen könnte, dann eben mit der NSDAP. Auf einem anderen Blatt steht, dass Hitler an eine Tolerierung Brünings nicht im Traum dachte. Innerhalb der SPD wurde heftig diskutiert, ob es überhaupt zur Tolerierung kommen solle. Angesichts des Wahlergebnisses vom 14. September 1930 war der SPD völlig klar, wie stark inzwischen die NSDAP geworden war. Die anti-nationalsozialistischen Kräfte mussten sich also zusammentun, eine Neuwahl gar würde der NSDAP noch weiteren Stimmenzuwachs, vielleicht sogar die Kanzlerschaft einbringen. Es blieb in der Situation des Herbstes 1930 der SPD gar nichts anderes übrig, als die Politik Brünings irgendwie mitzutragen. Ohne Gesichtsverlust war das nur durch Tolerierung möglich.

VII. Konflikt Schleichers mit Thüringen, ein Vorspiel zum Preußenschlag

Während Schleicher damit beschäftigt war, Brüning als Reichskanzler ins Amt zu bringen, hatte sich in Thüringen ein Konflikt mit der NSDAP angebahnt. Seit dem 23. Januar 1930 amtierte dort in einer rechten Koalitionsregierung der Nationalsozialist Frick als Minister. Frick bekleidete als reichsweit erster und zunächst einziger nationalsozialistischer Landesminister zwei Ressorts: Innenministerium

VII. Konflikt Schleichers mit Thüringen

und Volksbildungsministerium. In anderen Ländern und in den Reichsbehörden durften Nationalsozialisten aber keinerlei Beamtenstellen besetzen, und sei es auch nur die Position eines Postboten. Hier aber konnte ein Nationalsozialist Minister sein, sogar noch Innenminister – und das, obwohl er wegen seiner Beteiligung am Marsch auf die Feldherrnhalle rechtskräftig wegen Hochverrats verurteilt war. Das führte zu Unsicherheit in der Bevölkerung.

Während im Reich der erste Präsidial-Kanzler Brüning gegen den Reichstag die neuen Grenzen absteckte, während der Wahlkampf für den am 14. September 1930 zu wählenden neuen Reichstag tobte und während gleichzeitig auch noch der spektakuläre Ulmer Reichswehrprozess begann und unmittelbar nach der Reichstagswahl die öffentliche Aufmerksamkeit fesselte, durfte Schleicher gleichzeitig die Länderpolitik nicht vernachlässigen. Länderpolitik und Reichspolitik waren über Art. 48 WV insofern untrennbar verknüpft, als nur über Art. 48 WV überhaupt eine Einwirkungsmöglichkeit des Reiches auf die Länder gegeben war.

Zu den Pflichten der Länder gegenüber dem Reich gehörte insbesondere die Pflicht, nicht Separatismus zu betreiben und sich vom Reich zu trennen. Wenn aber ein Nationalsozialist in einem Land mit Umstrukturierungen gravierender Art begann, so war das ein Schritt in Richtung Separatismus. Auf Grund seiner Erfahrungen aus dem Jahre 1923 beobachtete Schleicher deshalb aufmerksam, was sich in Thüringen tat.

Fricks Personalpolitik war verheerend gefährlich, insbesondere was die Besetzung hoher Positionen innerhalb der thüringischen Polizei anbetraf. Als nationalsozialistischer Innenminister wollte Frick die thüringische Polizei pro-nationalsozialistisch einstellen. Nach Fricks Sturz am 1. April 1931 musste sie wieder antinationalsozialistisch umgepolt werden. Disziplinschwierigkeiten und Verunsicherungen innerhalb der Polizei waren die Folgen.

Die Haltung der Reichsregierung gegenüber der NSDAP einerseits und gegenüber dem Land Thüringen andererseits drohte unglaubhaft zu werden. Noch im März 1930 hatte Schleicher deswegen von dem Reichsinnenminister Severing eine schriftliche Stellungnahme erbeten. Schleicher hielt Severing vor, dieser gehe davon aus, dass die NSDAP das heutige Regierungssystem mit Gewalt beseitigen wolle. Der Reichswehrminister teile diese Ansicht und habe deshalb angeordnet, dass alle NSDAP-Mitglieder aus den Betrieben der Wehrmacht zu entfernen seien. Das könne zu folgendem führen:

a) im Reich könne es dazu führen, dass die Reichsregierung nationalsozialistische Beamte nicht mehr bestätige, die Thüringer Regierung nationalsozialistische Beamte, Angestellte, Bürgermeister usw. aber favorisiere.

b) in Thüringen könne das dazu führen, dass aus den dort angesiedelten Heeresbetrieben nationalsozialistische Arbeiter herausgesetzt würden; in thüringischen Staatsbetrieben würden sie aber bevorzugt eingestellt.[31]

---

[31] *Otto-Ernst Schüddekopf,* Dok. 113, S. 287, 288.

Schleicher verlangte von Reichsinnenminister Severing schließlich, gegen Frick vorzugehen und den Ausnahmezustand in Thüringen durchzuführen.[32] Severing drohte daraufhin tatsächlich mit dem Ausnahmezustand gegenüber Thüringen. Es blieb bei der Drohung. Auf den ersten Blick mag es befremden, dass der Chef des Ministeramts dem Reichsinnenminister Forderungen stellt. Indessen stand die Reichsexekution im Raum. Insofern war also die Reichswehr schon involviert und Schleichers Vorstoß verständlich.

Der Zustand in Thüringen warf einen Schlagschatten auf die Verhältnisse in Preußen. Gesetzt den Fall, in Preußen würde ein Nationalsozialist Innenminister, musste das auf die preußische Polizei noch viel verheerendere Auswirken haben als in Thüringen. Denn die preußische Polizei war ungleich größer als die thüringische. Der Ausnahmezustand, den Schleicher für Thüringen forderte, ähnelt rechtlich dem, was Schleicher mit dem Preußenschlag am 20. Juli 1932 gegen die preußische Regierung durchführte. Der Ausnahmezustand hätte die Amtsenthebung des Innenministers Frick, eventuell der gesamten thüringischen Regierung, sichern sollen. Das sollte auch die zweite Verordnung des Preußenschlages bezüglich der Amtsenthebung der preußischen Regierungsmitglieder. In Thüringen wie in Preußen würde der Ausnahmezustand zur Amtsenthebung von Regierungsmitgliedern und zur Sicherung der Amtsenthebung gegen Unruhen benutzt werden. Es ist nicht zu klären, wen Schleicher an die Stelle des amtsenthobenen Ministers oder der gesamten amtsenthobenen thüringischen Regierung hätte setzen wollen, ob er an einen zivilen Reichskommissar dachte oder an Militärs als Inhaber der Ressorts oder – wie beim Preußenschlag – an zivile Kommissare, die notfalls vom Militär im Amt gehalten würden, wenn es Widerstand geben sollte. Möglicherweise waren die Überlegungen noch nicht einmal so weit gediehen. Jedenfalls bleib Schleichers Anregung im Raum stehen, ohne verwirklicht zu werden.

VIII. Ulmer Reichswehrprozess

Auf diesem Hintergrund, während in Thüringen ein Nationalsozialist als Minister amtierte und Schleicher die Reichsexekution gegen Thüringen forderte, begann der Ulmer Reichswehrprozess. In das Konzept Schleichers von einer unpolitischen Reichswehr und auch in sein „parlamentarisches Zähmungskonzept" gegenüber der NSDAP passte der sog. Ulmer Reichswehrprozess recht gut hinein. Schon seit geraumer Zeit versuchten linke und rechte Gruppen, die Reichswehr zu infiltrieren. Groener hatte auf die Vielzahl der Vorfälle seitens der KPD wie auch der NSDAP mit einem Erlass an die Reichswehr vom 22. Januar 1930, dem sog. Hirtenbrief reagiert. Dieser Erlass dürfte im wesentlichen aus Schleichers Feder stammen. Er beschwört die drei Gefahren KPD, NSDAP und feindliches Ausland: „Die Nationalsozialisten wie die Kommunisten wollen die Zertrümmerung des Bestehenden

---

[32] *Thilo Vogelsang,* Reichswehr, S. 62.

VIII. Ulmer Reichswehrprozess

mit allen Mitteln der Gewalt. Das bedeutet Bürgerkrieg: den Bürgerkrieg in einem Lande, das von feindlichen Nachbarn umgeben und wie kein anderes eingebettet ist in die Gesamtwirtschaft der Welt."[33]

Anfang des Jahres 1930 begannen Ermittlungen gegen drei Offiziere Scheringer, Ludin und Wend. Sie hatten versucht, nationalsozialistische Zellen in der Reichswehr aufzubauen. Nachdem der Sachverhalt im Januar und Februar 1930 aufgeklärt war, scheint Groener geradezu von Panik erfasst worden zu sein, die ihn zu dem viel belachten „Uhren-Erlaß" vom 25. Februar 1930 verleitete.[34] Soldaten, die Zersetzungsangriffe anzeigten, sollten entsprechend diesem Erlass belohnt werden, unter anderen Möglichkeiten konnten sie mit einer Uhr mit Gravur ausgezeichnet werden.

Die Heeresleitung und ihre Dienstvorgesetzten neigten dazu, den Fall der Ulmer Offiziere disziplinarisch zu erledigen. Schleicher war ebenfalls dieser Meinung.[35] Reichswehrminister Groener aber scheint auf ein gerichtliches Verfahren gedrungen zu haben. Er wandte sich deshalb an den Oberreichsanwalt, der seinerseits das gerichtliche Verfahren in Gang bachte.[36]

Der Ulmer Reichswehrprozess begann Ende September 1930, also zwei Wochen nach der Reichstagswahl. Er bot Hitler als Zeugen – eigentlich hätte er als Sachverständiger, allenfalls als sog. sachverständiger Zeuge gehört werden dürfen – die Plattform, spektakulär vor dem Gericht, vor der anwesenden Presse und vor breitem Publikum seine Legalität und die Legalität der NSDAP zu beschwören. Er legte dar, er wolle die Macht auf legalem Weg, das hieß also auf gewaltfreiem verfassungsmäßig vorgeschriebenem Weg, erringen und dann den Staat nach seinen Vorstellungen umgestalten. Hitler täuschte damit viele Skeptiker. Sie beruhigten sich über das Treiben der NSDAP. Das dürfte den Widerstand gegen Hitler geschwächt haben.

Schleicher war aber kein Skeptiker. Er wusste genau, was er von der NSDAP zu halten hatte. Sein Wunsch nach energischem Eingreifen in Thüringen zeigte das. Der spektakuläre Prozess konnte deshalb aus Schleichers Sicht nur den Sinn gehabt haben, Hitler durch seine Zeugenaussage „festzunageln". Hitler musste offen bekennen, wie er vorgehen wollte – legal, das hieß in Schleichers Vorstellungen ohne Politisierung der Reichswehr, oder illegal, das hieß gewaltsamer Umsturz bei gleichzeitiger Politisierung der Reichswehr. Hatte Hitler sich einmal auf einen Legalitätskurs festgelegt, und rückte er davon dennoch wieder ab, so würde die Reichswehr vermutlich leichter zu motivieren sein, gegen ihn und eventuell gegen Frick in Thüringen vorzugehen. Schleicher, der den Prozess gern vermieden hätte,

---

[33] *Ernst Rudolf Huber,* Dok. 386.
[34] *Ernst Rudolf Huber,* Dok. 387.
[35] *Vincenz Müller,* in: Klaus Mammach, Vorwort zu Vincenz Müller, Ich fand das wahre Vaterland, S. 22.
[36] Zum Hergang vor dem Prozess, vgl. *Johannes Hürter,* S. 24 ff.

äußerte denn auch, jedenfalls ein Gutes habe dieser Prozess gehabt, nämlich, dass Hitler zum Legalitätseid gezwungen worden sei.[37]

Das Legalitätsbekenntnis Hitlers dürfte auch insofern in Schleichers Konzept gut hineingepasst haben, als Schleicher sehr wohl gewusst haben dürfte, dass insbesondere große Teile der SA den Legalitätskurs ablehnten. Legte Hitler sich in dem Ulmer Prozess öffentlich auf einen Legalitätskurs fest, so trieb das einen Keil in seine Bewegung. In der NSDAP wurden 1930 zwei einander widerstrebende Bewegungen wahrgenommen: der radikale, gewaltbereite Flügel und der legal vorgehende Flügel. Hitlers Legalitätsbekenntnis war dazu angetan, diese vorhandene Kluft zu vertiefen, was Schleicher nur recht sein konnte.

Am 19. Dezember 1930 erörterte das Kabinett, wie es sich zu dem Legalitäts-Problem verhalten solle. Der Tagesordnungspunkt 2) dieser Ministerbesprechung war der breiten Erörterung der Legalität oder Illegalität der NSDAP gewidmet. Wie schwankend die Ministerrunde in dieser Frage war, zeigt die protokollierte Äußerung des Innenministers Josef Wirth: „Letzten Endes sei es Sache der persönlichen Überzeugung, ob man Hitler glauben könne oder nicht. Er, der Reichsminister des Innern, könne Hitler nicht glauben. Nach seiner Überzeugung müsse sich jede Führung des Reichs und der Länder so einstellen, als ob die Nationalsozialisten in gefährlicher Stunde sich nicht verfassungstreu verhalten würden. Er empfehle, eine endgültige Stellungnahme des Reichskabinetts zur Frage des Nationalsozialismus zurückzustellen, wenigstens so lange, bis der vor dem Staatsgerichtshof schwebende Streit wegen der Zahlung der Polizeikostenzuschüsse (ein Streit mit dem Land Thüringen, dem das Reich diese Zuschüsse gestrichen hatte, d. Verf.) entschieden sei. Zur Zeit kämpften bei den Nationalsozialisten zwei Strömungen, eine radikale und eine mehr legale. Man könne nicht sagen, dass die Nationalsozialisten nie legal sein würden." Die Minister einigten sich auf Brünings Vorschlag dahin, das Legalitäts-Problem erst einmal dahingestellt sein zu lassen. Man wolle sich davor hüten, dieselben falschen Methoden, die seinerzeit vor dem Krieg gegen die Sozialdemokraten angewandt worden seien, auf die NSDAP zu übertragen.[38] Es sollten keine Märtyrer geschaffen werden, was die „Bewegung" nur um so enger zusammenschweißen würde.

Für Schleicher war die Frage nach Legalität oder Illegalität der NSDAP immer auf das Engste mit der Frage des Landes- und Grenzschutzes verbunden.[39] Das wurde in der Ministerbesprechung am 19. Dezember 1930 deutlich. War die NSDAP als legal anzusehen, so konnten NSDAP-Mitglieder im Landes- und Grenzschutz mitarbeiten. Würde die NSDAP als illegal eingestuft, so wären diese Männer für den Grenz- und Landesschutz verloren, denn sie konnten dann konsequenterweise nicht herangezogen werden und sie ihrerseits würden sich auch nicht heranziehen

---

[37] Nachlass *Vincenz Müller*, N 774/34, Antworten, Bd. 1, Bl. 63.
[38] Ministerbesprechung vom 19. Dezember 1930, AdR, Brüning, Nr. 206.
[39] Schreiben des Reichswehrministers an Reichskanzler Brüning, September 1931, Nachlass Schleicher, Bundesarchiv, Militärarchiv, N 42/25.

VIII. Ulmer Reichswehrprozess

lassen eben wegen eines Verbots der NSDAP. Wie man es auch drehte und wendete – stets mischten sich guter und böser Tropfen miteinander: War die NSDAP illegal, konnte sie verboten und offen bekämpft werden, das aber würde dem Grenz- und Landesschutz sehr schaden. Schleicher, dem der Grenz- und Landesschutz so überaus wichtig war, musste also über Hitlers Legalitätseid eher erleichtert sein. Für den Pragmatiker Schleicher ging es weniger um die Grundsatzfrage, ob die NSDAP als illegale Partei bekämpft und zerschlagen werden müsse. Für ihn stand der Grenz- und Landesschutz im Vordergrund. Zu der Frage der Legalität oder Illegalität der NSDAP würde er sich nach Zweckmäßigkeitsgesichtspunkten im Zusammenhang mit Grenz- und Landesschutz so oder so stellen.

Schleicher hatte während des Jahres 1930 bereits eine grundsätzliche Einstellung gegenüber der NSDAP gefunden. Sie sah eine Instrumentalisierung der NSDAP für eigene Zwecke vor und ging in der Grundtendenz davon aus, dass sich Anhänger der NSDAP und der KPD kaum in ihren Anschauungen und Wünschen unterschieden. Schleicher hat dabei die KPD stets für noch gefährlicher gehalten als die NSDAP, weil hinter der KPD Moskau stehe, hinter der NSDAP aber keine ausländische Macht. Schleicher hat deshalb stets darauf geachtet, dass NSDAP-Mitglieder nicht dazu getrieben würden, zur KPD abzuwandern. Da sich beide Parteien innerlich so ähnlich aus Schleichers Sicht ausnahmen, musste der Schritt von der Mitgliedschaft in der NSDAP hinüber zur KPD sehr einfach für jemanden sein, der die Durchsetzung seiner Wünsche mit der KPD für aussichtsreicher als mit der NSDAP hielt. Schleicher fasste seine Ansicht über die Nähe der NSDAP zur KPD und über die Instrumentalisierbarkeit der NSDAP auf einer Besprechung der Gruppen- und Wehrkreisbefehlshaber im Reichswehrministerium am 25. Oktober 1930 zusammen. Er wird zitiert mit der Äußerung, das Programm der NSDAP sei folgendes:

„– Die NSDAP habe drei Wählergruppen: Idealisten, materiell und ideell Entrechtete, diejenigen, die im Herzen eigentlich nichts als Kommunisten seien. Die NSDAP habe den drei Gruppen alles versprochen, was diese hören wollten. Das bereite der NSDAP keine Schwierigkeiten bei der Wahlkampfagitation. Wohl aber bereite es der NSDAP Schwierigkeiten, wenn sie in der Opposition oder gar in der Regierungsverantwortung dieses Programm näher würde ausführen müssen.

– Den nationalen Teil des Programms der NSDAP könne man als Zielvorstellung ruhig unterschreiben, wohl bewusst, dass er sich (z. B. die Kündigung der Friedensverträge) sowieso nicht durchsetzen lasse.

– Wichtiger sei die „Entrüstungswelle" gegen Landesverrat, Bolschewismus etc. Das könne von der Regierung ausgenutzt werden, um steckengebliebene Gesetzesvorhaben auf den Weg zu bringen (Gegen Landesverrat, Staatsverleumdung, Verschandelung der Theater und Filme, Verderbung der Jugend in den Schulen)

– Der soziale Programmteil sei durchaus ernst gemeint. Im Kern sei er kaum etwas Anderes als reiner Kommunismus (Gleichmacherei aller Gehälter, Einziehung aller Gewinne seit 1914, Verstaatlichung der Banken). Es sei kein Zweifel, dass Moskau diese Geistesverwandtschaft längst erkannt habe und sie nutze."[40]

---

[40] Ursachen und Folgen, 7. Bd., Dok. 1620 f.).

Das klingt bereits nach einer bewussten Einbeziehung der NSDAP in die Politik. Denn Schleicher spricht von der Möglichkeit, dass die NSDAP in die Regierungsverantwortung hineinkommen könne. Allerdings schätzt Schleicher die Regierungsdauer eines NSDAP-Ministers für nicht lang ein, da er die großen Versprechungen nicht einlösen könne. Nur auf dieser Basis ist verständlich, dass Schleicher sich im Jahre 1930 und später für eine Regierungsbeteiligung der NSDAP aussprach, obwohl er doch gleichzeitig in Thüringen den Ausnahmezustand verhängen lassen wollte, um Frick auszubremsen.

Schwierig würde eine Politik der Einbeziehung der NSDAP als Tolerierungspartner oder gar in die Regierungstätigkeit durch die politischen Verhältnisse in Preußen. Brüning konnte sich den Schleicher'schen Rechtsruck nämlich eigentlich gar nicht erlauben, weil Brüning auf Preußen wegen seiner Regierung der Weimarer Koalition mit Zentrum und DDP besondere Rücksicht nehmen musste. Dort stellte die SPD mit Otto Braun den Ministerpräsidenten. Zwischen Brüning und Braun bestand eine Art Notgemeinschaft. Brüning durfte Braun und die hinter ihm stehende SPD nicht verärgern. Sonst wäre es möglicherweise um die Tolerierung im Reichstag geschehen. Braun durfte sich Brüning nicht zum Feind machen, sonst würde ihm das Zentrum in Preußen möglicherweise die Basis entziehen. Braun war aber in Preußen auf das Zentrum als Koalitionspartner angewiesen. Gleichwohl wollte Schleicher trotz des Problems Preußen an dem Rechtskurs festhalten. Er empfand das allerdings als „Riesenverantwortung", wie er einer Freundin schrieb.[41] Über diesem Dilemma, dass Schleicher an einer Öffnung nach rechts festhält, Brüning aber die SPD vor allem in Preußen nicht verprellen will, entfremden sich Schleicher und Brüning, sodass Schleicher schließlich für Brünings Ablösung sorgen wird.

Im August 1931 kommt es zu einer gewissen Verstimmung zwischen Brüning und Braun. Anlass dafür war ein – missglückter – Volksentscheid, der den Preußischen Landtag auflösen sollte. Es handelte sich dabei um reine Agitation seitens der KPD und der NSDAP. Braun ging in dieser Situation scharf gegen die Presse vor, was wiederum Brüning verärgerte. Schleicher gefiel diese Mißstimmung gut, denn das bisher gute Verhältnis zwischen dem preußischen SPD-Politiker Braun und dem Zentrumspolitiker Brüning passte nicht in die Rechtsruck-Politik Schleichers hinein.

Braun sieht ebenso wie Brüning, Schleicher und viele andere den Dualismus zwischen dem Reich und Preußen eher negativ. Auch er sucht nach einer Lösung des Dualismus-Problems, das schon seit 1919 zur Lösung ansteht. Braun entwirft sogar selbst einen Plan, wie Preußen seine Beziehungen zum Reich regeln könnte, nämlich in Form von Personalunionen: Reichsminister könnten gleichzeitig Minister in Preußen sein, der Reichskanzler könnte gleichzeitig Preußischer Ministerpräsident werden. Braun stellt seinen Entwurf am Verfassungstag, dem 11. August 1931, vor. Hindenburg hält von diesem Plan nichts. Schleicher, dessen Meinung im

---

[41] *Karl-Friedrich v. Plehwe*, S. 151.

IX. Konzept der Reichswehrführung vom August 1931

Hause Hindenburg zu dieser Zeit viel gilt, möchte die mit diesem Plan notwendigerweise verbundene Linksanlehnung nicht mitmachen.[42]

IX. Konzept der Reichswehrführung vom August 1931

Im Reichswehrministerium machte man sich im August 1931 grundsätzliche Gedanken, wie es politisch weitergehen solle. Das Reichswehrministerium erstellte in diesem Zeitpunkt ein außen- und innenpolitisches Konzept.[43] Das erscheint als krasse Kompetenzüberschreitung, war seinerzeit aber erklärlich durch den jederzeit über Art. 48 WV möglichen Einsatz der Reichswehr – von dieser wenig geschätzt – im Innern. Welche innen- oder außenpolitischen Maßnahmen der Reichspräsident über Art. 48 WV auch immer durchsetzen würde – die Reichswehr würde eventuell sein ausführender Arm sein müssen. Also nahm sich die Reichswehrführung bzw. Schleicher, das Recht heraus, Maßnahmen auf jedem Gebiet der Politik vorzuschlagen oder warnend abzulehnen und sogar ein umfassendes politisches Konzept zu entwerfen. Denn schließlich musste das Reichswehrministerium beurteilen, ob das Heer derartige Maßnahmen je würde umsetzen können.

Das Konzept sah vor:

I. „Außenpolitik:

1. Ideallösung: deutsch-französische Zusammenarbeit auf paritätischer Grundlage
2. Erfolgsaussichten ganz gering. Frankreich steht auf der Höhe seiner Macht, militärisch sowohl wie finanziell, daher wird es auch von allen anderen Großmächten wie ein rohes Ei behandelt."
3. Es folgen unter Ziff. 3.) Methoden des Vorgehens gegenüber Frankreich: Es sei falsch, den Franzosen hinterherzulaufen. Besser sei es, Frankreich durch Isolation verhandlungswillig zu machen. Die aussichtsreichsten Möglichkeiten zur Zusammenarbeit mit Frankreich böten sich auf wirtschaftlichem Gebiet. „Mustergültige Verhandlungsart des Kanzlers auf diesem Gebiet in Paris und London" fordert das Programm hierfür. Für eine solche mustergültige Verhandlungsart wird nach Schleichers Meinung gerade Franz v. Papen, der Frankreichkenner und perfekte Beherrscher der französischen Sprache sich empfehlen, der sich bereits in einem einflussreichen französisch-deutschen Gesprächskreis Gedanken um eben diese Fragen macht (s. u. F. II. 1. Franz v. Papen als neuer Kanzler).

Das Konzept fährt fort:

II. „Innenpolitik.

1. Hauptaufgabe Rettung der Wirtschaft.
2. Aufstellung eines Programms.
   a) Sparmaßnahmen, hauptsächlich für Länder und Gemeinden. Ausnahmestellung der Wehrmacht bei diesen Sparmaßnahmen.

---

[42] *Hagen Schulze*, S. 697 ff.
[43] *Wolfgang Michalka, Gottfried Niedhart*, Dok. 146.

b) Lockerung der Tarifverträge.
c) Erwerbslosenfürsorge, Speisung und warme Wohnung, Winterhilfe.
3. Innenpolitische Entwicklungsmöglichkeiten
   a) Versuch, eine möglichst breite Front für das Winterprogramm der Regierung zu gewinnen.
   b) Falls das nicht gelingt, drei Möglichkeiten:
      – Erweiterung der Basis nach rechts, auch auf die Gefahr hin, die Sozialdemokraten in schroffer Opposition zu sehen.
      – Zusammenarbeit mit den Sozialdemokraten auf die Gefahr hin, auch die gemäßigten Rechtsparteien zu verlieren,
      – Regierung ohne Parlament.
      – K.P.D.-Frage und verschärfte Maßnahmen gegen Ruhestörung."

Das Konzept befasst sich mit den Themen, die Schleicher besonders beschäftigen: Das außenpolitische Verhältnis zu Frankreich, das vor allem für die Abrüstungsfrage wichtig ist, ferner die Rettung der Wirtschaft durch ein umfassendes Programm. Die Ziffern 3. a) und 3. b) erörtern die praktische Durchsetzung des Programms. Eine breite Front soll das Programm tragen. Kann sie nicht gebildet werden, so ist die Basis nach rechts oder sonst nach links zu verbreitern. Dabei muss in Kauf genommen werden, dass die jeweils politisch andere Richtung, die nicht zu der verbreiterten Basis gehört, die schärfste Opposition ausüben wird. Diese Gefahr scheint bei einer Einbindung der Sozialdemokratie größer, denn dann würden nicht nur die ultra-rechten Parteien, also NSDAP und DNVP, opponieren, sondern auch womöglich die gemäßigten Mitte-/Rechtsparteien.

Letztlich wird eines aus diesem Konzept wiederum deutlich: Es war Schleicher gleichgültig, für welche politischen Inhalte eine Partei eintrat. Wichtig war nur, ob sie zur Vergrößerung der Basis taugte, von der aus Schleicher seine Politik durchsetzen wollte. Es waren rein pragmatische Gesichtspunkte, die ihn mit den Linken oder den Rechten liebäugeln ließen. Wenn alles nichts half, so konnte man immer noch auf Punkt 3. b) „Regieren ohne Parlament" zurückgreifen.

An diesem Konzept mag erstaunen, dass es sich überhaupt mit der Außenpolitik befasst. Schleicher wegen Art. 48 WV auf der innenpolitischen Bühne agieren zu sehen, ist angesichts der Erfahrungen von 1923 immerhin noch verständlich. Hier wird zum ersten Mal schlaglichtartig deutlich, dass Schleicher sich eingehend mit der Außenpolitik beschäftigte, und zwar weniger unter wehrtaktischen Gesichtspunkten wie etwa der Abrüstungsproblematik, als vielmehr unter wirtschaftlichen Aspekten. Schleichers außenpolitische Aktivitäten gegenüber Frankreich und England sind wenig bekannt. Schleicher suchte damals häufig den Kontakt zu Stresemann. Mit dem französischen Botschafter Francois-Poncet war Schleicher sogar befreundet. Schleicher suchte auch die Beziehungen zur Sowjetunion. Das war wichtig für die „Schwarze Reichswehr" und deren Ausbildung auf sowjetischem Boden.

H.-R. Berndorff wählte für sein Buch über Schleicher deshalb den Titel „General zwischen Ost und West".[44] Wenn Schleicher die Gefahren für Deutschland vor

IX. Konzept der Reichswehrführung vom August 1931

allem in einem Zusammenwirken von zwei Seiten sah, also entweder von KPD und NSDAP oder von Frankreich/England und Polen, so lag es nahe, dass er sich in die Außenpolitik hineinzumischen versuchte. Er tat das, um die Wehrmacht aus Konflikten herauszuhalten und mögliche Konflikte eben gar nicht erst entstehen zu lassen.

Wenn Schleicher eine Erweiterung der Basis nach rechts erwog [Ziff. 3. b) des Konzepts], so musste er weiterhin beobachten, ob die NSDAP legal oder illegal auftrat und ob sie weiterhin die Reichswehr zu beeinflussen suchte. Der Ulmer Reichswehrprozess war ein wichtiges Alarmzeichen gewesen. Mit dessen Urteil war das Thema „Unpolitische Reichswehr" bzw. „Legalität von Hitlers Aktivitäten" für Schleicher keineswegs erledigt. Um den 1. Oktober 1931 und um den 22. Oktober 1931 herum traf Schleicher zweimal mit Hitler zusammen, um sich im Hinblick auf die Legalität noch einmal zu vergewissern. Die Treffen waren nicht etwa geheim. Sie fanden vielmehr im Einvernehmen mit den zuständigen Dienststellen im Reichswehrministerium statt. Horkenbach schreibt: „Dabei habe Hitler die Frage verneint, ob seit dem Ulmer Prozess noch irgendwelche Versuche politischer Beeinflussung der Reichswehr gemacht worden seien. Hitler habe betont, er würde niemand in seiner Partei dulden, der sich irgendwie illegal betätige."[45] Schleicher soll Hitler nach dem ersten Treffen so charakterisiert haben: „Ein interessanter Mann mit überragender Rednergabe. In seinen Plänen versteigt er sich leicht in höhere Regionen. Man muss ihn dann am Rockzipfel auf den Boden der Tatsachen herunterziehen."[46]

Das zweite Treffen mag eine Reaktion auf den Tag der „Harzburger Front" am 11. Oktober 1931 gewesen sein. Schleicher verurteilte diese Frontbildung, insbesondere die Teilnahme des Stahlhelms. Er sah nämlich in der Harzburger Front eine Stärkung und Aufwertung Hitlers. Hugenberg, der Initiator der Harzburger Front, sah das anders. Er hielt die Teilnahme der NSDAP vielmehr für eine Schwächung und Einbindung Hitlers.[47] Hitler verhielt sich am Tag der Harzburger Front äußerlich eher unhöflich gegenüber den übrigen Teilnehmern der Front. Er soll einen betont schlecht gelaunten Eindruck verbreitet haben und verließ das Treffen in Harzburg vorzeitig. So hatte er sich von den übrigen Teilnehmern des Treffens distanziert, ohne sie ganz vor den Kopf zu stoßen. Einige Tage darauf veranstaltete die SA in Braunschweig einen großen Vorbeimarsch, den Hitler stundenlang abnahm. Röhm lud Schleicher dazu ein, der selbstverständlich ablehnte.[48]

Nachdem Hitler in den beiden Aussprachen mit Schleicher im Oktober 1931 sein weiteres legales Vorgehen versichert hatte, musste es ihm um so unangeneh-

---

[44] H.-R. Berndorff, General zwischen Ost und West, 1956.
[45] Cuno Horkenbach, 1931, S. 340, für den 29. Oktober 1931.
[46] Nachlass Hanshenning von Holtzendorff, N 264/5, S. 7.
[47] Nachlass Vincenz Müller, N 774/34, Antworten, Bd. 1, Bl. 65.
[48] Nachlass Schleicher, N 42/25, Bl. 30.

mer sein, als schon einen Monat später, am 25. November 1931, die hochverräterischen Boxheimer Dokumente bekannt wurden. Unter der bezeichnenden Überschrift „Entwurf der ersten Bekanntmachung unserer Führung nach dem Wegfall der seitherigen obersten Staatsbehörden und nach Überwindung der Kommune in einem für einheitliche Verwaltung geeigneten Gebiet" stellte eines der Dokumente harsche Maßnahmen für den Ausnahmezustand vor. Die NSDAP stellte die Dokumente als Privatangelegenheit ihres Urhebers Dr. Werner Best hin. Es handele sich um mögliche Reaktionen nach einem kommunistischen Aufstand. Von einem kommunistischen Aufstand war allerdings in den Dokumenten nirgends die Rede. Es hatte eher den Anschein, als ob der in den Dokumenten vorausgesetzte Umsturz von der NSDAP ausgehen werde. Das widersprach jeglichen Legalitätsbeteuerungen. Das Reichswehrministerium sah sich im Dezember 1931 zu grundsätzlichen Ausführungen über sog. Wehrverbände veranlasst. Darin führte der Reichswehrminister aus, die Anmaßung polizeilicher oder sonstiger staatlicher Befugnisse durch Verbände werde auf das schärfste bekämpft werden. Die Organisation exekutiver Organe, „wie sie Herrn Dr. Best in Hessen vorschwebte," werde der Reichswehrminister niemals dulden. Die NSDAP, so fährt er fort, habe bindende Erklärungen darüber abgegeben, dass sie die politische Beeinflussung der Reichswehr grundsätzlich ablehne und Zuwiderhandelnde aus der Partei ausschließen werde. Tatsächlich habe die NSDAP seit Jahr und Tag keinerlei Zersetzungsversuche in der Reichswehr unternommen. Deshalb sollten Angehörige der NSDAP nicht weiter von dem Ehrenrecht, dem Vaterland als Soldat zu dienen, ausgeschlossen werden.[49]

Diese Ausführungen unterschieden also zwischen den Vorstellungen des Dr. Best und den Vorstellungen der NSDAP, sie teilen mithin Hitlers Darstellung von Bests alleiniger Verantwortung für die Boxheimer Dokumente. Das könnte jedoch eine vordergründige Darstellung sein. Denn Schleicher war nach wie vor darauf bedacht, die „wertvollen Elemente" aus der NSDAP der Reichswehr zuzuführen. Das Reichswehrministerium kann insofern ausdrücklich NSDAP-Mitglieder als Soldaten willkommenheißen. Die Erwähnung Bests könnte als deutliche Warnung zu verstehen sein, von derartigen Dingen künftig die Finger zu lassen. Wie Zweckoptimismus klingt die Formulierung, die NSDAP habe tatsächlich seit Jahr und Tag keine Zersetzungsversuche in der Reichswehr unternommen. So lange lag der Ulmer Reichswehrprozess noch nicht zurück, als dass man hinsichtlich nationalsozialistischer Zersetzungsversuche völlig beruhigt sein durfte. Schleicher zeigte schließlich selbst durch seine zwei Treffen mit Hitler im Oktober 1931, dass er nicht vollkommen sicher hinsichtlich des Legalitätskurses der NSDAP war.

Brüning reagierte auf die Boxheimer Dokumente in seiner Rundfunkrede vom 8. Dezember 1931 heftiger und eindeutiger als das Reichswehrministerium. Anlass zu der Rede war die Notverordnung vom gleichen Tage. Brüning sagte im Hinblick auf die NSDAP, es werde keine andere Macht als die verfassungsmäßige geduldet.

---

[49] Nachlass Schleicher, N 42 / 25, Bl. 42 ff.

Notfalls müsse der Ausnahmezustand verhängt werden. Im übrigen sei eine vollständige Beseitigung der jetzigen Verfassung nie legal, auch wenn ein legaler Weg noch so sehr beschworen werde.

Am 29. Januar 1932 ließ der Reichswehrminister Nationalsozialisten entsprechend seinen Ausführungen vom Dezember 1931 zum Wehrdienst zu. Ein entsprechender Erlaß erklärte Mitglieder der NSDAP für geeignet, Angehörige der Reichswehr zu sein. Schleicher stand offenbar hinter diesem Erlaß. Groener begegnete der sofort einsetzenden Kritik mit dem Argument, nicht er sei der NSDAP entgegengekommen. Vielmehr sei die NSDAP ihrerseits näher an den Staat herangerückt. Sie bekenne sich zur Legalität. Eben deshalb dürfe den NSDAP-Mitgliedern nicht länger das Ehrenrecht der Landesverteidigung vorenthalten bleiben.

X. Groener als Doppelminister

Schleicher machte sich im September 1931 Sorgen um Brünings Verhältnis zur Rechten. Für Schleichers Empfinden kam Brüning ihr nicht genügend entgegen. Im August 1931 hatte das Reichswehrministerium sein innen- und außenpolitisches Konzept erarbeitet. Nun ging es an die Umsetzung. Schleicher schien sie mit dem amtierenden Kabinett Brüning für undurchführbar zu halten. Schleicher forderte von Brüning am 6. September 1931 ein Programm der völligen Änderung der personalen Zusammensetzung des Kabinetts im Sinne einer stärkeren deutschnationalen Orientierung.[50] Schleicher scheint in diesem Zusammenhang bei Hindenburg vorstellig geworden zu sein. Dieser verlangte jedenfalls von Brüning am 13. September 1931 eine Kursänderung nach rechts. Das entsprach der Ziff. II. 3. a) des Konzepts des Reichswehrministeriums, falls eine breite Front für das Winterprogramm der Reichsregierung nicht zu gewinnen sei. Es war schon September. Eine breite Front würde sich vor dem Winter nicht mehr herstellen lassen. In dem neu zusammengesetzten Kabinett, so machte Hindenburg Brüning klar, sollten aber weder Hugenberg noch die NSDAP vertreten sein.

Schleicher hat im Grunde im September 1931 eine Regierungskrise herbeigeredet. Brüning wünschte keine Kabinettsumbildung. Die personellen Querelen um Reichsinnenminister Wirth und um Reichsaußenminister Curtius, insbesondere wegen der fehlgeschlagenen Zollunion mit Österreich, hätten vielleicht durch Neubesetzungen beigelegt werden können, ohne dass das gesamte Kabinett demissionierte. Brüning bot indessen seinen Rücktritt an. Hindenburg hätte seinen Kanzler auch ohne weiteres fallen gelassen, wenn nicht Reichswehrminister Groener einen Sinneswandel herbeigeführt hätte. Hindenburg beauftragte Brüning daraufhin mit der Bildung eines neuen Kabinetts. Lediglich drei Minister wurden ausgetauscht: Curtius (DVP) gab das Außenministerium an Brüning ab, der damit Kanzler und Außenminister zugleich war. Guérard (Zentrum) gab das Verkehrsministerium an

---

[50] *Heinrich Brüning*, Memoiren, S. 385; vgl. *Johannes Hürter*, S. 279.

Treviranus (Volkskonservative) ab. Wirth (Zentrum) gab das Innenministerium an Groener ab.

Im Kabinett Brüning II nahm Groener also das Amt des Reichswehrministers und gleichzeitg kommissarisch das Amt des Reichsinnenministers wahr. Damit hatte Schleicher eine ideale Konstellation für die Durchsetzung seiner politischen Vorstellungen gewonnen. „Aber vielleicht ist Groener der Entschluss (i. e. auch noch das Innenressort zu übernehmen, d. Verf.) nicht schwer geworden. Die Reichsgewalt zu wahren ist eine der wichtigsten Aufgaben und Zuständigkeiten des Reichsinnenministers. Insoweit gehören Reichswehr und Reichsinnenministerium eng zusammen. Es sei immer um die Wahrung der Reichsgewalt schlecht bestellt gewesen, wenn zwischen Reichswehr und Reichsinnenministerium kein Verhältnis der vertrauensvollen Zusammenarbeit bestanden habe", schrieb Brauweiler schon 1932.[51]

Groener selbst scheint zunächst nicht sehr erfreut gewesen zu sein über seine Doppelstellung. Allerdings dürfte ihm gefallen haben, dass die sog. Wehrertüchtigung in das Innenressort fiel. Hier konnten die jungen Leute paramilitärische Übungen und Kurse durchlaufen, die sie von KPD und NSDAP fernhalten würden. Die paramilitärischen Wehrverbände wie Stahlhelm, Reichsbanner und SA konnten möglicherweise vom Innenministerium aus entpolitisiert und gleichzeitig die Wehrkraft und Wehrfreudigkeit erhöht werden. Die jungen Leute würden vom Straßenkampf wegkommen und wären von der Politik „abgedreht" worden, wie es im Reichswehrministerium hieß.

Die Initiative für das Doppelministerium Groeners scheint von Schleicher ausgegangen zu sein. Er war es offenbar auch, der diese Idee bei Hindenburg durchsetzte. Brüning meint, zunächst habe Schleicher wohl Geßler als Innenminister in seinem II. Kabinett favorisiert. Das wollte aber Hindenburg nicht, ohne allerdings sachliche Gründe dafür anzuführen. Dann wünschte Schleicher jedoch Groener als Reichsinnenminister, obwohl dieser selbst keinen Ehrgeiz in dieser Richtung gezeigt hatte.[52]

Am 10. Oktober 1931, dem Tag zwischen der Bildung des Kabinetts Brüning II am 9. Oktober und dem Tag der „Harzburger Front" am 11. Oktober, brachte Schleicher ein erstes Treffen zwischen Hindenburg und Hitler zustande. Hitler scheint dabei ein denkbar schlechten Einruck durch langes Monologisieren gemacht zu haben. Das Gespräch führte zu nichts. Aber man lernte sich immerhin schon einmal persönlich kennen. Für Hitler war es eine persönliche Aufwertung, dass er überhaupt empfangen wurde.

---

[51] *Heinz Brauweiler*, S. 32.
[52] Schreiben Brünings vom 31. Januar 1955 an Geßler, in: *Otto Geßler*, Dok. 32, S. 507 ff.

XI. Wiedereinführung der Monarchie?

Reichspräsident Hindenburg war mit fast 85 Jahren ein alter Herr. Höflicherweise redete man nicht laut darüber – doch sein nicht allzu ferner Tod musste ins politische Kalkül einbezogen werden. Wer sollte und konnte dann die Nachfolge übernehmen? Als die Wahl des Reichspräsidenten nach der ersten Amtszeit Hindenburgs im Frühjahr 1932 anstand, zeichnete sich deutlich ab, dass die Wahl zwischen Hindenburg und dem Kandidaten der NSDAP Hitler entschieden werden würde. Die übrigen Kandidaten waren chancenlos. Entsprechend hektisch suchten Reichskanzler Brüning, aber auch Schleicher nach Auswegen. Eine zunächst angepeilte Verfassungsänderung, die Hindenburgs Amtszeit verlängern sollte, scheiterte an Hitlers Widerstand. Schleicher und Brüning werden gehofft haben, Hindenburg werde immerhin noch zwei Jahre leben, in diesen zwei Jahren werde die Wirtschaft saniert sein und die NSDAP werde abgewirtschaftet haben. Brüning und Schleicher hatten sich wegen der Verfassungsänderung am 7. Januar 1932 mit Hitler und Röhm getroffen. Das Sondierungsgespräch hatte nur den Erfolg, dass Hitler sich in der Öffentlichkeit zum Wahrer der Verfassung aufspielte. Zudem wurde er in der öffentlichen Meinung aufgewertet, da Brüning und Schleicher ihn immerhin als Gesprächspartner akzeptiert hatten.

Eine vielleicht einzige weitere realistische Alternative in der Präsidentenfrage mochte es noch geben, auf die das Wählervolk positiv reagiert hätte: Wenn sich der Thronfolger als Kandidat für die Reichspräsidentschaft zur Wahl gestellt hätte oder wenn die Monarchie wieder eingeführt worden wäre. Die Schilderung über Verhandlungen zur Wiedereinführung der Monarchie, die Brüning gibt[53], mag mit einiger Vorsicht zu betrachten sein. Es könnten ihm einige Erinnerungsfehler unterlaufen sein. Dennoch muss es Bestrebungen in dieser Richtung gegeben haben, denn auch Bredow schreibt davon (s. u. in diesem Kapitel).

Schon im Frühjahr 1929 hatte Schleicher mit Brüning ein Gespräch geführt, das vermutlich in vorsichtig versteckter Form das Thema der Nachfolge Hindenburgs zum Gegenstand hatte. Brüning beschreibt dieses Gespräch. Schleicher habe ihm damals mitgeteilt, der Reichspräsident habe sich entschlossen, zusammen mit der Reichswehr und den jüngeren Kräften im Parlament „die Dinge vor seinem Tode in Ordnung zu bringen". Brüning habe gefragt, ob er das mit oder ohne Parlament machen wolle. Darauf habe Schleicher geantwortet, der Reichspräsident werde nicht die Verfassung verletzen, aber er werde das Parlament im gegebenen Augenblick für eine Weile nach Hause schicken. Was mochten das für Dinge sein, die Hindenburg noch vor seinem Tod in Ordnung bringen wollte? Brüning meinte, Hindenburg habe an die Wiedereinführung der Monarchie gedacht. Das mag auch durchaus so gewesen sein, denn wer vor seinem Tod „die Dinge in Ordnung bringen" will, denkt an etwas Grundsätzliches.

---

[53] *Heinrich Brüning,* Memoiren, S. 146.

Das Haus Hohenzollern stand der Einführung der Monarchie durchaus nicht abgeneigt gegenüber. Eine entsprechende Verfassungsänderung hätte im Parlament niemals die erforderliche verfassungsändernde Mehrheit gefunden. Nur in einer parlamentlosen Zeit hätte Hindenburg überhaupt wagen können, die Monarchie mit Art. 48 WV wieder einzuführen. Das hatten Brüning und Schleicher auch einkalkuliert, wie die Formulierung zeigt, im gegebenen Moment werde das Parlament für eine Weile nach Hause geschickt.

Die Wiedereinführung der Monarchie war damals im Sande verlaufen. Schleicher blieb aber wegen der Frage der Reichspräsidentschaft weiterhin unruhig. Mochte die Wiederwahl Hindenburgs im April 1932 schließlich im zweiten Wahlgang geglückt sein, so blieb doch der mögliche Tod Hindenburgs als Gefahr bestehen, und zwar mit der Konsequenz, dass dann Hitler eben doch noch Reichspräsident werden könnte.

In dieser Situation – genau drei Wochen nach Hindenburgs Wahlerfolg – griffen Brüning und Schleicher das Projekt der Wiedereinführung der Monarchie erneut auf. Brüning berichtet in seinem Memoiren von einem Grundsatz-Gespräch mit Schleicher am 2. Mai 1932.[54] Brüning zog darin ein Resumée seiner Tätigkeit: „Ich habe die Macht des Parlaments auf das richtige Maß zurückgebracht. Nur noch eine einzige Änderung der Geschäftsordnung ist notwendig, um dem Artikel der Reichsverfassung, der das Vertrauen des Reichstages für die Regierung fordert, eine Auslegung zu geben, die das Parlament auf die praktischen Rechte des englischen Unterhauses zurückwirft. Dann ist nach dieser Richtung alles Notwendige geschehen, und die Bahn für die konstitutionelle Monarchie ist frei. Ich überlasse Ihnen den letzten Schritt. Ich verstehe, dass Sie als Jugendfreund des Kronprinzen den berechtigten Ehrgeiz haben können, mit Ihrem Namen vor der Geschichte die Wiedereinführung der Hohenzollern zu verknüpfen."[55] Schleicher habe nur verächtlich mit den Achseln gezuckt.

Brüning scheint bei der Änderung der Geschäftsordnung des Reichstages an die Rechtsfrage gedacht zu haben, die seit dem Erstarken der NSDAP immer wieder erörtert wurde: Wenn das Parlament mit einem Misstrauensvotum einem Kanzler oder Minister das Vertrauen entzog, so musste dieser zwingend gemäß Art. 54 WV zurücktreten. Art. 54 WV war also derjenige Artikel, der einer solchen Auslegung bedurfte, dass das Parlament in seinem Einfluss „zurückgeworfen" wurde. Die Verfassung sagte nichts darüber, wann der Rücktritt zu vollziehen sei, ob unverzüglich oder irgendwann später. Das wäre eine Angelegenheit gewesen, die in der Geschäftsordnung des Reichstages näher zu regeln gewesen wäre. Wenn die Geschäftsordnung dahin konkretisiert worden wäre, dass der Rücktritt nicht unverzüglich geschehen müsste, wenn er zeitlich hinausgeschoben werden könnte, so hatte das eminente Bedeutung. Das Misstrauensvotum konnte dann schlicht ignoriert werden. Die herrschende Lehre lehnte dieses von etlichen Politikern pro-

---

[54] *Heinrich Brüning,* Memoiren, S. 575–580.
[55] *Heinrich Brüning,* Memoiren, S. 579.

pagierte Vorgehen als Augenwischerei strikt ab. Eine Änderung der Geschäftsordnung des Reichstages dahin, dass der Rücktritt jedenfalls nicht unverzüglich zu geschehen habe, würde hier helfen. Die Regierungsbildung und die Stabilität künftiger Regierungen wäre dann gewährleistet. Das Parlament würde eine vom Monarchen eingesetzte Regierung zwar stürzen, aber letztlich nicht mehr aus dem Amt entfernen können, wenn das Misstrauensvotum ignoriert werden könnte.

Schleicher hat dann nach Brünings Schilderung in jenem Gespräch am 2. Mai 1932 ausgeführt, die Wiedereinführung der Monarchie sei für ihn keine Angelegenheit des Gefühls, sondern des Verstandes. Der Oberstkommandierende der Reichswehr müsse eine Uniform und einen Ordensschrank besitzen, sonst werde der einfache Soldat niemals mit Hochachtung zu seinem Höchstkommandierenden aufsehen. Die Massen der organisierten Arbeiter müssten die Monarchie wünschen im Kampf gegen die Nazidiktatur. Dann sei sie dauernd gesichert. Es ging also nicht um eine konservative Restauration der Monarchie, sondern um die Sicherung der Staatsautorität, und zwar um eine Sicherung gegenüber Hitler. Der Oberbefehlshaber der Reichswehr musste jemand sein, dem die Reichswehr ergeben gehorchen würde. Hier hat Schleicher, wenn man Brüning folgt, eine Kehrtwendung von seinem Ende 1926 niedergeschriebenen grundsätzlichen Konzept für die Reichswehr vollzogen. Damals hatte er die Reichswehr noch aufgefordert, jeglichen Gedanken an die Wiedereinführung der Monarchie fallen zu lassen.

In den ersten Tagen des Mai 1932 verhandelte Schleicher gleichzeitig im Geheimen mit Hitler (s. u. E. I. Schleichers Kurswechsel). Insofern ist Schleichers Einlassung Brüning gegenüber doppelbödig, wenn Schleicher einerseits die Wiedereinführung der Monarchie als Mittel gegen den Nationalsozialismus überlegt, andererseits mit Hitler den Sturz Brünings anpeilt.

Brüning berichtet, dass er am folgenden Morgen, am 3. Mai 1932, eine Unterredung mit Hindenburg gehabt habe. Die mit Schleicher am Vortag besprochenen Fragen trägt Brüning nun dem Reichspräsidenten vor: „Die Frage der Wiedereinführung der Monarchie sei ebenfalls gut vorbereitet. So sähe ich den Zeitpunkt innerhalb von zwei Monaten heranreifen, wo außen- und innenpolitisch die Dinge gelöst seien oder vor einer endgültigen Lösung ständen, und wo man ohne Verprellung der Linken eine Regierung mit der Rechten bilden könne. Das sei der Augenblick, wo ich ihm, dem Reichspräsidenten, sagen könnte, die Zeit sei gekommen, einen geeigneten Nachfolger für mich zu ernennen."[56] Hindenburg zeigt sich offenbar keineswegs überrascht, dass das Thema der Wiedereinführung der Monarchie angeschnitten wird. Folglich wird auch Hindenburg sich mit diesem Thema bereits vorher beschäftigt haben. Sonst hätte Hindenburg es wohl eher als völlig absurd von der Hand gewiesen.

Brüning mochte gehofft haben, mit der Wiedereinführung der Monarchie das Thema der Reichsreform und damit wiederum das Dualismus-Problem zwischen

---

[56] *Heinrich Brüning*, Memoiren, S. 582.

Preußen und Reich lösen zu können. Das jedenfalls behauptet Huber.[57] Wäre dann die Bismarck'sche Konstruktion vom König von Preußen, der in seiner Eigenschaft als Präsident des Bundes der Länder der Kaiser des Reiches war, oder eine daran angelehnte staatsrechtliche Konstruktion wieder aufgelebt, hätte das Dualismus-Problem beseitigt sein können. Das Dualismus-Problem wäre eine so grundlegende Strukturfrage gewesen, dass darauf auch die Bemerkung Hindenburgs gepasst hätte, dass „die Sache in Ordnung gebracht" werden müsse.

Brünings und Schleichers Überlegungen über die Rückkehr des Kaiserhauses werden gern mit dem kritischen Unterton geschildert, der diesen Wunsch als antidemokratisch und rückwärtsgewandt anprangert. Wenn die Rückkehr eines kaiserlichen Staatsoberhauptes als eine Sicherung gegen einen Reichspräsidenten Hitler nach Hindenburgs Tod und als Lösung des Dualismus-Problems gedacht war, so hat der Wunsch nach Wiedereinführung der Monarchie doch seine positiven Seiten. Viele Menschen gedachten mit nostalgischer Wehmut der angeblich so guten, alten, glorreichen Kaiserzeit. Die Fragestellung hatte sich für Brüning und Schleicher darauf zugespitzt, ob Hitler oder ein Hohenzoller Staatsoberhaupt werden solle nach Hindenburgs Tod. Ein Mitglied des Kaiserhauses als Staatsoberhaupt hätte das Volk eventuell als bessere Alternative zu Hitler akzeptiert. Gewiss war es schlimm, dass sich die Situation überhaupt so hatte zuspitzen können. Da es aber nun einmal so weit gekommen war, erscheint der Versuch einer Wiedereinführung der Monarchie, so ungeschickt er sich aus heutiger Sicht auch ausnimmt, doch nicht nur rückwärtsgewandt.

Über die Frage der Wiedereinführung der Monarchie gibt es eine wohl eher zufällig gemachte Bemerkung Bredows vom 13. Oktober 1932 im Zusammenhang mit einer eventuellen Regierungsneubildung nach der am 6. November 1932 bevorstehenden Reichstagswahl. Bredow schreibt in einer Kurzorientierung für Schleicher:

„6.) Wehrkreispfarrer Müller war bei mir. Seine „wichtigen" Nachrichten von Hitler waren: Hitler rechnet mit einigen hunderttausend Stimmen mehr. Er hielte seine Berufung zur Regierungsbildung noch vor den Wahlen für erforderlich. Jetzige Regierung hätte gänzlich den Boden verloren. Alle Maßnahmen innen- und außenpolitischer Art würden erfolglos bleiben. Falls er jetzt beauftragt würde, wäre es ihm möglich, Herrn General, den er als Wehrminister behalten wolle, später zum Reichspräsidenten vorzuschlagen. (Das klingt genau so, wie der heute von Herrn General erzählte Bauernfang Brünings gegenüber dem Kronprinzen)".

Diese hausinterne Mitteilung Bredows macht deutlich, dass die Initiative der Wiedereinführung der Monarchie von Brüning ausging, nicht von Schleicher. Die Bezeichnung als „Bauernfang" läßt erkennen, dass die Wiedereinführung der Monarchie im Reichswehrministerium eher spöttisch betrachtet wurde. Der eingefangene Bauer ist ein instrumentalisierter Dummkopf. Der Kronprinz hätte die Monarchie der Zeit vor 1918 nicht wiederherstellen können, auch wenn er sich als

---

[57] *Ernst Rudolf Huber,* Verfassungsgeschichte VII, S. 974.

Staatsoberhaupt hätte „Kaiser" nennen dürfen. Dieser „Monarchie" hätte, wie man es auch drehte und wendete, die Weimarer Verfassung zugrunde gelegen. Instrumentalisiert wäre der künftige Kaiser gewesen, weil Brüning ihn benutzte hätte, um das Dualismus-Problem aus der Welt zu schaffen und um die Wähler von Hitler abzuziehen. Ein „Bauernfang" wäre das Versprechen der Reichspräsidentschaft als Gegenleistung für die Installierung eines Kabinetts Hitler insofern gewesen, als Schleicher für sich selbst die Reichspräsidentschaft gar nicht erstrebte und Hitlers Versprechen nicht ernst zu nehmen war.

XII. SA-Verbot

Die Wochen zwischen den beiden Wahlgängen der Reichspräsidentenwahl waren überschattet von der Problematik des SA-Verbots. Schon seit 1930 war darüber immer einmal wieder gesprochen worden. Jetzt aber war das Problem aktueller denn je. Hilferding schrieb dazu: „Die Partei hatte offenbar alle Vorbereitungen getroffen, um in Falle der Wahl Hitlers zum Reichspräsidenten, den sozusagen errungenen Sieg durch eine sofortige, gewaltsame, revolutionäre Aktion zu ergänzen, in der richtigen Erwägung, dass der faschistischen Machtergreifung die Machtbehauptung durch Vernichtung der gegnerischen Führer und Organisationen unmittelbar folgen müsse." (...) „dass aber nach der Wahlniederlage nur ein paar irreguläre Terrorakte und Bombenattentate geschahen, die das tatsächliche Vorhaben enthüllten, ohne dass es die Bewegung wagte, sich die Staatsmacht revolutionär anzueignen, solange sie nicht auf legalem Weg ans Ziel gelangt war, enthüllte den tatsächlichen Machthabern eine Schwäche, die für die späteren Entscheidungen von fortwirkender Bedeutung wurde. Die Stärke der Staatsmacht auch gegenüber der Partei mit den stärksten und ausgebildetsten Kampfformationen war offenbar geworden."[58]

Ähnliche Überlegungen wie Hilferding dürfte während jener Wochen auch Schleicher angestellt haben. Das würde Schleichers schwankende Haltung in der Frage des SA-Verbots erklären. Schleicher scheint um den Jahreswechsel 1931/32 herum gegen ein Verbot der SA plädiert zu haben. In der Tat wäre ein solches Verbot nur eine demonstrative Geste gewesen. Denn die SA wäre dadurch keineswegs vom Erdboden verschwunden. Das wurde übrigens später deutlich, als das Verbot dann tatsächlich ausgesprochen wurde und Hitler schnell noch vorher die SA in geschlossenen Formationen in die NSDAP eingliederte. Provokativ marschierten einige SA-Formationen weiterhin durch die Straßen deutscher Städte, nunmehr demonstrativ mit weißen Oberhemden bekleidet.

Brüning und Groener tendierten anders als Schleicher zu einem Verbot. Kurz vor dem ersten Wahlgang der Reichspräsidentenwahl übersandte Otto Braun dem

---

[58] *Rudolf Hilferding*, Zwischen den Entscheidungen, 1933, im Januar. in: Cora Stephan, (Hrsg.) S. 270, 271.

Kanzler Brüning am 4. März 1932 ein Konvolut, aus dem die hochverräterischen Absichten der NSDAP hervorgingen. Braun führte aus, die SA sei exakt nach dem Muster der Vorkriegsarmee organisiert. Hitler selbst habe gesagt, die SA sei „innenpolitischer Natur". Allein diese Umstände ließen nur den einen Schluß zu, dass nämlich die SA staatsfeindlichen Charakter habe. Man dürfe nicht immer nur ein energisches Vorgehen gegen die Kommunisten fordern, auch die nationalsozialistische Bewegung sei hoch gefährlich. Hitler selbst habe am 9. Februar gesagt, zwei Drittel der SA-Kämpfer seien frühere Proleten des Roten Frontkämpferbundes. Die diesen Leuten seinerzeit eingeimpften Zersetzungstendenzen würden sie in der SA fortsetzen.[59] Brüning war diese Angelegenheit in dieser Situation keineswegs willkommen. Er reagierte nicht. Zwischen den beiden Wahlgängen der Reichspräsidentenwahl (13. März, 10. April 1932) hatte in Preußen am 17. März eine großangelegte Razzia in Unterkünften der SA eine Menge Material zutage gefördert, das dem angeblichen Legalitätskurs der NSDAP ganz und gar nicht entsprach, sondern deren umstürzlerischen Charakter verdeutlichte. Der preußische Innenminister Severing übersandte das Material dem Reichsinnenminister und dem Reichswehrminister. Der Reichsregierung wurde also zweimal, nämlich am 4. März und am 17. März, hochverräterisches Material der NSDAP übergeben.

Bei dem ersten Wahlgang der Präsidentschaftswahl hatte die SA sog. „Alarmbereitschaften" aufgestellt. Das verstärkte den Eindruck, dass diese „Alarmbereitschaften" sofort nach einer Wahl Hitlers mit der Machtsicherung in revolutionärer Art begonnen hätten. Für den zweiten Wahlgang am 10. April und ferner für die am 24. April anstehenden preußischen Landtagswahlen wurde wiederum die Aufstellung von „Alarmbereitschaften" befürchtet. In diesem Zusammenhang muss Schleicher an den Fund der Boxheimer Dokumente im November 1931 gedacht haben. Schleicher hatte ungeachtet der hochverräterischen Pläne in diesen Dokumenten gleichwohl den Kontakt zur NSDAP nicht abgebrochen. Diese Pläne waren also gerade ein gutes Vierteljahr alt, da tauchte bei der Reichspräsidentenwahl 1932 dasselbe Horrorszenario wieder auf und die SA schien nun die Pläne auch tatsächlich umsetzen zu wollen. Zwar hatte man es nun nicht mit einem Umsturz, wie in den Boxheimer Dokumenten vorausgesetzt, zu tun, sondern mit der Reichspräsidentenwahl. Aber das Szenario war insofern gleich, als in beiden Fällen Hitler die Staatsmacht in Händen halten würde, sei es als Inhaber der obersten Gewalt nach einer Revolution, sei es als gewählter Reichspräsident. In beiden Fällen sollte die Macht durch die SA gesichert werden. 1931 war das nur auf dem Papier festgehalten worden. In der Situation der Reichspräsidentenwahl wurden schon SA- „Alarmbereitschaften" zusammengezogen. Das ging noch einen Schritt in Richtung weiter „Machtergreifung" als die Boxheimer Dokumente.

Am 15. März 1932 wandte sich der Bayerische Ministerpräsident Held gegenüber dem Reichskanzler Brüning gegen die „langmütige Duldung der Revolutionsformationen der SS wie der SA, wie überhaupt die uniformierten Militärorganisa-

---

[59] Der Preußische Ministerpräsident an den Reichskanzler, AdR, Brüning, Nr. 692.

XII. SA-Verbot 91

tionen der Parteien".⁶⁰ Held schrieb zu der Frage der Unterdrückung Hitlers und dessen Anhängerschaft weiter: „Alle Maßnahmen müssen einheitlich im ganzen Reich getroffen werden, Sonderaktionen der einzelnen Länder und Gebiete sind eher von Übel als von Nutzen." Das klang sehr nach einer Drohung, notfalls eben doch im Alleingang ein Verbot von SA und SS zu erlassen, wenn das Reich keine Maßnahmen ergreifen würde.

Am 20. März trafen sich die süddeutschen Länderminister. Bei diesem Treffen wurde die Drohung laut, die Länder würden allein gegen die SA vorgehen, wenn das Reich nichts täte. Da war es also wieder: Das Gespenst des Separatismus, das Schleicher so sehr fürchtete.

Am 30. März 1932 wurde der Bayerische Innenminister deutlich. Er schrieb an den Reichsinnenminister, falls für den zweiten Präsidentschaftswahlgang und die Landtagswahlen am 24. April keine Abhilfe seitens des Reiches geschaffen werde, „ist für Bayern in Aussicht genommen, derartige Bestimmungen durch Verordnung des Bayerischen Gesamtministeriums aufgrund Art. 48 Abs. 4 der Reichsverfassung zu treffen."⁶¹ Am 5. April fand eine Unterredung zwischen Groener und den Innenministern derjenigen Länder statt, die einen Alleingang erwogen hatten. Die Länder bekräftigten noch einmal ihren Standpunkt, das Reich müsse eingreifen. Bayern erklärte, unter diesen Umständen werde es von seinen Aktionen absehen.⁶²

Groener entschloss sich offenbar am 2. April zum Verbot der SA, „um dann den Weg zur Regierungsbeteiligung einer gezähmten NSDAP freizumachen."⁶³ Er hielt die Entwicklung in einer Denkschrift fest, die er am 6. April beim Reichskanzler verlas. Anwesend waren außerdem Reichsjustizminister Joel, die Staatssekretäre Zweigert, Meissner und Pünder sowie Schleicher.⁶⁴ Groener betonte, nachdem das hochverräterische Material aufgetaucht sei, stellten die Länder Bayern und Preußen einen Alleingang in Aussicht. Sachsen, Baden und Hessen würden sich vermutlich anschließen. Schleichers Ansicht änderte sich jetzt.

Nunmehr, am 8. April 1932, befürwortete auch Schleicher ein Verbot. Pünder beschreibt Schleichers Haltung in einer Aktennotiz vom 13. April 1932: Schleicher habe geäußert, dass „jetzt der psychologische Augenblick gekommen sei. Er hätte ja immer gesagt, dass man den richtigen Augenblick abwarten müsse. Erfreulicherweise hätte man die erforderliche Geduld nun auch tatsächlich aufgebracht. Infolgedessen sei jetzt der Schlag völliger Auflösung nicht schwer. Was bewiesen werden musste, sei jetzt bewiesen. Die guten Sachen müssten natürlich übergeleitet werden. Aber das ginge erst später. Im Augenblick müsse jetzt zugeschlagen wer-

---

⁶⁰ Der Bayerische Ministerpräsident an den Reichskanzler, AdR, Brüning, Nr. 696.
⁶¹ Der Bayerische Innenminister an den Reichsminister des Innern, 30. März 1932, AdR, Brüning Nr. 704.
⁶² Staatssekretär Pünder an den Reichskanzler, 6. April 1932, AdR, Brüning, Nr. 710.
⁶³ *Otto-Ernst Schüddekopf* zitiert Phelps, in: Groener, Dok. 1019.
⁶⁴ Vgl. *Astrid Luise Mannes*, S. 140, 141.

den. Und zwar gleich in der nächsten Woche nach der Präsidentenwahl."[65] Es hat den Anschein, als ob Schleicher angesichts der Drohung der süddeutschen Länder seine Ansicht über das SA-Verbot geändert habe.

Doch schon am 9. April rückte Schleicher von seiner Zustimmung zum SA-Verbot wieder ab. Jedenfalls wollte er das Verbot nicht zu diesem Zeitpunkt und nicht in dieser vorbehaltlosen Form. Am 9. April 1932 hatte Schleicher nämlich ein Gespräch mit dem Vorsitzenden der DVP Dingeldey und mit Gereke von der Christlich-nationalen Bauern- und Volkspartei geführt. Beide warnten vor einem SA-Verbot. Es werde ihre Parteien bei den bevorstehenden Landtagswahlen am 24. April voraussichtlich schwer schädigen. Diesen Bedenken könnte Schleicher gefolgt sein.[66]

Am 9. April 1932 hat offenbar die Wehrmachtsabteilung mit Schleicher über das SA-Verbot beraten. Seitens der Wehrmachtsabteilung wurde erklärt, es sei der Wehrmacht unmöglich, ein solches Verbot durchzuführen. Auch das dürfte Schleicher neben dem Gespräch mit Dingeldey und Gereke gegen das SA-Verbot eingenommen haben. Schleicher kam in dieser Situation auf eine Idee, die gewissermaßen salomonisch zwischen Befürwortung und Ablehnung des SA-Verbots pendelte: Schleicher meinte nunmehr, am 9. April, Groener solle doch an Hitler einen Forderungskatalog schreiben des Inhalts, dass SA und SS so umgebildet würden, dass sie den militärischen und damit für den Staat gefährlichen Charakter verlören. Groener hielt das für eine taktische Finte Schleichers, aber wohl nicht für eine grundsätzliche Meinungsänderung.[67] Schleicher erklärte seinen Wunsch nach einem solchen Ultimatum so: Wenn der Reichspräsident die SA verbiete, so schaffe man Märtyrer. Die Nationalsozialisten könnten mit den angeblich auf die Straße geworfenen Leuten agitieren. Außerdem würde der Reichspräsident mit Kritik angegriffen werden. Ein Ultimatum aber könne der Reichsinnenminister verfassen. Damit werde der Reichspräsident aus der Angelegenheit herausgehalten. Ein Ultimatum sei „im Hinblick auf die erforderliche Bekämpfung der Nazis der weitaus gemeinere (Weg)".[68] Groener gegenüber argumentierte Schleicher ferner, ein SA-Verbot werde sich ungünstig auf die Preußenwahl am 24. April 1932 auswirken.[69]

Groener beauftragte Schleicher, ein solches Ultimatum an Hitler abzufassen. Groener, der von einem Ultimatum nichts hielt, gab damit Schleicher eine faire Chance, seinen Standpunkt darzustellen. Am 10. April nachmittags, während die

---

65 Niederschrift des Staatssekretärs Pünder über das SA-Verbot vom 13. April 1932, von Pünder abgezeichnet am 30. Mai 1932, AdR, Brüning, Nr. 717; Ursachen und Folgen, 8. Bd., Dok. 1816 a).

66 *Heinrich August Winkler*, S. 450.

67 Niederschrift des Staatssekretärs Pünder über das SA-Verbot vom 13. April 1932, AdR, Brüning, Nr. 717, Ursachen und Folgen, 8. Bd., Dok. 1816 a).

68 Ebd.

69 *Johnnes Hürter*, S. 324.

XII. SA-Verbot

Präsidentenwahl noch lief, trafen sich einige Minister und berieten über das SA-Verbot. Meissner teilte mit, Hindenburg tendiere nun doch dazu, „ein klares und scharfes Ultimatum von etwa einer Woche" an Hitler zu richten. Schleicher verlas sodann seinen Briefentwurf, in welchem er das Ultimatum formuliert hatte. Der Text stieß auf rechtliche Bedenken. Groener seinerseits hatte die unterschiedlichen Standpunkte in einer Denkschrift für Hindenburg dargestellt. Er meinte, es gebe jetzt nur noch zwei Alternativen, nämlich scharfes Zupacken oder Kapitulation vor der SA.[70] Groener führte aus, dass er selbst ein Verbot für richtig halte. Erst dann werde die NSDAP als wirklich legal anzusehen sein, wenn die SA verboten sei. Der Zeitpunkt für ein Verbot sei psychologisch richtig. Der Kritik der Länder, dass es immer noch kein Verbot gebe, werde entsprochen. Groener schilderte dann noch Schleichers Alternativ-Vorschlag, verwarf ihn aber als zu kompliziert in der augenblicklichen Lage.[71]

Schleicher muss davon ausgegangen sein, dass die Nationalsozialisten das Ultimatum nie erfüllen könnten. Nach Ablauf des Ultimatums würde dann also auch nach Schleichers Meinung die SA verboten werden. Wenn es sich so verhalten hätte, wäre Schleichers Wunsch nach einem Ultimatum tatsächlich kein Sinneswandel gewesen, sondern, wie Groener meinte, eine taktische Finte. Wie auch später bei dem Preußenschlag geht es Schleicher darum, der Gegenseite „die Schuld" zuzuschieben, sie „ins Unrecht zu setzen". Hier war es ein unerfüllbares Ultimatum. Man fragt sich, warum Schleicher so verantwortungsscheu ist. Brüning mag die Lösung auf diese Frage gefunden haben, die ins Psychologische hineinspielt. Er äußerte, dass der General Schleicher jedesmal vor schwerwiegenden Entscheidungen im letzten Moment zurückzuckte.

Am 11. April, einen Tag nach der Präsidentenwahl, drohte nun auch Otto Braun, notfalls werde Preußen allein ein SA-Verbot erlassen. Braun hielt als Auftakt für den Landtagswahlkampf eine Rede auf einer Großkundgebung der „Eisernen Front". Schleicher hatte inzwischen mit Hindenburg Rücksprache genommen und ihn dazu bewogen, von einem sofortigen SA-Verbot abzusehen. Hindenburg äußerte, vor den Preußenwahlen könne ein solches Verbot wohl nicht erlassen werden.[72] Hier war wieder das Schleicher so verhasste Problem, dass Preußen und das Reich in ein und derselben Angelegenheit konträre Entscheidungen treffen könnten. Schleicher scheint denn auch Äußerungen getan zu haben, angesichts des erdrückenden Materials, das in Preußen gefunden worden sei, sei ein SA-Verbot unumgänglich. Hindenburgs Äußerung, vor den Preußen-Wahlen sei ein Verbot eher untunlich, ist insofern verständlich, als ein Verbot der NSDAP Stimmen hätte zutreiben können, die auf diese Weise ihre Sympathie für die „Märtyrer" ausdrücken würden. Ob das dann tatsächlich vor der Preußen-Wahl ausgesprochene Verbot der

---

[70] *Heinrich August Winkler,* S. 450.

[71] *Johannes Hürter,* S. 343.

[72] Niederschrift des Statssekretärs Pünder über das SA-Verbot, AdR, Brüning, Nr. 717; Ursachen und Folgen, 8. Bd., Dok. 1816 a).

NSDAP noch mehr Stimmen erbrachte, als sie ohnedies schon gewann, wird sich nicht mehr feststellen lassen.

Die Presse griff das Thema am 12. April auf und forderte durchweg ein Verbot, was Hindenburg zu Groeners Meinung tendieren ließ. Am 13. April gab Hindenburg schließlich aus Gründen der Staatsraison dem Druck nach, den Groener und Brüning in dieser Angelegenheit ausübten. Beide hatten mit Rücktritt gedroht, wenn das Verbot nicht ausgesprochen werde. Das wog zunächst bei Hindenburg schwerer als Schleichers ablehnende Haltung gegenüber dem SA-Verbot.

Schleicher hatte zum ersten Mal offen eine Niederlage einzustecken. Wie schwer ihn das traf, läßt sich aus einer Mitteilung Groeners gegenüber einem Freund entnehmen. Groener sagte, Schleicher habe „einen ziemlichen Nervenzusammenbruch" erlebt.[73] Dieser angebliche Nervenzusammenbruch wirft ein bezeichnendes Licht darauf, wie es um die Arbeitsverteilung im Reichswehrministerium bestellt war. Schleicher war formell dem Minister nachgeordnet. Er hatte seinem Minister zugearbeitet, hatte einen Alternativ-Vorschlag in Gestalt des Ultimatums unterbreitet und war damit unterlegen. Es ist nichts Ungewöhnliches, dass die Spitze einer Behörde sich anders entscheidet als die zuarbeitenden Beamten. Schleicher hätte sich also eigentlich nicht aufzuregen brauchen. Die Ablehnung seiner Ultimatums-Lösung war genau genommen eine behördeninterne Angelegenheit, nicht einmal mit einem Prestigeverlust verbunden. De facto war es aber zwischen Groener und Schleicher so weit gekommen, dass das Reichswehrministerium eine Art Doppelspitze bekommen hatte. Schleicher war für das Politische zuständig, Groener für das Wehrtechische. Schleicher hatte sich wie ein Kabinettsmitglied gefühlt, obwohl er nur Vertreter des Ministers war. Nun war er deutlich in die Schranken verwiesen worden, was er offenbar nicht ertragen konnte.

Angesichts von Pünders Tagebucheintragung, dass Schleicher quasi auf dem Kulminationspunkt der Entscheidung – „Verbot ja oder nein?" – sich kurze Zeit lang für ein Verbot aussprach und danach wieder „umfiel", wird man tatsächlich von einer schwankenden Haltung Schleichers in dieser Frage ausgehen dürfen, auch wenn Schleicher selbst seine Wankelmütigkeit an keiner Stelle eingesteht. Ähnliches wird sich zwischen dem 6. und 13. August 1932 wiederholen. Schleicher, der eine Kanzlerschaft Hitlers bis zum 6. August 1932 nicht in Erwägung gezogen hatte, wurde von Hitler „umgedreht", Schleicher setzte sich gegenüber Hindenburg kurzzeitig für eine Kanzlerschaft Hitlers ein, am 13. August 1932 hatte Schleicher zu seiner ursprünglichen Ablehnung der Kanzlerschaft zurückgefunden. Wenn Schleicher den besonnen reagierenden Brüning als „Cunctator" kritisiert, so muss er sich selbst den Vorwurf gefallen lassen, in seinen Entscheidungen zwar schnell entschlossen, jedoch wankelmütig zu werden, wenn die Entscheidung unmittelbar ausgeführt werden soll. Brüning hingegen erwog seine Entschlüsse vielleicht langsamer, stand dann aber auch zu ihnen. Es ist nicht verwunderlich, dass diese beiden Charaktere schwerlich lange zusammenarbeiten konnten.

---

[73] *Johannes Hürter*, S. 344.

E. Schleicher-Hitler-Pakt

In den folgenden Wochen nach dem SA-Verbot nähert sich Schleicher der NSDAP so weit an, dass man von „Vorleistungen" Schleichers gegenüber Hitler sprechen könnte. Die Aufhebung des SA-Verbots, die Auflösung des Reichstags am 4. Juni 1932 und das Angebot von Kabinettssitzen sind in diesem Zusammenhang zu nennen. Tatsächlich erbrachte Schleicher durchaus keine einseitigen Vorleistungen. Vielmehr entstand zwischen Hitler und Schleicher im Frühsommer 1932 ein veritables Beziehungsgeflecht von Absprachen über Leistungen und Gegenleistungen. Selbstverständlich wurden die Verhandlungen und sämtliche Abmachungen strengstens geheimgehalten. Natürlich gibt es keinen Schriftvertrag. Die einzelnen Punkte des Paktes wurden auch nicht in einer einzigen Zusammenkunft ausgehandelt, sondern in mehreren Zusammentreffen.

Hitler und Schleicher einigten sich über folgende Punkte:

- Sturz Groeners

- Sturz Brünings

- Franz v. Papen als neuer Kanzler nach Brüning

- Aufhebung des SA-Verbots

- Auflösung und Neuwahl des Reichstages

- Preußenschlag.

Fraglich ist, ob Hitler und Schleicher sich über eine Tolerierung der Regierung Papen durch die NSDAP geeinigt haben. Die Problematik der Tolerierung gliedert sich dabei in zwei Punkte: Die Tolerierung vor der Reichstagsneuwahl und die Tolerierung nach der angestrebten Reichstagswahl. Schleicher meinte, Hitler habe die Tolerierung vorbehaltlos und für die gesamte Dauer der Regierung Papen zugesagt, also unabhängig von dem Ausgang der ins Auge gefassten Neuwahl des Reichstags. Hitler stellte sich nach der Reichstagswahl am 31. Juli 1932 auf den Standpunkt, er habe die Tolerierung lediglich bis zur Wahl zugesagt, für die Zeit nach der Wahl aber alles offen gelassen. Zwei Konstellationen sind möglich: Schleicher und Hitler könnten sich tatsächlich geeinigt haben über eine dauernde Tolerierung. Dann hätte Hitler in betrügerischer Weise nach der Wahl diese Einigung abgeleugnet. Das war ohne weiteres möglich, denn etwas Schriftliches, das zum Beweis hätte dienen können, gab es nicht in dieser Angelegenheit. Es könnte aber auch ein Dissens zwischen Hitler und Schleicher vorgelegen haben, sei es ein offener, sei es ein versteckter Dissens. Nachdem Schleicher alle von ihm zugesagten Punkte des Paktes erfüllt hatte und nachdem die Wahl am 31. Juli 1932 so überaus günstig für die NSDAP ausgegangen war, war es mit dem Pakt vorbei. Die Frage des Dissenses wird aber nach dem 14. September 1932, der Reichstagsauflösung wieder eine Rolle spielen, dann aber als Grundlage für Überlegungen, wie mit dem „treubrüchigen" Hitler weiter verfahren werden solle (s. u. G. V.).

Angesichts des politischen Gewichts, das den einzelnen zwischen Schleicher und Hitler ausgehandelten Punkten zukommt, wird das Vertragswerk hier als „Schleicher-Hitler-Pakt" bezeichnet. Der Ausdruck „Pakt" ist insofern nicht überzeichnet, als bereits den Zeitgenossen klar war, dass es zwischen Schleicher und Hitler Absprachen gegeben haben musste. Die Vossische Zeitung schrieb am 16. Juni 1932 in ihrer Abendausgabe über den „Pakt Hitler-von Schleicher",[1] nachdem sie allerdings am 3. Mai 1932 noch ein Komplott zwischen Schleicher und Hitler gegen Brüning ins Reich der Phantasie verwiesen hatte.

Bei einem Pakt, einem gegenseitigen Vertragswerk, tauschen die Vertragspartner Leistungen aus. Folglich muss jeder der oben genannten Einzelpunkte des Paktes in das Austauschverhältnis zwischen den Vertragsparteien Hitler und Schleicher eingebunden sein. Jeder Vertragspartner muss die Leistung des anderen für vorteilhaft betrachten. Das ist schon hier kurz zu untersuchen, denn damit steht und fällt die Frage, ob es tatsächlich einen „Pakt" gegeben hat.

– Sturz Groeners: Der Vorteil für Schleicher und Vorteil für die NSDAP ist gleichermaßen, dass Groener als Verfechter des SA-Verbots aus der Regierung ausscheiden musste, wenn das SA-Verbot aufgehoben werden sollte.

– Sturz Brünings: Der Vorteil für Schleicher und Hitler gleichermaßen war, dass mit Brüning die NSDAP nicht in die Regierungsverantwortung einbezogen werden konnte.

– Franz v. Papen als neuer Kanzler: Schleicher sah seinen Vorteil darin, mit einer lenkbaren Marionette Politik nach eigenem Geschmack treiben zu können. Hitler sah den Vorteil darin, dass Papen ein schwacher Übergangskanzler sein werde, den er leicht würde ablösen können.

– Aufhebung des SA-Verbots: Schleicher würde sein Zähmungskonzept der Heranziehung wertvoller Elemente der SA an die Reichswehr fortsetzen können. Der Vorteil für Hitler liegt auf der Hand.

– Auflösung und Neuwahl des Reichstages: Der Vorteil für Schleicher lag bei der Auflösung darin, erst einmal ohne Furcht vor Außerkraftsetzungsanträgen regieren zu können. Der Vorteil einer Neuwahl lag außerdem in dem Demonstrationseffekt, dass mit einem Parlament, in dem die NSDAP vermutlich noch stärker vertreten sein würde als nach der Wahl am 14. September 1930, nicht zu arbeiten sei; folglich müsse es unbedingt bei einer Präsidialregierung bleiben. Der Vorteil von Reichstagsauflösung und Neuwahl lag für die NSDAP in der Erwartung eines entschieden höheren Stimmenanteils bei der Neuwahl.

---

[1] Zit. in: *Dirk Blasius*, S. 59.

– Der Vorteil einer Einigung über den Preußenschlag lag für Schleicher darin, dass die SA den Preußenschlag ruhig hinnehmen und deswegen keine Unruhen anzetteln werde. So blieb nur die Reaktion der SPD, der Gewerkschaften und der KPD als unwägbar zu fürchten, aber nicht die Reaktion von rechts und links gemeinsam. Der Vorteil für Hitler lag darin, dass die preußische Polizei nun durch die Reichsebene gesteuert würde; dort würde sie schon bereitstehen, wenn Hitler reichsweit an die Macht gelangte. Außerdem durfte er hoffen, eine nicht mehr von einer SPD-Regierung geführte preußische Verwaltung werde der NSDAP künftig freundlicher, toleranter, wenn nicht sogar hilfsbereit gegenüberstehen.

Bei alledem darf nicht vergessen werden, dass Schleicher immer seine geheimen Vorbehalte gegenüber der NSDAP und Hilter behielt, auch wenn ein Pakt zustande kam. Schleicher wollte der NSDAP keineswegs helfen oder ihr etwas Gutes tun mit dem Pakt, er wollte auch nicht gemeinsame Sache mit der NSDAP machen, sondern sie vielmehr schwächen und für seine Zwecke instrumentalisieren. Das, was wie angebliche „Vorleistungen" aussieht, sollte sich tatsächlich gegen die NSDAP auswirken.

Es hatte zwar persönliche Kontakte zwischen Brüning, Schleicher und Hindenburg einerseits und Hitler andererseits gegeben. Man hatte Hitler im Rahmen von Anhörungen der wichtigsten Parteiführer einmal „berochen", um ihn kennenzulernen. Doch es war ein Novum, dass Schleicher sich zu Absprachen mit Hitler herbeiließ. Schleicher hat damit einen Kurswechsel gegenüber Hitler vorgenommen. Nach wie vor wollte Schleicher die NSDAP „unschädlich" machen. Bisher hatte er die Taktik, Legalität oder Illegalität der NSDAP zu analysieren und vorsichtig zu versuchen, die „wertvollen Elemente" herauszubrechen, um sie an den Staat heranzuführen. Nun schlug Schleicher mit der Aufnahme von Verhandlungen eine andere Taktik ein.

I. Schleichers Kurswechsel

Die politische Situation, in der Schleicher seinen Kurswechsel hin zu Verhandlungen mit der NSDAP vollzog, war durch die Landtagswahl in Preußen entscheidend geprägt: Am 24. April 1932 wurde in Preußen gewählt. Die NSDAP errang, wie erwartet, ein glänzendes Ergebnis von 162 Sitzen im Preußischen Landtag. Bei der vorherigen Landtagswahl am 20. Mai 1928 waren es nur 8 Sitze gewesen. Die Preußische Regierungskoalition aus Zentrum (67 Sitze), DDP (2 Sitze) und SPD (94 Sitze) verfügte insgesamt nur um eine einzige Stimme mehr als die NSDAP. Es lag also für Schleicher sehr nahe, sich in dieser Situation Gedanken über die NSDAP in Preußen zu machen. Schleicher meinte, dass sich ein derartiger Stimmenzuwachs in der Politik notwendig niederschlagen müsse. Irgendwie müsste die NSDAP schon beteiligt werden. Tat man das nicht, so wäre ein Bürgerkrieg sehr wahrscheinlich.

Die Regierung Braun würde sich nur geschäftsführend nach ihrem Rücktritt im Amt halten können. Ein anderer Ministerpräsident konnte nicht die notwendige Mehrheit finden, die er nach der vorausgegangenen Änderung der Geschäftsordnung des preußischen Landtages vom 12. April 1932 auch im zweiten Wahlgang benötigte. Die alsbaldige Umwandlung der „normal" amtierenden Regierung in eine geschäftsführende Regierung, die durch den Rücktritt bewirkt wurde, war sogleich nach Bekanntwerden des Wahlresultats vermutet worden. Tatsächlich fand der Rücktritt dann auch am 24. Mai 1932 statt.

Schleicher musste in der Situation Ende April 1932 mit mehreren Problemen jonglieren: Wie konnte die Politik im Reich und ferner in Preußen so aufeinander abgestimmt werden, dass die NSDAP keinen Bürgerkrieg anzettelte? Wenn sie davon abgehalten werden konnte, so nur um den Preis ihrer Regierungsbeteiligung im Reich oder in Preußen oder sowohl im Reich als auch in Preußen. Andererseits durfte die NSDAP aber auch nicht zuviel Macht bekommen, wenn sie an der Regierung beteiligt wurde. Denkbar wäre auch, die NSDAP als Tolerierungspartei zu gewinnen. Das wäre um den Preis möglich, die SPD als Tolerierungspartei zu verlieren. Diese Lösung wäre auf einen Austausch der Tolerierungsparteien SPD/NSDAP hinausgelaufen.

Wer keinen Bürgerkrieg riskieren wollte, musste sich also notgedrungen ein „Zähmungskonzept" einfallen lassen. Schleicher hatte über ein Zähmungskonzept bereits nachgedacht, wie der Konflikt mit Groener anläßlich des SA-Verbots gezeigt hatte. Dafür, dass Schleicher überhaupt ein Zähmungskonzept gegen die NSDAP riskierte, mochte das Argument sprechen, dass es schon einmal ein erfolgreiches Zähmungskonzept gegeben habe. Papen schreibt dazu in der Zeitschrift „Der Ring" am 15. April 1932, das Zentrum habe die SPD in den Staat gebracht, sie bourgeoisiert. „Sollte nicht die gleiche historische Verpflichtung gegenüber der Bewegung vorliegen, die heute von rechts her das deutsche Land überflutet?" Man könnte diesen Artikel Papens dafür werten, dass bereits zwischen Schleicher und Papen Absprachen wegen einer Kanzlerschaft Papens und wegen des Zähmungskonzepts stattgefunden hatten. Denn diese Äußerung Papens liegt gar zu deutlich auf der Linie Schleichers, als dass hier ein Zufall im Spiel sein könnte. Für ein Zähmungskonzept sprach außerdem, dass Schleicher schon mit einer Menge von Gegnern fertiggeworden war. Im Rahmen des Ausnahmezustandes hatte er die schwersten Gefahren in den Jahren 1920 bis hin zum Hitlerputsch 1923 in den Griff bekommen. „Einschläferung und Zähmung ist v. Schleichers Spezialfach", schreibt Rudolf Fischer im Jahre 1932.[2] So mochte Schleicher hoffen, auch den Gegner NSDAP mit einem Zähmungskonzept unschädlich machen zu können.

Ein Briefentwurf aus der Wehrmachtsabteilung vom 14. Juni 1932 nennt noch einmal die Kritikpunkte Schleichers, die ihm einen grundsätzlichen Wechsel nötig erscheinen ließen:

---

[2] *Rudolf Fischer*, S. 46.

I. Schleichers Kurswechsel

- Die NSDAP sei nicht schrittweise an den Staat herangezogen worden;
- Wirtschaftsminister Warmbold habe nicht ab 1931 seine Vorschläge zur Errichtung einer nationalen, den Binnenmarkt stärkenden Wirtschaft durchsetzen können;
- Groener habe nicht vermocht, „die innenpolitischen Spannungen durch den Einsatz der Staatsautorität zu mildern.[3]

Schleicher äußerte auch, was er tun bzw. ändern wolle:
- keinen Kampf um die Staatsform
- wohl aber eine Weiterentwicklung der Reichsverfassung
- Heranziehung der nationalen Kräfte zur Mitarbeit am Staat
- planvolle Beseitigung des ungesunden Kapitalismus.[4]

Am 23. April 1932, dem Tag vor der Preußenwahl, schreibt Goebbels in sein Tagebuch: „Unterredung mit Graf Helldorf. Er war bei Schleicher. Der macht sich Gedanken über den Nationalsozialismus. Aber verstehen kann er uns selbstverständlich nicht."

Am 26. April 1932 gibt es die nächsten Kontakte zwischen Schleicher und der NSDAP. Goebbels schreibt am 26. April 1932 in sein Tagebuch: " Graf Helldorf war bei Schleicher. Der will eine Kursänderung vollziehen. Natürlich kommt in Preußen ein Wechsel nur in Frage, wenn er zur gleichen Zeit auch im Reich stattfindet. Man spricht davon, dass das Zentrum uns in Preußen tolerieren wolle. Ich glaube nicht daran. Einige Zwischenmänner spielen eine dunkle Rolle. Aber wir werden sie wohl in Kürze alle durchschaut haben. Ziel der Gegenseite scheint zu sein, den Führer allmählich von der Partei abzubiegen."

Schleicher setzte seinen Dialog mit der NSDAP am 28. April 1932 fort. Goebbels berichtet: „Der Führer ist bei Schleicher gewesen. Das Gespräch verlief gut."[5] Immerhin scheint dies ein wichtiges Gespräch für die NSDAP gewesen zu sein, denn zuvor war Helldorf der Gesprächspartner gewesen. Nun kam Hitler selbst.

Brüning scheint bereits zu jenem Zeitpunkt die Differenzen zwischen ihm und Schleicher zumindest erahnt zu haben. In einer langen und grundsätzlichen Unterredung zwischen Schleicher und Brüning am 2. Mai versuchte Brüning Schleicher zu vermitteln, dass „ein Staat nicht hochkommen (könne), namentlich nicht in unserer Lage, wenn zwei fähige Leute gleichzeitig Politik machen, der eine offen nach außen und der andere insgeheim".[6] Brüning berichtet, Schleicher habe in jenem Gespräch die sofortige Bildung einer Rechtsregierung gefordert. Die beiden besprachen dann die politische Lage und die Frage, wann ein Wechsel opprtun sei.

---

[3] *Thilo Vogelsang*, Reichswehr, S. 203, m. w. N.
[4] *Thilo Vogelsang*, Reichswehr, Dok. 27, S. 470 ff.
[5] *Joseph Goebbels*, Tagebücher, nur Ausgabe Fröhlich, 28. April 1932.
[6] *Heinrich Brüning*, Memoiren, S. 578.

Dabei hat Brüning deutlich gemacht, er selbst hänge keineswegs am Kanzleramt. Er sei gern bereit, den Platz für Schleicher zu räumen, nur in der augenblicklichen Lage halte er das nicht für zweckmäßig. Brüning bot sogar an, die Situation außen- und innenpolitisch vorzubereiten und die Macht dann in Schleichers Hände zu überführen, ohne dass es zu einer Erschütterung des Staatsgefüges selber komme. Er selbst, Brüning, werde dies dem Reichspräsidenten vorschlagen und dann, Krankheit simulierend, sich aus dem Kanzleramt zurückziehen. Von diesem Zeitpunkt an musste Brüning damit rechnen, dass Schleicher beim Reichspräsidenten auf seinen Sturz hinarbeiten würde. Es war in dem Gespräch eigentlich „nur" um ein neues Kabinett gegangen, Brüning hatte Schleicher von vorschnellem Handeln abgeraten und für ein gewisses Zuwarten plädiert; das Gespräch aber war negativ verlaufen. Brüning beschreibt, am Ende des Gespräches habe er den Eindruck gehabt: „Jetzt ist es aus."[7]

Goebbels Tagebucheintrag vom 3. Mai 1932 könnte ebenfalls Anhaltspunkte liefern darüber, dass zwischen Schleicher und Hitler am 28. April Brünings und Groeners Sturz beschlossen wurde. Goebbels schreibt am 3. Mai: „Unterwegs kaufen wir Zeitungen. Die Berliner Juden schimpfen über die Intrigen der ‚Offizierskamarilla' gegen Brüning und Groener. Es fängt also schon an. Man hat so seine richtige Freude daran. Nun muss in der Partei eisern geschwiegen werden. Wir müssen die Desinteressierten spielen."

Am 4. Mai 1932 ging das Komplott zwischen Schleicher und Hitler weiter. Goebbels, der an diesem Tage von München aus in die Berge fährt, schreibt: „Von Berlin kommt die Meldung, dass Hitlers Minen zu springen beginnen. Das ist sehr erfreulich und erweckt bei uns allgemeines Schmunzeln und Händereiben. Als erster muss Gröner und nach ihm Brüning fallen."

„Minen", die „zu springen beginnen" und „Intrigen der Offizierskamarilla" – was mochte Goebbels damit meinen? Die Bayerische Volkspartei deckte am 2. Mai 1932 auf, dass in Berlin die „Generals-Kamarilla" offenbar den Sturz Groeners und Brünings planten, um Schleicher unter Hereinnahme nationalsozialistischer Persönlichkeiten in ein neues Militärkabinett zum Kanzler zu machen.[8] Das solle offenbar in der Zeitspanne zwischen der Landtagswahl in Preußen und dem für den 9. Mai 1932 geplanten Zusammentreten des Reichstages geschehen. Trotz eines Dementis der Reichsregierung hielten sich die Krisengerüchte über den Rücktritt Groeners und Brünings weiterhin.[9]

Eine weitere „Mine" Hitlers, die „zu springen begann", könnte dessen Rede, gehalten Ende April 1932 in Lauenburg in Pommern sein. Hitler hatte gesagt, im

---

[7] *Heinrich Brüning,* Memoiren, S. 580.

[8] Vossische Zeitung, Montag, 2. 5. 1932, Abend-Ausgabe, „Was geht in Berlin vor? Bayrische Besorgnisse"; Berliner Tageblatt, 2. 5. 1932, Abend-Ausgabe, „Generals-Kamarilla?".

[9] Berliner Tageblatt, 3. 5. 1932, Abend-Ausgabe, S. 1 „Krisengerüchte. Brüning bei Hindenburg-Rücktritt des Wirtschaftsministers Warmbold?" (Leitartikel), ebed. „Neue Warnung aus Bayern".

Fall eines polnischen Angriffs würen die Nationalsozialisten sich nicht zuerst gegen den äußeren Feind wenden, sondern zunächst „das System" beseitigen. Ein nationalsozialistischer Rechtsanwalt setzte nach und erklärte dazu, kein Gesetz zwinge heute zum Staats- und Systemdienst in irgendeiner Form. Das bedeute „Kriegsdienstverweigerung gegenüber einer nicht genehmen Regierung".[10] In der englischen Presse tauchten in den ersten Tagen des Mai 1932 Gerüchte auf, dass Polen einen Angriff auf Danzig plane „nach dem Muster der Besetzung von Wilna",[11] jener Stadt, die 1920 Litauen zugesprochen, 1922 aber von Polen besetzt wurde. Polen dementierte derartige Gerüchte als plumpen Schwindel. Die Lage musste überaus ernst erscheinen, wenn Polen tatsächlich Danzig überfiele, während sämtliche Angehörigen der NSDAP – die SA war ohnehin verboten – sich der Verteidigung verweigern würden, solange Groener und Brüning im Amt blieben.

Ein Hinweis auf eine „Mine Hitlers, die zu springen beginnt", könnte sich aus dem „Völkischen Beobachter" vom 1. Mai 1932 ergeben. Auf Seite 1 war die Drohung groß aufgemacht, dass die Reichspräsidentenwahl gerichtlich angefochten werde wegen Verstoßes gegen Art. 125 WV, denn im Reichspräsidentenwahlkampf sei Hitler durch Redeverbote, Versammlungsverbote, Zeitungsverbote und ungezählte Schikanen behindert worden. Die Forderung nach Chancengleichheit der NSDAP mit den übrigen Parteien und das Lamento wegen angeblicher Schlechterstellung gegenüber insbesondere der KPD spielten in den Wochen nach dem SA-Verbot eine große Rolle. Der Reichspräsident forderte sofort nach dem SA-Verbot plötzlich Material über die anderen paramilitärischen Verbände der Parteien an, denen gegenüber die SA nicht schlechter behandelt werden solle. Brünings und Groeners Stellung beim Reichspräsidenten könnte durch den Vorwurf der Ungleichbehandlung und der gleichzeitigen Klagedrohung bereits untergraben gewesen sein, wobei Brüning die Behinderung im Wahlkampf und Groener die Ungleichbehandlung beim SA-Verbot zur Last gelegt wurde.

Aus alledem musste Hindenburg entnehmen, dass seine eigene Stellung gefährdet sei und dass ferner die Verteidigung gegen einen äußeren Feind nicht gewährleistet sei, wenn Groener und Brüning weiter im Amt blieben. Im Grunde war die Lauenburger Rede Hitlers eine Erpressung

II. Schleicher als Verhandlungspartner der NSDAP

Man mag sich fragen, warum die Nationalsozialisten ausgerechnet mit Schleicher verhandelten. Hierauf gibt der Nationalsozialist und seit dem 30. Januar 1933 als Reichsinnenminister amtierende Wilhelm Frick eine bezeichnende Antwort.

---

[10] Vossische Zeitung, Sonnabend 30. 4. 1932, Morgenausgabe, S. 7, „Warum schweigt Hitler?".

[11] Vossische Zeitung, Montag, 2.5. 1932, S. 1, Morgen-Ausgabe „Putschplan gegen Danzig?".

„Der einzige Mann im Kabinett Papen, mit dem man verhandeln werde, sei der Reichswehrminister von Schleicher, denn er allein habe wenigstens ‚100 000 Mann hinter sich'." Rudolf Fischer, der diese Äußerung Fricks in seiner schon 1932 erschienen Schrift über Schleicher zitiert, wertet Fricks Äußerung als „eine sehr pikante Äußerung...".[12] Frick war sich also sehr wohl der tatsächlichen Machtverhältnisse bewusst. Er sah es ähnlich wie Schleicher: Der Reichspräsident mit Art. 48 WV und die Reichswehr als Durchsetzungsmittel waren die tatsächlichen Elemente der Staatsmacht in jenen Tagen, also galt es, auf die Reichswehr bzw. auf das Reichswehrministerium besondere Rücksicht zu nehmen. Frick spricht zwar von Schleicher als dem einzig möglichen Verhandlungspartner im Kabinett Papen. Das muss aber auch für die Zeit gelten, als das Kabinett Papen erst in Rede stand, der Sturz Brünings aber schon absehbar war.

Schleicher ließ die Verhandlungen zum Teil durch andere führen und trat nicht persönlich in Erscheinung, um die Verhandlungen möglichst geheim zu halten. Goebbels hatte am 9. und 18. Mai geschrieben, dass „Sendboten" von Schleicher kämen. Am 26. April 1932 schrieb er, dass „Zwischenmänner" eine dunkle Rolle spielten, die bald durchschaut sein würden. Zu diesen „Sendboten" und „Zwischenmännern" zählte Werner v. Alvensleben. Goebbels erwähnt Alvensleben als Mittler in den Verhandlungen an zwei Stellen namentlich, nämlich am 25. Mai 1932 und am 14. Juni 1932. Er sympathisierte mit der NSDAP, war aber auch mit Schleicher gut bekannt. Alvensleben galt als die größte Klatschbase von Berlin und als Hausierer in politischen Geschäften. Schleicher scheint ihn nicht recht ernst genommen zu haben. Werner v. Alvensleben konnte man etwas im Geheimen anvertrauen, wenn man wünschte, dass es alsbald ganz Berlin wissen werde.

III. Täuschung und Geheimhaltung gegenüber der NSDAP-Basis

„Nun muss in der Partei eisern geschwiegen werden. Wir müssen die Desinteressierten spielen", hatte Goebbels am 3. Mai 1932, wie ausgeführt, über die Verhandlungen mit Schleicher geschrieben. Der Pakt mit Schleicher war für Hitler durchaus gefährlich. Die Verhandlungen mit Schleicher brachten Hitler in eine Zwangslage gegenüber der eigenen Partei und seinen Wählern. Hitler durfte sie keinesfalls wissen lassen, dass er mit Schleicher oder Papen oder Hindenburg, der „herrschenden Clique", paktierte. Er hätte sonst vollkommen unglaubwürdig vor seiner eigenen Anhängerschaft dagestanden. Die Furcht, die eigene Klientel zu verärgern, zeigte sich in einer Schimpfkanonade, die Goebbels gegen den Freiherrn v. Gleichen am 2. Juli 1932 in seinem Tagebuch[13] losließ: „Papen schadet uns sehr. Wir werden für seine Notverordnung verantwortlich gemacht. Herr v. Gleichen,

---

[12] *Rudolf Fischer*, S. 10.
[13] *Joseph Goebbels*, Tagebucheintrag v. 2. Juli 1932, (Nur Ausgabe *Fröhlich*).

dieser Eunuche, hat ein Rundschreiben über alle möglichen Intimitäten losgelassen, das heute im Vorwärts steht. Au Backe! Dieses Rindvieh! Wir diktieren eine scharfe Information für die Presse. Wir werden uns herauspauken." Die Notverordnung, von der Goebbels hier spricht, ist die sog. Hungernotverordnung vom 14. Juni 1932 (RGBl. 1932 I S. 297). Sie enthielt neben Regelungen über Rentenkürzungen auch die Aufhebung des SA-Verbots (Abschnitt V, § 20, Ziff. 6 der Verordnung).

Heinrich v. Gleichen-Russwurm hatte als Vorsitzender des Deutschen Herrenklubs ein Rundschreiben des Herrenklubs versandt, in welchem es hieß: „Das neue Kabinett wird nicht nur von den Nazis toleriert, sondern hat die ausdrückliche Zustimmung des Führers. Das neue Kabinett ist auch kein Übergangskabinett, wie die Presse fälschlich berichtet, sondern wird wohl vom neuen Reichstage, wenigstens von seiner voraussichtlich stärksten Partei, so wie es ist, bestätigt werden. Dafür werden den Nazis die Länder überlassen und es bestehen auch wegen Preußen Abmachungen, d. h. über die Einsetzung eines bewährten Mannes als Ministerpräsidenten oder Reichskommissar. Umorganisation der inneren Verwaltung unter starker Mitwirkung der nationalsozialistischen Kräfte." Der „Vorwärts" breitete das Zusammenspiel von Hitler und der neuen Regierung als Hauptaufmacher in seiner Ausgabe vom 1. Juli 1932 aus unter der fetten Balkenüberschrift: „Hitler entlarvt! Volksverräterischer Pakt mit dem Herrenklub. Durch Herrn von Gleichen enthüllt." Es heißt als Resumée gegen Ende des Artikels: „Mit heuchlerischen volksbetrügerischen Lügen und Phrasen des Mitgefühls hat die Nationalsozialistische Partei versucht, ihre Verantwortlichkeit für die Hungerverordnung vom 14. Juni 1932 von sich abzuwälzen. Sie hat die Regierung von Schleicher-von Papen verleugnet, sie hat geschworen, dass sie mit dieser Regierung nichts zu tun habe. Das alles ist nun als dreister Schwindel entlarvt. Das neue Kabinett wird nicht nur von den Nazis toleriert, sondern hat die ausdrückliche Zustimmung des Führers."[14]

Der „Vorwärts" enthüllte also, dass die NSDAP ihrer eigenen Wählerschaft Rentenkürzungen zumutete. Er enthüllte auch, dass die NSDAP ihre Wähler bisher getäuscht hatte. Angeblich wollte sie von den neuen Kabinettsmitgliedern nichts wissen, tatsächlich aber verhandelte sie munter mit ihnen, um einige Forderungen durchzusetzen: Auslieferung der Länder, Einsetzung eines Ministerpräsidenten in Preußen oder eines Kommissars, Aufhebung des SA-Verbots. Der Zeitungsartikel kam zu dem Fazit: „Hitler trägt die volle Verantwortung für den Unterstützungsraub an den Erwerbslosen, für die Zertrümmerung der Arbeitslosenversicherung, für die Kürzung der Wohlfahrtsunterstützungen: Hitler trägt die volle Verantwortung für die ungerechte Besteuerung aller arbeitenden Schichten und die Freilassung der Besitzenden! Hitler trägt die Verantwortung für die Notsteuer, für die Bedrückung der kleinen Gewerbetreibenden durch die Abänderung der Umsatz-

---

[14] „*Vorwärts*" v. 1. Juli 1932, S. 1, „Hitler entlarvt! Volksverräterischer Pakt mit dem Herrenklub. Durch Herrn von Gleichen enthüllt".

steuer! (...) Diese Notverordnung der Regierung Schleicher-Papen vom 14. Juni 1932 wird deshalb im Volke hinfort nicht mehr die Hungernotverordnung heißen, sondern *die Hitler-Notverordnung!*"[15]

Offenbar hatte v. Gleichen ins Schwarze getroffen, sonst hätte sich Goebbels kaum so aufgeregt. Die politische Bedeutung des Herrenklubs war keineswegs gering. Er zählte viele einflussreiche Persönlichkeiten aus Wirtschaft und Politik zu seinen Mitgliedern. Sein von dem Mitbegründer Walther Schotte geprägtes Motto war: „Der Herrenklub ist politisch, aber er treibt keine Politik. Er ist um der Politik willen da, aber er macht nicht Politik." Diese kryptischen Sätze lassen nur den Schluss zu, dass im Herrenklub die Personalpolitik ausgehandelt wurde und dass auf die Politker Einfluss genommen wurde. Entsprechend war der Klub strukturiert. Es gab einen engeren Mitarbeiterkreis um v. Gleichen, bestehend aus Walther Schotte, zuständig für „besondere Informationsquellen", Fritz Hesse, zuständig für Außenpolitik und Weltwirtschaft, Max Hildebert Boehm, zuständig für Grenz- und Auslandsstudien, Heinz Brauweiler, zuständig für Verfassungsfragen.

---

[15] Ebd.; Fettdruck im Original.

F. Durchführung des Schleicher-Hitler-Pakts

Die einzelnen Punkte des Schleicher-Hitler-Paktes sollen nunmehr in ihrer zeitlichen Abfolge im Einzelnen untersucht werden.

I. Groeners Sturz

Schleicher hatte kritisiert, Groener habe die innenpolitischen Spannungen nicht durch den Einsatz der Staatsautorität zu mildern vermocht. So hatte es in der Aufzeichnung des Reichswehrministeriums vom 14. Juni 1932 gestanden (s. o. E. I. Schleichers Kurswechsel). Was mochte Schleicher damit meinen? In zweierlei Richtung ist eine Deutung möglich:

1. Der Dualismus Preußen/Reich bestand nach wie vor;
2. Das Heranführen der „wertvollen Elemente" aus SA und SS an die Reichswehr war unmöglich geworden durch das SA-Verbot.

Besonders interessant die Formulierung des Papiers aus dem Reichswehrministerium: „Durch den Einsatz der Staatsautorität". Das kann angesichts Schleichers Auffassung von der Staatsautorität keine leere Floskel sein. Sie bedeutet vielmehr, dass Groener von Art. 48 WV hätte Gebrauch machen sollen und müssen. Schleicher holte das beim Preußenschlag selbst nach, für den er Art. 48 WV benutzte.

Brüning hatte versucht, das Dualismus-Problem wenigstens zu entschärfen. Er ließ im Frühjahr 1931 Verordnungen ausarbeiten, die die preußische Polizei und die preußische Justiz auf das Reich überführen sollten. Das war eine Vorsichtsmaßnahme, falls die NSDAP in Preußen in die Regierung hineinkommen sollte. Die Verordnungsentwürfe blieben aber in der Schublade. Aus gutem Grund: denn hätte Brüning in Preußen der dortigen SPD-geführten Regierung Kompetenzen genommen, so wäre es auf Reichsebene um die Tolerierung durch die SPD geschehen gewesen.

Das Dualismus-Problem wurde in Regierungskreisen nicht ad acta gelegt, auch wenn Brüning sein ausgearbeitetes Konzept nicht umsetzte. Dazu schrieb Planck am 18. August 1931 an Schleicher: „Von einer Gruppe, die ich mal mit den Namen Pünder – Zarden – Schäffer – Brecht kennzeichnen will, wird z. Zt. wieder sehr die Übernahme der preußischen Verwaltungen (Polizei, Finanz, Justiz) auf das Reich durch Notverordnungen im Einvernehmen mit dem jetzigen preußischen Kabinett betrieben. Die Hauptrolle spielt dabei, dass Severing das Reichsinnenministerium übernehmen soll. Von Braun als Vizekanzler ist nicht die Rede. Das Formale für einen solchen Schritt ist ausgearbeitet und wirkt formal sehr bestechend. Der Witz ist nun der, dass auch der Reichskanzler an sich von der Idee, die Reichsreform so auf kaltem Wege zu erledigen, sehr bestochen ist. Der Preis ist natürlich eine große Linksanlehnung (sprich: Severing). Diese wünscht der Kanzler *nicht,* sondern er möchte, wie bisher, unabhängig bleiben und das Spiel zwischen Rechts und Links spielen. Er ist infolgedessen zur Zeit zerrissen und brütet sehr über diese Dinge. Ich glaube, dass es Groener ähnlich geht, mit dem ich gesprochen habe. Das Argument beider *für* die Sache ist, dass Preußen die Lösung der Reich-Preußen-Frage schon eine Messe wert wäre und ja womöglich eine Rechtsregierung den Vorteil dieses Fortschritts erleben könnte."[1]

Wenn für Groener die Lösung des Dualismus-Problems „schon eine Messe wert" wäre, so würde er also in irgendeiner Weise etwas Schwerwiegendes unternehmen, möglicherweise sogar entgegen der eigenen Überzeugung; wie weiland angeblich Heinrich IV. (Navarra), der entgegen seiner eigenen religiösen Überzeugung die Pariser mit einer katholische Messe für sich einnehmen wollte. Dieser schwerwiegende, aber eigentlich nicht gegen die eigene Überzeugung gefasste Entschluss könnte die Lösung des Dualismus-Problems über Art. 48 WV gewesen sein. Groener unternahm dann jedoch nichts dergleichen. Wenn Schleicher das Dualismus-Problem im Wege des Art. 48 WV lösen wollte, so mussten notwendigerweise sowohl Kanzler Brüning als auch Reichswehrminister Groener ausgetauscht werden.

Groener hatte in den Augen Schleichers mit dem SA-Verbot einen weiteren schweren Fehler begangen. Groener befürwortete offenbar ebenso wie Schleicher, dass die NSDAP einige Regierungsämter übernehmen und sich dort abnutzen möge. Groener wollte die NSDAP zähmen, indem er auf der einen Seite Regierungsämter anbot, auf der anderen Seite aber die SA verbot. Erst wenn die NSDAP von der Bürde der Schlägertrupps befreit sei, sei sie regierungsfähig, so Groeners Ansicht. Schleicher wollte der NSDAP ebenfalls Regierungsverantwortung übertragen, aber die SA-Mitglieder so weit als möglich an die Reichswehr heranführen. Schleichers Zähmungs-Konzept hatte Groener zunächst einmal verdorben.

Groener hielt am 10. Mai im Reichstag eine Rede, in der er das SA-Verbot rechtfertigte. Obwohl der Inhalt dieser Rede durchaus kompetent und äußerst sachlich gehalten war, gab die NSDAP Groener mit einem Katarakt von hämischen Zwischenrufen der Lächerlichkeit preis. Die NSDAP-Abgeordneten überschrien den Minister, der einen körperlich angeschlagenen Eindruck vermittelte, so dass die Rede außerdem kaum zu verstehen war. Im Anschluss an diese Rede traf Schleicher Groener noch im Reichstagsgebäude und sagte ihm, er genieße das Vertrauen des Reichspräsidenten nicht mehr und möge zurücktreten. Am 11. Mai ließ Schleicher an Pünder mitteilen, er selbst und die Spitzen der Generalität in der Reichswehr würden sofort ihren Abschied nehmen, wenn Groener weiterhin Reichswehrminister bliebe.[2] Das war der letzte Anstoß für Groeners Rücktritt am 13. Mai 1932.

---

[1] *Thilo Vogelsang,* Reichswehr, Dok. 13, S. 428, Kursivschrift im Originaltext.
[2] *Heinrich August Winkler,* S. 464.

I. Groeners Sturz

Groener unterhielt freundschaftliche Beziehungen zu Hindenburg und scheint einigen Einfluss bei ihm gehabt zu haben. Brüning meint, mit dem Rücktritt Groeners sei auch sein eigenes Schicksal als Kanzler besiegelt gewesen, denn er hätte keinen Fürsprecher mehr bei dem Reichspräsidenten gehabt. Das war vermutlich auch der Zweck des Vorgehens zuerst gegen Groener, dann erst gegen Brüning.

Die gegenüber Pünder geäußerte Drohung, den Abschied zu nehmen, stellt eine Zäsur in Schleichers Laufbahn dar. Die Spitze des Reichswehrministeriums hatte bisher immer mit einer Stimme gesprochen. Kein Zwiespalt, keine Meinungsverschiedenheit drang nach außen. Oft ist nicht einmal festzustellen, ob eine vom Minister unterzeichnete Schrift von ihm selbst oder von Schleicher stammt. Hier aber trat Schleicher offen gegen den eigenen Minister auf und stürzte ihn damit.

Schleichers Haltung gegenüber Groener in der SA-Verbots-Frage ist ihm oft als Verrat ausgelegt worden. Sein Wankelmut am 8. und 9. April 1932 wird Schleicher übel angekreidet. Die Art und Weise, wie er sich am 10. Mai gegenüber dem gesundheitlich angeschlagenen Groener verhielt und die Drohung mit dem eigenen Abschied am 11. Mai, falls Groener nicht zurücktrete, lassen Schleicher in einem sehr unangenehmen Licht erscheinen. Außerdem war Schleicher wohl nicht ganz unschuldig an einer hässlichen Verleumdungskampagne, der er zumindest nicht entgegentrat: Groener sei Marxist, er sei gar Pazifist geworden. Groeners zweite Heirat sei in Reichswehrkreisen nicht hinnehmbar. Überdies sei das Kind aus dieser Ehe erstaunlich schnell nach der Hochzeit geboren worden. Die moralinsauren Bedenken kamen im Frühsommer 1932 allerdings etwas spät, denn das Kind war bereits etwa ein Jahr alt.

Andererseits ist aber zu Schleichers Gunsten zu berücksichtigen, dass die Frage des SA-Verbots für Schleicher die Frage von Sein oder Nicht-Sein war. Damit stand und fiel sein Konzept der Anbindung von Teilen der SA an die Wehrmacht und gleichzeitig eine tragende Säule seines Zähmungskonzepts. Die andere Säule von Schleichers Konzept bestand darin, die NSDAP sich in verantwortlichen Positionen von selbst abnutzen zu lassen. Im Sommer 1932 zeichnete sich ab, dass das Fortbestehen der Weimarer Republik davon abhängen könnte, ob die NSDAP durch diese Abnutzung gezähmt werden konnte. Wenn Schleicher die Frage des Weiterbestehens der Republik der persönlichen Bindung an Groener überordnet, wenn er in menschlich sehr unerfreulicher Weise gegen Groener vorgeht, um dabei aber den Staat zu retten, so wird man doch Schleichers Handlungsweise wenigsten etwas verständlicher finden. Dennoch war Schleichers heimliches Paktieren mit Hitler gegen Groener ein schwerer Fehler, denn die Heimlichkeit wurde wenigstens teilweise erahnt. Damit desavouierte Schleicher sich selbst und seine Politik, und zwar vor allem vor dem Reichspräsidenten, auf dessen Vertrauen Schleicher unabdingbar angewiesen war.

II. Brünings Sturz

Bereits um die Jahreswende 1931/32 scheint Schleicher Brüning mit dieser politisch so schwierigen Schaukelpolitik, der NSDAP zwar einerseits politische Macht einzuräumen, andererseits ihr aber nicht zuviel Macht zu geben, für schlicht überfordert gehalten zu haben. Brüning hatte den für diese Politik von Schleicher gewünschten Rechtsruck nicht konsequent genug durchgeführt. Die Bildung des Kabinetts Brüning II reichte aus Schleichers Sicht nicht aus. Brüning war damit dem Ziel, die NSDAP zu zähmen, keinen Schritt nähergekommen. Brünings Haltung ließ auch keinen anderen Schluss zu, als dass er eine sehr enge Einbindung, gar eine Regierungsbeteiligung Hitlers samt der NSDAP und Hugenbergs samt der DNVP jedenfalls augenblicklich nicht zulassen wollte. Die Enttäuschung über Brünings angeblich zu lasches Vorgehen liest sich noch aus der Regierungserklärung Papens heraus, über deren Entstehung Pünder schreibt: „Die neue Regierung begab sich am Freitag, den 3., und Sonnabend, den 4., gleich an die Arbeit für die Regierungserklärung. Zunächst lag ein ganz abscheulicher Entwurf vor, der der giftigen Feder von General von Schleicher entstammte." (...) „Herr von Papen hat den Text dann etwas abgemildert, und er wurde nach *seinem* Diktat am Sonnabend Nachmittag veröffentlicht. Immer noch ein tolles Stück! Die Erregung darüber war sehr groß; unerhört, hinter einer abgetretenen Regierung noch hinterherzuschimpfen."[3] Die Regierungserklärung enthielt in der Tat insofern eine deutliche Spitze gegen die Regierung Brüning, als sie Notmaßnahmen ankündigte, die die alte Regierung zwar geplant, aber nicht erlassen habe. Das müsse geschehen, damit die Zahlungen der nächsten Tage und Wochen zur Aufrechterhaltung des staatlichen Apparates geleistet werden könnten.[4] Daraus konnte der aufmerksame Leser den Umkehrschluß ziehen, dass die Regierung Brüning verabsäumt habe, die dringendst notwendigen Maßnahmen durchzuführen.

Schleicher hat offenbar nach der Reichspräsidentenwahl verstärkt bei Hindenburg darauf gedrungen, dass dieser Brüning veranlasse, einen Weg zu den Rechtsparteien DNVP und NSDAP zu finden. Da aber Brüning gerade gegen die Rechtsparteien und mit der Unterstützung des Zentrums und der SPD Hindenburgs Wiederwahl durchgesetzt hatte, hielt Brüning einen derartigen Rechtsschwenk für politisch unmoralisch. Damit war der Konflikt zwischen Brüning und Schleicher unausweichlich geworden.

Als Kanzler-Nachfolger hatte Schleicher zunächst den Grafen Westarp im Auge, der die Volkskonservative Partei mitbegründet hatte, nachdem er sich von der DNVP abgewendet hatte. Er hätte vermutlich genauso wie nachher Papen eine parlamentarische Mehrheit nicht hinter sich bringen können. Schleicher muss also zu jener Zeit nach der Reichspräsidentenwahl schon ein Kabinett angepeilt haben, das

---

[3] *Hermann Pünder,* Tagebuch vom 7. 6. 1932, S. 136.

[4] Kundgebung der Reichsregierung v. Papen vom 4. Juni 1932, in: *Ernst Rudolf Huber,* Dok. 440.

II. Brünings Sturz

ohne parlamentarische Mehrheit, und vermutlich auch ohne Tolerierung, m. a. W. nur gestützt auf Art. 48 WV und das Wohlwollen des Reichspräsidenten regieren würde.

Ernst Rudolf Huber nennt als Gründe für Brünings Sturz:

a) Hindenburg habe ihm reserviert gegenübergestanden, weil der Wahlsieg bei der Reichspräsidentenwahl mit den Stimmen der ungeliebten SPD zustande gekommen sei.

b) Brünings Außenpolitik, insbesondere die Reparationsfrage und die Abrüstung, ferner seine Wirtschaftspolitik seien erfolglos geblieben.

c) Die Hauptursache aber sei, dass Brüning im Bereich der Verfassungsreform völlig untätig geblieben sei.[5]

Bei der noch immer nicht durchgeführten Verfassungsreform war das drängendste Problem der Dualismus Preußen / Reich. Nach dem Rücktritt der Regierung Braun und ihrem Verbleiben im Amt als geschäftsführende Regierung trat das Dualismus-Problem um so schärfer hervor, als die SPD Brüning auf Reichsebene möglicherweise nicht mehr tolerieren würde.

Das Tagebuch von Goebbels gibt eine Chronologie der Interaktionen zwischen Hitler und Schleicher, die auf Brünings Sturz hinarbeiteten.

8. Mai 1932: „Am Sonnabend kommen Sendboten und berichten, was los ist. Der Führer hat eine entscheidende Unterredung mit General Schleicher; einige Herren aus der nächsten Umgebung des Reichspräsidenten sind dabei. Alles geht gut. Der Führer hat überzeugend zu ihnen geredet. Brüning soll in den nächsten Tagen schon fallen. Der Reichspräsident wird ihm sein Vertrauen entziehen. Der Plan geht dahin, ein Präsidialkabinett zu installieren; der Reichstag wird aufgelöst, alle Zwangsgesetze sollen fallen, wir bekommen Agitationsfreiheit und liefern dann ein Meisterstück der Propaganda." (. . .) „Die Entwicklung muss beschleunigt werden, damit der Reichstag keine Gelegenheit mehr hat, Brüning sein Vertrauen auszusprechen". Von Groener, der zwei Tage später seine Reichstagsrede halten und fünf Tage später gestürzt sein wird, ist schon nicht mehr die Rede. Sein politisches Schicksal ist bereits beschlossene und praktisch erledigte Sache. Nun geht es nur noch um Brünings Sturz.

9. Mai 1932: „Der Führer wird schon möglichst bald eine Unterredung mit dem Reichspräsidenten haben. Danach soll die Sache ins Rollen kommen. Ein farbloses Übergangskabinett wird uns den Weg freimachen. Möglichst nicht zu stark, damit wir es um so leichter ablösen können."

13. Mai 1932, am Tage von Groeners Rücktritt: „Wir bekommen Nachricht von General Schleicher: die Krise geht programmgemäß weiter. Der Reichspräsident ist nach Neudeck abgereist. Über Pfingsten wird nichts mehr passieren."

18. Mai 1932: „Brüning wird von unserer Presse und Propaganda auf das Schärfste attackiert. Er muss fallen, koste es, was es wolle. Die geheime Aktion gegen ihn geht unentwegt weiter. Er ist bereits vollkommen isoliert. Sucht händeringend nach Mitarbeitern. Ein

---

[5] *Ernst Rudolf Huber*, Verfassungsgeschichte VII, S. 972, 973.

Königreich für einen Minister. General Schleicher hat die Übernahme des Reichswehrministeriums abgelehnt."

19. Mai 1932, schreibt Goebbels in sein Tagebuch: „Sendboten von General Schleicher: man ist schon dabei, die Ministerliste aufzustellen. Für den Übergang ist das nicht so wichtig." Das entspricht der Eintragung vom 9. Mai, ein farbloses Übergangskabinett solle installiert werden. „Wichtig ist allein die Neuwahl. Danach wird man weitersehen." Das Übergangskabinett muss die Zeit mindestens bis zur Neuwahl überbrücken, von der sich die NSDAP so große Gewinne verspricht.

25. Mai: „Alvensleben berichtet: Aktion steht gut. Am Sonnabend soll Herr Brüning auffliegen. Meissner gestern nach Neudeck. Daumen halten! Schleicher arbeitet gut. Alvensleben hat seine Ministerliste mit: Kanzler v. Papen, Außen Neurath. Dann noch eine Reihe unbekannter Namen. Hauptsache der Reichstag wird aufgelöst. Das Weitere wird sich dann finden. Wir sollen gleich in Preußen herankommen."

Brüning bemerkte schließlich, dass sein Vertrauensverhältnis zum Reichspräsidenten aus dem Reichswehrministerium heraus unterhöhlt wurde. Anläßlich seines Vortrages am 29. Mai 1932 bei Hindenburg beklagte er sich endlich einmal über „Quertreibereien" aus dem Reichswehrministerium. Da war es bereits zu spät. Hindenburg war schon entschlossen, Brüning aus dem Kanzleramt zu entfernen und machte das deutlich. Hindenburg wies vor allem darauf hin, dass Brüning in der Öffentlichkeit und im Parlament kein ausreichendes Vertrauen genieße.

30. Mai 1932, am Tag von Brünings Rücktritt, schreibt Goebbels: „In Nauen treffe ich den Führer. Der Reichspräsident will ihn im Laufe des Nachmittags sprechen." Nach der Schilderung seiner eigenen Aktivitäten im Laufe des Nachmittags fährt Goebbels fort: „Die Unterredung mit dem Reichspräsidenten ist gut verlaufen. Das SA-Verbot wird fallen. Uniformen sollen wieder erlaubt sein. Der Reichstag wird aufgelöst. Das ist das Allerwichtigste. V. Papen ist als Reichskanzler vorgesehen. Aber das interessiert nun nicht so. Wählen, wählen! Heran ans Volk. Wir sind alle sehr glücklich." Die Unterredung mit Hitler war nur eine von mehreren, die Hindenburg mit Parteiführern aller Couleur führte, wie er das bei Regierungsneubildungen zu tun pflegte.

Selbst wenn Hitler bei der Unterredung am 30. Mai 1932 mit Hindenburg tatsächlich zugesagt haben sollte, die nächste Regierung mit einem Kanzler Papen sowohl vor als auch nach der Reichstagswahl zu tolerieren, so blieb Schleicher doch vorsichtig. Er wollte die Tolerierungszusage schriftlich haben. Am 31. Mai 1932 notierte Goebbels in sein Tagebuch: „Der Führer kommt von einer Unterredung mit Papen zurück. Alles ist klar. An das S.A.-Verbot will man noch nicht richtig heran. Noch weniger an die Auflösung des Reichstages. Aber da dürfen wir nicht nachgeben. Papen ist schon betraut." Am 2. Juni 1932: „Die Gegenseite verlangt, dass der Führer einen Brief schreibe des Inhalts, er werde Papen auch nach der Wahl tolerieren. Das ist natürlich unmöglich." (...) „Er" (Hitler, d. Verf.) „hat die Absicht, weder einen Brief noch eine Denkschrift zu schreiben. Hauptsache ist, dass aufgelöst und gewählt wird. Wir müssen ohne Verantwortung in die Wahl gehen, sonst mißlingt sie."

Hitler traf sich dann am 4. Juni 1932 mit Schleicher auf einem „benachbarten Gut", wie Goebbels in sein Tagebuch eintrug: „Als der Führer zurückkommt, strahlt er vor Zufriedenheit. Alles ist in Ordnung gegangen. Der Reichstag wird aufgelöst und das S.A.-Verbot aufgehoben." Benachbart lag der Treffpunkt zum Gut Severin unweit von Crivitz im damaligen Land Mecklenburg-Schwerin, wohin Goebbels und Hitler sich gerade begeben hatten, was ebenfalls aus dem Tagebucheintrag vom 4. Juni 1932 hervorgeht.

III. Die Kanzlerfrage: Präsidialkabinett mit Tolerierung

Während es laut Goebbels Tagebuch für Hitler hauptsächlich wichtig war, das SA-Verbot aufheben und den Reichstag auflösen und neu wählen zu lassen und einen möglichst schwachen Kanzler zu bekommen, kam es Schleicher wesentlich auf die Unterstützung des neu zu bildenden Kabinetts durch die NSDAP an. Schleicher musste also zum einen mit Hitler klären, wer der künftige Kanzler sein solle. Zum anderen musste abgesprochen werden, wie sich die NSDAP diesem Kanzler gegenüber verhalten werde, ob sie ihn tolerieren werde.

1. Franz v. Papen als neuer Kanzler

Schleicher und Hitler scheinen auch in dem Punkt einig gewesen zu sein, dass ein „farbloses Übergangskabinett" gebildet werden solle. Während jedoch Goebbels darin den Weg zur „Machtergreifung" sieht, geht es Schleicher um etwas Anderes. Er will während der Zeit dieses farblosen Übergangskabinetts die Macht des Reichspräsidenten noch weiter stärken und ausbauen. Wenn der Reichspräsident eine noch stärkere Stellung als bisher erreicht hat, so mag die NSDAP getrost einige Ministerposten besetzen, – der Reichspräsident wird jedes Kabinett dominieren. Insofern passt die Installierung eines weiteren Präsidialkabinetts in Schleichers Zähmungskonzept gegenüber der NSDAP hinein. Nur scheinbar kam Schleicher der NSDAP entgegen, wenn er Brüning durch einen schwächeren Kanzler ersetzen wollte.

Hitler scheint es gleichgültig gewesen zu sein, wer der nächste Kanzler würde. Es durfte nur keine starke Persönlichkeit sein. Wichtig war, überhaupt ein Präsidialkabinett für die Übergangsphase bis zur „Machtergreifung" zu installieren. Goebbels schrieb wie schon zitiert dazu am 30. Mai 1932 in Tagebuch: „Die Unterredung mit dem Reichspräsidenten ist gut verlaufen. Das S.A.-Verbot wird fallen. Uniformen sollen wieder erlaubt sein. Der Reichstag wird aufgelöst. Das ist das Allerwichtigste. V. Papen ist als Reichskanzler vorgesehen. Aber das interessiert nun nicht so."

Warum hatte Schleicher sich gerade für Papen als künftigen Reichskanzler entschieden? Schleicher scheint zunächst den Leipziger Oberbürgermeister Carl

Friedrich Goerdeler, einen Anhänger des Präsidialkabinetts Brüningscher Prägung, favorisiert zu haben. Der aber lehnte ab. Papen hat offenbar auch zunächst abgelehnt. Doch Schleicher konnte ihn überreden.[6] Aus Schleichers Sicht mussten dann folgende Punkte für Papen sprechen:

- Papen ließ sich nach Meinung Schleichers leicht beeinflussen. Schleicher merkte allerdings, dass „Fränzchen" v. Papen nach kurzer Zeit der Kanzlerschaft „nicht nur ein Hut, sondern auch ein Kopf" sei.
- Papen war sowohl mit dem einflussreichen Sohn und Adjutanten des Reichspräsidenten, Oskar v. Hindenburg, als auch mit Schleicher seit Jahren befreundet. Er passte deshalb in das Beziehungsgeflecht zwischen dem Reichspräsidenten, dessen Sohn und Schleicher gut hinein.
- Papen hatte sich bei dem Reichspräsidenten selbst bereits beliebt gemacht und würde bei ihm leicht als Kanzler durchzusetzen sein. Papen hatte sich schon 1925 für die Wahl Hindenburgs eingesetzt. Das hatte ihm seine eigene Partei, das Zentrum, übel angekreidet. Zu Hindenburgs Wahlerfolg 1925 hatte v. Papen sich mit einem Glückwunschtelegramm empfohlen. Hindenburg dankte mit einem Telegramm. Beide Telegramme wurden veröffentlicht. Das Zentrum sah darin einen Affront gegen den Zentrumskandidaten Marx. Doch zwischen Papen und Hindenburg begann damit ein immer enger werdendes freundschaftliches Verhältnis.[7]
- Schon Anfang 1928 war Papen als möglicher Nachfolger Gesslers im Reichswehrministerium im Gespräch gewesen.[8] Daraus ist zu schließen, dass Schleicher Papen Ende Mai 1932 nicht als Überraschungskandidaten präsentierte, sondern schon länger bestrebt war, ihn in das Kabinett hineinzuholen, und zwar an besonders wichtiger Stelle.
- Papen würde keine parlamentarische Mehrheit hinter sich bringen können. Denn wenn das Zentrums-Mitglied Papen das Zentrums-Mitglied Brüning in der Kanzlerschaft ablöste, so kreidete das Zentrum Papen dies als Verrat an. Schleicher muss die Verärgerung des Zentrums über Papen bewusst in Kauf genommen und den Bruch Papens mit seiner Partei einkalkuliert haben. Denn die Loslösung Papens vom Zentrum passte gut in Schleichers Konzept: Die SPD würde diesen Kanzler nicht tolerieren, das Zentrum auch nicht. Für eine Tolerierung kam nur noch die NSDAP in Betracht. Wenn Papen anders als Brüning von vornherein gezwungen sein würde, mit Art. 48 WV zu regieren, würde das dem Volk, dem Parlament, auch der Regierung selbst und dem Reichspräsidenten vor Augen führen, dass es eben keine Alternative zu einem Präsidialkabinett gab.
- Ein wichtiges Argument aus Schleichers Sicht für Papen dürften dessen gute Beziehungen zu Frankreich gewesen sein. Papen schien bestens dazu geeignet,

---

[6] *H.-R. Berndorff,* S. 181.

[7] Beide Telegramme in: *Dieter v. d. Schulenburg,* S. 185, 186.

[8] *Joachim Petzold,* S. 41, 42.

III. Die Kanzlerfrage: Präsidialkabinett mit Tolerierung

mit Frankreich friedliche Beziehungen zu unterhalten. Seit Mai 1926 hatte der luxemburgische Industrielle Mayrisch ein „Deutsch-französisches Studienkomitee" ins Leben gerufen. Aus eigener Initiative und ohne politisches Mandat bemühten sich hier französische und deutsche Intellektuelle, Industrielle und Wissenschaftler um Vorschläge für die Verbesserung des deutsch-französischen Verhältnisses. Zu den französischen Teilnehmern gehörte ein Graf Wladimir d'Ormesson. Auf deutscher Seite war Papen beteiligt.[9] D'Ormesson hatte Ende 1930 schriftlich Vorschläge ausgearbeitet.[10] Die von Papen beeinflusste Zeitung „Germania" gab den Gedanken d'Ormessons eine Plattform. Papen selbst scheint mit d'Ormesson verhandelt zu haben. Dessen Vorschläge liefen auf eine Kostenreduktion sowohl bei der französischen als auch bei der deutschen Wehrmacht hinaus. Ferner sollten die Reparationen gesenkt und eine Zusammenarbeit beider Heere, zumindest ein gutes Einvernehmen hergestellt werden. Am 21. Januar 1931 informierte Papen Schleicher über seine Verhandlungen in dieser Angelegenheit. Man nahm die Sache immerhin so wichtig, dass sich das Auswärtige Amt und das Reichswehrministerium damit befassten. Das Reichswehrministerium hielt zwar eine Herabsetzung des ohnehin viel zu geringen Wehretats für indiskutabel. Aber die Vorschläge d'Ormessons könnten eine Art Zwischenstadium eröffnen bis zu einer völligen Änderung des Wehrsystems. Die deutsche Presse sprach sogar von einem „Französischen Friedensplan".[11] Frankreich als Aggressor auszuschalten und gleichzeitig das Wehrsystem umzugestalten – das mussten aus Schleichers Sicht gleich zwei hervorragende Argumente für einen Kanzler Papen sein. Die Unterlagen über die Kontakte zu d'Ormesson hatte Bredow in seiner „Giftakte"[12] gesammelt, ein Zeichen, wie überaus wichtig das Ministeramt diese Angelegenheit nahm. Der Umstand, dass Bredow die Angelegenheit Papen/d'Ormesson in der „Giftakte" hinter die Landesverratsangelegenheit Göring vom Sommer 1932 heftete, spricht dafür, dass die Angelegenheit Papen/d'Ormesson gerade im Sommer 1932 vor der Ernennung Papens für das Reichswehrministerium wichtig war, deshalb hervorgeholt wurde und in diesem äußerst wichtigen und ganz geheimen Aktenordner gerade an dieser Stelle abgeheftet wurde.

Schleicher bekam allerdings aus dem Kreis seiner Vertrauten nicht nur Zustimmung für seine Entscheidung, Papen zum Kanzler machen zu lassen. Hans Zehrer schrieb am 2. Juni 1932 in der „Täglichen Rundschau" einen Leitartikel gegen Papen. Das führte zu einem heftigen Streit zwischen Zehrer und Schleicher. Schleicher drohte, die Zuschüsse aus der Kasse des Reichswehrministeriums an die „Täg-

---

[9] Franz v. Papen, S. 154.

[10] „Ma suggestion part du principe que le malentendu franco-allemand est de nouveau arrivé à un point si aigu et comporte des risques si graves, qu'il faut absolument trouver un moyen practique de transformer du tout au tout l'atmosphère", Politisches Archiv des Auswärtigen Amtes, R 30045 a Bd. II, S. 265 ff.

[11] Berliner Tageblatt, No. 60, 5. Februar 1931.

[12] Nachlass v. Bredow, N 97/5.

liche Rundschau" würden gestrichen. Zehrer nahm von seinem Artikel nichts zurück. Beide sind sich aber im Laufe der nächsen Monate doch wieder nähergekommen. Die Journalisten Zehrer und v. Oertzen warnten Schleicher im Januar 1933, Papen intrigiere hinter seinem Rücken. Schleicher glaubte ihnen erst, als sie Fotos von dem Treffen zwischen Hitler und Papen im Hause des Bankiers Schröder vom 4. Januar 1933 vorlegten.

2. Tolerierung

Nach der Reichstagswahl am 31. Juli 1932 tolerierte die NSDAP den Kanzler und seine Politik keineswegs. Schleicher war davon ausgegangen, Hitler habe eine Tolerierung vorbehaltlos und unabhängig vom Wahlausgang zugesagt. Hitler stellte sich auf den Standpunkt, er habe das nicht getan. Er habe bis zur Wahl die Tolerierung versprochen, mehr nicht. Die Pakt-Partner hatten natürlich bedacht, dass das Tolerieren vor der Wahl und das Tolerieren nach der Wahl zwei gesonderte Punkte waren, die auch gesondert ausgehandelt werden mussten. Denn welches Interesse sollte Hitler eigentlich an der Tolerierung haben, wenn die Wahl für ihn so günstig ausfiel, dass die NSDAP die stärkste Fraktion stellen würde und er selbst nach parlamentarischem Brauch mit dem Kanzleramt rechnen dürfte. Goebbels schreibt dazu am 2. Juni in sein Tagebuch: „Die Gegenseite verlangt, dass der Führer einen Brief schreibe des Inhalts, er werde Papen auch nach der Wahl tolerieren. Das ist natürlich unmöglich."

Pünder berichtet in seinem Tagebuch unter dem 31. Mai 1932 von den Verhandlungen über die Tolerierung. Dabei habe Hindenburg seine Vorstellungen gegenüber Hitler und Göring skizziert und gesagt, er wolle ein Präsidialkabinett aus rechtsgerichteten, christlichen, national gesinnten Männern bilden, an Nationalsozialisten denke er dabei aber nicht. Für eine solche Kombination sei erforderlich, dass die Nationalsozialisten sie im Reichstag stützten. Hitler habe immerzu mit dem Kopf genickt und gesagt, der Präsident könne auf ihn rechnen. Ob durch Stützung oder Tolerierung, müsse er, Hitler, sich noch überlegen. Nach dieser Wiedergabe jedenfalls dieses Gesprächs hat Hitler tatsächlich keine Tolerierung nach der Wahl zugesagt. Es war nur generell von Tolerierung, vielleicht sogar Stützung, die Rede. Man wird aber Hitler zubilligen müssen, dass die Geschäftsgrundlage dieser am 31. Mai 1932 abgegebenen Tolerierungzusage der Reichstag in der Zusammensetzung vom 31. Mai 1932 gewesen sei. Das Wahlergebnis ergibt eine neue Geschäftsgrundlage. Pünder berichtet nur davon, dass Hindenburg die Tolerierung der neuen Regierung angesprochen habe. Das Gespräch bezog sich deshalb nur auf die Situation unmittelbar vor der Ernennung Papens zum Kanzler. Zu der ferneren Zukunft nach einer Reichstagswahl berichtet Pünder über keine Absprachen. Ob Hitler unter vier Augen Schleicher etwas anderes, weitergehendes zugesagt hat, muss zweifelhaft bleiben, da schriftliche Unterlagen fehlen. Diesen Punkt müssen aber Schleicher und Hitler ausdrücklich angesprochen haben, denn wann und wo sonst sollte Schleicher eine schriftliche Erklärung gefordert haben.

IV. Aufhebung des SA-Verbots

Die Aufhebung des SA-Verbots dürfte Schleicher leichten Herzens zugesagt haben. Die Formationen bestanden ohnehin während der Verbotsdauer insgeheim weiter. War die SA zugelassen, würde es weniger praktische Schwierigkeiten bereiten, ihre „wertvollen Elemente" an die Reichswehr heranzuziehen.

Mit der Aufhebung des SA-Verbots arbeitete Schleicher im Grunde genommen auf den Preußenschlag zu. Denn natürlich würde eine wiedererlaubte SA zunächst einmal ganz ungestümen Terror entfalten, was sie dann auch tat. Nach der Aufhebung des SA-Verbots am 16. Juni 1932 schnellte die Zahl der von SA-Männern begangenen Straftaten in die Höhe. Das würde ein Eingreifen des Reiches in Preußen provozieren, wie es dann mit dem Preußenschlag geschah. Ob Schleicher zynischerweise die Zunahme der Straftaten als Alibi für den Preußenschlag einkalkulierte, muss dahingestellt bleiben. Immerhin meinte Brecht im Prozess Preußen ./. Reich, dass es einen gewollten Kausalzusammenhang zwischen der Aufhebung des SA-Verbots, den darauf folgenden Unruhen und dem Preußenschlag gebe.[13]

Einen Nachteil musste die Aufhebung des SA-Verbots aus Schleichers Sicht allerdings haben: Eine solche Aufhebung stellte insofern den Status quo ante wieder her, als die Länder nun wieder wie vor dem Verbot mit eigenen Verboten agieren konnten. Das drohten sie auch an. Dieser Gefahr begegnete die Zweite Verordnung des Reichspräsidenten v. Hindenburg gegen politische Ausschreitungen vom 28. Juni 1932 (RGBl. 1932 I S. 339). Diese VO befasste sich in § 1 mit dem Verbot vom Versammlungen und Aufzügen unter freiem Himmel:

„§ 1 Abs. 3: Hat der Reichsminister des Innern gegen ein Verbot nach Abs. 1 Nr. 1 Bedenken, so kann er die oberste Landesbehörde um Änderung oder Aufhebung ersuchen. Entspricht die oberste Landesbehörde dem Ersuchen nicht, so kann er das Verbot aufheben.

§ 2: Der Reichsminister des Innern kann allgemein für das ganze Reichsgebiet oder einzelne Teile Versammlungen unter freiem Himmel oder Aufzüge sowie das Tragen einheitlicher Kleidung, die die Zugehörigkeit zu einer politischen Vereinigung kennzeichnet, verbieten (...)".

Gegen diese Verordnung verwahrte sich der Bayerische Ministerpräsident Held in einem Schreiben vom 8. Juli 1932 an den Reichskanzler.[14] Es handele sich um eine erneute und erhebliche Einschränkung der Polizeihoheit der Länder und bedeute eine Staatspraxis der fortschreitenden Aushöhlung der Länder bis zur völligen Herbeiführung des Einheitsstaates.

Diese Verordnung ist gewissermaßen ein Vorbote der SchubkastenVO vom 4. Februar 1933. Die Regelungen entsprechen sich wörtlich:

---

[13] Zit. in: *Dirk Blasius,* S. 113.

[14] Der Bayerische Ministerpräsident Held an den Reichskanzler, München, 8. Juli 1932, AdR, Papen, Nr. 55.

§ 1 Ziff. 2) Abs. 3 VO v. 28. Juni 1932 = § 6 Abs. 2 VO v. 4. Februar 1933
§ 2   VO v. 28. Juni 1932 = § 5   VO v. 4. Februar 1933.[15]

Gerade dieses Aushöhlen der Länderhoheit wird dem Kabinett Hitler die Arbeit wesentlich erleichtern. Hier ist bereits die Vorarbeit geleistet, die später in die völlige Gleichschaltung der Länder einmündet. Die bereits in der Zeit der Präsidialkabinette begonnene Rechtsetzung brauchte nur noch kontinuierlich weitergeführt zu werden.

V. Reichstagsauflösung und Neuwahl

Schon 1930 hatte sich gezeigt, wie relativ leichtfertig Schleicher mit dem Problem der Reichstagsauflösung und der Neuwahl umging. Für ihn war das keine Grundsatzfrage, ob die Auflösungspraxis der Demokratie und dem Parlamentarismus Schaden zufüge. Schleicher orientierte sich vielmehr nur an der praktischen Überlegung, ob ihm eine „reichstagsfreie" Zeit sogar nützen könnte. Sie konnte es insofern, als dann kein Reichstag Außerkraftsetzungsanträge gemäß Art. 48 Abs. 3 WV stellen und Notverordnungen zu Fall bringen konnte.

Aus Schleichers Sicht würde eine Neuwahl des Reichstages nach der „reichstagsfreien" Zeit ebenfalls nützlich sein. Eine Neuwahl würde die Stimmung im Volk ausdrücken. Schleichers Politik, die NSDAP an die Regierungsverantwortung zu binden, würde durch ein vorhersehbares günstiges Wahlergebnis für die NSDAP also noch mehr Auftrieb erhalten und wäre dann möglicherweise leichter durchzusetzen. Tatsächlich erlangte die NSDAP bei der Reichstagswahl am 31. Juli 1932 ganz ähnliche Prozentzahlen wie Hitler bei der drei Monate zurückliegenden Reichspräsidentenwahl. Das Wahlergebnis der Reichstagsneuwahl würde Schleichers These stützen, dass die NSDAP in die Regierungsverantwortung eingebunden werden müsse. Die Reichstagswahl würde außerdem allen deutlichst vor Augen führen, dass die Regierung Papen keinerlei parlamentarischen Rückhalt hatte bis auf einen Teil der Deutsch-Nationalen und vielleicht einige versprengte Zentrumsabgeordnete. Die Stimmen würden möglicherweise so auf KPD und NSDAP verteilt sein, dass das Parlament unmöglich arbeiten konnte. Das alles würde um so grundsätzlicher und deutlicher für die Notwendigkeit von Präsidialkabinetten sprechen.

Die Auflösungsorder des Reichspräsidenten vom 4. Juni 1932 lautete denn auch, der Reichstag werde aufgelöst, „da er nach dem Ergebnis der in den letzten Monaten stattgehabten Wahlen zu den Landtagen der deutschen Länder dem politischen Willen des deutschen Volkes nicht mehr entspricht."

Reichstagsauflösung und Neuwahl gehörten in Schleichers Zähmungsstrategie gegenüber der NSDAP hinein. Schleicher sagte in der Kabinetssitzung am 10. August 1932, die Gefahr, dass die Machtmittel des Staates nicht voll hinter der Re-

---

[15] Vgl. *Irene Strenge*, S. 149.

gierung stünden, gebe es nicht mehr. Reichswehr- und Polizeikräfte funktionierten restlos zu Gunsten der Regierungsgewalt, weil man hier nicht mehr das Empfinden habe, dass eine nationale Bewegung unterdrückt werde. Vielmehr sei man überzeugt, dass mit der Wahl jeder Richtung in Deutschland eine faire Chance, sich durchzusetzen, gegeben worden sei.[16] Ähnlich hatte sich Papen in derselben Kabinettssitzung geäußert. Er begründete die Reichstagsauflösung und die Neuwahl damit, dass der Reichspräsident zunächst die Regierung Papen eingesetzt habe mit dem Auftrag, eine „Synthese der nationalen Elemente zu schaffen." Zu diesem Zweck habe die Regierung Neuwahlen veranlasst. Im Wahlkampf seien den Nationalsozialisten alle Chancen zugestanden worden, sich weiter zu entwickeln."[17] Das erweckt geradezu den Eindruck, als habe man die NSDAP auch noch fördern wollen.

Tatsächlich scheint Schleichers Intention dahin gegangen zu sein, den nationalsozialistischen Unruhestiftern durch einen Wahlgang den Wind aus den Segeln nehmen zu wollen. Sie sollten gewissermaßen mit dem Stimmzettel zeigen dürfen, wie stark die NSDAP nun inzwischen wirklich sei. Dann würde man im Kabinett weitersehen. Auf jeden Fall aber würden Reichswehr und Polizei nicht mehr annehmen, die NSDAP werde unfair behandelt. Das wiederum würde, falls erforderlich, zu einem Durchgreifen der Polizei und der Reichswehr ohne Skrupel wegen angeblicher Ungleichbehandlung der NSDSAP nun auch gegen NSDAP-Mitglieder führen. Insofern waren Reichstagsauflösung und Neuwahl aus Schleichers Sicht ein Mittel, die Reichswehr und die Polizei fest an die Staatsmacht zu binden. Die Wahl erscheint hier nur mehr als eine Art Ventil, durch das das Volk seiner Meinung Ausdruck geben kann, mehr nicht. Politisch ändern würde diese Wahl nichts. Eine Rückkehr zur parlamentarischen Regierungsform hatte Schleicher nicht in Erwägung gezogen – im Gegenteil: Das vorhersehbare Wahlergbnis würde das Regieren mit einem Präsidialkabinett rechtfertigen helfen.

VI. Preußenschlag

Am 20. Juli 1932 trat eine Verordnung in Kraft, nach der der Reichskanzler zum Reichskommissar in Preußen berufen wurde. Der Reichskommissar erhielt in dieser Verordnung außerdem das Recht, die Mitglieder des Preußischen Staatsministeriums ihrer Ämter zu entheben und die Dienstgeschäfte des Preußischen Ministerpräsidenten auszuüben. Eine zweite Verordnung vom gleichen Tage verhängte mittags den militärischen Ausnahmezustand über Groß-Berlin und Provinz Brandenburg. Sie sollte den eigentlichen Preußenschlag gegen Aufruhr und Streik sichern (beide Verordnungen vom 20. Juli 1932, RGBl. 1932 I, S. 377). Mit diesem sog. Preußenschlag sollte der Dualismus zwischen dem Reich und Preußen behoben

---

[16] Kabinettssitzung vom 10. August 1932, 17.30 Uhr, AdR, Papen, Nr. 99, S. 381.
[17] Ebd. S. 379.

werden. Das Amt des Reichskanzlers und des Reichskommissars in Preußen waren in einer Person vereint. Es würde nicht mehr heißen: „Wer Preußen hat, hat das Reich", sondern wer das Reich hatte, der würde auch in Preußen das Sagen haben. Insofern war der Preußenschlag eine Reichsreform auf kaltem Wege, ohne Änderung der Verfassungsurkunde.

1. Verhandlungen zwischen Schleicher und Hitler über den Preußenschlag?

Schleicher scheint tatsächlich mit der NSDAP über den Preußenschlag verhandelt zu haben. Sowohl Meissner, als auch Papen behaupten in ihren Erinnerungen, Schleicher sei die treibende Kraft bei dem Preußenschlag gewesen.[18] Auch Groener teilt diese Meinung. Er wirft in seinem bitteren Brief vom 29. November 1932 Schleicher vor, Initiator des Preußen-Schlags zu sein. Groener reiht hier Ratschläge an den künftigen Kanzler und Vorwürfe gegen den ehemaligen Freund aneinander. Er schreibt in dieser Aufzählung: „Der Versuch, durch Brutalität den Dualismus Reich – Preußen zu beseitigen, ist eine Dummheit wegen der Rückwirkung auf die anderen Länder."[19] Dieser Vorwurf Groeners wäre unverständlich, wenn nicht auch er Schleicher als Initiator des Preußenschlages angesehen hätte. Schleicher selbst äußerte nach dem Preußenschlag, es sei natürlich nicht darum gegangen, Ruhe und Ordnung wiederherzustellen, sondern den unerträglichen Dualismus zwischen Reich und Preußen zu beenden. Das sei der größte Erfolg der Reichsregierung gewesen. Kein Staatsgerichtshof könne das rückgängig machen.[20]

Die NSDAP hätte gern in Preußen den Ministerpräsidenten gestellt. Das wäre aber nur mit den Stimmen des Zentrum möglich gewesen. Das Zentrum lehnte dies ab und wollte selbst den Ministerpräsidenten stellen, den die NSDAP dulden sollte. Die NSDAP und das Zentrum verschoben die Frage des künftigen Ministerpräsidenten in Preußen einvernehmlich auf die Zeit nach der Ende Juli 1932 anstehenden Reichstagswahl. Der NSDAP wäre ein möglichst früher Wahltermin angenehm gewesen. Goebbels schreibt dazu am 4. Juni: „Am liebsten wäre uns allen der 3. Juli, und da wir in Preußen vor der Wahl keine Verantwortung übernehmen können und wollen, soll hier ein Reichskommissar eingesetzt werden. Auf jeden Fall müssen wir die Verantwortung ganz oder gar nicht übernehmen." (...) „Der Führer telephoniert noch mit General Schleicher. Frage Preußen zur Stunde unentschieden. Entweder ein Kommissar, oder wir stellen den Ministerpräsidenten." Dieser letzte Satz kann nur so interpretiert werden, dass Hitler mit Schleicher tatsächlich Verhandlungen gepflogen hat.

---

[18] Vgl. *Thomas Trumpp*, S. 144; 155; *Otto Meissner*, S. 229, 235.
[19] Ursachen und Folgen, 8. Bd., Dok. 1922.
[20] *Hagen Schulze*, S. 760.

VI. Preußenschlag

Der Preußenschlag fand zwar unter der Kanzlerschaft Papens statt, die Verordnungen tragen seine Gegenzeichnung neben Hindenburgs Unterschrift. Der eigentliche Initiator aber war Schleicher. Ministerialdirektor im Reichsinnenministerium Gottheiner, der das Reich später im Prozess Preußen ./. Reich vor dem Staatsgerichtshof vertrat und der zusammen mit Gayl den Verordnungstext niedergeschrieben hatte, leugnete Vereinbarungen der Reichsregierung mit der NSDAP über den Preußenschlag. Die NSDAP leugnete ebenfalls Verhandlungen mit der Reichsregierung.[21] Gottheiner ist insofern zuzustimmen, als nicht die Reichsregierung mit der NSDAP verhandelt hat, sondern lediglich der Reichswehrminister Schleicher, der sich mit Reichsinnenminister Gayl ins Benehmen setzte. Gottheiner braucht von diesen Verhandlungen nicht einmal etwas gewusst zu haben. Papen seinerseits hatte nicht viel Zeit, sich um den Preußenschlag zu kümmern. Seit dem 2. Juni 1932 amtierte Papen als Kanzler, vom 16. Juni bis zum 9. Juli 1932 nahm er an der Lausanner Konferenz zur Reparationsfrage teil. Für einen staatsrechtlich so einschneidenden Schritt wie den Preußenschlag wäre Papens Anwesenheit in Berlin äußerst knapp bemessen gewesen.

Am 18. Juli, dem Tag nach dem Altonaer Blutsonntag, als nach einem SA-Provokationsmarsch durch das „rote" Altona 18 Tote zu beklagen waren, begann Goebbels mit einer Serie täglicher Eintragungen bis zum 22. Juli, die sich auf enge Kontakte zwischen Hitler und Schleicher in der Frage des Preußenschlags beziehen:

1. 18. Juli: „Wir schicken Unterhändler zu General v. Schleicher. Die Regierung ist vollkommen passiv. Als Antwort auf den Altonaer Blutsonntag erläßt sie ein Demonstrationsverbot."

2. 19. Juli 1932: „In einer kurzen Besprechung (an der teilnehmen: Göring, Röhm, Goebbels, Hitler, wie sich aus dem Tagebuch ergibt, d. Verf.) wird die ganze Situation überprüft. Es bleibt nichts anderes übrig, als dass in Preußen ein Staatskommissar eingesetzt wird. Dr. Bracht aus Essen ist dafür ausersehen. Zwar eine halbe Lösung, aber immerhin etwas." Die ganze Lösung wäre aus Goebbels Sicht ein nationalsozialistischer Ministerpräsident in Preußen gewesen. Das erreichte „Etwas" war die Entmachtung des sozialdemokratisch geführten Preußischen Kabinetts.

3. 20. Juli 1932: „Alles rollt programmäßig ab. Bracht wird als Reichskommissar eingesetzt." Wenn alles „programmäßig" abrollt, so muss die NSDAP-Spitze vorher ein Programm gehabt haben oder zumindest von dem Programm eines anderen, nämlich Schleicher, Kenntnis gehabt haben. Weiter heißt es am 20. Juli bei Goebbels: „Wir sitzen im kleinen Kreis zusammen und stellen einen Wunschzettel auf, was Bracht alles tun muss. Aber wir haben das Gefühl, als ginge es uns wie den Kindern vor Weihnachten: sie wünschen sich viel, bekommen aber nur wenig, und meistens das, was sie sich nicht gewünscht haben." Es wäre Zeitverschwendung gewesen, überhaupt einen „Wunschzettel" abzufassen,

---

[21] Vgl. *Dirk Blasius*, S. 114, 115.

wenn nicht wenigstens eine geringe Chance auf dessen teilweise Erfüllung vorhanden gewesen wäre. Außerdem spricht die Formulierung, „was Bracht alles tun *muss*", für ein gewisses Druckpotential in der Hand der NSDAP.

4. 21. Juli 1932: „Alles rollte wie am Schnürchen. Die Roten sind beseitigt."
5. 22. Juli 1932: „Liste aufgestellt, was an Kroppzeug in Preußen alles beseitigt werden muss." Eine solche Liste wäre nur sinnvoll gewesen, wenn die NSDAP-Spitze in dieser Situation Einfluss auf die Ämterbesetzung in Preußen hätte nehmen können.

Die NSDAP hatte auch durchaus ein Interesse an einem Reichskommissar in Preußen. Möglichst ein Mitglied der Reichsregierung, am besten der Kanzler oder der Reichsinnenminister sollte Reichskommissar sein. Denn auf diesem Wege war die preußische Polizei durch die Reichsebene verfügbar. Wenn die NSDAP die Macht im Reich erlangte, würde sie zugleich die Verfügungsgewalt über die preußische Polizei erringen. Die andere für die NSDAP günstige Alternative war, den Ministerpräsidenten in Preußen zu stellen, dann aber ohne Reichskommissar. Denn der Reichskommissar war ausschließlich dem Reichspräsidenten verantwortlich. Er hätte also den Preußischen Ministerpräsidenten praktisch entmachtet – wie es dann ja auch nach dem Preußenschlag geschah. Goebbels formulierte diese beiden Alternativen am 4. Juni 1932: „Entweder ein Kommissar oder wir stellen den Ministerpräsidenten".

Auch Schleicher hatte ein Interesse, mit der NSDAP über den Preußenschlag zu verhandeln. Schleicher kalkulierte stets ein, dass seine politischen Gegner zum bewaffneten Gegenschlag ausholen könnten. Sollte die SA gegen den Preußenschlag militant vorgehen, so würde sich eine hoch gefährliche Situation ergeben. Am schlimmsten würde es sein, wenn SPD, KPD und NSDAP gleichzeitig etwas gegen den Preußenschlag unternehmen würden, wenn es zu Generalstreik und Aufruhr käme. Schleicher entschärfte diese Gefahr durch seine Absprachen mit der NSDAP. Die SA würde also nichts gegen den Preußenschlag unternehmen und Schleicher hatte es mit einem potentiellen Gegner weniger zu tun.

Schleicher suchte noch nach einem geeigneten Vorwand, um in Preußen eingreifen zu können. Er hoffte zunächst auf die ziemlich sicher bevorstehende Zahlungsunfähigkeit Preußens. Sie wäre ein plausibler Grund gewesen, die Preußische Regierung als unfähig hinzustellen und ihr die Regierungsgeschäfte abzunehmen. Brüning hatte mit der von Hindenburg unterzeichneten sog. Dietramszeller Verordnung (VO vom 24. August 1931, RGBl. 1931 I, S. 453) die Länder ermächtigen lassen, Maßnahmen zum Ausgleich ihrer Haushalte im Verordnungswege selbst zu ergreifen und dabei vom Landesrecht abzuweichen. Schleicher hatte die Idee, den Ländern diese Möglichkeit wieder nehmen zu lassen. Das wäre der sichere Konkurs Preußens gewesen. Diesen Plan ließ Schleicher wieder fallen. Denn dann würde „die gesamte Verantwortung und Schuld beim Reiche gelegen haben".[22] Als

---

[22] *Hagen Schulze*, S. 737.

VI. Preußenschlag

Papen am 10. Juli 1932 aus Lausanne zurückkehrte, überreichte Schleicher ihm ein Bündel „Belastungsmaterial" gegen Preußen. Dieses Belastungsmaterial scheint Papen davon überzeugt zu haben, dass gegen Preußen nun wirklich etwas getan werden müsse. Der „Altonaer Blutsonntag" am 17. Juli 1932 bot schließlich den Anlass zum Vorgehen gegen Preußen.

Im Grunde war es Schleichers fatales Missverständnis, das ihn diesen Preußenschlag in gemeinsamer Planung mit Hitler ins Werk setzen ließ. Schleicher meinte, die NSDAP mit einer Regierungsbeteiligung in einem Preußen ohne Polizei, also ohne Machtmittel der Exekutive, abspeisen zu können. Ott gab eine eidesstattliche Erklärung ab, wonach Schleicher mit dem Preußenschlag als Hauptziel verfolgte, den Nationalsozialisten in Preußen die Polizei wegzunehmen, falls sie dort an die Macht kämen.[23] Schleicher berücksichtigte nur unzulänglich, was geschehen würde, wenn die NSDAP Preußen gewissermaßen „links liegen" ließe und gleich im Reich an die Macht käme. Wenn die NSDAP in die Reichsregierung eintreten würde, eventuell sogar die Kanzlerschaft an Hitler fiele, so würde die Gewalt über die preußische Polizei zurückverlagert werden müssen nach Preußen. Das wurde später bei dem „Neudecker Notstandstreffen" auch immerhin zwischen Papen, Schleicher und Hindenburg vereinbart. Hindenburg unterzeichnete eine entsprechende Verordnung blanco. (s. u. F. III.). Das Problem wurde von Schleicher also durchaus erkannt. Was er nicht genügend berücksichtigte, war, dass dieses ganze Hin und Her mit der Polizei nur dann funktionierte, wenn der Reichspräsident willig mitmachte.

Am 25. Januar 1933, als Hitlers Kanzlerschaft in greifbare Nähe rückt, wird der bekannte Staatsrechtler Prof. Carl Schmitt in sein Tagebuch schreiben: „Der 20. Juli ist dahin."[24] Auch gegenüber Ernst Rudolf Huber, seinem damaligen Schüler, äußert Schmitt diese Worte, und zwar recht verzweifelt.[25] Mit seinen Worten „Der 20. Juli ist dahin" dürfte Schmitt gemeint haben, dass der Preußenschlag die preußische Polizei an die Reichsregierung habe binden sollen, um sie den in Preußen eventuell zur Macht gelangenden Nationalsozialisten zu entwinden. Mochte die NSDAP in Preußen ruhig einige Ministerposten bekommen, sogar den Ministerpräsidenten stellen. Ihrer Exekutive wäre die Schagkraft genommen, Wenn aber Hitler als Kanzler auf Reichsebene an die Macht kam und dort bereits die preußische Polizei und die Reichswehr vorfände, und wenn ferner der Reichspräsident nicht mehr lenkbar sein würde durch den Reichswehrminister Schleicher, der meisterhaft auf der Klaviatur der Staatsautorität bestehend aus Reichspräsident, Art. 48 WV und Reichswehr hatte spielen können, so war der Preußenschlag kontraproduktiv im allerhöchsten Grade gewesen.

---

[23] *Eugen Ott,* Eidesstattliche Erklärung, niedergelegt im Institut für Zeitgeschichte, ZS 279.
[24] *Carl Schmitt,* Tagebuch vom 25. Januar 1933, in: Paul Noack, S. 157, 158.
[25] *Ernst Rudolf Huber,* in: Helmut Quaritsch, S. 38.

2. Schleichers Grundsatzrede vom 26. Juli 1932

Das Reichswehrministerium griff im Zuge des Preußenschlages zum militärischen Ausnahmezustand. Vorgeschobener Grund für die zweite Verordnung des Preußenschlages, die den militärischen Ausnahmezustand verhängte, war die Erklärung Severings, nur der bewaffneten Gewalt weichen zu wollen. Tatsächlich war von vornherein geplant, den militärischen Ausnahmezustand prophylaktisch zu verhängen, ob nötig oder nicht. Das geht aus folgendem Umstand hervor: Schon am 19. Juli beorderte Oberst Eugen Ott, Leiter der Wehrmachtsabteilung und für die Durchführung des militärischen Ausnahmezustandes zuständig, telefonisch Vincenz Müller, inzwischen Kompaniechef des Münchener 7. Pionier-Bataillons, augenblicklich nach Berlin. Zwischen 8 und 9 Uhr am 20. Juli holte ein Zivilangestellter der Wehrmachtsabteilung Müller vom Bahnhof ab und instruierte ihn über den geplanten militärischen Ausnahmezustand. Müller wurde erklärt, er solle als Bearbeiter für Fragen des Ausnahmezustandes dem Befehlshaber des Wehrkreiskommandos III unmittelbar zuarbeiten und die Durchführung aller Maßnahmen anleiten. Als erster Schritt sollten der Polizeipräsident von Berlin Grzesinski, sein Stellvertreter Weiß und der Kommandeur der Preußischen Polizei Oberst Heimannsberg in Berlin in Schutzhaft genommen werden.

Am 26. Juli 1932 wurde der militärische Ausnahmezustand, mithin die zweite Verordnung des Preußenschlages, wieder aufgehoben. Das geschah im Hinblick auf die am 31. Juli 1932 anstehende Reichstagswahl. Der militärische Ausnahmezustand hätte der KPD Stimmen zuführen können, wurde im Reichswehrministerium befürchtet.[26] Bestehen blieb weiterhin die erste Verordnung des Preußenschlages, also die Übertragung der Kompetenzen des Preußischen Ministerpräsidenten auf den Reichskanzler, mithin ein ziviler Ausnahmezustand.

Schleicher hielt am 26. Juli 1932, dem Tag der Aufhebung der zweiten Verordnung, eine Rede im Rundfunk. In dieser Grundsatzrede sprach Schleicher von der Stellung der Reichswehr zu Politik, Diktatur und Polizei. Schleicher ist die Erleichterung über die Aufhebung des militärischen Ausnahmezustandes anzumerken: „Ich bin kein Freund des militärischen Ausnahmezustandes und erst recht kein Freund von Militärdiktatur und das nicht etwa trotzdem, sondern weil ich Minister für die Wehrmacht bin. Zwei Dinge sind dem Soldaten besonders unsympathisch: als Polizist verwendet und in die Politik hineingezogen zu werden. Beides aber läßt sich beim militärischen Ausnahmezustand nicht vermeiden." In der Tat wäre die Durchsetzung des Ausnahmezustandes über Art. 48 WV nichts anderes als ein hilfs-polizeilicher Einsatz der Reichswehr gewesen. Die Gefahr, für oder gegen jeweils eine politische Partei Stellung nehmen zu müssen, war dabei unvermeidlich. Schleicher fasst dies wenig später in seiner Rede mit den Worten zusammen: „Die Wehrmacht stellt auch die ultima Ratio des Staates dar und ihr Einsatz muss in kürzester Frist Ruhe und Ordnung wiederherstellen und die Staatsautorität voll zur Geltung bringen."

---

[26] Vgl. *Vincenz Müller,* Vaterland, S. 342.

VI. Preußenschlag

Am Ende seiner Rede bringt Schleicher seine Gedanken zur Militärdiktatur noch einmal auf den Punkt: „Zum Schluß lassen Sie mich noch einmal auf die sogenannte Militärdiktatur zurückkommen, von der ihre Anhänger das große Wunder erhoffen, die für ihre Gegner aber den Inbegriff alles Scheußlichen bedeutet. Zunächst glaube ich, dass sich unter Militärdiktatur jeder etwas anderes vorstellt. Wenn man darunter das versteht, was das Wort besagt, nämlich die diktatorische Regierung der Wehrmacht, so halte ich eine solche Regierungsform in Deutschland für völlig ausgeschlossen, weil die Wehrmacht nie etwas anderes tun wird als den Befehlen ihres Oberbefehlshabers, des durch die überwältigende Mehrheit des deutschen Volkes gewählten Reichspräsidenten von Hindenburg, zu folgen. Wenn man unter Militärdiktatur eine Regierung versteht, die sich nur auf die Bajonette der Reichswehr stützt, so kann ich dazu nur sagen, dass eine solche Regierung im luftleeren Raum sich schnell abnutzen und letzten Endes zum Mißerfolg führen muss."[27]

Schleicher ließ keinen Zweifel daran, dass er die Reichswehr einsetzen werde, und dass dieser Einsatz mit harten Mitteln geführt werden würde. Er ließ auch keinen Zweifel an der Überlegenheit der Reichswehr über jegliche Unruhestifter. Die Zweite VO des Preußenschlages war eigentlich schon Drohung genug. Nun setzte Schleicher anlässlich ihrer Außerkraftsetzung mit dieser Rede nach.

Die Aufteilung des Preußenschlages in zwei Verordnungen war eine juristisch äußerst geschickte Umsetzung von Schleichers Idee des Ausnahmezustandes bzw. der Militärdiktatur. Die erste Verordnung führte den zivilen Ausnahmezustand insofern herbei, als sie die Kompetenzen des preußischen Ministerpräsidenten auf den Kanzler übertrug. Die zweite Verordnung ließ die neue Regierung in Preußen, also den Kanzler und die von ihm zu benennenden neuen preußischen Ressortchefs gewissermaßen auf den Spitzen der Bajonette sitzend regieren, nämlich mit der Reichswehr im Hintergrund. Als alles ruhig blieb und die Bajonette nicht nötig waren, konnte diese zweite Verordnung ohne weiteres wieder außer Kraft treten. Sie hatte nur die erste Verordnung absichern sollen. Das war gelungen, ohne dass die Reichswehr eingreifen musste. Das letzte Mal, als es vor dem Preußenschlag zum militärischen Ausnahmezustand gekommen war, nämlich am 29. September 1923, war der Ausnahmezustand noch so durchgeführt worden, dass die vollziehende Gewalt auf Militär-Befehlshaber übertragen wurde. Gleichzeitig hatte der Reichswehrminister im Benehmen mit dem Reichsinnenminister Regierungskommissare ernennen dürfen.[28] Jeweils ein Militär-Befehlshaber stand dann einem Reichskommissar zur Seite. Das musste zu Kompetenzkonflikten führen. Bei dem Preußenschlag führte die Aufteilung in zwei Verordnungen zu einer Entflechtung. Derartige Kompetenzkonflikte waren von vornherein ausgeschlossen. Selbst wenn die Reichswehr hätte eingreifen müssen, wäre sie auf die eigentliche Wiederherstellung von Ruhe und Ordnung, also die Unterdrückung von Unruhen, beschränkt

---

[27] Rede abgedruckt im „Vorwärts", 28. Juli 1932.
[28] Vgl., Kabinettssitzung vom 27. September 1923, 17.30 Uhr, AdR, Stresemann, Nr. 83.

gewesen. Konnte die härtere Stufe des Ausnahmezustandes, der militärische Ausnahmezustand, aufgehoben werden, dann blieb immer noch die weichere Stufe, der zivile Ausnahmezustand, bestehen. Es ist nicht zu klären, wer die Idee zu dieser Zweiteilung gehabt hat. Gayl hatte zusammen mit seinem Ministerialdirektor Gottheiner die erste Verordnung des Preußenschlages verfasst, die den Reichskanzler zum Kommissar erklärte. Gayls Tochter hatte sie auf die Schreibmaschine gebracht und mehr Personen hatten keinen Anteil an der Entstehung. Vermutlich hat Gayl auch nur mit dieser ersten Verordnung zu tun gehabt. Die zweite Verordnung, die das Vorgehen in Preußen mit dem militärischen Ausnahmezustand absichert, könnte durchaus im Reichswehrministerium entstanden sein ohne Beteiligung Gayls und Gottheiners.

Das rechtliche Verhältnis zwischen Militärbefehlshaber, Regierungskommissar, Reich und Landesregierung war seit Beginn der Weimarer Republik schwierig. Insbesondere das Spannungsverhältnis zwischen Militärbefehlshaber und Kommissar machte Schwierigkeiten. Der militärische Ausnahmezustand vom Herbst 1923 hatte deutlich gemacht, welche Gefahren in der Funktion des Militärbefehlshabers lagen, der die ihm delegierten Kompetenzen auf untergeordnete Militärs subdelegierte. Denn die Militärs mischten sich nun in die Zivilverwaltung ein. Sie verstanden von Verwaltung nichts, sie kannten die Verhältnisse vor Ort nicht und ihre Einmischung verursachte noch mehr Unruhe in der Bevölkerung als ohnehin schon vorhanden.[29]

Der Preußenschlag löste das schwierige Verhältnis zwischen den Kompetenzen eines zivilen Regierungskommissars und den Kompetenzen der Militärs im militärischen Ausnahmezustand in eleganter Weise durch die Aufteilung in die zwei Verordnungen. Die Funktion des Kommissars, der gleichzeitig Reichskanzler war, sollte der Funktion des Preußischen Ministerpräsidenten entsprechen. Das Militär sollte keineswegs auf Dauer die Exekutive in Preußen in die Hand bekommen. Es sollte lediglich notfalls mit Waffengewalt die Überleitung der Exekutive auf die Kommissare absichern, wenn Unruhen ausbrechen sollten. Wurde, nachdem alles ruhig blieb, die zweite Verordnung aufgehoben, die erste aber in Kraft belassen, so war die Reichsreform „auf kaltem Weg" perfekt. Der Staatsgerichtshof warf auf die so perfekt scheinende Lösung dann allerdings doch mit seinem Urteil vom 25. Oktober 1932 einige Schlagschatten. Mochte man auch im Reichswehrministerium gehofft haben, dass der Preußenschlag de facto nie mehr rückgängig zu machen sei, wenn er einmal durchgesetzt worden sei, so zeigte dieses Urteil doch, dass eine Rückgängigmachung theoretisch sehr wohl möglich war. Das Urteil hatte den Preußenschlag zwar nur in wenigen Einzelheiten kritisiert, doch es hatte dem Preußischen Staatsministerium immerhin die Vertretungsmacht Preußens nach außen wiedergegeben. Das war ein Warnsignal hinsichtlich der künftigen Entwicklung, die möglicherweise auf eine vollständige Rückgängigmachung des Preußen-

---

[29] Vgl. Schreiben des Anhaltinischen Staatsministeriums an den Reichskanzler, Dessau, 15. Oktober 1923, AdR, Stresemann, Nr. 139.

schlags unter veränderten politischen Umständen hätte hinauslaufen können. Wie ein roter Faden zieht sich denn auch durch die Politik Schleichers und auch des Reichspräsidenten die Forderung, dass eine Rückgängigmachung in Preußen unter allen Umständen vermieden werden solle.

3. Wertung des Preußenschlages

Der Preußenschlag erfährt heute eine stark negative Wertung als Schlag gegen den Föderalismus und als Meilenstein zur „Machtergreifung", weil er das sozialdemokratische Bollwerk Preußen, das sich Hitler hätte entgegenstelle können, entmachtete. Doch zugunsten Schleichers ist auch Folgendes zu bedenken: Die Weimarer Republik hatte die Erfahrungen der separatistischen Tendenzen der Jahre 1920 bis 1923 mit dem Höhepunkt der gleichzeitigen Unruhen in Thüringen, Sachsen und Bayern machen müssen. Schleichers Ansicht über das Verhältnis Reich/Preußen waren von diesen Erfahrungen geprägt. Oben war gezeigt worden, dass er gerade das Nebeneinander von Preußen und Reich als eine Gefahr für weitere separatistische Tendenzen hielt. Blieb der Dualismus Reich/Preußen erhalten, so würden separatistische Tendenzen immer mit dem militärischen Ausnahmezustand beantwortet werden müssen, da das Reich eben keinen exekutiven Unterbau hatte. Schleicher hatte also zwischen zwei Übeln zu wählen: Belassung des Dualismus bei notwendiger Anwendung des militärischen Ausnahmezustandes in kritischen Situationen oder Preußenschlag gegen den Föderalismus und dafür Anbindung des exekutiven Unterbaus Preußens an das Reich über den Kunstgriff des Komissars, der gleichzeitig Kanzler war. Angesichts dieses Dilemmas wird der Preußenschlag nicht als durchweg negativ zu verurteilen sein. Im Zeichen der bürgerkriegsartigen Auseinandersetzungen, die immer mehr zunahmen und im Jahre 1932 fast zum Dauerzustand wurden, war der Einsatz der Reichswehr gegen die Unruhen durchaus zu befürchten. Schleicher wollte gewappnet sein für diesen Fall. Insofern musste es Schleichers Ziel sein, nicht die Reichswehr gegen die preußische Polizei führen zu müssen. Das gerade sollte der Preußenschlag verhindern. Theoretisch hätte er das auch können, denn nun waren sowohl die preußische Polizei als auch das Heer in der Hand des Reiches. Das alles ändert nichts daran, dass Schleichers Methode einer Verfassungsreform „auf kaltem Wege" äußerst gefährlich war, weil sie die Verfassung zwar äußerlich unangetastet ließ, sie aber innerlich aushöhlte und damit letztlich wertlos machte.

Schleicher wusste natürlich, dass die SPD den Preußenschlag verurteilte oder jedenfalls nach außen hin verurteilen musste. Ihre Haltung war aber eigentlich ambivalent. Einerseits war das Dualismus-Problem auch der SPD bewusst und sie hätte es gern gelöst gesehen – wie sie überhaupt auch das Problem einer Reichsreform erkannt hatte und auch dieses Problem gern gelöst hätte. Andererseits sollte das Dualismus-Problem nicht gerade auf Kosten der SPD gelöst werden. Eine „kalte Reichsreform" auf Kosten der SPD wollte sie schon gar nicht. Insofern hielt Otto Braun von dem Preußenschlag nichts und wehrte sich, wenn auch infolge seines Gesundheitszustandes und einer wohl schon länger vorhandenen resignativen Haltung nicht sehr vehement. Es wird berichtet, viele Sozialdemokraten seien in ihre Ortsvereinslokale geeilt, um ein Signal der SPD-Spitze oder der Gewerkschaften zum Losschlagen zu erwarten. Das Signal kam nicht. Insofern war die sozialdemokratische Basis entschlossener, für die Verfassung und für den Föderalismus einzutreten als ihre Führer. Die SPD-Spitze setzte darauf, dass der Wähler dem Preußenschlag die Antwort mit dem Stimmzettel am 31. Juli 1932 erteilen werde und dass der sogleich mit dem Preußenschlag befasste Staatsgerichtshof helfend eingreifen werde.

Die ambivalente Haltung Preußens kündigte sich bereits 1931 an, als Braun selbst mit Brüning ein Arrangement sucht, das die preußische Regierung mit der Reichsregierung zusammenlegen soll. Der Plan gelangte in die Presse und wurde dort heftig kritisiert mit der Tendenz, nun solle das Reich dem Marxismus ausgeliefert werden. Brüning hielt jedoch weiterhin an seinem mit Braun ausgehandelten Übereinkommen fest. Er nahm erst davon Abstand, als er sich mit Schleicher besprochen hatte. Der lehnte den Plan ab, denn er hätte 1931 bedeutet, dass Severing in die zusammengefasste Regierung eingerückt wäre. Einen Linksruck konnte Schleicher nicht billigen.[30]

---

[30] *Hagen Schulze,* Otto Braun, S. 699.

G. Lavieren mit dem Ausnahmezustand

Die Wahl am 31. Juli 1932 machte das Parlament handlungsunfähig. Denn NSDAP und KPD zusammengenommen hielten über 50 % der Stimmen und 230 bzw. 77 Mandate im Reichstag. Insofern war diese Wahl eine tiefe Zäsur im parlamentarischen Gefüge der Weimarer Republik. Die beiden extremen Parteien NSDAP und KPD konnten gemeinsam das Parlament lahmlegen. Trotz aller ideologischen Unterschiede waren sich NSDAP und KPD in einem Punkt einig, nämlich dass es ihrer beider erklärtes Ziel war, eben dies zu tun: Den Reichstag tatsächlich handlungsunfähig zu machen.

Darauf müssen sich die Politiker um Hindenburg einstellen. Zwei Alternativen scheinen sich abzuzeichnen, wie dieser Situation begegnet werden kann: man versucht die Einbeziehung der NSDAP in die politische Verantwortung, sei es durch das Angebot von Regierungsposten, sei es durch ein Tolerierungsabkommen. Die zweite Alternative besteht darin, den arbeitsunfähigen Reichstag „nach Hause zu schicken". Dies rechtlich abzusichern, macht einige Schwierigkeiten. Bei alledem muss zusätzlich darauf geachtet werden, die aufgeheizte Atmosphäre nicht vollends zum Bürgerkrieg eskalieren zu lassen.

Als erster sprach Reichsinnenminister Gayl am 10. August 1932 in der Ministerbesprechung über die politische Lage nach der Wahl klar aus, dass die Verfassung dem Buchstaben nach gebrochen werden müsse. Es liege der Staatsnotstand vor, sagte Gayl. Wenn die Nationalsozialisten aus dem Kabinett herausgehalten würden, so bedeute das einen Kampf auf Leben und Tod für das jetzige Kabinett. Das Kabinett aber müsse durchhalten, bis sich die Leistung (gemeint ist offenbar: die in Gang gesetzten Hilfsmaßnahmen für die Wirtschaft, d. Verf.) durchgesetzt habe. Es gebe dann nur die Möglichkeit, den Reichstag erneut aufzulösen und Neuwahlen einstweilen zu vertagen. Gayl fuhr laut Protokoll fort, zweifellos komme man mit der Verfassung in Konflikt, aber das sei zu vertreten, sei in letzter Linie aber Sache des Herrn Reichspräsidenten.[1]

Schleicher, Papen und Hindenburg werden fortan überlegen, ob die Politik so schwierig geworden ist angesichts der ausgebliebenen Tolerierung durch die NSDAP, dass vom Staatsnotstand gesprochen werden könne und ferner, wie in einer solchen Lage zu verfahren sei. Zunächst einmal war fraglich, ob es so etwas wie einen Staatsnotstand überhaupt geben könne. Denn in der Verfassung stand davon kein Wort. Wenn man sich denn zu einem Staatsnotstand durchringen und

---

[1] Ministerbesprechung vom 10. August 1932, 17.30 Uhr, AdR, Papen, Nr. 99.

ihn als gegeben annehmen wollte, so war weiter fraglich, wie er rechtlich und tatsächlich zu handhaben war.

I. Staatsnotstand, Verfassungsnotstand

Der Verfassungsrechtler Johannes Heckel veröffentlichte nach dem 31. Juli 1932 einen Aufsatz über Verfassungsstörungen und Verfassungsnotstand, der angesichts des Wahldebakels entstanden war.[2] Der Begriff „Verfassungsnotstand" wurde von Heckel erstmals genauer umrissen, nachdem dieser Begriff ziemlich wahllos für die Anwendung von Art. 48 WV oder für die schwierige parlamentarische Lage nach der Wahl oder für die bürgerkriegsähnlichen Zustände des Sommers 1932 in Benutzung gekommen war. Heckel führte aus, im Fall einer extremen Verfassungsgefährdung seien überverfassungsmäßige Abwehrmaßnahmen der höchsten Staatsorgane notwendig und rechtmäßig. Zur Erhaltung des Staates und um alsbald in verfassungsmäßige Bahnen zurückzugelangen, müssten sie sogar ergriffen werden, auch wenn die einzelne Maßnahme gegen den Buchstaben der Verfassungsurkunde verstoße. Um der Erhaltung der Verfassung insgesamt willen sei ein Verstoß gegen eine Einzelnorm der Verfassung rechtlich einwandfrei und sogar geboten. Daraus folgte: Wenn der Staat anders nicht zu retten war vor Bürgerkrieg und Nationalsozialismus, so war es rechtens, den Reichstag aufzulösen und seine Neuwahl über die in Art. 25 Abs. 2 WV festgeschriebene Frist von 60 Tagen hinaus zu verzögern.

Auch C. Schmitt bejahte den Verfassungsnotstand, sicherte ihn aber rechtlich etwas anders ab. Schmitt plädierte in dieser Lage dafür, dass der Reichspräsident gemäß Art. 42 WV aus seinem Amtseid heraus verpflichtet sei, das Parlament aufzulösen und die Neuwahl hinauszuzögern.[3] Die in Art. 42 WV festgelegte Eidesformel lautet: „Ich schwöre, dass ich meine Kraft dem Wohle des deutschen Volkes widmen, seinen Nutzen mehren, Schaden von ihm wenden (...) werde." Schmitt unterschied deutlich zwischen den Anwendungsbereichen des Art. 42 WV und des Art. 48 WV. Art. 42 WV war die Grundlage dafür, dass der Reichspräsident den Buchstaben des Art. 25 Abs. 2 WV verletzen durfte, sogar musste. Art. 48 WV war das Werkzeug, um dies zu tun. Schmitt sah in Art. 48 WV eine reine Kompetenzzuweisung. In Art. 42 WV sah er die Rechtsgrundlage, die dem Reichspräsidenten gebot, seine Kompetenz nun auch zu gebrauchen.

Schmitt wurde nach dem Preußenschlag zum Berater des Kreises um Schleicher. Er erarbeitete mehrfach juristische Alternativen, die jeweils in der gegebenen Situation die rechtlichen Möglichkeiten aufzeigten, wie die Regierung weiterarbei-

---

[2] *Johannes Heckel,* Diktatur, Notverordnungsrecht und Verfassungsnotstand, in: AöR 1932, 257 ff.

[3] *Lutz Berthold,* S. 33, der Hubers Erinnerungen an Schmitts diesbezügliche Äußerungen wiedergibt.

ten könnte. Stets hielt Schmitt daran fest, dass die Eidesformel des Art. 42 WV es sei, die den Reichspräsidenten zwinge, unter Anwendung des Art. 48 WV die verfassungsmäßige Ordnung wieder herzustellen.[4] Wie auch immer man Schmitts Haltung nach Hitlers Machtantritt bewertet – und Schmitt hat während der nationalsozialistischen Diktatur einiges Unverzeihliches geschrieben – so sollte doch das Wort vom „Kronjuristen des Dritten Reiches" modifiziert werden. Schon angesichts seiner Überlegungen zu Art. 42 WV/Art. 48 WV wird deutlich, dass Schmitt mit Anerkennung den Titel „Kronjurist der Präsidialkabinette" verdient. Er war in der Zeit der Präsidialkabinette der Kronjurist mit deutlicher Stoßrichtung gegen die Nationalsozialisten. In der Konstruktion des Präsidialkabinetts und im Preußenschlag sah Schmitt geeignete Mittel, um Hitler gerade von der Macht fernzuhalten. Schmitt lieferte vor allem Schleicher das juristische Handwerkszeug für dessen Ziele – und die waren Zähmung und Unschädlichmachung der NSDAP. Besonders eng wird sich dies bei der Problematik der Reichstagsauflösung und der Hinauszögerung von Neuwahlen zeigen, die C. Schmitt juristisch durcharbeitet und die in Schleichers Zähmungskonzept eine Rolle spielt, um unabhängig von dem durch die NSDAP arbeitsunfähig gemachten Reichstag regieren zu können (s. u. G. VII. Reichstagsauflösung am 12. September 1932, Notstandspläne). Auf einem anderen Blatt steht, dass Schleicher seine Ziele nicht erreichte und somit auch Schmitts juristische Hilfestellungen ins Leere liefen.

Huber hat darauf hingewiesen, wie tief die Zäsur der Reichstagswahl die juristischen Lehrmeinungen beeinflusst.[5] Schmitt und Heckel unterscheiden sich darin, dass Heckel auf nicht kodifiziertes, übergesetzliches Recht ausweicht und mit dem Verfassungsnotstand ein überkonstitutionelles Rechtsinstitut benötigt. Schmitt kommt ohne das aus. Er muss lediglich das tatsächliche Versagen eines Verfassungsorgans feststellen, hier das Versagen des arbeitsunfähigen Reichstages. Das tatsächliche Versagen ist der Verfassungsnotstand. Die Lösung dieses Problems findet Schmitt wie gezeigt in der Verfassung selbst, nämlich in Art. 42 WV. Dementsprechend wird Schmitt sich auch künftig dagegen verwahren, den Staatsnotstand aus Art. 48 WV gefolgert zu haben.[6] Dieser war nur ein Instrument, um ihn zu beheben. Schmitt muss bei seiner Lösung allerdings eine Wertung der Verfassungsnormen vornehmen. Art. 25 Abs. 2 WV ist für ihn nachrangig gegenüber Art. 42 WV. Wenn der Reichspräsident einen Schaden vom Volk nur abwenden kann, indem er gegen Art. 25 Abs. 2 WV verstößt, so ist der Reichspräsident insofern „Hüter der Verfassung", als er gerade die 60-Tage-Frist missachtet, um nicht seinen höherrangigen Amtseid zu verletzen. Schmitts Lösung hat gegenüber der

---

[4] So noch in dem Entwurf einer Proklamation des Reichspräsidenten, die Schmitt am 4. Dezember 1932 auf eine Bitte von Ott hin innerhalb weniger Stunden anfertigte, zit. in: *Wolfram Pyta*, VfZ 1999, 417, 432.

[5] *Ernst Rudolf Huber*, Verfassungsgeschichte VII, S. 1078, 1079, insbes. dort Fn. 16.

[6] In diesem Sinne missversteht Kaas die Rechtsauffassung Schmitts, vgl. Schreiben des Vorsitzenden der Zentraumsfraktion Dr. Kaas an Reichskanzler v. Schleicher vom 26. Januar 1933, in: *Ernst Rudolf Huber*, Dok. 517.

Lösung Heckels den Vorteil, dass sie die Durchführung des Verfassungsnotstandes *ohne* Verfassungsbruch ermöglicht. Zwar verstößt der Reichspräsident gegen Art. 25 WV, wenn er eine Reichstagsneuwahl über die dort vorgeschriebene Frist hinauszögert. Jedoch ist das nach der Auffassung Schmitts nur vordergründig. Denn Art. 42 WV als höherrangige Norm gegenüber Art. 25 WV zwingt den Präsidenten dazu.

Schmitt argumentiert hier näher an der Verfassung als Heckel. Bei aller Verfassungsnähe ist Schmitts Konstruktion jedoch insofern gefährlich, als sie Art. 42 WV leicht zu einer Generalklausel zugunsten des Reichspräsidenten verkommen lassen könnte. Was kann nicht alles ein Schaden sein, den der Reichspräsident gemäß seiner Eidesformel zu beheben gezwungen wäre! Stellt man die Eidesformel damit höher als die übrigen Verfassungsnormen, so gibt es keine Norm mehr, die der Reichspräsident nicht missachten dürfte, um Schaden vom Volk abzuwenden. Das wäre nicht einmal justiziabel. Die ständige Rechtsprechung hielt daran fest, dass das Vorliegen einer Gefahr für die öffentliche Sicherheit und Ordnung (Art. 48 Abs. 2 WV) nicht gerichtlich nachprüfbar sei. Die Gefahr eines Schadens für das Volk würde dementsprechend auch nicht gerichtlicher Entscheidung unterliegen können. Der Unterschied der rechtlichen Einordnung des Verfassungsnotstandes ist nie relevant geworden. Der Reichspräsident benutzte zwar Art. 48 WV weiterhin – etwas anderes blieb auch nach dem 31. Juli 1932 nicht übrig. Er berief sich aber nie auf den Staatsnotstand dabei, und tat das ganz bewusst nicht, weil er rechtliche und politische Konsequenzen fürchtete (s. u. J. VII. 4.).

Natürlich sahen die Nationalsozialisten das Wahlergebnis vom 31. Juli 1932 in diametral anderem Lichte. Göring verfehlte deshalb nicht, gerade auf die Handlungsfähigkeit des Parlaments hinzuweisen und vor der Annahme eines sog. Verfassungsnotstandes zu warnen. Das bedeutete für Hindenburg eine deutliche Warnung, dass es zum Bürgerkrieg und/oder einer Präsidentenanklage kommen könne, wenn Hindenburg gleichwohl mit dem Verfassungsnotstand arbeiten werde.

II. Politik zwischen dem 31. Juli und dem 13. August 1932 – Regierungsumbildung?

Angesichts der Stimmenverhältnisse nach der Reichstagswahl am 31. Juli 1932 würde das Regieren für Franz von Papen nach wie vor schwierig sein. Sogar die Frage der Kanzlerschaft stand erneut zur Debatte. Zwar ernannte der Reichspräsident den Kanzler, er hätte sich also theoretisch nicht um die Stimmenverhältnisse im Reichstag zu kümmern brauchen. Aber ein Misstrauensvotum war mit Sicherheit zu fürchten. Damit stand die Frage im Raum, wie man sich zu einem solchen Misstrauensvotum verhalten könne.

Aus Papens Sicht dürfte die Kanzlerfrage in diesem Moment eine Scheinfrage gewesen sein. Die Neuwahl hatte dem Volk die Arbeitsunfähigkeit des Parlaments vor Augen führen sollen. Die vom Volk selbst gewählte Zusammensetzung des

Parlamentes machte ein parlamentarisches konstruktives Arbeiten unmöglich. Eben deshalb würde der Kanzler weiterhin Papen heißen. Man brauchte und durfte auf dieses neugewählte Parlament mit seinen arbeitsunfähigen Stimmenverhältnissen keine Rücksicht nehmen. Im Gegenteil: diese Parlamentszusammensetzung machte deutlich, wie dringend notwendig ein Präsidialkabinett sei.

III. Verhandlungen zwischen Schleicher und Hitler am 6. August 1932

Schleicher hielt unmittelbar nach der Wahl von einer Kanzlerschaft Hitlers nichts. Am 3. August erhielt Schleicher die Nachricht, Hitler wolle sich als Kanzlerkandidat präsentieren. Diese Idee wollte Schleicher ihm zunächst ausreden. Schleicher und Hitler trafen sich am 6. August 1932 zu einer Besprechung. Dabei scheint Hitler ausgeführt zu haben, dass die NSDAP-Regierungsmitglieder ihn bei jeder Abstimmung vorher befragen müssten. So sei nun einmal die „Bewegung" organisiert. Dann könne man auch gleich ihn selbst, Hitler, zum Kanzler machen, denn eine Regierungsarbeit sei anders nicht möglich. Hitler stellte also sich selbst als den Kopf einer NSDAP-Ministerfraktion innerhalb der Regierung dar.

Gereke berichtet, Schleicher habe ihm gegenüber erklärt, sich niemals für Hitler als Kanzler ausgesprochen zu haben. Gereke hält das für glaubwürdig.[7] Dem widersprechen die Tagebucheintragungen von Goebbels, die schon Absprachen über die Kabinettsliste enthalten. Von dem Treffen zwischen Schleicher und Hitler berichtet Goebbels in seinem Tagebuch am 5. August 1932: „Gestern: Gespräch mit Berchtesgaden. Hitler muss nach Berlin." (...) „Noch kurz mit Hitler beredet. Er fährt zu Schleicher, um unsere Forderungen anzumelden: Frick Innen, Göring Luftfahrt, Straßer Arbeit, Goebbels Volkserziehung, er selbst Kanzler. Das heißt also, – die ganze Macht oder nichts." Am 7. August 1932 schreibt Goebbels: „Unterredung: alles in Ordnung. In einer Woche bricht die Sache auf. Chef wird Reichskanzler und preußischer Ministerpräsident. Straßer Reichs- und preußischer Innen. Goebbels preußischer Kultus und Reichserziehung. Darré in beiden Landwirtschaft. Frick Staatssekretär Reichskanzler. Göring Luftfahrt. Justiz bleibt uns. Warmbold Wirtschaft. Crosik" (richtig: Schwerin-Krosigk) „Finanz. Schacht Reichsbank. Ein Kabinett von Männern. Wenn der Reichstag das Ermächtigungsgesetz ablehnt, wird er nach Hause geschickt." Tatsächlich könnte Schleicher sich lediglich die Forderungen Hitlers angehört haben. Hitler könnte dabei eine höflich verbindliche Form der Gesprächsführung als Schleichers Billigung missdeutet haben.

Rudolf Fischer berichtet in seinem 1932 erschienenen Buch, Schleicher habe Hitler in der zweiten Hälfte der Woche vor dem 13. August „bei Wedel-Fürstenberg" getroffen. Hitler habe an der Hausecke eine Tafel anbringen wollen mit dem Text: „Hier fand die denkwürdige Unterredung Adolf Hitlers mit dem General von

---

[7] *Günther Gereke*, S. 99.

Schleicher statt, durch die...".[8] Diese zweite Wochenhälfte wird zu datieren sein zwischen Mittwoch, dem 4. August und Sonntag, dem 8. August 1932. Goebbels schreibt am 5. August 1932 in sein Tagebuch: „Gestern: Gespräch mit Berchtesgaden. Hitler muss nach Berlin (...) Er muss zu Schleicher." (...) „Hitler ab". Am 7. August 1932 heißt es: „Auf dem Obersalzberg. (...) Chef nun da. Anruf: wir sollen gleich herauf, alles steht gut." Danach ist Hitler am 5. August, – vielleicht schon am 4. August, denn Goebbels spricht von „gestern" und es ist unklar, wann das „Heute" in seinem Bericht anfängt – von Berchtesgaden nach Berlin aufgebrochen und am 7. August bereits wieder in Berchtesgaden zurück.

Wenn man den Datierungen in Goebbels Tagebuch glauben darf – und es spricht nichts dagegen – dann dürfte das Treffen am 6. August 1932 stattgefunden haben. Hin- und Rückfahrt ließen eigentlich keinen anderen Termin für das Gespräch frei. Wenn man Rudolf Fischer glauben darf, dass das Treffen „bei Wedel-Fürstenberg" stattgefunden hat, so könnte eventuell nicht die Ortschaft Fürstenberg nahe Berlin gemeint sein. Möglicherweise könnte „Wedel-Fürstenberg" der Name des Gastgebers bei diesem Treffen gewesen sein. Es könnte Botho Graf v. Wedel gemeint sein,[9] der mit Schleicher bekannt war und der dann als Gastgeber in seiner Wohnung in der Alsenstraße 6a im vornehmen Spreebogenviertel Berlins fungiert hätte. Das äußerst repräsentative Haus Alsenstraße 6a mit Parterre und zwei Stockwerken war an der Ecke Alsenstraße/Bismarckstraße belegen und sah auf den Königsplatz hinaus. Schleicher wohnte zu jener Zeit in der Alsenstraße 10.[10] Falls es so war, hätte Hitler eine der vornehmsten Hausecken von ganz Berlin in unmittelbarer Nähe zum Reichstag als Standort für seine Gedenktafel ins Auge gefasst. Jedem, der den Reichstag über dessen Vorderfront verließ, musste die Tafel ins Auge springen. Allein der Wunsch Hitlers nach einer Erinnerungstafel – wenn auch vielleicht nur scherzhaft geäußert – zeigt, dass er das Gespräch mit Schleicher als Durchbruch wertete. Erstmals, so glaubte Hitler, war ihm die Kanzlerschaft zugesagt worden, und zwar von einem Mann, dem Hitler zutraute, dass er diesen Plan auch durchsetzen könne und werde.

In der Ministerbesprechung am 10. August 1932 vertrat Schleicher die Ansicht, es gäbe in der politischen Lage nach der Wahl nur zwei denkbare weitere Vorgehensweisen:

1. Entweder stelle sich das gegenwärtige Kabinett auf Kampf ein, indem es in unveränderter Zusammensetzung auf dem Posten bleibe mit der Hoffnung, durch sachliche Leistungen auf lange Sicht doch die Mehrheit hinter sich zu bringen, der es auf die Dauer bedürfe, oder

2. es verhandele mit den Nationalsozialisten über die Hinzuziehung von Mitgliedern dieser Partei in die Reichsregierung in irgendeiner Form.[11]

---

[8] *Rudolf Fischer,* S. 50, mit einem Sternchen gekennzeichnete Fußnote auf S. 50.
[9] Botho Graf von Wedel, 1862–1943.
[10] Vgl. *Hans-Otto Meissner,* S. 331.
[11] Ministerbesprechung vom 10. August 1932, AdR, Papen, Nr. 99.

III. Verhandlungen zwischen Schleicher und Hitler am 6. August 1932   133

Schleicher stellte in der Ministerbesprechung Überlegungen an, wie diese beiden Alternativen durchzuführen seien. Die erste Alternative, Kampf gegen die NSDAP, werde das Kabinett in eine schwierige Lage gegenüber dem – noch nicht einmal konstituierten – Reichstag bringen. Als Konsequenz müsse dann festgestellt werden, dass es auf absehbare Zeit keine Möglichkeit für eine Regierungsmehrheit gebe, d. h., dass die im Amt befindliche Regierung die Geschäfte weiterführen müsse. Schleicher, der schon in der Kabinettssitzung vom 10. August 1932 voraussah, dass eine auf Kampf gegen die NSDAP eingestellte Regierung eventuell mit dem Bürgerkrieg zu rechnen hatte, führte aus, für diesen Fall (i. e. des Kampfes gegen die NSDAP) wolle er ganz besonders betonen, dass eine Gefahr, dass die Machtmittel des Staates nicht voll hinter der Regierung stünden, nicht mehr bestehe. Im Vorgriff sei schon soviel gesagt: Aus dieser am 10. August 1932 geäußerten Sichtweise heraus muss Schleicher die Abstimmung und Reichstagsauflösung vom 12. September 1932 als ganz unglücklich empfunden haben. Ein Misstrauensvotum, selbst wenn es für ungültig erklärt wurde, hätte unbedingt vermieden werden müssen. Denn wenn sich nach einem Misstrauensvotum die Regierung im Amt hielt, allein auf den Reichspräsidenten gestützt, so musste das so aussehen, als werde der Wille des Parlaments mißachtet. Ein schlichtes Weiterführen der Regierungsgeschäfte ohne irgendeine Konsequenz, wie Schleicher es gewollt hatte, war in dieser Situation nach dem Mißrauensvotum politisch ein Ding der Unmöglichkeit.

Schleicher führte weiter aus, die Hereinnahme einiger Nationalsozialisten in die Regierung sei der einfachere Weg als der Kampf gegen die NSDAP. Dieser Weg werde aber nur erfolgreich sein, wenn Hitler selbst in die Verantwortung genommen werde. Das werde aber nur möglich sein, wenn Hitler den „obersten Posten" besetze. Diese Äußerung Schleichers ist das Ergebnis seiner Unterredung mit Hitler vom 6. August 1932. Im weiteren Verlauf der Ministerbesprechung vom 10. August 1932 führte Schleicher noch ein weiteres gravierendes Argument für den Eintritt von Nationalsozialisten und damit für die Kanzlerschaft Hitlers an. Er äußerte, es werde zwangsläufig zu Kämpfen zwischen den nationalsozialistischen Regierungsmitgliedern und den SS- und SA-Formationen kommen. Die nationalsozialistischen Regierungsmitglieder würden danach streben, die SS- und SA-Formationen „abzuhalftern", andernfalls würden diese Formationen weiter „gestreichelt" werden. Er, Schleicher, halte es aber für sehr wahrscheinlich, dass sich die Führer der Nationalsozialisten der SS- und SA-Abteilungen selbst entledigen würden. Sicher sei das allerdings nicht vorauszusagen.

Goebbels hatte angenommen, Hitler habe Schleicher am 6. August davon überzeugt, dass er, Hitler, Kanzler werden müsse und dass Schleicher das auch zugesagt habe. Wenn Goebbels das so am 7. August in seinem Tagebuch schreibt, ist davon auszugehen, dass Hitler ihm den Inhalt der Unterredung auch so referiert hat. Schleichers Einlassung in der Ministerbesprechung am 10. August 1932 ist jedoch nicht so eindeutig. Schleicher sagt zwar, Nationalsozialisten könnten nur in das Kabinett gelangen, wenn Hitler den „obersten Posten" erhalte. Doch sagt

Schleicher eben nicht explizit, dass er selbst das auch befürwortet. Schleicher nennt zwar als weiteren Vorgehensmodus, dass das Kabinett mit den Nationalsozialisten über eine Hinzuziehung „in irgendeiner Form" verhandeln könne. Schleicher weiß selbst, dass die Hinzuziehung nur möglich ist mit Hitler als Kanzler. Dennoch bleibt Schleicher vage in seiner Ausdrucksweise. Er könnte immer noch gehofft haben, dass das Kabinett ein anderes Verhandlungsergebnis zustande bringe als er selbst bei seinem Gespräch mit Hitler am 6. August.

Schleicher muss auch überlegt haben, was wohl geschehen würde, wenn der Reichspräsident während der Kanzlerschaft Hitlers nicht amtieren konnte, sei es, dass er starb, sei es, dass er dauernd erkrankte. Dann würde nämlich der Kanzler Hitler nach dem damals noch geltenden Art. 51 Abs. 1 WV Vertreter des Reichspräsidenten. Das mögliche Zusammenfallen von Reichspräsidentenamt und Kanzlerschaft in der Person eines Hitler war Grund genug zur Besorgnis, nicht nur für Schleicher. Pünder schrieb am 13. August 1932 über eine mögliche Kanzlerschaft Hitlers: „Ist ja auch tatsächlich sehr gefährlich. Man braucht nur daran zu denken, dass im Falle des Ausscheidens des Herrn Reichspräsidenten der amtierende Reichskanzler den Reichspräsidenten vertritt und damit die Reichswehr in der Hand hat."[12]

Am 12. August 1932 schreibt Goebbels in sein Tagebuch, der Stabschef, also Röhm, sei bei Papen und Schleicher gewesen. Jeder habe behauptet, er selbst wolle, der andere aber nicht. Damit war offenbar die Übertragung der Kanzlerschaft auf Hitler gemeint. Wie auch immer Schleicher und Papen in dieser Frage eingestellt gewesen sein mögen – der Reichspräsident Hindenburg jedenfalls hatte in Bezug auf Hitler eine feste Meinung, von der er auch bis zu den letzten Tagen des Januar 1933 nicht abwich: Hitler sollte nun einmal nicht Kanzler werden.

IV. Unterredung bei Hindenburg am 13. August 1932

Nach der Reichstagswahl führte Hindenburg mit den führenden Politikern Gespräche, wie es weitergehen solle. Zu einem solchen Gespräch war auch Hitler geladen. Es sollte am 13. August 1932 stattfinden. In Vorbereitung dieses Gesprächs berichtete Schleicher Hindenburg über sein Gespräch mit Hitler vom 6. August 1932. Hindenburg wies Schleichers Überlegungen von einer Kanzlerschaft Hitlers schroff zurück. Er muss Schleichers Ausführungen als Zumutung empfunden haben. Seitdem war das absolute Vertrauensverhältnis zwischen Schleicher und Hindenburg getrübt.

Am Morgen des 13. August vor der Besprechung mit dem Reichspräsidenten eröffnete Schleicher Hitler, dass Hindenburg sich geweigert habe, Hitler das Kanzleramt zu übertragen. Daraufhin begab sich Hitler zu Papen, der ihm ebenfalls

---

12 *Hermann Pünder*, Sonnabend den 13. August 1932, S. 139.

keine Hoffnung auf das Kanzleramt machte. Offenbar ohne vorherige Rücksprache mit Hindenburg bot Papen dann Hitler jedoch die Vizekanzlerschaft an. Das lehnte Hitler ab und fuhr wütend und enttäuscht zu Goebbels Wohnung, um dort die Mittagszeit zu verbringen. Staatssekretär Planck rief Hitler dort an, der nun kein Interesse mehr an einer aus seiner Sicht sinnlosen Unterredung mit Hindenburg zeigte. Der Wortlaut dieses Gespräches ist unter den Beteiligten später streitig gewesen. Jedenfalls begab sich Hitler dennoch am 13. August 1932 zu Hindenburg.

Hindenburg erklärte Hitler in einer Unterredung am Nachmittag des 13. August 1932 in aller Deutlichkeit, er sei als Kanzler nicht willkommen. Seine Bewegung lasse die Unterdrückung Andersdenkender befürchten. Die Besprechung vom 13. August 1932 wurde nach einer entsprechend negativen Pressemitteilung Meissners[13] weidlich in der Presse ausgeschlachtet. Hitler fühlte sich öffentlich gedemütigt. Er hatte sich angesichts des Wahlergebnisses vom 31. Juli und angesichts des Gesprächs mit dem „Kanzlermacher" Schleicher so nahe dem Kanzleramt gewähnt, und nun sollte er es gleichwohl nicht bekommen. Alle jedoch, die Hindenburg im Frühjahr zum Reichspräsidenten gewählt hatten, sahen sich bestätigt. Der Reichspräsident hielt das in ihn gesetzte Vertrauen, er verhinderte Hitler tatsächlich, und zwar nicht nur durch seinen Wahlerfolg im Frühjahr, als er Hitler von der Reichspräsidentschaft ferngehalten hatte, sondern auch jetzt wiederum im August, als er Hitler die Kanzlerschaft trotz dessen Erfolges bei der Reichstagswahl verweigerte.

Schleicher hatte sich mit seinem Lavieren zwischen dem 6. und dem 13. August 1932 zwischen sämtliche Stühle gesetzt: Hindenburg empfand es als Zumutung, dass Schleicher Hitler als Kanzlerkandidaten überhaupt ins Gespräch gebracht hatte. Hitler fühlte sich von Schleicher verraten, der nun doch wieder gegen Hitlers Kanzlerschaft Stellung bezog. Papen musste sich ebenfalls hintergangen fühlen, denn er hatte von Schleichers Konzessionen gegenüber Hitler offenbar nichts gewusst. Papen wird gerade deswegen kein schlechtes Gewissen gehabt haben, als er seinerseits hinter Schleichers Rücken ab Dezember 1932 Fäden zu Hitler spann.

Am 10. August 1932 hatte Goebbels noch in sein Tagebuch geschrieben: „Immer dichter wird die SA um Berlin zusammengezogen (...) Die Wilhelmstraße ist darüber sehr nervös geworden; aber das ist ja auch der Zweck der Übung." Möglicherweise hat sich diese Machtdemonstration gegen die NSDAP gewendet. Denn Hindenburg hatte schon wenige Wochen zuvor bei seiner eigenen Wahl erleben müssen, dass die SA offenbar gewalttätig die Macht „ergreifen" bzw. festigen wollte, wenn Hitler die Reichspräsidentenwahl gewonnen hätte. Das hatte zu dem so misslichen SA-Verbot geführt. Nun trat die SA also wiederum drohend in Erscheinung, wenn Hitler Kanzler würde. Das musste Hindenburg in seiner Auffassung bestätigen, die NSDAP werde Andersdenkende unterdrücken.

---

[13] Aufzeichnung des Staatssekretärs Meissner über eine Besprechung des Reichspräsidenten mit Adolf Hitler am 13. August 1932, 16.15 Uhr, in: AdR, Papen, Nr. 101.

In der Situation nach der Reichstagswahl am 31. Juli und vor allem nach der Unterredung am 13. August müssen sowohl Schleicher als auch Goebbels einen Bürgerkrieg für recht wahrscheinlich gehalten haben. Goebbels schrieb am 12. August 1932, einen Tag vor der Unterredung Hitlers mit Hindenburg in sein Tagebuch: „Die S.A. liegt in ihren Quartieren. Bis jetzt ist alles reibungslos verlaufen. Die Leute wollen marschieren". Nach der gescheiterten Unterredung vom 13. August schreibt Goebbels: „Im hinteren Zimmer versammeln sich unter dem Stabschef die S.A.-Führer. Sie werden von ihm und dem Führer orientiert. Für sie ist es am schwersten. Wer weiß, ob ihre Formationen gehalten werden können. Nichts ist schwieriger, als einer siegesgewissen Truppe zu sagen, dass der Sieg aus den Händen geronnen ist. Eine bittere Aufgabe, aber auch die muss gelöst werden. Es geht nicht anders." So siegesgewiß konnte die Truppe aber eigentlich nicht sein. Die Reichstagswahl am 31. Juli hatte für Hitler etwa dasselbe Ergebnis erbracht wie die Reichspräsidentenwahl. Die NSDAP stagnierte also in der Wählergunst. Statt der Siegesgewissheit war es wohl eher das Bedürfnis, nun endlich vor einem möglichen Abstieg Taten zu sehen, um eben diesen Abstieg zu verhindern.

Auch Schleicher musste einen möglichen Bürgerkrieg in seine Überlegungen einbeziehen. Am 22. August 1932 waren wegen eines politisch motivierten Mordes im schlesischen Dorf Potempa mehrere Angehörige der NSDAP zum Tode verurteilt worden. Hitler erließ daraufhin am 23. August einen wüsten Protestaufruf. Es hieß dort unter anderem: „Die Kraft der nationalen Erhebung wird mit diesem System so sicher fertig, wie sie den Marxismus trotz dieser Versuche zu seiner Rettung dennoch beseitigen wird. Angesichts dieses ungeheuerlichsten Bluturteils gibt es für uns erst recht nur einen einzigen Lebensinhalt: Kampf und wieder Kampf."[14] Das klang sehr nach Bürgerkrieg. Hitler hatte immer wieder betont, er wolle legal an die Macht kommen. Dieser Protestaufruf ließ befürchten, dass Hitler den Legalitäts-Kurs aufgeben könnte.

Die Tat von Potempa war in den ersten Stunden des 10. August 1932 geschehen. Am 9. August 1932, wenige Stunden zuvor, waren die Verordnung gegen politischen Terror (RGBl. 1932 I, S. 403) und die Verordnung über die Bildung von Sondergerichten (RGBl. 1932 I, S. 404) in Kraft getreten. Es wird angenommen, dass die Verordnung gegen politischen Terror auf Schleichers Initiative erlassen wurde. Mit weiteren Gewaltakten der Nationalsozialisten war realistisch zu rechnen. Der Verstoß gegen die Verordnung hätte die SA bzw. die NSDAP in die Illegalität getrieben. Man hätte sie dann verbieten können.[15] In der Tat ist der Verordnungstext auf ein Verbot einer politischen Partei zugeschnitten. So heißt es in § 1 Ziff. 1: Mit der Todesstrafe, die das geltende Recht für den Mord und für das schwere Spengstoffverbrechen (....) androht, wird ferner bestraft, wer einen Totschlag (...) begeht: als Angreifer aus politischen Beweggründen (...). § 3: Mit

---

[14] Protestaufruf Hitlers gegen das Urteil des Sondergerichts Beuthen vom 2. August 1932, *Ernst Rudolf Huber*, Dokumente, Nr. 466.

[15] Vgl. *Wolfram Pyta*, Verfassungsumbau, S. 181, Fn. 17 m. w. N.

Zuchthaus (...) wird bestraft, wer aus politischen Beweggründen eine gefährliche Körperverletzung begeht, (...) wer aus politischen Beweggründen einen Hausfriedensbruch (...) begeht." Die Formulierung „politische Beweggründe" war in den vorhergehenden Verordnungen, die gegen politische Ausschreitungen gerichtet waren, nicht vorgekommen.[16]

Bisher ging es in den beiden Verordnungen gegen politische Ausschreitungen vom 14. Juni 1932 (RGBl. 1932 I, S. 297) und vom 28. Juni 1932 (RGBl. 1932 I S. 339) darum, politische Veranstaltungen oder politische Publikationen zu verhindern oder zu erschweren. Ferner gab es Erhöhungen des Strafmaßes gegenüber dem StGB. Die VO gegen politischen Terror stellt eine Steigerung dar, als sie ausschließlich Erhöhungen des Strafmaßes vorsieht, wenn eine Tat aus politischen Beweggründen begangen wird. Damit wird gleichzeitig eine aus politischen Motiven begangene Straftat zum Indiz dafür, dass die Partei oder Bewegung, in deren politischem Betätigungsfeld die Tat begangen wird, selbst illegal ist. Denn setzt eine Partei ihrer Ziele mittels politisch begangener Straftat durch, so gehören diese Ziele in den Bereich der Illegalität. Wenn derartige politisch motivierten Straftaten begangen wurden, konnte deswegen die NSDAP verboten werden. Mit der Tat von Potempa war die NSDAP in dieser Falle gefangen. Hitler hätte Schleicher keinen größeren Gefallen tun können, als die Gewaltbereitschaft der NSDAP auch noch mit seinem Protestaufruf zu bestätigen.

Wenn Schleicher tatsächlich Initiator der Verordnung gegen politischen Terror gewesen ist, so wäre er nach demselben Muster vorgegangen wie bei dem Preußenschlag: Die Verordnung wird ausgearbeitet in der sicheren Erwartung, dass es alsbald einen Anlass geben wird, um sie anzuwenden. Anlass waren der Altonaer Blutsonntag bzw. der Potempa-Mord. In beiden Fällen hätten die Verordnungen einen anderen Zweck gehabt als den vordergründig angegebenen, nämlich Beseitigung des Dualismus-Problems bzw. Schaffung einer Grundlage für ein Verbot der NSDAP.

Das Verbot der NSDAP blieb aus Schleichers Sicht jedoch ultima ratio. Wenn er die NSDAP als illegal zerschlug, wo würden dann die Mitglieder von NSDAP und SA bleiben? Ein erheblicher Teil würde mit großer Sicherheit zur KPD stoßen. Dort aber schienen diese Leute noch viel gefährlicher als bei der NSDAP. Denn die KPD war nach seinerzeit allgemeiner Auffassung der erklärte Feind des Weimarer Staates, der auch Illegalität in Kauf nahm und von Moskau gesteuert wurde. Es ist ähnlich wie bei dem SA-Verbot: Schleicher wollte das Verbot eigentlich nicht, weil er dann nicht die „wertvollen Teile" der SA für die Reichswehr würde nutzen können. Das NSDAP-Verbot wollte Schleicher ebenfalls eigentlich nicht, weil es nach seinem Verständnis der Dinge der KPD zugute käme und folglich die Lage nur noch verschlimmere.

---

[16] Verordnung gegen politische Ausschreitungen v. 14. Juni 1932, RGBl. 1932 I, S. 297; Zweite Verordnung gegen politische Ausschreitungen v. 28. Juni 1932, RGBl. 1932 I S. 339. Auszugsweise abgedruckt bei Huber, Dok. 442, 443.

Das Reichswehrministerium allerdings plante zu jener Zeit vorsorglich das Verbot und die Auflösung der NSDAP samt ihrer Wehrorganisationen. Begründet werden sollte dies mit dem Verhalten Hitlers angesichts des Potempa-Urteils, das ein Verlassen des legalen Weges befürchten lasse. Um Schaden von Volk und Reich abzuwenden, sei der Reichspräsident zum vorbeugenden Eingreifen genötigt. Ersten Sicherungsmaßnahmen sollten die vom Reichsinnenminister vorbereiteten präsidialen Hauptentscheidungen, vor allem die Auflösung des Reichstags unter Verschiebung der Neuwahlen, unmittelbar folgen.[17] Hitler scheint von den Planungen des Reichswehrministeriums in groben Zügen unterrichtet gewesen zu sein. Denn am 25. August schreibt Goebbels in sein Tagebuch: „Es gehen Gerüchte um, der Führer solle in Schutzhaft genommen werden; aber das ist ja Kinderei" (...) „Die Regierung will vor den Reichstag treten, hat aber die Absicht, ihn gleich aufzulösen. Wie das im einzelnen vor sich gehen soll, darüber ist sich niemand im klaren." Am 28. August 1932 setzt Goebbels in diesem Sinne fort: „Wir müssen an die Macht. Wenn die Gegenseite die Verfassung bricht, dann hört auch für uns jeder Zwang zur Gesetzmäßigkeit auf; dann kommt Steuerstreik, Sabotage und Aufstand. "(...)" Der Führer ist von gleichbleibender eiserner Ruhe. „(...)" Auch die Reichstagswahlen schrecken ihn nicht. Selbst in dem Bewusstsein, dass wir schwere Verluste erleiden werden, ist er entschlossen, alles auf sich zu nehmen." Daraus geht hervor, dass Goebbels und Hitler mit einer erneuten Auflösung und einer erneuten Reichstagswahl rechneten. Goebbels Erklärung, wenn die Gegenseite die Verfassung breche, dann werde auch die NSDAP nicht mehr legal handeln, dürfte sich darauf beziehen, dass Neuwahlen hinausgezögert werden. Das hätte gegen den Buchstaben der Verfassung verstoßen. Es mag dahinstehen, ob Hitler wirklich den legalen Weg verlassen hätte. Als der Reichstag am 12. September 1932 wirklich aufgeöst wurde, die Neuwahlen am 6. November 1932 jedoch gerade noch in der verfassungsmäßigen Frist lagen, tat er das jedenfalls nicht.

Schleicher ist also offenbar in den Tagen seit dem 5. August bis zum 30. August 1932 zweigleisig vorgegangen: Einerseits sondierte er, ob Hitler sogar Reichskanzler werden könne, andererseits überlegte er ein Verbot der NSDAP und sorgte deshalb für die Verordnung gegen politischen Terror. Aus der Tatsache, dass Schleicher diese beiden so konträren Problemlösungen ventilierte, ist der geringe Stellenwert zu ersehen, den Schleicher offensichtlich Regierungsposten beimaß. Es ging in jedem Fall darum, die NSDAP unschädlich zu machen. Das konnte entweder durch Überlassung einiger Regierungsämter geschehen, notfalls, wenn auch ungern, sogar durch Überlassung der Kanzlerschaft. Oder es konnte durch Verbot der NSDAP mit eventuell nachfolgendem Bürgerkrieg geschehen. Schleicher hatte also die Wahl zwischen Skylla und Charybdis. Seine Entscheidung musste immer die Reichswehr berücksichtigen. Wenn Schleicher ihr einen Kanzler Hitler zumutete: Würde es dann einen Militärputsch geben? Wohl kaum. Wenn Schleicher ihr Nationalsozialisten in der Regierung ersparte, die NSDAP oder die SA aber einen

---

[17] *Ernst Rudolf Huber,* Verfassungsgeschichte VII, S. 1078.

Bürgerkrieg entfachte: Würde die Reichswehr mit dem Bürgerkrieg fertigwerden? Das war schon wesentlich schwieriger zu beantworten.

V. Neudecker Notstandstreffen am 30. August 1932

Am 29. August 1932 trafen sich Papen, Schleicher und Hitler. Wiederum ging es darum, Hitler an der Regierung zu beteiligen. Der Versuch stieß bei Hitler auf trotzige Ablehnung.[18]

Es wirkt etwas hilflos, dass Papen und Schleicher sich noch einmal an Hitler wenden. Schließlich waren die gegenteiligen Standpunkte in der Frage einer Regierungsbeteiligung der NSDAP am 13. August sehr deutlich worden. Man wird dieses Gespräch jedoch wohl als eine Art letzten Versuch werten müssen, den Staatsnotstand und den damit verbundenen militärischen Ausnahmezustand zu vermeiden oder jedenfalls noch einmal im allerletzten Moment abzuklären, wie notwendig bzw. unumgänglich ein solcher Staatsnotstand sei. Am 30. August 1932 kamen Papen und Schleicher auf dem Gut Neudeck mit Hindenburg und Meissner zu dem sog. „Neudecker Notstandstreffen" zusammen, um eben diese schwerwiegende Problematik zu erörtern. Das Gespräch Papens und Schleichers mit Hitler am 29. August 1932 gewinnt auf dem Hintergrund des „Neudecker Notstandstreffens" sowie des vor gut einem Monat erfolgten Preußenschlags seine Bedeutung. Vor dem Preußenschlag hatte Schleicher mit Hitler verhandelt und konnte deshalb darauf bauen, dass NSDAP und SA nichts unternehmen würden. Wenn nun wieder der militärische Ausnahmezustand für den Staatsnotstand bemüht werden musste – wie würden sich Hitler und die SA dazu nunmehr stellen?

Im Reichswehrministerium bereitete man sich auf das Treffen am 30. August 1932 gründlich vor. Dabei ging die Wehrmachtsabteilung zweistufig vor. Zunächst analysierte sie grundsätzlich die Lage. In einem zweiten Schritt überlegte sie die möglichen Konsequenzen.

Eine als „Vortrag" überschriebene Notiz analysiert die politischen Möglichkeiten. Sie stammt vom 29. August 1932, also vom Tag vor dem Treffen in Neudeck. Die Notiz ist von Holtzendorff handschriftlich korrigiert. Sie befasst sich zunächst mit der möglichen Umsetzung des Ergebnisses der Lausanner Konferenz. Dann folgt zur innenpolitischen Vorgehensweise:

„Heutige politische Situation:

Ziele im Winter 1931/32:
Heranführung der Nazis an den Staat. Tragende Schicht für die Regierung Zentrum bis Nazis.

Zwischenspiel:
Stärkung der Präsidialgewalt durch unabhängige Regierung und Maßnahmen in Preußen.

---

[18] *Karl-Friedrich v. Plehwe*, S. 229.

Neues Ziel:
Unbedingtes Festhalten an der Lösung Reich-Preußen und einem Präsidialkabinett. Jeder Schritt zurück untragbar.

Neue Situation:
Koalitionsmöglichkeiten zwischen Zentrum und Nazis, die zu einem Koalitions- oder Präsidialkabinett auf der Grundlage Zentrum – Nazis führen kann.

Forderungen:
Auch wenn das Zwischenspiel nicht voll erreichbar sein sollte, halte ich ein Resignieren von Reichspräsident und Reichswehrminister für unmöglich. Der Reichswehrminister wird jedem Kabinett seinen Stempel aufdrücken. Er braucht nicht 51 %."[19]

In den erhaltenen Unterlagen des Reichswehrministeriums finden sich etliche als „Vortrag" überschriebene Notizen. Es handelt sich dabei um Merkzettel, die jemand für einen Vortrag anfertigt, den er selbst zu halten hat. Vortrag ist dabei nicht im Sinne einer ausgearbeiteten zeitlich längeren mündlichen Abhandlung zu verstehen. Vielmehr handelt es sich um Punkte, von denen ein Vorgesetzter zu unterrichten ist samt einem Vorschlag des Vortragenden, wie seiner Ansicht nach in der Angelegenheit weiter zu verfahren sei. Diese „Vortrag"- Zettel haben den Vorteil, dass sie bei Zeitknappheit demjenigen vorgelegt werden, der informiert werden soll, dass aber der „Vortrag" selbst nicht einmal verbal gehalten werden muss.

Die Vortragsnotiz vom 29. August 1932 wird eine Art Merkzettel für das Notstandstreffen am darauffolgenden Tag gewesen sein. Die Vortragsnotiz kommt zu dem Ergebnis, dass der Reichspräsident und der Reichswehrminister, also Schleicher, die wichtigsten Personen der künftigen Politik sind. Das ist wieder einmal Schleichers politisches Credo, das die Präsidialmacht als Dreh- und Angelpunkt der Politik sieht. Der Reichspräsident verkörpert diese Macht durch Art. 48 WV, der Reichswehrminister setzt sie notfalls mit der bewaffneten Macht durch. Vom Reichskanzler wird nichts gesagt. Er erscheint offenbar Schleicher als eine ebenso nebensächliche Figur wie die übrigen Minister. Wenn der Reichspräsident, gestützt auf den Reichswehrminister bzw. auf die Reichswehr, die Politik betreibt, so ist aus Schleichers Sicht das Kabinett nebensächlich, der Reichstag ist es ebenfalls. Theoretisch ging es eben auch ohne arbeitsfähigen Reichstag. So ist der Satz zu deuten, der Reichswehrminister werde jedem Kabinett seinen Stempel aufdrücken, er brauche dazu nicht 51 %.

In den zweiten Schritt, die Erarbeitung von Konsequenzen aus der Lageanalyse, war C. Schmitt eingebunden. Ernst Rudolf Huber führt aus, dass am 23. August 1932 der Chef des Ministeramts Bredow Schleicher darüber informierte, dass der Leiter der Wehrmachts-Abteilung im Reichswehrministerium Eugen Ott dem Hauptmann Böhme den Auftrag für eine Ausarbeitung „über die weitere Anwendung des Art. 48" erteilt habe.[20] Ott hatte sich schon am 25. August und am 27.

---

[19] *Thilo Vogelsang*, Reichswehr, Dok. 35.
[20] *Ernst Rudolf Huber*, Verfassungsgeschichte VII, S. 1078, Fn. 14; vgl. dazu auch *Wolfram Pyta / Gabriel Seibert*, Der Staat 1999, S. 597.

August 1932 mit C. Schmitt „über die Frage, die man der Koalition von Nazis und Zentrum stellen kann" ausgesprochen.[21] Vermutlich ist das Ergebnis dieser Unterredung in die Vortragsnotiz eingeflossen. In der damaligen Situation musste stets sowohl die Situation in Preußen als auch die Situation im Reich berücksichtigt werden. Diese beiden Situationen bedingten sich wechselseitig. Eben deshalb war es aus Schleichers Sicht, die Ott und C. Schmitt teilten, so wichtig, dass der Preußenschlag nicht rückgängig gemacht würde. Wenn es in dieser Frage gleichwohl zu Schwierigkeiten käme, so sollte wenigstens die preußische Polizei beim Reich verbleiben. Huber führt dazu weiter aus: „Die daraus entstandenen Entwürfe wurden am 27./28. August 1932 in einer von Oberstleutnant Ott geleiteten Beratung abgeschlossen und am 29. August vom Reichswehrminister gebilligt, bevor dieser sich mit dem Reichskanzler zum Vortrag beim Reichspräsidenten nach Neudeck begab."[22]

Die Niederschrift Meissners von dem Neudecker Notstandstreffen berichtet, dass Hindenburg die Verordnungsentwürfe tatsächlich unterzeichnete, und zwar blanco ohne Datum und ohne Begründung. Über die Begründung könne man sich – so das Protokoll – bei Bedarf verständigen. Die erste dieser im Reichswehrministerium vorbereiteten Verordnungen hatte die Reichstagsauflösung zum Inhalt. Die zweite Verordnung sollte für den Fall vorsorgen, dass die NSDAP in Preußen das Amt des Ministerpräsidenten besetzten würde. In diesem Fall sollte die Preußische Polizei dem Reichsinnenminister direkt unterstellt werden.[23]

Die Konsultationen zwischen Schleicher und Schmitt über Ott oder Bredow scheinen in der Zeit zwischen Mitte August 1932, als es erstmals konkret um die Umsetzung eines Staatsnotstandes ging, und Anfang Dezember 1932, als Schleicher Kanzler wurde, besonders eng gewesen zu sein. Bis hin zur Machtübernahme am 30. Januar 1933 gab es noch Kontakte, jedoch wohl nicht mehr so eng. Ott und Bredow hielten den Kontakt seitens des Reichswehrministeriums, Ernst Rudolf Huber und Horst Michael traten als Sprachrohr für C. Schmitt auf, wenn dieser nicht selbst mit Ott und Bredow sprach. Huber wies 1985 darauf hin, dass wohl nur er selbst noch bezeugen könne, welch maßgeblichen Anteil C. Schmitt an den damaligen, die Grenzen des formalen Rechts jedenfalls in einem Punkte überschreitenden Notstandsplanungen gehabt habe.[24]

Bei dem Neudecker Notstandstreffen am 30. August 1932 ging es um zwei Hauptpunkte: um die Arbeitsbeschaffung und um die Problematik des Staatsnotstandes. Dabei führte vor allem Papen das Wort. Auch der Reichsinnenminister Gayl schaltete sich in die Diskussion ein. Für Schleicher ist bei dem Diskussionspunkt 2) „Politische Lage" lediglich ein einziger Wortbeitrag protokolliert. Es ist

---

[21] Vgl. *Wolfram Pyta/Gabriel Seiberth*, Der Staat, 1999, S. 594, 596, ferner *Paul Noack*, S. 194.

[22] *Ernst Rudolf Huber*, Verfassungsgeschichte VII, S. 1078, Fn. 14.

[23] Ebd. S. 181.

[24] *Paul Noack*, S. 149.

wichtig zu bemerken, dass der Punkt 1) der „Arbeitsbeschaffung" galt. Beim Sturz Papens wird das eine Rolle spielen. Die Arbeitsbeschaffung war nämlich angesichts der politischen Lage ein überaus wichtiger Punkt, wichtiger fast noch als die Frage des Staatsnotstandes. Würde die Arbeitsbeschaffung umfangreich gelingen, so durfte mit einem deutlichen Abflauen der nationalsozialistischen Gefahr gerechnet werden. Das würde alle Überlegungen zum Staatsnotstand überflüssig machen. Tatsächlich wird Papen konkret über die Frage der Arbeitsbeschaffung stürzen (s. u. H. IV. Rücktritt der Regierung Papen, H. V. Der Gereke-Plan).

Papen ging zunächst von der Überlegung aus, dass eine Koalition zwischen Zentrum und NSDAP kaum möglich sei und dass somit eine tragfähige Parlamentsmehrheit nicht geschaffen werden könne. Doch selbst wenn eine solche Koalition zustande käme, könne der Reichspräsident nach der Verfassung nicht gezwungen werden, eine bestimmte Person zum Kanzler zu ernennen.

Dahinter stand der Gedanke, dass Papen weder einen Angehörigen des Zentrums – etwa Brüning – noch einen Angehörigen der NSDAP – Hitler – als Kanzler sehen wollte. Er selbst wollte Kanzler bleiben. Papen führte dann aus, diese schwarz-braune Mehrheit sei eigentlich nur eine Scheinmehrheit. Das Zentrum wolle zwei Ziele erreichen, nämlich die Auflösung des Reichstags vermeiden und ferner die NSDAP in der Regierungsverantwortung sich abwirtschaften lassen. Hitler verfolge ein anderes Ziel: Er wolle den Reichspräsidenten ins Unrecht setzen. Papen meint damit offenbar, es sei ein Unrecht des Reichspräsidenten, wenn er trotz einer parlamentarischen Mehrheit einer von eben dieser Mehrheit getragenen Person das Kanzleramt versage. Hier widerspricht Papen sich selbst, denn er hatte zu Beginn seines Wortbeitrages geäußert, der Reichspräsident könne zum Kanzler ernennen, wen er wolle. Das war nach Art. 53 WV im übrigen richtig.

Papen zog das Fazit: Wenn eine schwarz-braune Koalition zustande käme, so wäre das eine „negative Mehrheit". Damit meint er, eine derartige Mehrheit werde sich gegen die Politik des vom Reichspräsidenten ernannten Kanzlers (Papen) richten. Durch dieses negative Verhalten – das sich in Außerkraftsetzungsanträgen nach Art. 48 Abs. 3 WV niederschlagen wird – setze sich die „negative Mehrheit" dann ihrerseits ins Unrecht. Papen muss damit gemeint haben, dass das Stellen von Außerkraftsetzungsanträgen, ohne selbst positive Lösungen herbeizuführen, eine Art „Unrecht" sei. Dann, so Papen weiter, solle dem Reichspräsidenten die Reichstagsauflösung vorgeschlagen werden. Das würde im Volk auf Zustimmung treffen.

Schleicher war demgegenüber der Meinung, es werde zu keiner Koalition kommen. Nach der Reichstagseröffnung und der Wahl des Reichstagspräsidenten werde sich der Reichstag auf etwa 10 Tage vertagen, um Zeit für Koalitionsverhandlungen zu gewinnen. Wenn diese gescheitert seien, sei der richtige Moment für eine Reichstagsauflösung gekommen. Schleicher greift mit einem Satz allerdings den Unrechts-Gedanken Papens auf. Er sagt, man dürfe Brüning und Hitler nicht die Möglichkeit geben, den Herrn Reichspräsidenten ins Unrecht zu setzen. Papen und Schleicher werden mit der Formulierung „ins Unrecht setzen" jedoch nicht einen Rechtsverstoß meinen. Vielmehr sollte die Formulierung bedeuten, der Reichspräsident dürfe in der öffentlichen Meinung nicht als derjenige gelten, der durch halsstarrige Verweigerungshaltung vernünftiges Regieren verhindere. Das war wichtig, um jegliche Provokation eines Bürgerkrieges zu vermeiden.

Das Protokoll des Notstandstreffens vom 30. August 1932[25] wendet sich unter Ziff. 3) einem weiteren Thema zu: Wenn nämlich der Reichstag aufgelöst werden soll (Punkt 2), wie soll es dann weitergehen? Papen und Gayl legen dem Reichspräsidenten nahe, die Neuwahl über die 60-Tage-Frist des Art. 25 Abs. 2 WV hinauszuschieben. Papen wird in dem Protokoll zitiert mit der Formulierung: „Wenn man die Wahlen für später hinausschiebt, so ist dies formell eine Verletzung der diesbezüglichen Verfassungsvorschrift, aber es liege ein staatlicher Notstand vor. Dieser berechtige und verpflichte den Herrn Reichspräsidenten, die Wahlen hinauszuschieben. Der Herr Reichspräsident habe in seinem Eid auch die Pflicht übernommen, Schaden vom deutschen Volke abzuwenden. Eine Neuwahl innerhalb dieser politisch erregten Zeit mit all den Terrorakten und Mordtaten wäre aber ein großer Schaden an dem deutschen Volke". Nach weiteren Wortbeiträgen von Gayl und nochmals Papen, meldet das Protokoll: „Der Herr Reichspräsident spricht sich dahin aus, dass er, um Nachteil vom deutschen Volke abzuwenden, es vor seinem Gewissen verantworten könne, bei dem staatlichen Notstand, der nach Auflösung des Reichstages gegeben sei, die Bestimmungen des Artikel 25 dahin auszulegen, dass bei der besonderen Lage im Lande die Neuwahl auf einen späteren Termin verschoben werde." Es ist bemerkenswert, dass das Protokoll an zwei Stellen die Eidespflicht des Präsidenten bemüht und indirekt auf die Eidesformel des Art. 42 WV verweist, nach der der Reichspräsident Schaden vom deutschen Volke abzuwenden geschworen hat.

Das ist Gedankengut von C. Schmitt, der die Einhaltung der Eidespflicht höher bewertet als die buchstabengetreue Einhaltung der Verfassung. Dahinter stand Schmitts Rechtsansicht, dass der Reichspräsident aus Art. 42 WV das Recht und die Pflicht habe, gemäß seinem Eid Schaden vom deutschen Volk zu wenden. Wie er das tut, orientiert sich an Art. 48 WV. Die zweimalige ausdrücklich Bezugnahme auf die Eidespflicht, die den Präsidenten zum Verstoß gegen Art. 25 WV geradezu verpflichte, beweist, dass Schmitts Überlegungen dem Neudecker Gespräch zugrunde gelegen haben. Meissner als Protokollant wird sehr genau gewusst haben, warum er zweimal auf die Eidespflicht anspielte. Das war juristische Vorarbeit, falls der Reichspräsident tatsächlich gestützt auf Art. 42 i. V. m. Art. 48 Abs. 2 WV gegen Art. 25 Abs. 2 WV verstoßen würde. Notfalls würden sich die Sitzungsteilnehmer mit diesen protokollierten Sentenzen gegen den Vorwurf des Verfassungsverstoßes wehren.

Außerdem erleichterte die Berufung auf Art. 42 WV dem Reichspräsidenten die Entscheidung für den Staatsnotstand. Hindenburg, der einen Verfassungsbruch

---

[25] Niederschrift des Staatssekretärs Meissner über eine Besprechung beim Reichspräsidenten in Neudeck am 30. August 1932, 12 Uhr, AdR, Papen, Nr. 120.

scheute, konnte sich damit beruhigen, dass er gerade nicht gegen die Verfassung verstieße in dieser schwierigen Lage. Art. 42 WV gebot ihm geradezu, die in Art. 25 WV vorgeschriebene Frist außer Acht zu lassen.

Die Durchführung des Staatsnotstandes, insbesondere die Hinauszögerung einer Neuwahl des Reichstags, wird am 30. August 1932 allein darauf gestützt, dass es in einem neuen Wahlkampf zu Unruhen kommen werde. Die Begründung wird sich in den kommenden Monaten dahin konkretisieren, dass die Wirtschaftslage in einigen Monaten, spätestens bis Herbst 1934, besser sein werde. Dann werde die NSDAP keine nennenswerte Größe mehr sein. Während es dort um den Zeitgewinn bis zur Aufhellung des konjunkturellen Horizonts geht, war am 30. August 1932 einzig die Furcht vor möglichen Unruhen der Grund für die gewünschte Hinauszögerung einer Neuwahl. Die Motivation verlagerte sich also ein wenig.

Unter Punkt 4) legte Papen auf dem Neudecker Notstandstreffen dar, dass Zentrum und Nationalsozialisten die Verbindung zwischen Preußen und Reich – welche der Preußenschlag hergestellt hatte – wieder zerstören und dem Reich die Exekutive wieder aus der Hand schlagen könnten. Gayl hatte für diesen Fall gleich einen Verordnungstext bereit, den er verlas und den Hindenburg sofort gegenzeichnete. Diese Verordnung unterstellte die preußische Polizei dem Reichsinnenminister. Wäre diese Verordnung in Kraft getreten, wäre dies die sog. „kleine Lösung" gewesen. Diese hatte Brüning vorgeschwebt. Die preußische Polizei sollte beim Reich verbleiben. Die übrigen preußischen Ministerposten würden wiederhergestellt werden wie vor dem Preußenschlag. Zu diesem Punkt 4) äußerte sich Schleicher nicht. Da die preußische Polizei in jedem Fall beim Reich bleiben sollte, wird ihn dieser Punkt nicht besonders interessiert haben. Er hatte mit dem Preußenschlag hauptsächlich das Ziel verfolgt, dem Reich durch die preußische Polizei einen exekutiven Unterbau zu verschaffen. Das würde der Verordnungsentwurf absichern, der Entwurf musste also in Schleichers Sinne sein.

Papen wird als derjenige angesehen, der den Staatsnotstand propagierte. Tatsächlich leistete Schleicher am 30. August nur einen kürzeren protokollierten Redebeitrag zu der Problematik des Staatsnotstandes, er hielt sich bedeckt zu dieser Frage. Papen und Gayl übernahmen also wesentlich mehr Überzeugungsarbeit gegenüber Hindenburg an diesem Tage. Dennoch wird man eher Schleicher für den Hauptverantwortlichen ansehen und die Gewichtung anders verteilen müssen. Schließlich gingen die Überlegungen für den Staatsnotstand und dessen Durchführung von der Wehrmachtsabteilung, also vom Reichswehrministerium aus. Hier wurde entschieden, wie der Ausnahmezustand durchzuführen sei. Die Wehrmachtsabteilung hatte aber inzwischen so viel Einfluss gewonnen, dass sie sich nicht nur mit der praktischen Durchführung des Ausnahmezustandes wie der Aufrechterhaltung der Arbeitsfähigkeit lebensnotwendiger Betriebe, Verteilung von Lebensmitteln etc. befasste. Vielmehr entschied sie schon, ob der Ausnahmezustand überhaupt durchgeführt werden könne und solle. Von der Vorarbeit der Wehrmachtsabteilung hing die Entscheidung des Reichspräsidenten ganz wesentlich ab. Das deutete sich bereits in der „Vortrags"- Notiz vom 29. August 1932 an und wird eklatant sichtbar werden am 2. Dezember 1932 bei dem Planspiel Ott (s. u. H. IX. Kabinettssitzung am 2. Dezember 1932).

VI. Reichstagseröffnung und Auflösungsoption

Am Tage des Neudecker Notstandstreffens, am 30. August 1932, wurde in Berlin der am 31. Juli gewählte Reichstag eröffnet. Der Kanzler Papen und Reichswehrminister Schleicher waren in Neudeck mit dem Notstandstreffen anderweitig beschäftigt und blieben der Eröffnungssitzung fern. Das war ein äußeres Zeichen dafür, wie wenig diese beiden führenden Kabinettsmitglieder vom Parlament hielten. In der Öffentlichkeit und in der Presse stieß die Abwesenheit des Kabinetts auf keinerlei Verständnis. Im Übrigen war das ein großer politischer Fehler. Wenn Papen und Schleicher schon an eine Auflösung des soeben gewählten Reichstags und eine hinausgezögerte Neuwahl im Rahmen des Staatsnotstandes dachten, so hätten sie dies sogleich bei der konstituierenden Sitzung am 30. August 1932 ins Werk setzen müssen. Es war schon vor dem 30. August klar, dass Misstrauensanträge gegen die Regierung gestellt werden würden. Schon dieser Umstand hätte Papens Anwesenheit für eine sofortige Auflösung erfordert. Denn wenn Misstrauensanträge und Auflösung kollidieren, so muss das mindestens zu einem Prestigeverlust des Kanzlers führen. Papen und Schleicher scheinen sich sicher gewesen zu sein, dass der Reichstag eben nicht über die Misstrauensanträge, sondern lieber eine Vertagung beschließen werde, und zwar aus Furcht vor der Auflösung. Zwar fand die nächste Sitzung des Parlaments zwei Wochen später, am 12. September 1932, statt. Um aber eine Kollision von Misstrauensantrag und Auflösung zu vermeiden, hätte Papen bereits diese erste Gelegenheit zur Abstimmung über ein Misstrauensvotum verhindern und schon am 30. August 1932 mit der Auflösungsorder in der Tasche im Reichstag erscheinen müssen.

Es ist umgekehrt auch nicht verwunderlich, dass das Parlament von seinem Recht, gemäß Art. 33 Abs. 1 WV die Anwesenheit des Kanzlers und der Minister zu erzwingen, keinen Gebrauch machte. So wie einerseits Papen, Gayl und Schleicher ihre Anwesenheit im Parlament am 30. August für entbehrlich hielten, legten andererseits die Parlamentarier wenig Gewicht auf deren Anwesenheit. Denn so würde der Reichstag nicht sofort in seiner konstituierenden Sitzung aufgelöst werden können. Eine Auflösung fürchtete die NSDAP zu diesem Zeitpunkt durchaus. Die Abfuhr des Reichspräsidenten hatte ihrem Nimbus einen schweren Schlag versetzt. Hitlers Reaktion auf das Potempa-Urteil hatte viele seiner Sympathisanten empört, zumal aus dem früheren Wählerreservoir der bürgerlichen Mitte. Eine baldige Neuwahl konnte Hitler also in dieser Situation Stimmenverluste einbringen. Man hoffte sogar seitens der Reichsregierung, Hitler werde sich angesichts dieser Entwicklung doch mit dem Posten des Vizekanzlers zufriedengeben.

Wie ein Vorgehen gegen den Reichstag rechtlich untermauert werden könnte, überlegte sich der Freundeskreis um Carl Schmitt, und zwar wenige Tage nach dem Neudecker Notstandstreffen und der konstituierenden Reichstagssitzung am 30. August 1932. Man traf sich konspirativ. Da die Reichstagsauflösung schon von Schleicher und Papen ins Auge gefasst war, könnte es sogar möglich sein, das Schmitt seine Überlegungen nicht aus eigener Initiative anstellte, sondern dass Ott oder Bredow ihn darum gebeten hatten, um Schmitts Ideen Schleicher präsentieren zu können. C. Schmitt wird diese Frage bis in den Januar 1933 hinein maßgeblich erörtern. Er zeigt Alternativen auf, wie der Reichstag juristisch jedenfalls halbwegs einwandfrei ausgeschaltet werden kann.

Es ist auch erklärlich, dass ausgerechnet der mit dem Prozess Preußen ./. Reich befasste Schmitt es war, der zum Thema Reichstagsauflösung von Ott und Schleicher konsultiert wurde. Beide Probleme hängen eng zusammen. Die Stellung des Reichspräsidenten war wegen des Prozesses durchaus gefährdet. Hätte der Staatsgerichtshof Preußen voll Recht gegeben, so hätte der Reichspräsident mit dem Erlass der beiden Verordnungen des Preußenschlages gegen die Verfassung verstoßen. Nicht auszudenken, wenn der Staatsgerichtshof das auch nur in einem obiter dictum verdeutlicht hätte! Damit wäre einer Präsidentenanklage nach Art. 59 WV Tor und Tür geöffnet. Wenn nun auch noch eine rechtlich zweifelhafte Reichstagsauflösung und darüber hinaus eine Hinauszögerung der Neuwahl erfolgen würde, wäre eine Anklage so gut wie sicher. In der Ministerbesprechung am 14. September 1932 musste Meissner im Zusammenhang mit der Erörterung der Hinausschiebung von Neuwahlen bestätigen, „dass die Nationalsozialisten und das Zentrum bereits die Frage erwogen hätten, ob man eine Anklage aus Art. 59 der Reichsverfassung gegen den Reichspräsidenten ins Auge fassen könne."[26]

Am 4. und 5. September vermerkte Schmitt in seinem Tagebuch, er habe Auflösungsverordnungen für den Reichstag entworfen.[27] Diese Entwürfe gelangten ins Reichswehrministerium. Sie dienten Schleicher als Grundlage für die Ministerbesprechung am 14. September 1932 (s. u. F. VII. Reichstagsauflösung am 12. September 1932, Notstandspläne). Als Anlage 1) wurden dem Protokoll der Ministerbesprechung am 16. Januar 1933 etliche Vorschläge für Verordnungen für Reichstagsauflösungen beigegeben.[28] Das dürften jene Auflösungsverordnungen sein, von denen Schmitt in seinem Tagebuch schreibt. In Schmitts Vorschlägen sind unter den Ziffern I bis IV verschiedene Varianten der Reichstagsauflösung aufgezeigt. Gleichzeitig ist der Text der jeweiligen AuflösungsVO formuliert. Auf der rechten Blattseite findet sich neben jeder Variante eine Würdigung der Vor- und Nachteile. Ferner ist für jede Variante aufgeführt, wie sich eine Neuwahl auswirken wird.

Das Papier von C. Schmitt unterscheidet vier Gründe bzw. Situationen, in denen der Reichstag aufgelöst werden soll:

---

[26] Ministerbesprechung vom 14. September 1932, 11 Uhr, AdR, Papen, Nr. 141, S. 582.
[27] Vgl. *Wolfram Pyta/Gabriel Seiberth*, Der Staat, 1999, S. 594, 598.
[28] Ministerbesprechung vom 16. Januar 1933, AdR, Papen, Nr. 56, Anl. 1.

I. Wegen Außerkraftsetzungsverlangen nach Art. 48 Abs. 3. Dabei gibt es zwei Unterfälle, nämlich: 1. Vor dem Verlangen und 2. Nach dem Verlangen.

II. Wegen eines Misstrauensvotums. Auch hier gibt es zwei Unterfälle: 1. Vor dem Beschluss und 2. Nach dem Beschluss

III. „Parlamentarische Schwierigkeiten"

IV. „Negative Mehrheit" mit den beiden Alternativen 1.) nichtmehrheitsfähiger Reichstag und 2.) Scheinkoalition. Bei der Scheinkoalition – und nur bei dieser einzigen Variante – gäbe es „keine Bindung auf eine Neuwahl" (sic). Unter Scheinkoaltion wird verstanden eine „Mehrheit nur zur Verhinderung und Störung dringend notwendiger Maßnahmen". Die Frage 2) nach der Auflösung des Preußischen Landtages ist in der Anlage 1) unter Ziff. V behandelt. Sowohl die Reichstagsauflösung wie die Auflösung des Preußischen Landtages könnten darauf gestützt werden, dass im Preußischen Landtag mit den Stimmen von KPD und NSDAP der Beschluss zustande gekommen sei, der die preußischen Beamten zum Ungehorsam gegen Dienstvorschriften auffordere.

C. Schmitt gelangt also zu der Lösung, dass eine Neuwahl nur im Fall der negativen Mehrheit hinausgeschoben werden darf. Nur für diesen Fall kann Schmitt folgerichtig den Staatsnotstand bejahen. Tatsächlich wird die Reichstagsauflösung am 12. September 1932 damit begründet, dass die Gefahr bestehe, dass der Reichstag die Aufhebung der Notverordnung vom 4. September 1932 verlangen werde (AuflösungsVO v. 12. September 1932, RGBl. 1932 I, S. 441). Diese Begründung würde aber der Variante I. 1. des Schmitt'schen Papiers, also Auflösung vor einem Außerkraftsetzungsverlangen, entsprechen.

C. Schmitt war am 25. und am 27. August mit Eugen Ott zu Besprechungen zusammengekommen (s. o. G. V. Neudecker Notstandstreffen am 30. August 1932). Nun hatte Schmitt Varianten für die Reichstagsauflösung ausgefeilt, doch am 12. September 1932 wurde sein Textvorschlag nicht verwendet. Schmitts Vorschläge waren im Reichswehrministerium ad acta gelegt worden, sie wurden aber bis in den Januar 1933 hinein nicht vergessen, sonst wären sie nicht als Tischvorlage am 16. Januar 1933 für die Ministerrunde verwendet worden. Doch mehr als eine gedankliche Hilfe waren sie nicht. Schmitts Einfluss war nicht so stark, dass das Reichswehrministerium seine Formulierung übernommen hätte.

VII. Reichstagsauflösung am 12. September 1932, Notstandspläne

Das Problem, ob das angenommene Misstrauensvotum oder die Auflösungsorder Vorrang habe, stellte sich wegen Papens Unterlassung am 30. August dann mit voller Wucht am 12. September 1932 bei der nächsten Reichstagssitzung. In laufender Abstimmung über ein Misstrauensvotum legte der bis dahin vom Reichstagspräsidenten Göring geflissentlich übersehene Kanzler Papen die Mappe mit der Auflösungsorder auf den Präsidententisch. Das Problem des Vorrangs des Misstrauensvotums oder der Auflösungsorder hätte der Öffentlichkeit handgreiflicher und lächerlicher nicht vor Augen geführt werden können. Der Auflösungsorder gebührte der Vorrang, denn als sie auf den Präsidententisch gelegt wurde, war sie im juristischen Sinne zugegangen und damit wirksam. Von diesem Moment an konnte der Reichstag nicht mehr rechtswirksam über ein Misstrauensvotum befinden. Dass die gewählte Volksvertretung so schnell wieder aufgelöst werden konnte, dass sich die soeben mit 90%-igem Misstrauen versehene Regierung so einfach über eben diesen Reichstag hinwegsetzen konnte, noch dazu in derartig unwürdiger Weise, konnte die ohnehin schon gespannte und gereizte Stimmung in der Bevölkerung weiter anheizen. Die Bürgerkriegsgefahr erhöhte sich deshalb noch durch die Art und Weise, wie der Reichstag aufgelöst worden war.

Am Tag nach der Reichstagsauflösung, am 13. September 1932, hält Eugen Ott mit den Staatsrechtlern Schmitt, Jacobi und Bilfinger Rücksprache. Das Gespräch ist von Ott stichwortartig protokolliert:

„Frage: Ist Verschiebung der Neuwahlen staatsrechtlich zu decken?

Antwort: Wenn Verschiebung der Neuwahl gestützt wird auf Verfassungseid (Schaden vom Volk abzuwenden) und begründet wird mit der schweren gegenwärtigen Notlage des deutschen Volkes, das unbedingt Ruhe braucht, so entsteht echtes Staatsnotrecht." (. . .)

„Frage: Wie kann der Preußische Landtag aufgelöst werden?

Antwort: Der Beschluss der Kommunisten und der NSDAP, die preußischen Beamten von der Treupflicht gegenüber der vom Reichspräsidenten eingesetzten Staatsführung zu entheben, ist ein schwerer Verstoß gegen Treu und Glauben. Ein Parlament, das zu solchen Verstößen fähig ist, m u ß beseitigt werden." (. . .)

„Sonstige Vorschläge: Propaganda gegen das Parlament mit dem Thema: Die Staatsstreiche des Parlaments. Darunter fallen der Schluß des früheren Reichstags durch Löbe, das letzte Verhalten Görings und die verfassungswidrige Beteiligung der Parteien an der Abstimmung." (. . .)

gez. Ott 13/9.[29]

Die Gesprächsrunde ging also zu diesem Zeitpunkt davon aus, dass der Staatsnotstand theoretisch noch durchführbar sei. Es zeigte sich jedoch in den nächsten Tagen, dass Papen mit dieser Aktion soviel Ansehen eingebüßt hatte, dass die Notstandspläne nicht durchführbar waren und es doch zu einer fristgerechten Neuwahl kommen musste, wollte man nicht einen Bürgerkrieg riskieren.

Die Gesprächsrunde bei Ott setzte sich nicht von ungefähr aus den Vertretern des Reiches im Prozess Preußen ./. Reich zusammen. Bei den Überlegungen zum Verfassungsnotstand musste auch das Prozessgeschehen berücksichtigt werden. Der Preußenschlag hätte nämlich der Gegenseite als ausgezeichnetes Argument dafür dienen können, wie überaus leichtfertig sich das Reich wieder einmal über

---

[29] Zitiert in: *Johann Rudolf Nowak*, S. 1364, Anl. 7; Aufzeichnung der Reichskanzlei R 43 I-1008 = RK 8459.

VII. Reichstagsauflösung am 12. September 1932, Notstandspläne

die Verfassung hinwegsetzte, indem es die Neuwahl verschob. Schmitt hatte ja bereits am 4. und 5. September gedankliche Vorarbeit für dieses Gespräch mit Ott geleistet. Sie schlägt sich in dem Stichwort-Protokoll von Ott nieder. Die Antwort auf die erste Frage, ob die Verschiebung der Neuwahl verfassungsrechtlich haltbar sei, wird in dem Protokoll mit der Rechtsauffassung Schmitts bejaht, wonach der Eid des Präsidenten, Art. 42 WV, die Grundlage für ein echtes Staatsnotrecht bildet und die Verschiebung der Neuwahl zulässig ist. Die zweite Frage nach der Auflösung des Preußischen Landtages hatte Schmitt in Ziff. V. seines Papiers dahin beantwortet, dass der von NSDAP und KPD herbeigeführte Beschluss, die preußischen Beamten von ihrer Treupflicht zu entbinden, ein schwerer Verstoß sei.

Das Gespräch zwischen Ott und den Staatsrechtlern diente der Vorbereitung des Reichswehrministers für die Ministerbesprechung am 14. September 1932.[30] Unter Tagesordnungspunkt 1) berieten die Kabinettsmitglieder ausführlich, wie es nach der Auflösung des Reichstages weitergehen könne. Hauptproblem war, ob neu gewählt werden solle innerhalb der verfassungsmäßigen Frist von 60 Tagen oder nicht. Gayl meinte, man müsse sich schlüssig werden, welcher Schaden größer sei, der Nachteil der Neuwahlen oder die politische Beunruhigung, die eine Nichtwahl verursachen werde. Schleicher setzte dagegen, man müsse nur wissen, was man wolle. Wenn man überzeugt sei, dass man mit der jetzigen Parteikonstellation nicht weiterkommen könne, dann sei es unpraktisch, jetzt Neuwahlen auszuschreiben, denn das Volk sei des Wählens überdrüssig. Wenn man das Wohl der Nation in den Vordergrund stelle, so sei es zweifellos besser, nicht zu wählen. Dann müsse man die in Aussicht genommene Propagandastelle baldigst einrichten und arbeitsfähig machen. Er, Schleicher, glaube auch, es werde möglich sein, eine Verschiebung der Wahlen mit guten Gründen zu decken. Z. B. habe ein Beamter seines Ministeriums, Herr Ott, am Abend vorher eine Aussprache mit den Staatsrechtlern Carl Schmitt, Jacobi (Leipzig) und Bilfinger (Halle) gehabt. Bei dieser Gelegenheit seien folgende Fragen erörtert worden:

1. Ist Verschiebung der Neuwahlen staatsrechtlich zu decken?
2. Wie kann der Preußische Landtag aufgelöst werden?
3. Gibt es in der Prozesslage des Reiches gegen die alte Preußenregierung noch Schwierigkeiten?

Diese Fragen seien von den Staatsrechtlern durchaus im Sinne des jetzigen Kabinetts beantwortet worden.

Der Reichskanzler beschloss die Aussprache am 14. September 1932 mit dem Bemerken, das bisherige System der Parteiherrschaft müsse beendet werden. Dazu sei ein Abweichen von der Verfassung unumgänglich. Die Zeit sei dafür aber noch nicht reif. Eine wesentliche Rolle spiele dabei auch die Rücksichtnahme auf die Stellung des Reichspräsidenten. Das war eine verklausulierte Absage an die Durchführung des Staatsnotstandes. Wenn Schleicher weiter auf die Durchführung

---

[30] Ministerbesprechung vom 14. September 1932, 11 Uhr, AdR, Kabinett Papen, Nr. 141.

des Staatsnotstandes setzte, so musste er sich jetzt etwas einfallen lassen, was nach der Auflösung des Reichstages immer noch den Statsnotstand rechtfertigte.

VIII. Treubruch

In der Wehrmachtsabteilung überlegte man sich, welcher Grund für den Staatsnotstand dienen könne. Dort erstellten Eugen Ott und Bredow am 16. September 1932, also vier Tage nach der Reichstagsauflösung eine Aufzeichnung über die angeblichen Absprachen, die mit Hitler über die Tolerierung des Kabinetts Papen getroffen worden waren.[31] Das Papier sollte zur Vorbereitung Schleichers für die Kabinettssitzung am 19. September 1932 dienen. Das Sitzungsprotokoll vom 19. September 1932 erwähnt die Angelegenheit mit keinem Wort. Dennoch ist das Papier insofern bemerkenswert, als es die Gedankengänge Schleichers verdeutlicht. Inhaltlich ging es darum, wie der angebliche Treubruch Hitlers in der Tolerierungsfrage gegen ihn verwertet werden könne. In dem Papier heißt es:

„Betrifft: Treubruch der nationalsozialistischen Führung

In der Politik der nächsten Zeit wird das Verhältnis des Reichspräsidenten und der Reichsregierung zur Führung der N.S.D.A.P. eine wichtige Rolle spielen. Die Propaganda für das Präsidialkabinett muss deshalb den
                      Treubruch der nationalsozialistischen Führung
klarstellen. Dazu ist eine Materialgrundlage zu schaffen, die den Ablauf der Dinge darstellt. Sie wird von der Presseabteilung der Reichsregierung in Zusammenarbeit mit dem Büro des Reichspräsidenten (Staatssekretär und Oberst v. Hindenburg) festzulegen und zu verwerten sein.

Die anliegenden Notizen sollen Anregung dazu geben.

Sie gliedern sich in zwei Abschnitte:
I. *Das Verhältnis der Präsidialgewalt zu den Nationalsozialisten*
II. *Die Maßnahmen der Präsidial-Gewalt*

Das Verhältnis der Präsidial-Gewalt zu den Nationalsozialisten hat drei Zeitabschnitte durchlaufen:
Die Brüning-Krise
Die Bildung des Präsidial-Kabinetts v. Papen
Die Zeit nach der Reichstagswahl vom 31. Juli 1932

Während der Brüning-Krise hat sich die nationalsozialistische Führung rückhaltlos bereit erklärt, ein Präsidial-Kabinett zu tolerieren und sogar zu unterstützen. Dafür sind eine ganze Anzahl Zeugen vorhanden! Der Reichspräsident hatte begründeten Anlass, sich auf solche Erklärungen zu verlassen und hat mit auf dieser Grundlage seine Entschlüsse getroffen, um eine nationale Außen- und Innenpolitik in Zusammenarbeit mit der nationalen Bewegung zu ermöglichen. Seine Tat war kein Sprung ins Dunkle, wie die Presse der Opposition damals befürchtet hat, sondern das Beschreiten eines vermeintlich wohl gesicherten Weges.

---

[31] Nachlass v. Bredow, N 97/2, Bl. 8 ff.; Ursachen und Folgen 7. Bd., Nr. 1627.

VIII. Treubruch

Vor der Bildung des Präsidial-Kabinetts hat der Reichspräsident Hitler empfangen und sich nochmals die Bestätigung dafür geben lassen, dass die nationalsozialistische Führung ein Präsidialkabinett *während der Wahlen* tolerieren würde. Hitler hat für die Zeit nach den Wahlen zugesagt, das Präsidial-Kabinett nicht nur zu tolerieren, sondern sogar zu stützen, ohne an seine Zusage Bedingungen für die Beteiligung seiner Partei zu knüpfen." (Das muss jenes Treffen vom 30. Mai gewesen sein, von dem Goebbels berichtet, s. o. F. II., d. Verf.) „Dieser Inhalt des Empfangs Hitlers liegt aktenmäßig fest.[32] Der Führer der Nationalsozialisten hat bei aller Freiheit seiner Wahlpropaganda sich an diese Zusage gehalten und dadurch Reichspräsidenten und Reichsregierung in dem Glauben an seine Loyalität bestärkt.

Nach der Wahl am 31. Juli 1932 hat der Führer der N.S.D.A.P. seine Haltung grundsätzlich geändert und den Anspruch auf die Führung des Kabinetts erhoben. Bei einer ersten Fühlungnahme zeigte er zunächst eine abwartende Haltung, indem er die Regierung vor die Alternative stellte, dass er sich entweder am Kabinett als Kanzler beteiligt oder ohne jede Beteiligung das Kabinett toleriert. Dabei hat er allerdings darauf hingewiesen, dass diese Tolerierung aus dem inneren Druck seiner Bewegung heraus in spätestens einigen Monaten zur scharfen Opposition übergehen müsste.

Bei der zweiten Fühlungnahme ist er zum Angriff übergegangen, indem er sich darauf versteift hat, die Führung der Regierung zu übernehmen. Irgendwelche Vorschläge auf eine Beteiligung, z. B. mit drei Ministern, hat er hartnäckig abgelehnt. Diese Forderungen standen in scharfem Widerspruch zu den früheren Zusagen und waren durch keine Maßnahmen des Kabinetts Papen begründet, das in Unterstützung der Nationalsozialistischen Partei über die Abmachungen hinausgegangen war.

Dem Reichspräsidenten musste der Kurswechsel Hitlers als Treubruch erscheinen und ihn zwingen, die Kanzlerschaft abzulehnen. Er konnte unter diesen Umständen mit Hitler nur in einer nicht führenden Stellung des Kabinetts zusammenarbeiten, in der er ihn kennenlernen und sich vergewissern konnte, ob er sich in Zukunft auf die Zuverlässigkeit seiner Zusagen verlassen konnte. So kam die Entscheidung des Reichspräsidenten vom 13. August 1932 zustande.

Die Maßnahmen der Präsidialgewalt:
Der Reichspräsident hat entscheidendes Gewicht darauf gelegt, die nationale Bewegung des Volkes im Sinne einer aktiven nationalen Politik für den Staat zu gewinnen. Er hat sich in seiner Erklärung vor der Hindenburg-Wahl zu diesem Willen bekannt und sich von dem Reichskanzler Brüning getrennt, als er mit diesem Kanzler das Ziel nicht erreichen konnte. Er war folgerichtig bestrebt, die Präsidialgewalt durch die nationalsozialistische Bewegung zu untermauern und hat in sicherem Verlaß auf die Zusagen der Nationalsozialisten das Kabinett Papen als Kabinett der nationalen Konzentration zur Führung des Staates berufen. Die Erklärungen des Kanzlers, insbesondere die Rundfunkrede des Reichswehrministers haben nachdrücklich betont, dass die Regierung nicht gewillt ist, sich auf eine schwache Minderheit oder die Reichswehr allein zu stützen.
Dieser Wille der Präsidialgewalt ist nicht zur Auswirkung gelangt durch den
Treubruch der nationalsozialistischen Führung.

---

[32] *Hermann Pünder*, berichtet von dem Treffen, Tagebucheintragungen vom 30. und 31. Mai 1932, Hinweis dort in Fn. 323 auf einen Aktenvermerk Meissners über die Besprechung mit Hitler.

In der Abwehr gegen den nationalsozialistischen Angriff war die Regierung demgemäß zur Reichstagsauflösung gezwungen. Es war der einzige Weg, um die aktive Führung der Staatsgeschäfts zu sichern. Die angebliche parlamentarische Mehrheit zwischen Nationalsozialisten und Zentrum war ein klares Scheinmanöver. Die Vereinbarung reichte über negative Einigungen nicht hinaus. Sie hat weder in personellen Fragen noch in Fragen der aktiven Führung der Geschäfte positive Vorschläge zu machen vermocht. Die wichtigste Frage der Kanzlerschaft war in dieser angeblichen Koalition nicht zu lösen. Hitler hat in keinem Augenblick den Anspruch auf die Kanzlerschaft fallen lassen, der nach Lage der Dinge für den Reichspräsidenten unannehmbar war." (...)

„Der Reichspräsident und die Reichsregierung haben also auf Grund der Zusage der nationalsozialistischen Parteiführung eine aktive nationale Außen- und Innenpolitik begonnen, die nach der Wahl vom Führer der nationalsozialistischen Partei ohne sachlichen Grund verlassen worden ist".[33]

Schon die pathetische Bezeichnung „Treubruch" läßt vermuten, dass es hier um mehr ging als um eine Bestandsaufnahme der Verhandlungen, die nur dazu diente, in einer Akte ordnungsgemäß abgelegt zu werden. Vielmehr hatte die ausführliche Treubruch-Analyse den Zweck, die Durchführung des Staatsnotstandes zu rechtfertigen. Das ergibt sich aus den drei Hauptgliederungspunkten: Hitlers Zusage und Verhalten vor der Wahl, Hitlers Bruch der Zusage nach der Wahl, Konsequenz für die Präsidialmacht.

Es ist rätselhaft, was mit der Tolerierung des Kabinetts Papen *vor* der Wahl überhaupt gemeint sein soll. Unter Tolerierung wurde während Brünings Kanzlerschaft verstanden, dass sich eine Partei im Reichstag nicht einem Außerkraftsetzungsantrag anschloss. Papen wurde am 2. Juni 1932 zum Kanzler ernannt, der Reichstag schon zwei Tage danach, am 4. Juni 1932 aufgelöst. In diesen zwei Tagen würde der Reichstag nicht zusammentreten, danach könnte er es nicht, da er bereits aufgelöst war. Da gab es also eigentlich nichts zu tolerieren. Höchstens könnte der Begriff „Tolerierung" hier im weitesten Sinne gemeint sein als ein Unterlassen von bewaffneten Unruhen. Ebenso rätselhaft ist, warum Hitler eine Tolerierung *nach* den Wahlen zugesagt haben sollte. Angesichts des für ihn hervorragenden Wahlergebnisses der preußischen Landtagswahl durfte Hitler auf ein ebenso hervorragendes Ergebnis bei der Reichstagswahl hoffen, was dann auch tatsächlich eintrat. Selbstverständlich würde Hitler dann den „Durchmarsch" ins Kanzleramt versuchen, was er ebenfalls tatsächlich probierte. Im Vorfeld der Wahl eine Tolerierung *nach* der Wahl zuzusagen, machte für Hitler keinerlei Sinn, und das wusste man auch im Reichswehrministerium. Es sieht deshalb so aus, als hätten Ott und Bredow mit dem „Treubruch"-Papier Gründe herbeigesucht, um den Reichspräsidenten doch noch bei seinem Entschluss für den Staatsnotstand „bei der Stange" zu halten, während Hindenburg den Staatsnotstand schon nicht mehr wagte.

Die Feststellung zum Schluss der Analyse, dass die Verhandlungen zwischen NSDAP und Zentrum ein Scheinmanöver waren, dass es sich um eine ausschließ-

---

[33] Ursachen und Folgen, 7. Bd., Dok. 1627; Nachlass v. Bredow, N 97/2, Bl. 8 ff.

lich negative Einigung handelte, zielt in Richtung von C. Schmitts Begründung des Staatsnotstandes in der Anl. 1 der Ministerbesprechung vom 16. Januar 1933, die bereits im September 1932 gefertigt worden war. Dort hatte Schmitt als einzig mögliche Konstellation, die die Hinauszögerung von Neuwahlen rechtfertigte, unter Ziff. IV. 2. die Scheinkoalition genannt, die sich nur zur Verhinderung und Störung dringend notwendiger Maßnahmen zusammenfindet. Schleicher muss Anfang Juni eigentlich schon damit gerechnet haben, dass Hitler nach der Reichstagswahl nicht mehr unbedingt tolerieren werde. Er hatte, wie Goebbels am 2. Juni 1932 in sein Tagebuch schrieb, eine schriftliche Tolerierungszusage verlangt, diese aber nicht erhalten (s. o. F. III. 2. Tolerierung). Damit ergaben sich zwei Optionen für die Zeit nach der Wahl: Entweder tolerierte die NSDAP oder stützte das Kabinett Papen sogar oder der NSDAP wurde der Bruch des Tolerierungsabkommens als „Treubruch" vorgeworfen und damit der Weg für die Durchführung des Staatsnotstandes geebnet. Der von Ott und Bredow beutzte unjuristische Ausdruck „Treubruch" würde Hindenburg, der die Treue als hohes Gut ansah, sicherlich mehr beeindrucken als etwa die Formulierung „Nichteinhaltung der vertraglich vereinbarten Tolerierung".

Dieses Papier war also nichts weniger als eine Fortführung der Pläne für den Staatsnotstand. Ließ sich der Staatsnotstand in der gegebenen Situation nicht durchführen, so würde sich doch vielleicht später die Gelegenheit dazu bieten. Dann hätte man in diesem Papier schon einige Argumente parat, die bei Hindenburg erfolgversprechend verwendet werden könnten.

IX. Neuorientierung der Wehrmacht

Hindenburg verstand sich nicht zur Hinausschiebung der Neuwahlen über die verfassungsmäßige 60-Tage-Frist hinaus. Der Staatsnotstand wurde also doch nicht angewendet. Trotz termingerecht auf den 6. November 1932 festgesetzter Neuwahl des Reichstags und trotz des Zurücktretens der Staatsnotstands-Diskussion bereiteten Schleicher und das Reichswehrministerium den Boden für diesen weiter vor, zumindest was das Bereitstellen einer schlagkräftigen Wehrmacht für denkbare Konflikte im Innern anging. Neben der rechtlichen Untermauerung und der Begründung des Staatsnotstandes durch das „Treubruch"-Papier ging es im Reichswehrministerium darum, die Reichswehr ganz konkret für den Staatsnotstand vorzubereiten.

Dazu waren zwei Ausarbeitungen im Reichswehrministerium erstellt worden: Ein Papier mit dem Titel „Aufgaben der Wehrmacht" enthielt grundsätzliche Überlegungen dazu, wie die Wehrmacht künftig einzusetzen sei, und zwar wie sie insbesondere im Innern einzusetzen sei. Die sog. „Neuen Weisungen" sollten diese „Aufgaben der Wehrmacht" in der Praxis umsetzen. Im Oktober 1932 stellte das Ministeramt diese „Neuen Weisungen" vor. Es gab schon früher sog. „Weisungen". Sie stellen Grundsätze auf, wie der Einsatz der Wehrmacht und Zivilbehörden koordiniert wird. Derartige Weisungen wurden im Zusammenhang mit dem Grenz- und Landesschutz bereits früher ausgegeben – deshalb jetzt „Neue Weisungen". Daneben gab es in Grenz- und Landesschutzangelegenheiten die Richtlinien. Sie hatten den Charakter einer Einigung zwischen dem Reichswehrministerium und den Ländern, insbesondere Preußen. Die Weisungen sollten für deren konkrete Umsetzung sorgen. Die Richtlinien, die Weisungen und die Verhandlungen über den gesamten Komplex Grenz- und Landesschutz unterlagen striktester Geheimhaltung, um die Entente-Mächte nicht auf den Plan zu rufen.

1. Aufgaben der Wehrmacht

Das Papier „Aufgaben der Wehrmacht" ist eine handschriftliche, undatierte Ausarbeitung. Es ist als „ganz geheim" eingestuft. Eine Unterschrift fehlt. Nach dem Schriftbild mit Vorsicht zu urteilen, dürfte Bredow die Ausarbeitung selbst verfasst haben. Das Papier findet sich im Nachlass Bredows, und zwar in der „Giftakte", die zunächst die Landesverratsangelegenheit Göring vom Sommer 1932, dann die Angelegenheit Papen/d'Ormesson vom Sommer 1932 und dann als dritte und letzte Angelegenheit nur noch dieses Papier „Aufgaben der Wehrmacht" enthält.[34] Das Papier „Aufgaben der Wehrmacht" ist in Stichworten und Halbsätzen abgefasst. Nur selten ist ein Satz ganz ausgeschrieben.

In einem vorangestellten Passus des Papiers heißt es: „*Verantwortlich grundsätzlich Leitung,*[35] stellt Aufgaben. *Vorbedingung* sind für bewaffneten Widerstand oder mil. Eingreifen *bestimmte Erfolge.*"

Es geht nun stichwortartig weiter. Der Verfasser des Papiers nennt als ersten Hauptpunkt:

„*Einsatzmöglichkeiten*
ganz oder teilweise a) Notwehr
                     b) Ausnutzung einer günst. (?) Lage."

Unter Notwehr versteht der Verfasser des Papiers einen Übergriff vom Ausland aus auf deutsches Territorium. Dies ergibt sich aus den folgenden Stichworten, die den theoretisch denkbaren Notwehrlagen gewidmet sind. Die Ausnutzung günstiger Lagen hält der Verfasser für möglich, „auch ohne angegriffen zu sein". „Aus freier eigener Entscheidung. Konstellation muss günstig sein". Der Verfassung setzt Notwehr der aus dem Ausland herbeigeführten Gefahr gleich. Dann muss die „günstige Lage" gleichzusetzen sein einem Einsatz der Wehrmacht im Innern. Der Betrachter aus heutiger Sicht ist geneigt, Schleichers wehrpolitische Aktivitäten, die Vergrößerung der Wehrkraft, das Ringen um mehr Haushaltsmittel für die Reichswehr als Bemühung um die Herstellung eines kriegsfähigen Heeres zu se-

---

[34] Nachlass v. Bredow, N 97/9.
[35] Unterstreichungen im Text.

hen, das nach den Verlusten im Weltkrieg und der Dezimierung durch den Versailler Vertrag wieder kriegstauglich zur Auseinandersetzung mit feindlichen Mächten fähig sein sollte. Darüber darf nicht vergessen werden, dass Schleicher das Heer für den Einsatz im Innern tauglich machen wollte und musste. Es galt nicht nur, die Reichswehr zu vergrößern. Es galt auch, der politischen Unterwanderung vorzubeugen. Von größter Wichtigkeit aber war die reibungslose Zuarbeit der Zivilbehörden, wenn die Reichswehr im Innern zum Einsatz kommen würde.

Der zweite Hauptpunkt sind die „*Einsatzarten*".

Die Stichworte sind auch in diesem zweiten Hauptpunkt „Einsatzarten" wie in dem ersten Hauptpunkt „Einsatzmöglichkeiten" nach Einsatzarten in Notwehr und Einsatzarten aus günstiger Lage heraus gegliedert. Bei Notwehr-Einsätzen kalkuliert der Verfasser, dass es Situationen geben kann, die „sofort ohne Anlauf" mit „kurzem Widerstand" zu bewältigen seien. Ferner sind Situationen möglich, die entweder nur „1 – 2 Tage" oder „5 – 8 Tage" benötigen. Anders verhält es sich bei der Einsatzart „in günstiger Lage". Dabei „kann man sich Zeit lassen," äußert der Verfasser.

Schleicher plante 1932 mit Sicherheit keinen Angriff außerhalb der Reichsgrenzen. Wenn 1932 überhaupt ein Papier „Aufgaben der Wehrmacht" erstellt wurde, so kann es nur den Zweck gehabt haben, das Eingreifen im Innern zu strukturieren. In innenpolitische Angelegenheiten durfte die Reichswehr nur im Falle des Art. 48 WV eingreifen, also wenn Unruhen ausgebrochen waren oder mindestens drohten. Das Papier ging einen großen Schritt weiter: Von Unruhen, die erforderlich waren, um die Reichswehr überhaupt auf den Plan zu rufen, war nicht die Rede. Das Papier stellte nur darauf ab, ob eine Lage für die Reichswehr „günstig" sei. Deutlich sagt das Papier, es müsse kein Angriff vorliegen, die Wehrmacht könne aus eigener Initiative tätig werden. Ein solches Tätigwerden aus eigener Initiative, – selbst wenn der Reichspräsident dazu vielleicht sein Placet geben muss – stellt eine grundstürzende Neuorientierung dar. Denn Schleicher geht damit von der Reaktion in die Aktion über.

Ihren Zweck kann diese Neuorientierung darin gehabt haben, der Reichswehr ein Losschlagen gegen die NSDAP und die SA aus günstiger Lage heraus zu erlauben, ohne dass vorher Unruhen ausgebrochen sein mussten. Der Urheber des Papiers gab also im Zusammenhang mit dem Staatsnotstand der Reichswehr anheim, den ersten Schritt zu tun.

2. „Neue Weisungen"

Die „Neuen Weisungen" sollten zwei wesentliche Punkte klären, nämlich einmal die Pflicht aller Zivilbehörden zur Unterstützung der Reichswehr und ferner die Stellung von paramilitärischen Verbänden zur Reichswehr.

Am 12. Oktober 1932 taucht der Begriff „Neue Weisungen" im Bereich des Ministeramtes, soweit ersichtlich, zum ersten Mal in den Akten auf. Im Ministeramt werden diese Neuen Weisungen vorbereitet und deren Vorstellung im Kabinett noch einmal in der Lagebesprechung der Abteilungsleiter des Ministeramtes am 12. Oktober 1932 besprochen.[36] Die Abteilungsleiter des Ministeramtes stellen bei dieser Besprechung heraus, dass das Wehrministerium verantwortlich sei für die Landesverteidigung. Außerdem hielt der stichwortartige Ablaufplan der Lagebesprechung fest, dass im Kabinett der „Gesamtaufbau" in der Sitzung am 13. Oktober 1932 verdeutlicht werden solle. Im Protokoll der Lagebesprechung heißt es:

„Chef des M.A. 12. 10. 1932 Kabinettssitzung am 13. 10. 1932

1) Neue Weisungen. Zu dem Auszug aus den Weisungen habe ich eine allgemeine Einleitung aufstellen lassen, die die Gründe der Neufassung zusammenfasst. Die wesentlichen Unterschiede gegenüber den alten Weisungen sind in der Herrn G. (i.e. Gayl, d. Verf.) bereits vorgelegten Aufstellung zusammengefasst. In einer besonderen Vortragsnotiz sind zwei Möglichkeiten, die die Verantwortung für die Reichsverteidigung betreffen, niedergelegt. Ich glaube, dass die Schwierigkeiten, die leicht mit den anderen Reichsressorts entstehen können, am besten beseitigt werden durch die mehr konziliantere Form der Ziffer 1 in Verbindung mit dem ebenfalls beigefügten Kabinettsbeschluss. Eine Karte zur allgemeinen Orientierung ist beigelegt."[37]

Die erwähnten „zwei Möglichkeiten, die die Verantwortung für die Reichsverteidigung betreffen" müssen die beiden grundsätzlichen Möglichkeiten sein, die das Papier „Aufgaben der Wehrmacht" nennt, nämlich die Notwehr gegen einen äußeren Aggressor und die Ausnutzung einer günstigen Lage.

Das Kabinett war mit den Neuen Weisungen allerdings erst einen Tag später, am 14. Oktober 1932 befasst. Unter Tagesordnungspunkt 9) heißt es in dem Protokoll:

„Der Reichswehrminister berichtete über die Entwicklung und über den jetzigen Stand der Frage der Reichsverteidigung.

Alle Reichs- und Landesbehörden haben die Pflicht, ihn bei seinen Maßnahmen für die Reichsverteidigung zu unterstützen.

Das Reichskabinett beschloss gemäß dem Antrage des Reichswehrministers."[38]

Die Weisungen müssen, nachdem das Kabinett sie am 14. Oktober 1932 gebilligt hatte, denjenigen bekannt gemacht werden, für die sie gelten.[39] Das sind nicht wenige Personen, nämlich alle Ministerpräsidenten aller Länder und die Spitzen von deren nachgeordneten Behörden. Mit den allerwichtigsten Gesprächspartnern führt Bredow die Gespräche selbst. Das sind der Reichsinnenminister Gayl und der

---

36 Nachlass v. Bredow, N 97/2, Bl. 50.

37 Nachlass v. Bredow, N 97/2, Bl. 53; der Text bricht hier offenbar ab, denn eine Ziff. 2 findet sich nicht mehr.

38 Ministerbesprechung vom 14. Oktober 1932, 16 Uhr, AdR, Papen, Nr. 168.

39 Am 15. Oktober und am 18. Oktober 1932 wurden diese Unterrichtungen im Ministeramt offenbar noch einmal vorbesprochen. In den Akten Bredows finden sich nur die Stichworte „Weisungen" bzw. „NeueWeisungen", und am 14. 10.: „Im Kabinett befasst; früherer Verlauf; Unterlagen; was wollen wir?".

IX. Neuorientierung der Wehrmacht

Reichskommissar im Preußischen Innenministerium Bracht. In Bredows Unterlagen finden sich die Hinweise:

- 19. 10. Besprechung mit Planck über die Weisungen.[40]
- 21. 10. Besprechung mit Gayl über die Weisungen.[41]
- 24. 10. Besprechung mit Bracht über die Weisungen.[42]

Am 25. Oktober unterrichtet Bredow Schleicher von seiner „gestrigen längeren Aussprache" mit Bracht über Weisungen. Dieser werde die Oberpräsidenten und Regierungspräsidenten unterrichten. Lersner werde die süddeutschen Länder unterrichten.

Lersner ist von Papen nach dem Preußenschlag als eine Art Verbindungsmann zwischen der Reichsregierung und den süddeutschen Ländern bestellt worden. Lersner begann mit seinen unterrichtenden Gesprächen am 27. Oktober in Sachsen mit dem Ministerpräsidenten Schieck. Im Anschluß daran unterrichtete er ab 28. Oktober Württemberg und sprach dort am 31. Oktober mit Staatspräsident Bolz. Der Badische Staatspräsident Schmitt wurde von Lersner am 29. Oktober in Kenntnis gesetzt. Alle Präsidenten zeigten sich einverstanden mit der Angelegenheit.[43] Allein schon die Tatsache, dass die Ministerpräsidenten selbst mit den Weisungen befasst wurden, zeigt deren Bedeutung.

Nachdem alle Länderchefs informiert waren, musste schließlich der Reichspräsident von den Weisungen unterrichtet werden. Die Kurzorientierung Bredows für Schleicher vom 7. November bereitet für Schleicher eine solche Information vor.[44] Es heißt in dieser Kurzorientierung: „a) neue Weisungen. Ich glaube, dass nur die beiden ersten Blätter „Kabinettsbeschluss" und „Wesentliche Punkte" in Frage kommen. Im Kabinettsbeschluss heißt es statt „Landesverteidigung" „Reichsverteidigung". Das habe ich auf allgemeinen Wunsch auch in das Protokoll der Reichskanzlei hineingebracht. Diese Bezeichnung umreißt schärfer die Aufgaben der Wehrmacht." Dieser Passus über die Protokollberichtigung zeigt schlaglichtartig, dass es dem Reichswehrministerium um den Einsatz der Reichswehr im Landesinnern ging. Um die Reichswehr im Innern effektiv einsetzen zu können, hatte das Ministeramt sich so grundsätzlich mit den Aufgaben der Wehrmacht und den „Neuen Weisungen" befasst. Einer Neuorientierung für den Einsatz gegen äußere Feinde hätte es nicht bedurft. Nun wurden aber die Begriffe „Grenzschutz" und „Landesschutz" oft synonym benutzt, obwohl der Grenzschutz gegen äußere Feinde, der Landesschutz gegen Feinde im Innern gedacht war. Teilweise wurde gar die Bedeutung des Begriffes „Landesschutz" verkannt als Verteidigung des

---

[40] Nachlass v. Bredow, N 97/2, Bl. 58 R.
[41] Nachlass v. Bredow, N 97/2, Bl. 60.
[42] Nachlass v. Bredow, N 97/2, Bl. 61, 64.
[43] Vgl. Ministerbesprechung vom 14. Oktober 1932, AdR, v. Papen Nr. 168, Anm. 36; Nr. 85 Anm. 6.
[44] Nachlass v. Bredow, N 97/2, Bl. 89.

Landes gegen äußere Feinde. Das ursprüngliche Protokoll benutzte den Begriff in seiner richtigen ursprünglichen Bedeutung und legte damit offen, dass es sich um den Einsatz der Reichswehr im Innern handelte. Formal richtig war es jedoch, den Begriff „Reichsverteidigung" zu verwenden, wie der Berichtigungsantrag es wünschte. Denn dieser Begriff umfasste den Einsatz gegen innere *und* äußere Feinde, und setzte damit die Provokation, die in der Neuorientierung der Wehrmacht lag, auf ein Minimum herab.

In der Amtschefbesprechung im Ministeramt am 11. November 1932 führt Bredow noch einmal Grundsätzliches über die Wehrpolitik aus:

> „Die neuen Maßnahmen in Grenz- und Landesschutz sowie der zukünftige Umbau des Heeres führen der Wehrmacht in größtem Ausmaße wieder die Aufgaben zu, die sie in einem freien souveränen Staat durchzuführen hat. Verbände, Bünde wieder scharf auf eigene Aufgaben beschränken. Keine Anmaßung, keine Überheblichkeiten.
>
> In Wehrfragen führt die Wehrmacht, *unser* Wille hat sich durchzusetzen."[45]

Diese grundsätzlichen Ausführungen befinden sich nicht nur maschinenschriftlich in den Akten Bredows, sondern sind zuvor handschriftlich ausgearbeitet worden. Schon in der Handschrift sind die Worte „führt" und „unser" unterstrichen. Das vorherige Ausarbeiten „in Kladde" zeigt, wie wichtig Bredow diese Ausführungen nahm. Sie korrespondieren mit den Eingangsworten aus dem Papier „Aufgaben der Wehrmacht", die die alleinige und eigenverantwortliche Leitung des Reichswehrministeriums für alle Aufgaben auf militärischem Gebiet herausstreichen.

Nach der Unterrichtung der obersten Ebene in den Ländern folgt die weitere Information an die Behördenspitzen. Bredow schreibt dazu in einer KO (Kurzorientierung, d. Verf.) vom 17. November 1932:

> 3) „Preuß. Innenminister hat bezüglich *Weisungen* ein Schreiben an Regierungspräsidenten, Polizeipräsidenten pp. übersandt. Wichtig ist Hinweis auf strengste Geheimhaltung, Unterlassung von Schriftwechsel über die Weisungen und pflichtmäßige Förderung der mit den Weisungen verbundenen Bestrebungen".[46]

Es gibt vom 1. Dezember 1932 eine weitere Vortragsnotiz, die die Frage der Neuen Weisungen behandelt[47]:

> *„Vortragsnotiz*
>
> Für Chef M.A. für die Besprechung mit Vertretern der Reichsressorts am *2. 12.* 15 Uhr.
>
> 1.) Begrüßung im Auftrag (vorher: in Vertretung, durchgestrichen, übergeschrieben) des Herrn Ministers.
>
> 2.) Neuer Abschnitt in der Arbeit für die Landesverteidigung beginnt mit diesem erstmaligen Zusammentritt der Vertreter aller Reichs- und Landesressorts („Landes" hand-

---

45 Nachlass v. Bredow, N 97/2, Bl. 104.
46 Nachlass v. Bredow, N 97/2, Bl. 56.
47 Nachlass v. Bredow, N 97/2, Bl. 156.

IX. Neuorientierung der Wehrmacht

schriftlich nachträglich eingefügt) und der preußischen Regierung (die Worte „und der preußischen Regierung" handschriftlich durchgestrichen). Die Arbeiten für die Reichsverteidigung bedeuten eine Staatsnotwendigkeit. Sie sind völlig unabhängig von der jeweiligen innerpolitischen Lage und politischen Konstellation.

3.) Bekanntgabe des Kabinettsbeschlusses gemäß der Ziffer 3 der Weisungen „Der Reichswehrminister trägt die Verantwortung für die Reichsverteidigung. Alle Reichs- und Landesbehörden haben die Pflicht, ihn bei seinen Maßnahmen für die Reichsverteidigung zu unterstützen.

4.) Aufgaben der Landesverteidigung sind Angelegenheiten des ganzen Volkes. Die Durchführung liegt in der Hand der Reichswehr und der berufenen Staatsbehörden. Verbände, Organisationen und Parteien haben nicht das Recht zu eigenen Maßnahmen. Um so schärfer müssen vom Staat alle Möglichkeiten für die Vorbereitung der. Reichsverteidigung erschöpft werden."

Die Besprechung am 2. Dezember 1932 scheint nicht alle Fragen geklärt zu haben. Denn in einer Kurzorientierung vom 10. Dezember 1932 heißt es, es seien noch einige Fragen über den Ausnahmezustand im Hause, in der Wehrmacht und innerhalb der Zivilressorts zu klären. Die Reichsressorts seien deshalb zu einer Besprechung mit dem Reichswehrminister aufgefordert.[48] Am 10. Dezember 1932 wurde dementsprechend eine Einladung an die Vertreter der Zivilressorts, an die Reichsbahn-Hauptverwaltung und den Vertreter des kommissarisch geleiteten preußischen Innenministeriums herausgegeben mit der Bitte, sich am 15. Dezember 1932 im Reichswehrministerium einzufinden, um „die für den Fall eines militärischen Ausnahmezustandes notwendigen Vorbereitungen und Maßnahmen" erneut zu prüfen. Die „Bekämpfung politischer Streiks" und „vorbeugende Maßnahmen für einen Ausnahmezustand während einer Zeit politischer Spannung" sollten besprochen werden.[49]

Die Notiz vom 1. Dezember 1932 fällt zeitlich genau in den Ablösungsprozess Papens durch Schleicher (s. u. H. VIII. Gesprächsrund in Berlin am 1. Dezember 1932, H. IX. Kabinettssitzbg am 2. Dezember 1932). Gleichzeitig fällt sie in das Umfeld des Planspiels Ott (s. u. H. III. Planspiel Ott). Im Reichswehrministerium wurde also kontinuierlich weitergearbeitet an der Neuorientierung, während bei der Regierung Diskontinuität herrschte. Daraus folgt, dass das Reichswehrministerium sich immer noch auf die praktische Durchführung des Staatsnotstandes vorbereitete. Zur gleichen Zeit trat Schleicher gegenüber dem Reichspräsidenten dafür ein, dass der Staatsnotstand jetzt nicht erfolgreich durchgeführt werden könne. Hier zeigt sich, wie ambivalent Schleicher mit dem Staatsnotstand umgeht. Das wird dazu führen, dass schließlich das Planspiel Ott und Schleichers Überlegungen zum Staatsnotstand vom Reichspräsidenten missverstanden werden, was Schleicher einen nicht wieder gutzumachenden Vertrauensverlust bei Hindenburg einträgt.

---

[48] Nachlass v. Bredow, N 97 / 2, Bl. 156 R.

[49] Zu der Einladung vom 10. Dezember 1932 und dem weiteren Ablauf: *Dirk Blasius*, S. 163 ff., m. w. N.

Die praktische Umsetzung der Neuorientierung begann Mitte Dezember 1932. Im Reichswehrministerium wurden drei Verordnungen entworfen: eine Verordnung des Reichspräsidenten über die Verhängung des militärischen Ausnahmezustandes, eine Verordnung über die Bildung von außerordentlichen Gerichten und eine Standgerichtsordnung. Am 13. Januar 1933 fand eine Besprechung im Reichswehrministerium darüber mit einem Vertreter des Reichsjustizministeriums und des preußischen Innenministeriums statt.[50] Vincenz Müller wurde mit der Ausarbeitung einer neuen Vorschrift „Verwendung der Reichswehr im Reich" beauftragt. Diese „ViR" wurde erst im Februar 1933 fertiggestellt und als „Geheime Kommandosache" versandt. Blomberg zog sie alsbald wieder ein.[51] Am 27. Januar 1933 erschien noch eine Neufassung des „Merkblatt für den militärischen Ausnahmezustand."[52] Sein Inhalt ist nicht bekannt.

3. Bewertung der Neuorientierung

Die „Neuen Weisungen" beziehen sich auf den Grenz- und Landesschutz. Der Grenz- und Landesschutz wurde definiert als Schutz der Grenzen gegen feindliche Überfälle und als Abwehr gewaltsamer verfassungsfeindlicher Bestrebungen und anderer gewaltsamer Störungen der öffentlichen Ruhe und Ordnung.[53] Insofern kann man Grenzschutz mit äußerer Verteidigung gleichsetzen, Landesschutz mit Einsatz der Reichswehr im Landesinnern.

Das Reichswehrministerium war auf die Zusammenarbeit mit den Ländern, vor allem mit Preußen angewiesen. Da Otto Braun aber während der gesamten Dauer der Weimarer Republik ein grundsätzlicher Gegner des Grenz- und Landesschutzes blieb, kam es über diese Fragen schon Mitte der zwanziger Jahre zu Zerwürfnissen zwischen Preußen und der Reichswehr, die vor allem damit zu tun hatten, dass der Grenz- und Landesschutz nur mit dem Einsatz vieler Kräfte über das 100.000-Mann-Heer hinaus möglich war. So wurde der Grenz- und Landesschutz zum Tummelplatz für paramilitärische Verbände aller Art. Schleicher wusste sehr genau, dass er auf Mitglieder der paramilitärischen Verbände einerseits angewiesen war. Eben deshalb hatte er sich so schwer getan mit dem Verbot der SA. Andererseits lag darin aber die Gefahr, dass diese Verbände sich innerhalb des Grenz- und Landesschutzes eigene Entscheidungskompetenzen anmaßten und damit zu einer innenpolitischen Gefahr wurden.

Schon als 1919 mit geheimen militärischen Grenzschutzvorbereitungen begonnen worden war, begann der Konflikt zwischen preußischer Regierung und Wehrmacht. Im Ruhrkampf spitzte er sich zu. Denn Preußen wollte bei dem passiven

---

[50] Vgl. *Dirk Blasius*, S. 165.
[51] *Vincenz Müller*, Vaterland, S. 344, 345.
[52] *Eberhard Kolb / Wolfram Pyta*, S. 155, 178, 179.
[53] Vgl. *Vincenz Müller*, Vaterland, S. 323.

Widerstand verharren, die Wehrmacht aber aktive Sabotage betreiben. Am 30. Juni 1923 kam es zu einer Einigung zwischen Reichswehrminister Gessler und dem preußischen Innenminister Severing.[54] Denn sowohl Braun als auch der Reichswehrminister hatten aus dem Ruhrkampf die Lehre gezogen, dass die Frage des Grenz- und Landesschutzes in geordnete Bahnen übergeleitet werden müsse. Das Abkommen zum „Schutz der Grenzen gegen feindliche Überfälle und die Abwehr gewaltsamer verfassungsfeindlicher Bestrebungen" verpflichtete den Reichswehrminister zur Unterrichtung Preußens über alle Aktivitäten des Grenz- und Landesschutzes auf preußischem Gebiet. Ferner verpflichtete sich der Reichswehrminister, „Organisationen irgendwelcher Art" keinesfalls an der Vorbereitung oder Durchführung des Landesschutzes zu beteiligen.[55]

Otto Braun blieb mit Recht skeptisch. Das Reichswehrministerium scherte sich um das Abkommen keinen Deut. Nachdem der Manchester Guardian die geheime Aufrüstung und die Existenz der „Schwarzen Reichswehr" publik gemacht hatte, kündigte Braun in einem Schreiben an Marx vom 20. Dezember 1926 offiziell die Zusammenarbeit in Grenz- und Landesschutzangelegenheiten auf, die es ohnehin praktisch nicht gegeben hatte.

Am 18. März 1927 traf Braun mit dem neuen Chef der Heeresleitung Heye zusammen und sprach über neue Richtlinien für Grenz- und Landesschutz. Braun wünschte, dass „zivile" Hilfskräfte der Reichswehr – das sind die Angehörigen von Grenz- und Landesschutz – nicht einer Partei oder Verband angehören dürften, der als „politisch" einzustufen sei. Am 26. April 1929 beschloss die Reichsregierung neue „Richtlinien für den Grenz- und Landesschutz". Braun stellte sich auf den Standpunkt, dass er die Richtlinien von 1923 offiziell aufgekündigt habe, eine regelrechte Verabredung mit Heye am 18. März 1927 nicht getroffen worden sei. Braun legte seine Gedanken dazu in einem Schreiben an Severing am 21. August 1929 dar: „Ich habe den Richtlinien für den sogenannten ‚Grenzschutz' noch nicht zugestimmt und werde ihnen auch nicht zustimmen. Denn gegen einen Angriff von außen bietet diese Spielerei keinen Schutz, innenpolitisch involviert sie indessen die Gefahr des Bürgerkrieges, wie die Vorgänge in Österreich zur Zeit beweisen."[56]

Bei Grenz- und Landesschutz ergab sich das Problem, wie sich die betroffenen Länder dem Reich bzw. dem Reichswehrministerium unterordneten oder mit ihm zusammenarbeiten. In diesem Problemfeld überschnitten sich das Problem des Dualismus Preußen/Reich und das Problemfeld Grenz- und Landesschutz. Insofern war der von Schleicher geführte Preußenschlag auch ein Teil seiner Grenz- und Landesschutzpolitik. Bezeichnenderweise beschäftigte er sich gerade dann mit den „Neuen Weisungen", als der Staatsgerichtshof in dem Rechtsstreit Preußen ./. Reich über den Preußenschlag zu entscheiden hatte und das Schicksal der Kom-

---

[54] Text der Einigung als Anl. 1 zu: Der preußische Ministerpräsident an den Reichskanzler, 20. Dezember 1926, AdR, Marx III, IV, Nr. 163.
[55] *Hagen Schulze,* S. 608 ff.
[56] Zit. in: *Hagen Schulze,* S. 612.

missariatsregierung in Preußen durchaus ungewiss war. Schleicher fürchtete, die Sache werde wohl „halbe halbe" ausgehen.[57] Mit den „Neuen Weisungen" den Preußenschlag zu perfektionieren, auch wenn das Urteil des Staatsgerichtshofs ungünstig ausfiele, war deshalb Schleichers Anliegen.

Juristisch wurde das bewirkt mit den Sätzen der Neuen Weisungen: „Der Reichswehrminister trägt die Verantwortung für die Reichsverteidigung. Alle Reichs- und Landesbehörden haben die Pflicht, ihn bei seinen Maßnahmen für die Reichsverteidigung zu unterstützen". Damit sind alle preußischen Landesbehörden dem Reichswehrminister untergeordnet, jedenfalls für den Fall der Reichsverteidigung. In der Vereinbarung vom 30. Juni 1923 hatte es noch geheißen: „1. In Sachen des Landesschutzes soll engstes Einvernehmen und dauernde Zusammenarbeit zwischen den Militär- und Verwaltungsbehörden hergestellt und aufrechterhalten werden. (...) 2. In diesem Sinne haben die Wehrkreiskommandos mit dem zuständigen Oberpräsidenten Vereinbarungen zu treffen, die der Zustimmung der Zentralstellen unterliegen. Die Zentralstellen verpflichten sich, ihre Entscheidung nur im Einvernehmen mit den anderen Ressorts zu treffen." Nach den Neuen Weisungen haben die Reichs- und Landesbehörden bedingungslose Unterstützung zu leisten. Nach der Fassung von 1923 hatten sie immerhin noch einigen Einfluss, indem das Einvernehmen herzustellen war.

Bredow sollte den Vertretern der Reichsressorts diesen Passus der Neuen Weisungen am 2. Dezember 1932 um 15 Uhr eröffnen, wie die Vortragsnotiz vom 1. Dezember 1932 vorsah. Damit waren sämtliche Reichs- und Landesbehörden dem Reichswehrminister im Falle der Reichsverteidigung nachgeordnet. Von diesem Moment an war für den Fall der Reichsverteidigung der militärische Ausnahmezustand Regelfall. Auch hier muss man sich in Erinnerung rufen, dass „Reichsverteidigung" auch eine Verteidigung rein innenpolitischer Art, also gegen einen inneren Feind, sein konnte, und dass Schleicher auch diesen Fall im Auge hatte. Braun hatte ganz recht mit seiner Bemerkung vom 21. August 1929, gegen einen äußeren Feind sei eine Reichsverteidigung durch Grenz- und Landesschutz Spielerei. Die Weimarer Republik wäre jedem äußeren Feind hoffnungslos unterlegen. Dazu hätte es keiner „Neuen Weisungen" bedurft. Wohl aber würden die „Neuen Weisungen" gegen umstürzlerische Tendenzen aus dem Innern heraus eine wirkungsvolle Hilfe sein, denn nun konnte der Reichswehrminister mit der geballten Kraft aller Reichs- und Länderbehörden gegen innere Unruhen vorgehen.

Das Protokoll der Ministerbesprechung vom 14. Oktober 1932 ist zu dieser Angelegenheit von lapidarer Kürze. Die Minister scheinen nicht einmal bemerkt zu haben, dass ihr Beschluss den militärischen Ausnahmezustand, wie er in der Situation 1923/24 schon einmal fast vor der Tür gestanden hatte, zum Regelfall erhob. Der Umstand, dass diese wichtige Entscheidung als Tagesordnungspunkt 9) behandelt wurde, lässt den Verdacht aufkommen, dass Schleicher die Ministerkollegen das Schwerwiegende ihrer Entscheidung auch gar nicht merken lassen wollte.

---

[57] Vgl. Nachlass v. Bredow, N 97/2, Bl. 50.

IX. Neuorientierung der Wehrmacht

In Ziff. 2) der Vortragsnotiz vom 1. Dezember 1932 heißt es, dass dieses erstmalige Zusammentreffen aller Ressortvertreter der Beginn des neuen Abschnitts in der Reichs- und Landesverteidigung sei. Auf eine Zustimmung oder ein Übereinkommen, wie 1923 mit Preußen getroffen, legte der Reichswehrminister nun keinen Wert mehr. Jetzt wurden die Länder schlicht mit den „Neuen Weisungen" konfrontiert, sie wurden ihnen einfach mitgeteilt. Dazu passt auch der Begriff „Neue Weisungen": Weisungen hat man hinzunehmen.

Schleicher hatte sich mit den „Neuen Weisungen" das Instrument geschaffen, gegen die NSDAP mit der Reichswehr, unterstützt von allen Reichs- und Länderbehörden vorzugehen. Damit hatte Schleicher sich der größtmöglichen Unterstützung im Reichswehrministerium und in allen zivilen Landes- und Reichsbehörden versichert, die denkbar war. Aus dem Papier „Aufgaben der Wehrmacht" ist zu schließen, dass Schleicher diesen Fall auch einplante.

Im Gegensatz zu heute, da die Bundeswehr grundsätzlich nicht im Innern der Bundesrepublik eingesetzt werden darf, war der Einsatz der Reichswehr gegen innere Feinde der Weimarer Republik seit den Jahren 1918 bis 1923/24 ein ständiges Menetekel. Über Art. 48 WV war der Einsatz der Reichswehr im Innern recht einfach herzustellen. Es ist deshalb unerlässlich, Schleichers politische Maßnahmen unter dem Aspekt zu betrachten, wie sie sich bei einem Einsatz der Reichswehr im Reichsinnern auswirken würden.

„Aus freier, eigener Entscheidung, Konstellation muss günstig sein" lautete eine Alternative für den Einsatz der Reichswehr in dem Papier „Aufgaben der Wehrmacht". „Aus freier eigener Entscheidung" würde die Reichswehr den ersten Schlag tun können. In diesem Zusammenhang kommt dem „Treubruch"-Papier vom 16. September 1932 Bedeutung zu. Es hätte den Einsatz der Reichswehr gegen die NSDAP und die SA immerhin rechtfertigen können, wenn Schleicher „aus freier, eigener Entscheidung" losgeschlagen hätte.

Aus alledem wird deutlich, dass Schleicher gegen die NSDAP zweigleisig vorging. Er verhandelte, winkte mit Ministerposten, bereitete aber auch einen Militärschlag vor. Mitte Dezember wird Schleicher dies mit den Worten formulieren: „Frage an die NSDAP: Spielst du mit? Wenn nicht, dann Kampf da" (s. u. J. V. „Arbeit schaffen," „Querfront").

H. Ende der Regierung v. Papen

Das Merkwürdigste an Papens Rücktritt am 17. November 1932 ist der Umstand, dass Papen überhaupt zurücktrat. Hindenburg hätte ihn gern weiter als Kanzler behalten, Papen selbst wäre gern Kanzler geblieben. Ob die Bürgerkriegsgefahr Mitte November 1932 tatsächlich so groß war und eskalieren würde, wenn Papen im Amt blieb, mag man bezweifeln. Da Schleicher bzw. das Ministeramt mit dem Kabinettsbeschluss vom 14. Oktober 1932 über die „Neuen Weisungen" die äußerste Machtfülle für den Ausnahmezustand bereithielten, und da der folgende Kanzler Schleicher bei der NSDAP mindestens ebenso unbeliebt war wie Papen, ist die Ablösung Papens durch Schleicher auf den ersten Blick schwer nachvollziehbar.

I. Berliner Verkehrsbetriebe-Streik

Anfang November 1932 kam es wegen einer geringfügigen tarifvertraglichen Streitigkeit zu einem Streik bei der Berliner Verkehrsgesellschaft (BVG), dem sog. Berliner Verkehrsbetriebe-Streik (künftig: BVG-Streik). Hier hatten sich KPD und NSDAP zusammengefunden, um Berlin für wenige Tage in ein Chaos zu stürzen. Sogar Tote waren zu beklagen. Sicher brach der Streik nicht zufällig ausgerechnet unmittelbar vor der Reichstagswahl aus. Die Geringfügigkeit seines Anlasses legte die Vermutung nahe, dass es weniger um die tarifvertragliche Frage ging. Vielmehr sollte die Wahl gestört werden. Die Drohung mit Bürgerkrieg und Umsturz sollte mit diesem Streik untermauert werden, und das wurde von den Politikern auch so verstanden.

Nun war das Horrorszenario wahr geworden, das Schleicher schon so lange fürchtete. Die ultralinken und -rechten Kräfte hatten sich zu gemeinsamer Aktion zusammengetan. Zwar hatten NSDAP und KPD mehrfach in Länderparlamenten oder städtischen Gremien zusammen abgestimmt, wenn es darum ging, die Weimarer Republik zu desavouieren. Das waren aber punktuelle Aktionen gewesen, ausgetragen innerhalb von Parlamenten und nicht auf der Straße. Die schwerwiegendste dieser gemeinsamen Aktionen hatte in Preußen stattgefunden, als im Sommer 1931 die KPD zusammen unter anderen mit der NSDAP den Preußischen Landtag durch ein Volksbegehren aufzulösen versuchte. Jedermann wusste um die Feindschaft zwischen KPD und NSDAP. Gemeinsames Handeln außerhalb des Parlaments war deshalb etwas erschreckend Neues. Die Regierung reagierte bestürzt. Die Angst Hindenburgs vor einem Bürgerkrieg hatte neue und fundierte Nahrung erhalten.

In der Ministerbesprechung vom 3. November 1932 erklärte Reichminister Bracht noch, zwar hätten sich Nationalsozialisten an Beschädigungen von Fahrzeugen der BVG beteiligt. Es sei aber ein kommunistischer Streik, die Nationalsozialisten arbeiteten im übrigen nicht mit der KPD zusammen. Bracht scheint die Situation völlig zu verkennen, wenn er etwas später ausführt, die Geschlossenheit der NSDAP habe sich seit August verringert, in Königsberg etwa seien keinerlei Nationalsozialisten in Uniform zu sehen, die militärische Stoßkraft gelte als gering. Unmittelbar im Anschluß an Brachts Ausführungen erklärte Reichsinnenminister Gayl, dass die „Nationalsozialisten stimmungsmäßig Unruhen nach dem 6. November vorbereiteten, gegebenenfalls gemeinschaftlich mit den Kommunisten." Der Kanzler Papen teilte weiter mit, dass die Nationalsozialisten schon am Tage nach der Reichstagswahl, nämlich am 7. November, den Preußischen Landtag einberufen wollten, um einen Ministerpräsienten zu wählen.[1] Papen befürchtete, die NSDAP werde notfalls mit Gewalt vorgehen. Gayl und Papen beurteilten also die Lage viel dramatischer als Bracht. Bredow wurde nach der Reichswehr befragt und teilte mit, „dass die Reichswehr für alle Fälle angewiesen sei. Weitere Anweisungen könnten nur als Schwäche ausgelegt werden."

Bei dem Preußenschlag, der nur gut drei Monate zurücklag, hatte die Reichswehr nicht eingreifen müssen. Aber damals hatte Schleicher sich auch durch vorherige Verhandlungen der NSDAP versichert. Nun beschwor der Streik eine Lage herauf, bei der wiederum die Frage nach dem Eingreifen der Reichswehr latent im Raume stand. Bredows Äußerung ließ den Schluss zu, dass das Reichswehrministerium die Lage noch nicht als überaus gefährlich einstufte. Es konnte sich ein vorsichtiges Taktieren leisten, um die Staatsautorität nicht dem Verdacht der Schwäche auszusetzen. Andererseits könnte die beruhigende Äußerung Bredows nur taktisch bedingt gewesen sein. Denn jedenfalls Ott stufte die Lage als so gefährlich ein, dass er das sog. Planspiel Ott anregte, um die Chancen der Reichswehr in einer derartigen Lage auszuloten (s. u. H. III. Planspiel Ott).

Außerdem schien nun in greifbare Nähe gerückt, was Schleicher und der gesamte Kreis um Hindenburg schon länger fürchteten. NSDAP-Mitglieder könnten sich der KPD anschließen. Papen bestätigt, dass dies Schleichers größte Furcht zu jener Zeit gewesen sei: „Schleicher hat mir gegenüber oft die Meinung vertreten, es sei gegenwärtig die dringendste staatsmännische Aufgabe, alles zu tun, um die außergewöhnlich angeschwollene nationalsozialistische Partei in ihrer heterogenen Zusammensetzung nicht in die Arme des Kommunismus zu treiben."[2] Das schien aber jetzt zu geschehen. Um so dringender wollte Schleicher die NSDAP noch im letzten Moment in die Regierungsverantwortung einbinden, bevor die Gefahr der Abwanderung zur KPD lawinenartig anschwellen würde. Der BVG-Streik schien geradezu die Grenze zwischen den beiden republikfeindlichen Parteien fließend werden zu lassen. Um so leichter würden NSDAP-Mitglieder Kommunisten wer-

---

[1] Ministerbesprechung vom 3. November 1932, 11.30 Uhr, AdR, v. Papen, Nr. 191.
[2] Vgl. *Thilo Vogelsang*, Zur Politik Schleichers, S. 115.

den können. Das Wahlergebnis vom 6. November 1932 schien diese Furcht zu bestätigen, hatte doch die NSDAP 34 Mandate verloren, die KPD 11 gewonnen (s. u. H. II. Reichstagswahl am 6. November 1932).

Eine weitere Folge des Zusammenwirkens von KPD und NSDAP bei dem BVG-Streik war die sog. Schubkasten-Verordnung. Am 18. November 1932, am Tage nach dem Rücktritt des Kabinetts, bemerkte der nunmehr nur noch geschäftsführende Reichsinnenminister Gayl, der Entwurf der Verordnung betreffend Streiks in lebensnotwendigen Betrieben – später nannte man sie Schubkasten-Verordnung – sei noch nicht fertig.[3] Schleicher bat am 18. November, das Reichswehrministerium an der Ausarbeitung zu beteiligen. Diese Verordnung wird die Regierung Hitler am 4. Februar 1933 von Hindenburg in Kraft setzen lassen unter der Überschrift „Verordnung des Reichspräsidenten zum Schutze des deutschen Volkes" (RGBl. 1933 I, S. 35).

Auch am 25. November 1932 war der Entwurf noch nicht vollständig fertig, wie der Reichsinnenminister in der Ministerbesprechung erklärte.[4] Schleicher wünschte, diese Verordnung für einen Regierungswechsel zur Hand zu haben. Schleicher sah größte Gefahren für den Regierungswechsel voraus, der nach dem Rücktritt der Regierung Papen notwendigerweise anstand. Angesichts der Erfahrungen während des BVG-Streiks musste damit gerechnet werden, dass in der aufgeheizten Atmosphäre aus geringfügigem Anlass bürgerkriegsähnliche Zustände hätten entstehen können. Ein Regierungswechsel hätte also erst recht einen Anlass bieten können. Die Verordnung lag „im Schubkasten" bereit, um notfalls eingesetzt zu werden, warnte Schleicher in seiner Regierungsrede am 15. Dezember 1932 alle eventuellen Unruhestifter.[5]

Die weitere gewichtige Folge des BVG-Streiks war das sog. Planspiel Ott (s. u. H. III. Planspiel Ott).

II. Reichstagswahl am 6. November 1932

Hindenburg hatte nach der turbulenten Reichstagssitzung am 12. September 1932 und der Reichstagsauflösung die Neuwahl auf den 6. November 1932 festgesetzt, den letzten Fristtag gemäß Art. 25 Abs. 2 WV.

Zuvor hatte es im Reichswehrministerium Überlegungen gegeben, ob man wagen könne, die Reichstagswahl über die verfassungsmäßige Frist hinauszuzö-

---

[3] Ministerbesprechung vom 18. November 1932, 11 Uhr, AdR, Papen, Nr. 216. TOP 2.

[4] Ministerbesprechung vom 25. November 1932, 16 Uhr, AdR, Papen, Nr. 232, TOP 5.

[5] Die Schubkasten-VO ist im Januar 1933 nochmals überarbeitet worden. In der Kurzorientierung des Chefs des Ministeramtes v. Bredow vom 25. Januar 1933 heißt es, dass der vom Reichsminister der Justiz zur persönlichen Kenntnisnahme übersandte Neuentwurf der Verordnung zum Schutz des deutschen Volkes Gegenstand der morgigen Lagebesprechung im Reichsjustizministerium sein werde. Nachlass v. Bredow, N 97/3, Bl. 32.

II. Reichstagswahl am 6. November 1932

gern. In einer Kurzorientierung vom 4. Oktober 1932, die Bredow und Ott für Schleicher verfasst hatten, ist unter Ziff. 7 ausgeführt: „Befragung der Chefs der Stäbe über Reichstagsneuwahl oder nicht?" Die Kurzorientierung berichtet, die Befragung habe nichts Neues erbracht gegenüber dem Bild, das das Reichswehrministerium sich ohnehin schon aus der Presse habe machen können.[6]

Die NSDAP verlor bei der Wahl am 6. November 1932 34 Mandate, was als erfreuliches Zeichen gewertet wurde. Doch die KPD gewann 11 Mandate hinzu. Schleicher befürchtete, dass diese 11 Mandate von früheren Wählern der NSDAP gekommen waren, was er als schlimmes Zeichen wertete. Wie auch immer man rechnete, angesichts des Wahlergebnisses hatten KPD und NSDAP zusammengenommen immer noch mehr als die Hälfte der 584 Sitze im Parlament inne, nämlich insgesamt 296 Sitze. An diesem Punkt hatte sich also gegenüber dem Wahlergebnis vom 31. Juli 1932 nichts geändert.

Schleicher rechtfertigte die Neuwahl in der ersten Ministerbesprechung nach der Wahl am 9. November 1932 mit dem Argument, diese Wahl habe den Parteien beweisen sollen, dass ein Reichskabinett, gebildet aus Mehrheitsparteien des Reichstags, zur Zeit nicht möglich sei. Die Reichsregierung müsse der Öffentlichkeit gegenüber durchaus im Recht sein.[7] Dahinter steckte die Furcht vor einem Bürgerkrieg. Die Öffentlichkeit sollte erkennen, dass es keine Alternative zu einem Präsidialkabinett gäbe und dass deshalb die Tatsache des Fortbestehens eines Präsidialkabinetts schlechterdings keinen Grund für einen Bürgerkrieg abgeben könne.

Schleicher stellte sodann in der Ministerbesprechung am 9. November 1932 seinen Notstandsplan vor:

a) der Reichskanzler spricht mit den Parteien.

b) Bericht des Reichskanzlers an den Herrn Reichspräsidenten über das Ergebnis der Besprechung.

c) Feststellung des Herrn Reichspräsidenten: es gibt keine arbeitsfähige Mehrheit im Reichstag.

d) Wenn diese Feststellung erfolge, dann dürfe der Reichstag auch gar nicht erst zusammentreten.

Wie stellte Schleicher sich die Durchführung des Punktes d) vor? Gegenüber Gürtner äußerte Schleicher am 29. November 1932, man könne das Zusammentreten des Reichstags „natürlich nicht mit Art. 48" verhindern. Aber es gäbe eben ein Notrecht (s. u. H. XI. Missverständnis des Planspiel Ott). In der Tat wäre es verfassungsrechtlich mehr als zweifelhaft gewesen, wenn der Reichspräsident den neugewählten Reichstag mit einer Verordnung gemäß Art. 48 WV am Zusammentreten hätte hindern wollen. Denn das Zusammentreten des Reichstages nach

---

[6] Nachlass v. Bredow, N 92 / 2, Bl. 38 R.
[7] Ministerbesprechung vom 9. November 1932, 18 Uhr, AdR, Papen, Nr. 200.

einer Wahl ist zwingend in Art. 23 Abs. 2 WV vorgegeben. Danach tritt der Reichstag zum ersten Mal spätestens am dreißigsten Tage nach der Wahl zusammen, ohne dass der Reichspräsident irgendeinen verfassungsrechtlichen Einfluss darauf hätte. Schleicher sieht also immer noch den Staatsnotstand als geeignetes Mittel an, um in der kritischen Situation Ende November 1932 Politik zu betreiben. Auch hier zeigt sich, dass Schleicher ungeachtet des Ergebnisses des Planspiels Ott (s. u. H. III. Planspiel Ott) durchaus geneigt war, den Staatsnotstand durchzuführen.

In dem Verhalten der Präsidialkabinette gegenüber dem Reichstag ist eine Steigerung zu beobachten: Brüning hatte bei seinem Regierungsantritt den Reichstag gemäß Art. 48 Abs. 3 WV über die Aufhebung seiner Notverordnungen beschließen lassen und ihn dann erst aufgelöst, um seine eigenen Vorstellungen in Form weiterer Notverordnungen durchzubringen. Papen hatte dem neu gewählten Reichstag die Auflösungsorder überbracht, um eine Abstimmung von vornherein zu verhindern. Schleicher will den Reichstag nicht einmal mehr zusammentreten lassen. Einen Monat später, im Dezember 1932, stellt Schleicher dem Zusammentreten des Reichstages jedoch nichts in den Weg. Dann wird aber die Situation für ihn entspannter sein als am 9. November 1932. Er selbst ist Kanzler und fürchtet Anfang Dezember nicht, mit einem Misstrauensvotum gestürzt zu werden. Er kann auf Vertagung des neu zusammengetretenen Reichstags und auf Aufschiebung der Abstimmung über ein Misstrauensvotum hoffen. Wenn der Reichstag der Regierung nicht gefährlich wird, so geht Schleicher lieber den Weg, ihn zusammentreten zu lassen. Er vermeidet dadurch die Provokation der linken und rechten Kräfte, die zum Bürgerkrieg führen könnte.

III. Planspiel Ott

In dieser Situation, nach der Reichstagswahl, die das Problem der Regierungsumbildung wiederum aufwarf, und nach dem BVG-Streik, der die Gefahr der inneren Unruhen von links und rechts beschwor, schlug der Chef der Wehrmachts-Abteilung Eugen Ott ein Planspiel vor. Das Spiel sollte mit der Ausgangssituation beginnen, dass Unruhen von der KPD und zugleich von der NSDAP ausgingen und eine ausländische Macht, die Schwäche Deutschlands ausnutzend, eingriff. Ott selbst bekräftigte später, dieses Planspiel sei seine Initiative gewesen und nicht die Schleichers, der sich sogar zunächst eher gegen ein derartiges Planspiel ausgesprochen habe.[8]

Am 16. November 1932 lud Schleicher zu dem Planspiel ein, das im Großen Saal des Reichswehrministeriums stattfinden sollte. Die Einladung nannte den Zweck des Planspiels:

---

[8] *Eugen Ott,* Vorgeschichte, S. 9.

III. Planspiel Ott   169

„1) Zur Klarstellung der Fragen, die im Falle eines militärischen Ausnahmezustandes auf den Gebieten der Handhabung der vollziehenden Gewalt und der polizeilichen Exekutive an die Reichswehr herantreten können, findet am 25. und 26. 11. 32 eine Planübung im Reichswehrministerium statt." (...)

Weiter unten heißt es in der Einlaung:

„4) Es ist beabsichtigt, im Rahmen der Planübung unter anderem die Fragen zu erörtern:
- Zusammenarbeit der Militärbefehlshaber mit den Zivilbehörden
- Zusammenarbeit der militärischen Befehlsstellen mit der Polizei, Einsatz der Polizeikräfte
- Sicherung der Verkehrsmittel (Eisenbahn, Kraft- und Luftverkehr)
- Sicherung der Nachrichtenverbindungen
- Sicherstellung und Inganghaltung lebenswichtiger Wirtschaftsbetriebe
- Handhabung der Presseüberwachung."[9]

Das Planspiel wurde so durchgeführt, dass vier Hauptproblemfelder zu bearbeiten waren, nämlich

- Ostpreußen: Durch den polnischen Korridor vom Reich getrennt, war es für einen polnischen Angriff ein willkommenes Ziel. Der Landesschutz bestand jedoch zu ca. 80 % aus Anhängern der NSDAP, die bei Unruhen von rechts natürlich keine Hilfe sein würden.

- Hafen Hamburg: Bei einem Streik der Hafenarbeiter würde die lebenswichtige Ein- und Ausfuhr gelähmt. Die Technische Nothilfe, die helfen könnte, bestand jedoch zu 80 % aus Mitgliedern der NSDAP.

- Stromversorgung von Berlin durch das Kraftwerk Golpa-Tschornewitz: Hierfür galt dasselbe wie für den Hamburger Hafen. Die Technische Nothilfe war überwiegend in der Hand der NSDAP.

- Ruhrgebiet: Bei einer Stilllegung des Bergbaus würden separatistische Kräfte einen Bürgerkrieg entfesseln. Da gemäß dem Versailler Vertrag das Heer in diesem Gebiet nicht eingreifen durfte, würde die Preußische Polizei das Problem allein lösen müssen. Diese war aber in sich nach links und rechts gespalten.

- Neben diesen Hauptproblemfeldern ergab die Untersuchung, dass auch in den einzelnen Ländern zuverlässiger Widerstand der demokratischen Kräfte nicht zu erwarten sei.[10]

Ott weist in seinem 1965 über das Planspiel gehaltenen Vortrag darauf hin, dass bei der Prüfung des Ausnahmezustand zwei Fragen deutlich auseinanderzuhalten

---

[9] *Rainer Wohlfeil/Hans Dollinger,* Foto der Einladung, Az.: Nr. 459/32 W II b geh., S. 244. Das Planspiel ist dokumentiert in *Thilo Vogelsang,* Vortragsnotiz Ott vom 2. 12. 1932 für Reichswehrminister v. Schleicher, Reichswehr, S. 484 ff.; Niederschrift Ott, 1947, in: *Ernst Rudolf Huber,* Dok. 498; Tagebuch Schwerin v. Krosigk vom 2. 12. 1932, in: AdR, Papen, Nr. 239 b, S. 1037 ff.

[10] Vgl. *Eugen Ott,* Vorgeschichte, S. 9, 10.

waren, nämlich die technischen Maßnahmen einerseits und der politische Erfolg andererseits: „Die dreitägige Studie hatte ein zweifaches Ergebnis. Die technischen Maßnahmen eines militärischen Ausnahmezustandes wurden bis ins einzelne geregelt, so dass sein Anlauf notfalls gesichert war. Der politische Erfolg erschien aber im höchsten Maße zweifelhaft. Beides trug ich dem Reichswehrminister vor mit der dringenden Vorstellung, dass die Ordnungskräfte des Reiches nicht ausreichen, um im Innern gegen NSDAP und KPD vorzugehen und das Reich nach außen zu sichern. Die augenblickliche Lage sollte daher nicht mit den Mitteln des militärischen Ausnahmezustandes, sondern auf politischem Wege gelöst werden. Diese Feststellung trug einige Tage später wesentlich zum Rücktritt des Kabinetts von Papen bei."[11]

Schleicher äußerte im April 1934 gegenüber Vincenz Müller, welche Schlüsse er selbst aus dem Planspiel gezogen habe.[12] Es sei ihm, Schleicher, nach dem Planspiel ganz klar gewesen, dass eine bewaffnete Auseinandersetzung mit den Nazis zu unübersehbarem Bürgerkrieg geführt hätte. Die Reichswehr sei in Gefahr gewesen, zwischen zwei Feuer zu geraten, nämlich zwischen NSDAP und KPD. Oder die KPD hätte sich zur Reichswehr schlagen können. Oder die NSDAP hätte sich jedenfalls stellenweise der Reichswehr bemächtigen können. Die SA hätte sich der Grenzschutzwaffenlager bemächtigen können. SA und KPD hätten gemeinsam gegen die Reichswehr stehen können – ganz unmöglich für die Reichswehr. In der zweiten Januarhälfte sei er, Schleicher, bereit gewesen, entsprechende Vollmachten des Reichspräsidenten vorausgesetzt, im Notfalle auch ein großes Risiko einzugehen. Aber der alte Herr habe ihm ja leider alle Vollmachten abgelehnt.

Das Planspiel hatte, wie die Einladung verdeutlicht, das Zusammenwirken von zivilen und militärischen Stellen üben sollen. Gerade waren die „Neuen Weisungen" ausgegeben worden. Die Länderchefs waren Ende Oktober 1932 von ihnen unterrichtet worden. Ott nutzte die Gelegenheit nach dem BVG-Streik, das Funktionieren der „Neuen Weisungen" einmal im Planspiel darzustellen. Schließlich war Ott in der Wehrmachtsabteilung für den Ausnahmezustand verantwortlich und musste herausfinden, wie sich die „Neuen Weisunen" in der Praxis bewähren würden. Schleichers Ablehnung des Planspiels dürfte darin begründet gewesen sein, dass er die Auswirkungen gefürchtet haben mag, die das Bekanntwerden des Planspiel-Ergebnisses haben könnten und die sie dann auch tatsächlich hatten. Erstmals hatte eine konkrete Situation, der BVG-Streik, Anlass zu einem Planspiel gegeben. Das rückte das abstrakt gedachte Planspiel bedenklich in die Nähe der politischen Wirklichkeit. Das Planspiel-Ergebnis wurde damit zum Präjudiz für politisches Handeln, wie es am 2. Dezember 1932 auch geschah, wobei es Schleicher dann selbst war, der das Planspiel-Ergebnis zum Präjudiz emporstilisierte (s. u. H. IX. Kabinettssitzung am 2. Dezember 1932).

---

[11] *Eugen Ott,* Vorgeschichte, S. 10.
[12] Nachlass *Vincenz Müller,* N 774 / 34, Antworten, Bd. 1, Bl. 64, 65.

IV. Rücktritt der Regierung Papen

Nach der Reichstagswahl am 6. November 1932 war eine ähnliche Lage entstanden wie nach der Wahl am 31. Juli 1932. Die Regierung amtierte weiter, hatte aber keine parlamentarische Basis gefunden. Es galt nun, sich über eine Regierungsumbildung Gedanken zu machen. Rechtlich wäre das nicht unbedingt nötig gewesen. Politisch aber waren Überlegungen schon notwendig, denn bei einem Verbleiben der Regierung Papen im Amt wurden Unruhen befürchtet. Die Situation nach der Wahl am 6. November unterschied sich von der Situation vor gut drei Monaten nach der Reichstagswahl vom 31. Juli 1932 allerdings in einem wesentlichen Punkt. Der Anteil der NSDAP-Wähler war zurückgegangen, die KPD hatte Wähler hinzugewinnen können. Ebenso verhielt es sich in Sachsen, wo am 6. November 1932 Landtagswahlen stattfanden. Dieser Trend setzte sich fort bei allen Landtags- und Kommunalwahlen, die in jenen Tagen stattfanden: Am 13. November bei den Kommunalwahlen in Lübeck und Sachsen, am 27. November bei den Kommunalwahlen in Bremen, am 4. Dezember 1932 bei den Kommunalwahlen in Thüringen. Bei allen diesen Wahlen verlor die NSDAP an Stimmen, die KPD legte zu.

Mitten in dieser Trendwende trat am 17. November 1932 die Regierung Papen zurück. Dieser Rücktritt wird kaum ganz allein auf Papens Entschluss beruht haben. Schleicher wird einigen Druck auf Papen ausgeübt haben. Ihm missfiel Papens beständiges Streben in Richtung einer Staatsumbildung mit einem Zwei-Kammer-Systems.[13] Außerdem gab es innerhalb des Kabinetts Papen viele Animositäten, die zu einem Wechsel drängten. Sie bestanden zwischen Papen und Schleicher, Papen und Bracht, Schleicher und Gayl, Schleicher und Gürtner, Schleicher und Planck.[14]

Es wird vertreten, dass Schleicher den „Abschuss" Papens besorgt habe, weil Papens mangelnde Arbeitsmoral ihm ein Dorn im Auge gewesen sei. Wenn es um Notverordnungen gegangen sei, an deren seidenen Fäden der Bürgerkrieg gehangen habe, sei Papen zur um 12 Uhr anberaumten Sitzung erst um 14 Uhr erschienen, angetan mit Cut und Nelke im Knopfloch, um die Sitzung alsbald wegen eines Pferderennens in Hoppegarten zu verlassen – und das mit den Worten: „Diese Kleinigkeiten können Sie ja wohl selbst erledigen."[15] Das kann aber natürlich nicht der eigentliche Grund gewesen sei. Denn zum einen erledigte Schleicher „diese Kleinigkeiten" tatsächlich gern selbst. Er hatte Papen als „Sprechkanzler" gewünscht, die grundlegenden Entscheidungen wollte Schleicher gern selbst fällen. Auf die Anwesenheit des Kanzlers konnte er insofern gut verzichten.

Die eigentlichen Gründe werden tiefer liegen: Papen musste aus Schleichers Sicht Mitte November 1932 zweimal die Chance versäumt haben, die NSDAP

---

[13] *Karl-Friedrich v. Plehwe*, S. 233.
[14] *Johann Rudolf Nowak*, 1064.
[15] *Julius Friedrich*, S. 22.

durch Einbeziehung in die Regierung unschädlich zu machen: Das erste Mal war dies am 13. August 1932 gründlich misslungen, als Schleicher sogar eine Kanzlerschaft Hitlers kurzzeitig erwog. Das zweite Mal war es jetzt nach dem 6. November 1932 misslungen, denn Hitler hatte deutlich gemacht, er stehe als Vizekanzler nicht zur Verfügung.

Bei der Wahl am 6. November 1932 erstarkte die KPD bei gleichzeitigem Abbröckeln der NSDAP. Das deutete, wie gezeigt, nach Schleichers Sichtweise darauf hin, dass etliche Nationalsozialisten zur KPD gewechselt waren – für Schleicher ein Alarmsignal. Man hätte sich über das Abbröckeln der NSDAP eigentlich freuen und eine Zeitlang abwarten können, bis die NSDAP endgültig am Ende war. So dachte ein großer Teil der Presse. Schleicher sah das nicht so. Eben gerade weil die NSDAP im Rückgang begriffen zu sein schien, musste Schleicher nun die letzte Möglichkeit gekommen sehen, die NSDAP an die Regierungsverantwortung heranzuziehen, und zwar gerade jetzt. Gelänge das nicht und würde die KPD zu Lasten der NSDAP gar weiter erstarken, so wäre das die schlechteste aller Möglichkeiten. Das drohende Gespenst einer Bolschewisierung tauchte wieder einmal auf.[16]

Schleicher selbst erklärte in der Ministerbesprechung am 17. November 1932 den Kabinettsrücktritt Papens damit, nationale Kreise hätten selbst Brunnenvergiftung betrieben und die „nationale Konzentration" dadurch unmöglich gemacht. Am unanständigsten sei zur Zeit das Zentrum mit diesem Vorwurf. Wenn das Kabinett jetzt nicht zurückträte, so würden die Verhandlungen des Reichspräsidenten als coup de théâtre bezeichnet werden. Sollte es nicht zu der ernsthaft anzustrebenden nationalen Konzentration kommen und sollte der Herr Reichspräsident dann auf die jetzige Regierung zurückgreifen, müsse in dem Auftrage des Herrn Reichspräsidenten klar zum Ausdruck kommen, dass die Reichsregierung äußerste Schritte tun dürfe.[17] Daraus spricht die Furcht vor dem Bürgerkrieg und vor dem militärischen Ausnahmezustand als Reaktion darauf.

Aber es liegt noch mehr in dieser Formulierung Schleichers über die „nationale Konzentration," die unmöglich gemacht worden sei. „Nationale Konzentration" bedeutete die Unterstützung der Regierung durch möglichst breite Bevölkerungskreise, und zwar mit dem Ziel, die Wirtschaft anzukurbeln, Arbeit zu schaffen und die so wichtige Arbeitsbeschaffung nicht durch Unruhen zu torpedieren. „Nationale Konzentration" sollte also so etwas wie eine parteiübergreifende Anstrengung zur Behebung der Wirtschaftskrise sein.

Papen hatte zwar Pläne für die Arbeitsbeschaffung, doch eine wirksame Umsetzung erfolgte nicht in ausreichendem Maße. Der Freiwillige Arbeitsdienst brachte zwar junge Leute in Arbeit, aber das reichte nicht. Papen wollte außerdem der Reichsbahn und der Reichspost größere Arbeitsaufträge erteilen, aber auch das

---

16 *Thilo Vogelsang,* Zur Politik Schleichers, VfZ 1958, S. 86, (S. 115).
17 Ministerbesprechung vom 17. November 1932, 11 Uhr, AdR, Papen, Nr. 215.

wäre keine durchschlagende Arbeitsbeschaffung gewesen. Steuerentlastungen für Unternehmen, Lohnkürzungen und Steuergutscheine tauchten in Papens Überlegungen auf. Diese Pläne waren deutlich unternehmerfreundlich.

Daneben aber entstand der „Gereke-Plan", der weniger die Interessen der Industrie als vielmehr der Arbeitslosen betonte. Günter Gereke, Mitglied der Bauern- und Landvolkpartei, hatte einen Kreis gegründet, in welchem Nationalsozialisten, Stahlhelmer, Angehörige des Reichsbanners und der Freien Gewerkschaften vertreten waren. In diesem Kreis wurden schon seit Herbst 1931 Arbeitsbeschaffungsmaßnahmen diskutiert. Gereke fasste diese Ideen zur Arbeitsbeschaffung in dem sog. „Gereke-Plan" zusammen. Offiziell war der Plan am 16. August 1932 vom Deutschen Landgemeindetag aufgestellt worden und hieß „Leitsätze für ein Arbeitsbeschaffungsprogramm zur Behebung der Arbeitslosigkeit". Der Plan gelangte sogleich an die Öffentlichkeit und fand Befürworter und Gegner. Papen zeigte sich nicht abgeneigt, gehörte aber letztlich zu den Gegnern. Schleicher gehörte zu den Befürwortern. An dieser Frage der Arbeitsbeschaffung schieden sich die Geister, und zwar derart, dass Schleicher deswegen das Kabinett Papen beseitigen wollte – und das, obwohl er doch selbst Mitglied im Kabinett Papen war. Die Sanierung der Wirtschaft war das zweite von Schleichers politischen Zielen, an denen er stets festhielt (s. o. B. I. Die Ziele). Der eigene Ministerposten erschien Schleicher demgegenüber zweitrangig – zumal er sich im künftigen Kabinett einen Ministersessel, sogar das Kanzleramt erhoffen konnte. Da der Gereke-Plan eine politisch derart wichtige Rolle spielte, ist er eine nähere Betrachtung wert.

V. Der Gereke-Plan

Nach Gerekes Plan sollte die öffentliche Hand als Träger für die Arbeitsbeschaffung fungieren. Gemeinden, Länder und Reich sollten sich als Arbeitgeber betätigen und längst überfällige Verbesserungen der Infrastruktur, Ausbau des Straßennetzes, Verbesserung der Wasserwege, Melioration und Siedlung in Auftrag geben. Diese Maßnahmen der Arbeitsbeschaffung sollten durch staatliche Kreditschöpfung finanziert werden.

Schon im Herbst 1931 interessierte sich sowohl Gregor Strasser als auch der Allgemeine Deutsche Gewerkschaftsbund für Gerekes Überlegungen, die zu jener Zeit allerdings noch nicht in einem konkreten Plan fixiert waren. Die Gewerkschaften billigten Gerekes Ideen im Grundsatz. Doch wandten sie ein, nur etwa 500.000 Arbeitslose würden damit in die Arbeit zurückgeführt. Das sei viel zu wenig. Die Industrie sah in der öffentlichen Hand als Arbeitgeber einen unangenehmen Konkurrenten und lehnte deshalb den Gereke-Plan ab.

Der in der NSDAP einflussreiche Gregor Strasser entwickelte Initiativen in Richtung einer „Gewerkschaftsachse". Strasser hielt im Mai 1932 eine Reichstagsrede über die „antikapitalistische Sehnsucht des deutschen Volkes". Durch diese Rede sollte eine Annäherung des Strasser-Flügels an die Gewerkschaften vorbereitet werden. Goebbels schreibt am 19. Mai 1932 in seinem Tagebuch von „Querverbindungen", die Strasser nach allen Seiten ziehe: „Die Strasserseite macht Querverbindungen durch die Parteien und Gewerkschaften." Gerade mit Strasser Verbindung aufzunehmen, um ihn und seine Anhängerschaft aus der NSDAP herauszulösen, musste für Schleicher verlockend sein. Strasser hatte sich bis Mitte 1932 eine starke Stellung innerhalb der NSDAP erobert. Er war persönlich beliebter als Hitler und ein erfolgreicher Organisator. Die „Hitler-Seite" der NSDAP hatte die Gefahr durchaus bemerkt, die von Strasser ausging. Strasser konnte in den Wochen nach seiner Reichstagsrede seine Stellung als „Wirtschaftsexperte" der Partei noch weiter ausbauen. Der Rundfunk räumte ihm Sendezeit für seine wirtschaftlichen Überlegungen ein. Aus Schleichers Sicht mussten Strasser und Hitler etwa gleichwertige Alternativen als Partner für seine breit angelegte Front sein. Entweder den einen oder den anderen an sich zu binden, hieß, die eigene Stellung untermauern und die NSDAP schwächen.

Gereke unterbreitete die Leitsätze des Plans sogleich nach dem 16. August 1932 dem Reichskanzler. Papen wies in der Ministerbesprechung am 31. August 1932 auf die Existenz der Pläne hin und regte an, Gereke seine Ideen in einer Chefbesprechung der beteiligten Ressorts vorstellen zu lassen: „Es sei Gereke nämlich gelungen, im Zusammenhang mit seinen Vorschlägen eine Organisation zu schaffen, in der nahezu sämtliche Parteirichtungen von den Nationalsozialisten bis zu den freien Gewerkschaften vertreten seien und es empfehle sich, mit dieser Organisation Fühlung zu gewinnen."[18] Der Ausruck „Querfront" scheint ab Mitte 1932 benutzt worden zu sein, und zwar von den Journalisten des „Tatkreises" Zehrer und v. Oertzen.[19] Von „Fronten" oder „Achsen" wurde aber schon früher gesprochen. In Punkt II. 3. a) des Konzepts der Reichswehrführung vom August 1931 heißt es, „eine möglichst breite Front" solle für das Winterprogramm der Regierung gewonnen werden (s. o. D. IX. Konzept der Reichswehrführung vom August 1931). Soweit ersichtlich taucht sogar hier zum ersten Mal in Schleichers Diktion der Begriff „Front" auf. Angesichts der schwierigen Stimmenverhältnisse im Reichstag ist es nicht verwunderlich, dass „Front"- oder „Achsen"-Bildung einhergeht mit der immer deutlicher hervortretenden Arbeitsunfähigkeit des Parlaments. Denn wenn im Parlament keine Arbeit mehr möglich ist, so verlagern sich notgedrungen die Entscheidungsprozesse vom Parlament weg zu anderen Bündnissen, jenen Zweckbündnissen, die „Front" oder „Achse" genannt wurden.

Am 30. August 1932 hatte das Notstandstreffen in Neudeck stattgefunden. Wenn Papen sich schon am 31. August dafür einsetzt, dass Gereke sein Programm erläutern solle, dann mag sich schon aus der zeitlich engen Verbindung die Wichtigkeit ergeben, die Papen diesen Plänen beimaß. Am 5. September 1932 trug dann Gereke seine Überlegungen dem Kanzler Papen und einigen Regierungsmitgliedern vor.[20]

---

[18] Ministerbesprechung vom 31. August 1932, AdR, Papen Nr. 121, S. 492.
[19] *H.-R. Berndorff*, S. 153.

V. Der Gereke-Plan

In seiner Rundfunkrede vom 12. Sepember 1932, seiner Regierungserklärung, sagte Papen dazu: „Der Herr Reichspräsident hat am 30. August in Neudeck die Richtung der Sozialpolitik gegeben: ‚Die Lebenshaltung der deutschen Arbeiterschaft soll gesichert und der soziale Gedanke gewahrt bleiben'". Sodann erwähnt Papen den Gereke-Plan mit der Bemerkung, die Reichsregierung begrüße diesen Plan auf das dankbarste. Nur müsse sie darauf achten, dass bei der Durchführung des Planes die Währung nicht gefährdet werde.[21]

Tatsächlich stand Papen Gerekes Plan eher kritisch bis kühl gegenüber, denn er hatte ja eigene Arbeitsbeschaffungspläne, die auf Privatinitiativen der Wirtschaft bauten.[22] Er hielt die öffentliche Hand nicht für den geeigneten Träger von Arbeitsbeschaffungenmaßnahmen und fürchtete, der Gereke-Plan werde zu einer Inflation führen und damit die Wirtschaftsmisere noch vergrößern. Gereke hielt umgekehrt Papens Pläne für höchst bedenklich und bat Oskar v. Hindenburg schon am 29. August 1932 telegraphisch, die Festlegung auf Papens Pläne zu vermeiden.[23] In diesem Telegramm wies Gereke ausdrücklich darauf hin, dass dem Ausschuss des Landgemeindetages für Arbeitsbeschaffung, der die „Leitsätze" entworfen habe, Mitglieder der NSDAP, des Reichsbanners, des Stahlhelms, des Wehrwolfs, des Reichslandbundes sowie ferner auch Mitglieder der Gewerkschaften angehörten. „Nur Arbeitsbeschaffungsmaßnahmen sind erfolgreich durchführbar, die von breiten Strömungen des Volkes getragen sind", schloß Gerekes Telegramm. Der Gereke-Plan wäre ein echtes „Querfront"-Modell jenseits von Parteien und Klassen gewesen.[24] Neben dem Gedanken der Trägerschaft der öffentlichen Hand für Arbeitsbeschaffungsmaßnahmen und der staatlichen Kreditschöpfung war gerade dieser „Querfront"-Gedanke der tragende Pfeiler des Modells. Er suchte Rückhalt in allen Bevölkerungskreisen. In der Ministerbesprechung am 29. September 1932 waren die Fronten bereits derart verhärtet, dass Papen forderte, man müsse auf Gereke „stark einwirken" wegen dessen Kreditschöpfungsmodell.[25] Schon diese Formulierung, in den sonst so moderat abgefassten Protokollen der Ministerbesprechungen und Kabinettssitzungen lässt den Schluss zu, dass die Beratung über den Gereke-Plan turbulent gewesen sein muss.

Im Reichswehrministerium waren der Gereke-Plan und seine Motive natürlich auch bekannt. Im Ministeramt diskutierte man seine Erfolgsaussichten während der Kanzlerschaft Papens.[26] Vielfach finden sich in den von Bredow nachgelas-

---

[20] Aufzeichnung des Ministerialrats Feßler über eine Besprechung mit dem Präsidenten des Deutschen Landgemeindetages Gereke am 5. September 1932, AdR, Papen, Nr. 126.
[21] Rundfunkrede des Reichskanzlers vom 12. September 1932, AdR, Papen, Nr. 135, S. 554.
[22] Ministerbesprechung vom 27. August 1932, AdR, Papen, Nr. 117, Fn. 16.
[23] Ministerbesprechung vom 31. August 1932, AdR, Papen, Nr. 121, Fn. 36.
[24] Vgl. *Heinrich August Winkler,* S. 526.
[25] Ministerbesprechung vom 29. September 1932, 16.30 Uhr, AdR, Papen, Nr. 161.
[26] Nachlass v. Bredow, N 97/3.

senen Unterlagen Hinweise auf Treffen mit Gereke, bei denen dieser den Chef des Ministeramtes über den Fortgang informierte. Am 21. September 1932 finden sich „Fischer – Cordemann – Dumrath" bei Bredow ein, wie dieser vermerkt, und sprechen mit ihm über den Gereke-Plan.[27] Hermann Cordemann war Mitglied der NSDAP. Er war mit Gereke bekannt und arbeitete schließlich sogar für ihn als eine Art Assistent. Die stichwortartige Aufzeichnung von der Zusammenkunft macht keine Angaben über den Gesprächsinhalt. Schleicher ließ Gereke in den Tagen um den 12. September 1932 herum durch Cordemann mitteilen, er stehe hinter Gerekes Arbeitsbeschaffungsprogramm.[28] Jedenfalls stellt Gereke es in seinen Erinnerungen so dar. Selbst wenn Schlecher zu dieser Zeit noch abwartend und nur interessiert an den Plänen war, so zeigt doch Gerekes sofortige Bestellung zum Reichskommissar für Arbeitsbeschaffung im Dezember 1932, dass Schleicher zumindest seit dem Antritt seiner eigenen Kanzlerschaft voll und ganz hinter Gerekes Plan stand, auch wenn das nicht von langer Dauer sein sollte.

Vom 18. bis 20. September 1932 tagte der 13. Kongress der christlichen Gewerkschaften, der sich ebenfalls für den Gereke-Plan aussprach. Auf diesem Kongress wurde deutlich, wie die Gewerkschaften Papens Pläne deuteten. Die Notverordnungen vom 4. und 5. September 1932 erlaubten die Senkung der Tariflöhne. Papen hatte dadurch Arbeitsplätze schaffen wollen. Die Gewerkschaften sahen darin im Gegenteil eine Stärkung der Unternehmer. Anfang Oktober bekräftigte Schleicher gegenüber Gereke nochmals, er begrüße dessen Plan. Schleicher erläuterte den Plan ferner vor Offizieren der Marineleitung und begrüßte auch vor diesem Forum den Plan ausdrücklich.[29]

Am 15. Oktober 1932 redete Leipart in Bernau in der Schule des Allgemeinen Deutschen Gewerkschaftsbundes. In seiner Rede erklärte er seine Bereitschaft, an einer staatlich gelenkten Arbeitsbeschaffung der öffentlichen Hand mitzuarbeiten. Er gab gleichzeitig zu erkennen, dass er zur Unterstützung eines Kabinetts bereit wäre, das die Arbeitsbeschaffung zur Kernfrage erklären würde.

Am 18. Oktober 1932 diskutierte Bredow mit den Abteilungschefs des Ministeramtes den Gereke-Plan unter Ziff. 8 der Tagesordnung[30] einer Lagebesprechung. Der Inhalt der Besprechung ist nicht mitgeteilt. Am 19. Oktober 1932 rief Schleicher bei Gereke an, ließ sich über den Stand der Verhandlungen Gerekes berichten und teilte seinerseits mit, Strasser werde am 20. Oktober in einer Rede im Berliner Sportpalast vor einer Versammlung der Betriebszellen-Organisation Groß-Berlins der NSDAP den Gereke-Plan befürworten. Diese Rede beschrieb die Vossische Zeitung unter der Überschrift „Strassers Beruhigungspillen. Freundlichkeiten für Hugenberg und Leipart". Strasser ging in seiner Rede ausführlich auf Leiparts

---

[27] Nachlass v. Bredow, N 97 / 2, Bl. 19 R.
[28] *Günther Gereke*, S. 202.
[29] *Günther Gereke*, S. 203.
[30] Nachlass v. Bredow, N 97 / 2, Bl. 56 R.

Rede vom 15. Oktober ein. Er sagte, der nationalsozialistische Führer finde in dieser Rede Leiparts Ausblicke in die Zukunft, die jeden mit freudiger Zustimmung erfüllen müssten.[31] Tatsächlich hatte Hitler Strasser keineswegs zu derartigen Äußerungen autorisiert. Leipart verwahrte sich energisch gegen Strassers „Lobhudeleien."[32] Von irgendwelchen Sympathien Leiparts zu der NSDAP oder zur augenblicklichen Regierung zu sprechen, sei entweder böswillige Verleumdung oder phantasievolle Kombinationssucht.[33]

Rede und Gegenrede Leiparts und Strassers scheinen im Reichswehrministerium falsch verstanden worden zu sein. Dort ging man trotz der beiden Reden und der Gegendarstellung Leiparts davon aus, dass es zu einer Querfront von Leipart bis Strasser kommen könne. Cordemann teilte Gereke mit, die Strasser-Seite habe Schleicher gegenüber ihre Bereitschaft signalisiert, mit den Gewerkschaften zusammenzuarbeiten. Alle, die in der Arbeiterschaft Einfluss hatten, mussten für den Plan gewonnen werden. Das waren die Gewerkschaften, aber auch die Parteien, die viele Anhänger in der Arbeiterschaft hatten, also die SPD und die NSDAP. Es ist deshalb verständlich, dass Schleichers Augenmerk gerade vor der Reichstagswahl auf den Querfront-Plan gerichtet war. Leiparts und Strassers Reden konnten eventuell noch einige Wähler beeinflussen.

Zwei Tage vor der Reichstagswahl, am 4. November 1932, bezog Schleicher ganz offen Stellung gegen Papen und für den Gereke-Plan. Vor Offizieren der Heeresleitung forderte Schleicher an diesem Tag, die Regierung solle ihre Politik auf die Grundlage des Arbeitsbeschaffungsprogramms stellen.[34]

Hindenburg ließ Mitte November 1932 sogar etwas von einem eigenen Rücktritt verlauten, wenn nicht endlich ein durchgreifendes Arbeitsbeschaffungsprogramm auf den Weg gebracht werde. Das brachte noch zusätzlichen Zündstoff in die Diskussion um die Arbeitsbeschaffung. Papen referierte in der Ministerbesprechung vom 18. November, der Reichspräsident fordere, mehr als bisher müssten den Massen Arbeit und Brot vermittelt werden. In diesen Richtungen sei es erforderlich, große Erfolge zu erzielen. Wenn es nicht gelänge, neue Ideen zu verwirklichen, dann würde er es schließlich vorziehen zu demissionieren, als an der Spitze der Nation zu bleiben.[35] Eindeutig bezieht sich die Demissionsdrohung auf Hindenburg und nicht etwa auf Papen. Denn Papen war am 18. November 1932, als er die Demissionsdrohung referierte, bereits selbst schon zurückgetreten. Mit seiner Demissionsdrohung steuerte Hindenburg letztlich auch auf eine Entscheidung der Kanzlerfrage zu, die mit der Frage verknüpft war, ob das Arbeitsbeschaffungs-

---

[31] „*Vossische Zeitung,*" Sonnabend, 22. 10. 1932, Morgenausgabe, „Strassers Beruhigungspillen. Freundlichkeiten für Hugenberg und Leipart".

[32] „*Vorwärts*", 22. 10. 1932, S. 2, „Gerede und Gerüchte. Eine Erklärung Leiparts".

[33] „*Vorwärts*", 21. 10. 1932, Teil 1, S. 1 und Teil 2; „*Vorwärts*", 22. 10. 1932, S. 2.; „*Vossische Zeitung*", Sonntag, 23. 10. Morgenausgabe.

[34] *Günther Gereke*, S. 205.

[35] Ministerbesprechung vom 18. November 1932, AdR, Papen, Nr. 216, S. 968.

programm Gerekes oder die Pläne Papens vorzuziehen seien. Die von Papen selbst übermittelte Rücktrittsdrohung Hindenburgs dürfte der Grund für Papens Rücktritt gewesen sein. Hindenburg – und der ihn vermutlich in dieser Frage wiederum beratende Schleicher – machten damit die Zustimmung oder Ablehnung des Gereke-Plans zur Überlebensfrage der Reichspräsidentschaft Hindenburgs. Nun hatte zwar Papen dem Gereke-Plan äußerlich jedenfalls halbherzig zugestimmt. Doch der Plan stand und fiel mit der Trägerschaft durch die öffentliche Hand und mit der staatlichen Kreditschöpfung. Wenn Papen diese Punkte, insbesondere die Kreditschöpfung wegen der angeblichen Inflationsgefahr ablehnte, so verwarf er trotz aller anders lautenden Bekenntnisse den Gereke-Plan. Papen selbst hatte aber die Arbeitsmaktsituation auch nicht verbessern können. Wenn sogar der Reichspräsident deswegen an Demissionieren dachte, so blieb Papen nichts Anderes als der Rücktritt übrig, um den Rücktritt des Reichspräsidenten zu verhindern. Hierauf dürfte Schleicher auch spekuliert haben. Es mag im übrigen bezweifelt werden, ob Hindenburg wirklich ernstlich an Rücktritt dachte.

Allerdings gab es im Ministeramt einige Skepsis gegenüber Gerekes Bestrebungen. Am 23. November 1932 teilt Bredow in einer KO (Kurzorientierung)[36] an Schleicher mit:

„Von der „*Querfront*" (die Gruppen hinter dem Gereke-Plan) waren heute zunächst Dr. Herpel und Dr. Nöggerath bei mir. Sie kamen wieder mit der Ansicht, dass eine Zusammenarbeit mit einem Kanzler Papen, Schacht, Goerdeler oder Bracht für sie nicht in Frage käme. Sie seien einmütig gewillt, dies sowie ihre Wünsche: „Kanzler könne nur Schleicher oder Gereke werden", dem Herrn Reichspräsidenten zu unterbreiten. Sie erklärten ausdrücklich und gaben an, hierzu ermächtigt zu sein, dass Strassers Haltung für Hitler nur dem Korpsgeist entspränge. Strasser habe nicht mitgemacht bei Aufsetzung der verschiedenen Briefe und Memoranden der letzten Tage. Er hielte sich bereit, sich persönlich in die Bresche zu werfen, falls aus den Bemühungen Hitlers nichts würde. Die Ausführungen der beiden Herren wurden noch mit versteckten Drohungen verbrämt. Sie meinten, wenn ihre Richtung nicht durchkäme, würde das Chaos kommen und damit verbunden gewaltige Hungermärsche, Abschließung und Selbsthilfe gewisser landwirtschaftlicher Bereiche, Abrutschen des Reichsbanners und der SA usw. Ich führe dies alles nur an, um zu zeigen, mit welch gefährlichen Ideen in der Gerekefront gespielt wird. Ich habe klipp und klar gesagt, die Entscheidung fällt einzig und allein der Reichspräsident. Der Entscheidung müsse man sich in Anbetracht der Notlage unbedingt fügen. Jede Selbsthilfe-Organisation von Unternehmungen gegen Staat und Recht würde mit der allerbrutalsten Rücksichtslosigkeit erledigt werden." (Dieser letzte Satz ist rot angestrichen). (...)

Im Anschluß an die beiden Herren kam Cordemann zu mir. Er gehört auch zur Querfront, ist aber entschieden vernünftiger wie die anderen. Er ist Nazi, bedauert den Verlauf der Hitlerverhandlungen und sieht klar, dass Entscheidung nur durch den Reichspräsident gefällt wird. Auf Grund unserer alten Freundschaft macht er mich darauf aufmerksam, dass nach seiner Ansicht in der Partei eine ganz außerordentlich starke Strömung vorhanden sei, die es bedauern würde, wenn die N.S.D.A.P. wieder in die fruchtlose Opposition überginge. Er meinte, dass man ruhig versuchen solle, mit dem Entschluss des Herrn

---

36 KO vom 25. 11. 1932, Nachlass v. Bredow, Bundesarchiv, Militärarchiv, N 97/2, Bl. 136.

V. Der Gereke-Plan   179

Reichspräsidenten (also wenn sich Hitler versagt), die N.S.D.A.P. zur Mitarbeit an den nationalen Aufgaben aufzufordern. Wenn auch nicht 100 %prozentig, so meinte er, so würden doch erhebliche Teile Folge leisten. Ich teile dies mit, weil Cordemann mich ausdrücklich darum bat (...)."

Der Text ist insofern interessant, als er gleich zu Beginn die „Querfront" als die hinter dem Gereke-Plan stehenden Gruppen definiert. Das Wort „Querfront" in Anführungszeichen zu setzen, hat schon fast einen abschätzigen Beigeschmack. Die Formulierung zeigt deutlich, dass nicht Schleicher der Erfinder der „Querfront" war, sondern dass sie auf Gereke zurückging. Ferner zeigt die Formulierung, dass Schleicher durchaus vorsichtig mit der „Querfront" umging. Keinesfalls würde sich das Reichswehrministerium irgendeinem Druck seitens der „Querfront"-Mitglieder beugen. Nur der Reichspräsident werde die Kanzlerfrage entscheiden und sich nicht einen Kanzlerkandidaten von einigen „Querfront"-Mitgliedern aufzwingen lassen.

Zwei Tage darauf, am 25. November 1932, rückt Bredow noch weiter von dem Gereke-Plan ab. Er schreibt an Schleicher in einer Kurzorientierung: „Nachdem ich in letzter Zeit häufig die Anhängergruppen Gerekes kennen gelernt habe, vermag ich das Vorhandensein einer wirklich starken Front von N.S.D.A.P. bis S.P.D. nicht mehr zu behaupten. Gereke selbst erscheint mir reichlich weich. Wenn nun auch noch sein Kreditschöpfungsplan zerpflückt wird, bleibt m. E. von der ganzen Herrlichkeit nicht viel übrig. Einen Ersatz zu nennen, ist mir zwar nicht möglich, aber meine Bedenken auszusprechen, hielt ich für erforderlich."

Es scheint innerhalb des Reichswehrministeriums, mindestens zwischen Schleicher und Bredow Ende November 1932 Meinungsunterschiede über den Gereke-Plan gegeben zu haben. Dafür spricht, dass Bredow die Kurzorientierung vom 25. November 1932 überhaupt verfasste. Er machte damit seine abweichende Meinung aktenkundig. Bei voller Übereinstimmung mit Schleicher wäre das unnötig gewesen. Schleicher jedenfalls wird den Gereke-Plan während seiner Kanzlerschaft weiter verfolgen und eine „Querfront" zu stärken suchen. Schleicher musste angesichts der Vorarbeit Gerekes bereits von einer bestehenden „Querfront" ausgehen, die er mit Antritt des Kanzleramtes vorfinden werde und nur noch zu festigen brauche. Strasser hatte seine Zustimmung zu dem Gereke-Plan signalisiert, die Gewerkschaften hatten sich ebenfalls für den Plan ausgesprochen. Strasser hatte ein Zusammengehen mit den Gewerkschaften begrüßt, die Gewerkschaften zeigten sich zu einem Zusammengehen mit Strasser bereit. Damit stand die „Querfront" theoretisch schon, als Schleicher noch nicht eimal Kanzler war.

Als Kanzler bemühte sich Schleicher sofort um eine Einbindung Gerekes in die Regierung. Im Dezember 1932 wurde Gereke Reichskommissar für Arbeitsbeschaffung. Schleichers Rundfunkansprache vom 15. Dezember 1932 beschäftigt sich an herausragender Stelle mit dem Thema „Arbeit schaffen". Aus alledem ist ersichtlich, dass der Gereke-Plan mit seinem „Querfront"-Konzept für Schleicher so wichtig war, dass er Papen wegen seiner Ablehnung des Plans als Kanzler für untragbar hielt, und zwar ungeachtet der Unbeliebtheit Papens in der Bevölkerung, die allein schon eine Fortführung des Kanzleramtes durch Papen in Frage stellte.

VI. Regierungsneubildung nach Papens Rücktritt

Papen suchte seit der Wahl am 6. November 1932 mit den Parteivorsitzenden Fühlung, auch mit Hitler, so wie Schleicher es in der Ministerbesprechung am 9. November gefordert hatte. Am 13. November 1932 fertigte Papen ein Schreiben an Hitler, um die Fühlungnahme zwischen Hindenburg und Hitler vorzubereiten. Papen schreibt, er wisse aus der Presse, dass Hitler nach wie vor das Kanzleramt beanspruche, halte aber Gespräche dennoch für wichtig. Der Entwurf dieses Schreibens ist handschriftlich von Schleicher redigiert worden.[37]

Hitler wollte sich nicht wieder eine öffentliche Demütigung gefallen lassen wie am 13. August 1932. Er führte deshalb die Verhandlungen überwiegend schriftlich. Nach Papens Rücktritt führten Hindenburg bzw. Meissner den Schriftwechsel mit Hitler fort. Hitler behielt jedoch die Position bei, die er schon am 13. August 1932 eingenommen hatte: Er beanspruchte die „Führung", d. h. das Kanzleramt. Hindenburg beharrte ebenfalls auf seinem Standpunkt und lehnte eine Kanzlerschaft Hitlers ab, jedenfalls wenn sie nicht von einer Parlamentsmehrheit gestützt werde. Im Rahmen der Kontaktaufnahmen mit den Parteiführern empfing Hindenburg Hitler unabhängig von dem Schriftwechsel zweimal zu einem persönlichen Gespräch, nämlich am Sonnabend, dem 19. November und am Montag, dem 21. November 1932.[38] In der zweiten Unterredung überreichte Hindenburg eine schriftlich fixierte Forderung, Hitler möge bis zum kommenden Donnerstag erklären, unter welchen Bedingungen er, Hitler, für eine von ihm geführte Regierung eine sichere, arbeitsfähige Mehrheit mit festem, einheitlichem Arbeitsprogramm im Reichstag haben werde.

Man mag hierin wiederum Schleichers Hand erkennen. Ähnlich wie in der Diskussion um das SA-Verbot stellt er dem nationalsozialistischen Gegner unerfüllbare Bedingungen. War es damals die Umwandlung der SA in eine friedfertige, verfassungstragende Organisation, so ist es jetzt die Herstellung einer parlamentarischen Mehrheit, ein aussichtsloses Unterfangen für Hitler. Hitler fühlt sich wiederum wie nach dem 13. August 1932 vor der Öffentlichkeit vorgeführt. Das könnte Schleicher auch genau beabsichtigt haben, denn es würde Hitler vielleicht zur Einsicht bringen, lieber als Vizekanzler in das neue Kabinett einzutreten, unter wessen Fürung auch immer, als weiter stur auf der eigenen Kanzlerschaft zu beharren.

---

[37] *Volker Hentschel,* Dok. S. 148, druckt diesen Entwurf ab und weist die Stellen aus, die Schleicher redigiert hat.

[38] Briefwechsel in *Ernst Rudolf Huber,* Dokumente, 486 – Nr. 497.

VI. Regierungsneubildung nach Papens Rücktritt

Schleicher suchte am 23. November 1932 das Gespräch mit Hitler, um ihn als Vizekanzler für ein Kabinett Schleicher zu gewinnen. Hindenburg hatte dem Treffen vorher zugestimmt. Angesichts Hitlers Hartnäckigkeit in der Frage der Kanzlerschaft erscheint dieser Schritt Schleichers nur sinnvoll, wenn man das Schreiben Hindenburgs vom 21. November in die Betrachtung einbezieht. Das Abbröckeln der NSDAP bei der Wahl und die Unmöglichkeit einer parlamentarischen Mehrheit hinter Hitler, die das Schreiben vom 21. November diesem noch einmal so richtig vor Augen geführt hatte, rechtfertigten diesen nochmaligen Versuch, mit Hitler ins Gespräch zu kommen. Hitler zeigte sich ablehnend. Vizekanzler in einem Kabinett Papen wollte er nach wie vor nicht werden. Eine Regierung Schleicher werde er bekämpfen, kündigte Hitler an. Er werde es nicht zulassen, dass ein Nationalsozialist einen Ministerposten in einem Kabinett Papen oder einem Kabinett Schleicher annehme. Er lehnte auch ab, zu einem weiteren Gespräch nach Berlin zu kommen und wollte lieber am thüringischen Kommunal-Wahlkampf teilnehmen.[39] Hitler war aber bereit, einen Abgesandten Schleichers in Weimar im Hotel Elephant zu empfangen. Schleicher hatte zuvor in der Ministerbesprechung am 25. November 1932 referiert, dass Hitler eine Vizekanzlerschaft für sich oder die Regierungsbeteiligung eines anderen Nationalsozialisten strikt ablehne.[40]

In dieser Ministerbesprechung befassten sich die Minister wiederum mit dem Ausnahmezustand. Schleicher äußerte, alle Fragen, die den militärischen Ausnahmezustand beträfen, würden heute, am 25. November und morgen nochmals sorgfältig im Reichswehrministerium geprüft. Man brauche keine Sorge zu haben, dass hier irgendetwas versagen würde. Das Wort „nochmals" legt nahe, dass die bereits am 30. August 1932 in Neudeck diskutierten Alternativen wiederum geprüft wurden. Das spräche dafür, dass das Papier mit den verschiedenen Möglichkeiten, den Reichstag nach Hause zu schicken, wiederum als Arbeitsgrundlage diente. Theoretisch könnte diese Äußerung aber auch bedeuten, dass an diesem 25. November das sog. Planspiel Ott durchgeführt wurde, welches sich mit der praktischen Durchführbarkeit des Ausnahmezustandes befasste.

Am 26. November 1932 trafen sich Hindenburg, Papen und Schleicher zu einer Unterredung. Papen bat, nicht mit der Bildung einer neuen Regierung betraut zu werden. Schleicher war vorsichtig. Er selbst brachte sich nicht als Kanzlerkandidat ins Gespräch. Vielmehr riet Schleicher, angesichts der allgemeinen Opposition gegen Papen, die sich in der Ruhrindustrie sehr stark bemerkbar mache, vorher die Atmosphäre zu prüfen. Hindenburg stimmte zu, dass Schleicher das unternehmen solle. Wann, wie lange und mit welchen Gesprächspartnern wurde nicht besprochen. Schleicher führte daraufhin am Wochenende 26. und 27. November Gespräche mit den Parteien, nämlich mit Dingeldey, Hugenberg, Kaas und Göring. Kaas und Dingeldey sagten, sie hätten lieber Schleicher als Kanzler und nicht Papen. Am 28. November sprach Schleicher mit den Gewerkschaftern Leipart,

---

[39] *Karl-Friedrich v. Plehwe*, S. 238.
[40] Ministerbesprechung vom 25. November 1932, AdR, Papen, Nr. 232.

dem Vorsitzenden des ADGB, und dessen Vertreter Eggert, der gleichzeitig SPD-Mitglied war. Am 28. November führte Schleicher außerdem ein Gespräch mit Breitscheid. Schleicher stellte die Aufhebung der Notverordnung vom 5. September 1932 in Aussicht, die das Unterschreiten der Tariflöhne ermöglicht hatte. Schleicher äußerte ferner, er halte das „Verfassungsgequatsche" Gayls für überflüssig und gefährlich.[41] Kern des Gesprächs war vermutlich die Frage, wie sich die SPD angesichts der Hinauszögerung von Neuwahlen verhalten werde, ob sie womöglich „auf die Barrikaden" ginge. Breitscheid reagierte vorsichtig. Auf die Straße werde die SPD deswegen wohl nicht gehen. Aber ausdrücklich billigen tat Breitscheid diese Lösung auch nicht.

VII. Mission Ott in Weimar, 1. Dezember 1932

Oberstleutnant Ott fuhr am 1. Dezember 1932 auf Geheiß Schleichers nach Weimar zu Hitler, der sich gerade am dortigen Wahlkampf beteiligte. Warum nahm Schleicher überhaupt nochmals den Kontakt zu Hitler über Ott auf? Hitlers Position war eigentlich klar seit dem Gespräch mit Schleicher am 23. November, in dem Hitler die Vizekanzlerschaft abgelehnt hatte. Bei der Ministerbesprechung vom 25. November 1932 hatte Schleicher Hitlers Position in der Vizekanzlerfrage sogar selbst referiert:

„a) Sei Hitler bereit, in ein anders zusammengesetztes und vielleicht anders geführtes Kabinett als Kabinettsmitglied einzutreten? Antwort: Nein.

b) Würde Hitler ein vom jetzigen Reichswehrminister geführtes Kabinett bekämpfen? Antwort: Ja. Er, Hitler, würde diesen notwendigen Kampf allerdings sehr bedauern.

c) Würde Hitler anderen Mitgliedern der Nationalsozialistischen Partei die Erlaubnis geben, in ein nicht von Hitler geführtes Reichskabinett einzutreten? Antwort: Nein".[42]

Um noch einmal die Vizekanzlerschaft oder die Möglichkeit einer Spaltung zu sondieren, wäre Otts Reise nach Weimar überflüssig gewesen. Was mochte dann der Grund für die Mission Ott gewesen sein?

Ott sollte Hitler klarmachen, dass es der Macht und der Pflicht der NSDAP entspreche, jetzt positiv am Staat mitzuwirken. Schleicher soll Anfang Dezember 1932 geäußert haben: „Wenn Hitler sich das lange überlegt, löse ich den Reichstag nochmal auf. Der Hitler hat doch gar kein Geld mehr für einen neuen Wahlkampf."[43] Schleicher wusste, dass sowohl Hitler als auch er selbst im Zugzwang waren. Hitler hatte als Druckpotential den Bürgerkrieg, den Schleicher fürchtete. Schleicher hatte als Druckpotential die Reichstagsauflösung, die Hitler fürchtete. Ob die jeweils angenommene Gefahrenlage realistisch war, mag auf einem ande-

---

[41] Vgl. *Heinrich August Winkler*, S. 548.
[42] Ministerbesprechung vom 25. November 1932, AdR, Papen, Nr. 232.
[43] *H.-R. Berndorff*, S. 212.

ren Blatt stehen. Jedenfalls fürchteten beide sich zu diesem Zeitpunkt gegenseitig, so dass eine Art Patt zwischen ihnen entstanden war. Schleicher hatte immerhin noch eine Alternative, nämlich Strasser als Vizekanzler. Insofern mochte sich Schleicher eine Chance ausgerechnet haben, dass Hitler vielleicht doch anderen Sinnes werden könnte.

In Weimar bekam Ott von Hitler lange Ausführungen zu hören, die letztlich auf eine Ablehnung der Vizekanzlerschaft hinausliefen. Nach einem Telephonat mit Schleicher forderte Ott dann jedenfalls die Tolerierung. Das lehnte Hitler wiederum ab. „Ott telephoniert mit Berlin. Schl. kann nicht mehr zurück. Bittet um Tolerierung. Knif." So beschreibt es Goebbels am 2. Dezember in seinem Tagebuch. Die Tolerierung scheint Ott als eine Art politischen Notanker ausgeworfen zu haben. Hitler hatte keinerlei Veranlassung, ein Kabinett Schleicher zu tolerieren. „Knif", schreibt Goebbels lapidar: Kommt Nicht In Frage. Dieses Telephonat scheint in die Gesprächsrunde zwischen Schleicher, Papen, Hindenburg und Meissner hineingeplatzt zu sein, in der es wieder einmal um die Frage des Staatsnotstandes ging (s. u., H. VIII. Gesprächsrunde in Berlin am 1. Dezember 1932).

Ott beschied Hitler: „Wenn Sie mit Kommunisten zusammengehen sollten wie im Berliner Verkehrsstreik, so garantiere ich Ihnen, Herr Hitler, dass Sie vor den Maschinengewehren der Reichswehr stehen werden."[44] Es war also nicht nur das Angebot der Vizekanzlerschaft, weshalb Schleicher Ott zu Hitler geschickt hatte. Schleicher wollte mit der Reichswehr drohen, wenn sich eine Situation wie im BVG-Streik noch einmal wiederholte.

Göring scheint immerhin die Gefahr von Hitlers Kompromisslosigkeit begriffen zu haben. Er meinte Ott gegenüber, das sei vielleicht noch nicht das letzte Wort in der Angelegenheit gewesen. Dann stellte Göring in einem Gespräch mit Ott, jedoch in Abwesenheit von Hitler, seinerseits Bedingungen, nämlich

– Vertagung des Reichstags bis in den Januar 1933

– Weitreichende Amnestie

– „Straße frei" für die SA und „Notwehrrecht".[45]

Ott lehnte diese Bedingungen scharf ab. Man darf wohl annehmen, dass Göring diese Bedingungen in eigener Regie und ohne Absprache mit Hitler formulierte. Denn Hitler war es immer nur um den einen Punkt gegangen: Kanzlerschaft ja oder nein, ohne Wenn und Aber, also auch nicht gegen irgendwelche Konzessionen der Gegenseite.

Der taktische Zweck der Mission von Eugen Ott könnte darin bestanden haben, Hitler zu isolieren, jedoch noch nicht ganz.[46] Dann hätte Strasser die intransigente Haltung Hitlers nutzen können, um seinerseits die Vizekanzlerschaft anzunehmen

---

[44] *Eugen Ott*, Vorgeschichte, S. 12; ders., Bild, S. 369.

[45] *Karl-Friedrich Plehwe*, S. 241.

[46] *Johann Rudolf Nowak*, S. 1125.

und gleichzeitig die über Hitlers Haltung verärgerten NSDAP-Mitglieder hinter sich zu scharen. Dafür spricht, dass Schleicher Strasser schon kurz darauf, am 3. Dezember 1932, die Vizekanzlerschaft andiente.

Es könnte jedoch auch so sein, dass Schleicher tatsächlich bei beiden, sowohl bei Strasser als auch bei Hitler, sondiert hätte, wer zur Mitarbeit bereit sei und dann den jeweils anderen hätte fallen lassen. Aufschluss über sein Motiv für diese Mission Otts könnte Schleicher in einer Offiziersbesprechung zwischen dem 13. und 15. Dezember 1932 selbst gegeben haben. Sie wurde in Kurzform mitgeschrieben. Schleicher soll über seine Haltung gegenüber der NSDAP gesagt haben: „Spielst du mit? Wenn nicht, dann Kampf da." Dann werde er, Schleicher, Reichstag und preußischen Landtag auflösen.[47] Dazu passt die Äußerung Otts gegenüber Hitler, dass die NSDAP sich vor den Maschinengewehren der Reichswehr wiederfinden werde, wenn sie mit der KPD zusammengehe. Ott hielt Hitler also Zuckerbrot und Peitsche hin, Vizekanzlerschaft oder Maschinengewehre. Das erinnert an die Aussprache mit Hitler vom 29. August 1932, am Tage vor dem Neudecker Notstandstreffen. Diese Aussprache scheint ein letztes Sondieren gewesen zu sein, ob ohne Staatsnotstand und ohne militärischen Ausnahmezustand auszukommen sei. Otts Drohung mit den Maschinengewehren der Reichswehr einerseits und das Angebot der Vizekanzlerschaft gehen in eine ähnliche Richtung.

Es mag Schleicher letztlich gleichgültig gewesen sein, ob Hitler oder Strasser in das Kabinett eintrat. Wichtig war nur, dass derjenige, der Kabinettsmitglied wurde, eine möglichst große Anhängerschaft aus der NSDAP mitbrachte. Insofern könnte der Zweck der Mission von Ott eine Demonstration gegenüber Hitler gewesen sein, dass das Machtspiel auch ganz gut ohne ihn stattfinden könne.[48] Diese Demonstration könnte nicht nur Hitler, sondern auch der Parteibasis der NSDAP gegolten haben. Hier gärte es schon lange und immer heftiger. Schleicher könnte ihnen mit dieser Unterredung, die keinesfalls geheim bleiben würde, gezeigt haben, dass ihr Führer sie wieder einmal um die Teilhabe an der Macht brachte. Das würde die Spaltung innerhalb der NSDAP vertiefen.

Das Gespräch zwischen Ott und Hitler könnte allein zur Abklärung dieser Frage gedient haben. Letztlich wird sich nicht klären lassen, was die Mission Ott tatsächlich zu bedeuten hatte. Sie mag auch einfach ein Zeichen von einer Hilflosigkeit gewesen sein, die mit dem Kopf durch die Wand will und eben so lange auf den Gesprächspartner eindringt, bis der nachgibt.

---

[47] *Otto-Ernst Schüddekopf*, S. 350.
[48] So offenbar *Ian Kershaw*, Hitler 1889–1936, S. 491.

VIII. Gesprächsrunde in Berlin am 1. Dezember 1932

Am Nachmittag des 1. Dezember 1932, fünf Tage nach ihrem Zusammentreffen am 26. November und während Ott in Weimar mit Hitler sprach, traf sich wiederum die Gesprächsrunde, bestehend aus Hindenburg, dessen Sohn, Meissner, Papen und Schleicher. Schleicher berichtete von seinen Sondierungen. Einhellig gingen die Gesprächspartner davon aus, dass weder ein Kabinett Papen noch ein Kabinett Schleicher eine Tolerierung finden werde. Schleicher äußerte immerhin noch die Hoffnung, dass in den nächsten Tagen, wenn man die Entwicklung im Nazi-Lager noch abwarten könne, eine andere Auffassung bei den Nationalsozialisten zum Ausbruch käme. Aber der Reichspräsident erklärte, eine weitere Hinauszögerung der Entscheidung sei für ihn nicht tragbar.

Papen führte bei dem Gespräch am 1. Dezember 1932 zum Staatsnotstand aus: Er wolle den Reichstag auflösen und eine Neuwahl auf längere Zeit verschieben. Ferner solle in der Zeit, während der Reichstag „nach Hause geschickt war", eine Verfassungsreform erarbeitet werden. Diesen Reformentwurf würde man dem nach einigen Monaten gewählten Reichstag oder einer Nationalversammlung zur Abstimmung vorlegen. Das wäre ein glatter Verfassungsbruch gewesen. KPD und NSDAP würden ihn mit einem Bürgerkrieg beantworten, fürchtete die Gesprächsrunde.

Schleicher hatte als Alternative anzubieten, dass er von der NSDAP einen Teil abspalten wolle. Er hatte aus seinen Gesprächen in den letzten Novembertagen die Überzeugung gewonnen, dass die Gewerkschaften ein Präsidialkabinett stützen würden, nur durfte der Kanzler nicht Papen heißen. Schleicher meinte, er selbst könne Verhandlungen quer durch alle politischen Lager führen, eine „Gewerkschafts-Achse" bilden. Schleicher hielt sich selbst für diejenige Persönlichkeit, die über die nötigen Verbindungen und das nötige Verhandlungsgeschick verfügte, um eine derartige breite Front zustandezubringen.[49] Dann könne eine parlamentarische Mehrheit für eine Regierung gefunden werden. Das wäre eine Lösung ohne Verfassungsbruch gewesen.

Schleichers Selbsteinschätzung, er und nur er könne linke und rechte Kräfte hinter ein von ihm geführtes Kabinett bringen, erscheint aus heutiger Sicht gar zu selbstherrlich. Schleicher hatte einen strikten Rechtskurs gesteuert. Er hatte die SPD aus der Reichsregierung herausgehalten. Schleicher verhehlte gegenüber der Öffentlichkeit, dass er der Hauptinitiator des Preußenschlags war. Dennoch war nicht ganz unerkannt geblieben, dass Schleicher beteiligt gewesen war. Warum also sollten Gewerkschafter und SPD-Politiker ausgerechnet mit Schleicher paktieren? Gegenüber der NSDAP hatte Schleicher sich zum Verräter gemacht. Er hatte Hitler am 6. August 1932 die Kanzlerschaft zugesagt. Hitler war wie selbstverständlich davon ausgegangen, dass Schleicher bei dem Reichspräsidenten auch tatsächlich Hitlers Kanzlerschaft durchsetzen könne. Dann war Schleicher von diesem Plan

---

[49] *Franz v. Papen*, S. 241.

wieder abgerückt, und Hitler hatte sich am 13. August 1932 eine beschämende Niederlage bei Hindenburg eingehandelt. Warum also sollte die NSDAP geschlossen oder in Teilen zu Schleicher überschwenken? Nun hatte Schleicher allerdings immer noch persönliche freundschaftliche Kontakte zu führenden Persönlichkeiten des linken Spektrums. Seitens der NSDAP, und zwar nicht nur seitens des Strasser-Flügels, waren nach dem 13. August ungerufen Abgesandte an Schleicher herangetreten, die ihm die Kanzlerschaft nahelegten.[50] Insofern durfte Schleicher immer noch auf die Macht seiner eigenen persönlichen Beziehungen hoffen.

Für Hindenburg unterschied sich die Situation am 1. Dezember nicht wesentlich von der Situation am 30. August 1932. Es ging beide Male um die Frage, ob der Staatsnotstand durchgeführt werden solle, d. h., ob Neuwahlen hinausgezögert werden könnten und ob bürgerkriegsartige Unruhen, die infolge der Hinauszögerung zu erwarten waren, von der Reichswehr in den Griff zu bekommen wären. Für Schleicher dagegen unterschied sich die Lage am 1. Dezember wesentlich von der Lage am 30. August. Damals ging er davon aus, die Reichswehr könne mit einem Bürgerkrieg fertigwerden. Am 1. Dezember war Schleicher in dieser Hinsicht nicht mehr so sicher.

Die Waagschale neigte sich an jenem 1. Dezember 1932 noch einmal zugunsten Papens. Hindenburg beauftragte ihn am 1. Dezember mit der Regierungsbildung. Papen sollte nach Hindenburgs Willen weiterhin Kanzler bleiben. Das wird den Ausschlag dafür gegeben haben, dass Schleicher am nächsten Tag Ott im Kabinett erscheinen und die Folgen des Staatsnotstandes an Hand seines Planspiels darstellen ließ, um den Willen des Reichspräsidenten zu brechen.

IX. Kabinettssitzung am 2. Dezember 1932

Am nächsten Morgen, am 2. Dezember 1932, fand eine Kabinettssitzung statt. Schleicher bat Eugen Ott dazu, der das von ihm durchgeführte Planspiel erläuterte. Es hatte ergeben, dass die Reichswehr Unruhen zugleich von links und von rechts bei gleichzeitigem Eingreifen einer ausländischen Macht nicht bewältigen könne. Das hieß mit anderen Worten, sie würde Unruhen und Ausnahmezustand nicht in den Griff bekommen. Diese Mitteilung begrub Papens Hoffnungen auf das Kanzleramt. Schleicher äußerte später, er habe Papen nicht mit diesem Planspiel von der Kanzlerschaft fernhalten wollen. Das sei nicht seine Absicht gewesen. Dagegen spricht, dass Ott noch am Vortag am 1. Dezember in Weimar war, um mit Hitler über dessen Regierungsbeteiligung zu sprechen. Wenn Ott schon am nächsten Morgen relativ früh ins Kabinett gerufen wurde, so spricht dies dafür, dass er „Gewehr bei Fuß" stehen musste, er hätte sich sonst etwas mehr Zeit nehmen können für die Weimar-Reise. Schleicher dürfte also den Terminplan Otts recht sorgfältig im Auge gehabt haben, um ihn ins Kabinett zitieren zu können, falls

---

[50] *Thilo Vogelsang,* Kurt von Schleicher, S. 82.

nötig. Außerdem existiert in den Unterlagen des Ministeramtes ein mit „Vortrag" überschriebenes Blatt vom 2. Dezember 1932.[51] Hier sind die Ergebnisse des Planspiels noch einmal kurz zusammengefasst. Die „Vortrag" genannten Blätter dienten als eine Art Merkzettel für die folgende Sitzung oder Besprechung. Die Existenz dieses „Vortrages" vom 2. Dezember 1932 spricht für eine planvolle Inszenierung des Auftritts von Ott. Daran ändert es nichts, dass Schleicher Otts Ausführungen abzuschwächen suchte mit dem Argument, es handele sich um eine gedachte Extremsituation, um den denkbar schlimmsten Fall, der so gar nicht einzutreten brauche. Der „Vortrag" malte in der Tat ein desolates Bild über die Zuverlässigkeit der Reichswehr und der Technischen Nothilfe. Demgegenüber sind die Ergebnisprotokolle des Planspiels in ihrer ausführlicheren und abwägenderen Art entschieden harmloser ausgefallen.[52]

Meissner schilderte im Nachhinein, dass der Vortrag Otts durch Anmerkungen von Schleicher ergänzt wurde. Schleicher habe gesagt, die Reichswehr, selbst von zivilen freiwilligen Verbänden unterstützt, sei größeren militärischen Operationen nicht gewachsen. Sie sei dafür nicht geeignet und nicht ausgebildet für den Bürgerkrieg. Die Polizei, insbesondere die preußische, sei durch Propaganda zersetzt und könne nicht als absolut zuverlässig betrachtet werden. Falls die Nazis einen bewaffneten Aufstand begönnen, wäre mit gleichzeitig einsetzendem Aufstand der Kommunisten und einem Generalstreik zu rechnen. Die beiden Gegnern zur Verfügung stehenden Kräfte seien sehr stark. Falls ein solcher „Krieg gegen zwei Fronten" stattfinden würde, würden die Machtmittel des Staates ohne Zweifel in Auflösung geraten.[53] Schleicher stellte das schlimmste aller denkbaren Szenarien dar.

Die Ministerrunde nahm das Planspiel Ott mit großer Bewegung auf. Es sollen gar Tränen geflossen sein. Das zeigt immerhin, dass das Kabinett diesem Planspiel eine ganz entscheidende Bedeutung beimaß. Es ging nicht nur um die Frage Bürgerkrieg oder nicht. Vielmehr hatte es nach den Ausführungen Otts den Anschein, als habe Papen das Kabinett belogen in Bezug auf die Durchführbarkeit des Ausnahmezustandes.[54] Damit war zusätzlich zu der ohnehin schwierigen Sachproblematik noch ein persönlicher Keil zwischen Kanzler und Kabinett getrieben worden. Es war klar, dass die Kanzlerschaft nunmehr endgültig auf Schleicher zulaufen werde. Denn er schien als einziger dank seiner persönlichen Verbindungen in der Lage, eine Basis für eine künftige Regierung herzustellen und so einen Bürgerkrieg zu vermeiden. Es war aber auch klar, dass Schleicher dafür nur eine geringe Chance hatte, die sein ganzes Verhandlungsgeschick erfordern würde.

Papen selbst begab sich nach dem Vortrag Otts zum Reichspräsidenten und berichtete von dem Vortrag. Hindenburg bestätigte den Auftrag zur Regierungs-

---

[51] Nachlass v. Bredow, N 97/2, Bl. 142.
[52] Vgl. Niederschrift Ott, 1947, in: *Ernst Rudolf Huber*, Dok. 498.
[53] *H.-R. Berndorff*, S. 204.
[54] *Heinrich Brüning*, Memoiren, S. 637.

bildung für Papen nicht. Denn er wolle, wie er sagte, am Ende seines Lebens einen Bürgerkrieg nicht verantworten. „Dann müssen wir eben in Gottes Namen Herrn v. Schleicher sein Glück versuchen lassen", schloss Hindenburg das Gespräch ab.[55] Noch am Vormittag des 2. Dezember, um 11 Uhr, betraute Hindenburg Schleicher mit der Regierungsbildung. Am 3. Dezember ernannte er Schleicher zum Kanzler.

Das Planspiel wird in seiner Tragweite verständlich, wenn es im Zusammenhang mit dem Ulmer Reichswehrprozess gesehen wird. Im Planspiel wie im Ulmer Reichswehrprozess ging es um dasselbe Problem: Die Unterwanderung der Ordnungskräfte mit nationalsozialistischem Gedankengut und der damit einhergehende Schwund ihrer Zuverlässigkeit. Ende 1930 hatte der Ulmer Reichswehrprozess noch ergeben, dass die Reichswehr als zuverlässig gelten konnte und dass der Versuch nationalsozialistischer Zersetzung abgeschlagen war. Nach dem Planspiel Ott ergab sich insgesamt ein anderes Bild. Das Planspiel kam zu dem Ergebnis, dass mit der Reichswehr im Zusammenwirken mit der Polizei, schon gar mit der Technischen Nothilfe, nationalsozialistisch zersetzt wie sie waren, der Ausnahmezustand gegen die Nationalsozialisten nicht erfolgreich durchzuführen war. Das Planspiel war zu einem Eingeständnis geworden, dass die große Linie der Wehrpolitik vollends gescheitert war. Das Heer stand mitten drin in der seit Beginn der Weimarer Republik von den Militärs immer wieder verteufelten „Drecklinie der Politik". Die Reichswehr war nicht mehr voll zuverlässig. Würde sie dennoch erfolgreich gegen die NSDAP eingesetzt werden, so musste man angesichts des BVG-Streiks befürchten, dass die Nationalsozialisten scharenweise zur KPD übergehen würden. Das war die allerschlimmste Variante. Wie also auch immer – die Weimarer Republik schien so oder so verloren. Der starke Zweifel an der Zuverlässigkeit des Heeres und die Hilflosigkeit angesichts der im Planspiel festgestellten nationalsozialistischen Infiltration bewirkten den so überaus starken Eindruck auf die Kabinettsmitglieder. Das eben war die Situation, in der sich Schleicher als Helfer in höchster Not präsentieren konnte. Er und nur er allein einerseits als Reichswehrminister, andererseits als Person, in der sich alle Verbindungen von linken bis zu rechten Kreisen fokussierten, würde einen Bürgerkrieg umgehen und die Reichswehr schonen können.

Nachdem der Reichstag nach der Wahl am 31. Juli 1932 arbeitsunfähig geworden war, konnte man noch annehmen, dass „die Reichswehr neben dem Reichspräsidenten das einzige politische Kraftzentrum (war), das von Nationalsozialisten noch nicht infiltriert war oder instrumentalisiert werden konnte."[56] Nach der Eröffnung des Planspielergebnisses durch Ott konnten daran weder die Kabinettsmitglieder noch der Reichspräsident mehr glauben. Die Reichswehr schien als Stütze der Staatsautorität weggebrochen. Da nützten alle abwiegelnden Worte Schleichers nichts mehr. Die Kabinettskollegen hatten nicht verstanden, dass ihnen nur ein

---

[55] *Franz v. Papen*, S. 249 ff.
[56] *Wolfram Pyta*, Konstitutionelle Demokratie, VfZ 1999, 417, 418.

hypothetischer worst case vorgestellt worden war. Sie nahmen die Zahlen, wie stark die Infiltration schon fortgeschritten sei, für bare Münze. Die Tränen, die angeblich in der Besprechung am 2. Dezember 1932 flossen, werden weniger wegen der angeblichen Lüge Papens geflossen sein als vielmehr wegen des Vertrauensschwundes in die Reichswehr und wegen des Gefühls, deswegen den Nationalsozialisten schutzlos preisgegeben zu sein.

X. Kriegsspiele

Es wird vertreten, dass Schleicher das Planspiel Ott nur inszenierte, um Papen aus dem Kanzleramt zu drängen. Dagegen spricht, dass Ott dieses Planspiel durchzuführen wünschte, und zwar angesichts des BVG-Streiks. Mit dem Sturz Papens hatte das Planspiel primär nichts zu tun. Allerdings gab das Planspiel dann doch den Ausschlag dafür, dass Papen nicht wiederum Kanzler werden sollte. Das anlässlich des BVG-Streiks durchgeführte Planspiel-Ergebnis wurde am 2. Dezember 1932 einer insofern ähnlichen Situation präsentiert, als sowohl der BVG-Streik als auch das Verbleiben Papens im Kanzleramt Unruhen durch NSDAP und KPD und Streik verursacht hatten bzw. verursachen könnten. Bei dem BVG-Streik war dies schon konkret eingetreten. Bei der erneuten Kanzlerschaft Papens stand es zu befürchten. Insofern mag das Planspiel Ott sogar als ein „leicht verklausuliertes Veto der Reichswehr gegen die erneute Kanzlerschaft v. Papens"[57] zu werten sein.

Um das Planspiel Ott besser einordnen und bewerten zu können, ist ein Blick auf die Planspiel-Praxis des Reichswehrministeriums hilfreich. Das Reichswehrministerium hielt seit dem Winterhalbjahr 1927/28 routinemäßig sog. Kriegsspiele ab, zu deren beobachtender Teilnahme auch das Auswärtige Amt eingeladen war. Diese Kriegsspiele wurden jährlich abgehalten, und zwar jeweils ein Kriegsspiel von den Seestreitkräften und von den Landstreitkräften. Das Planspiel Ott fand außer der Reihe statt. Es ist jedoch strukturiert wie die Kriegsspiele: Eine Situation ist vorgegeben, die durch innen- und außenpolitische dramatische Schwierigkeiten gekennzeichnet ist. Das Planspiel soll die Reaktionen darauf einüben. Die routinemäßigen Kriegsspiele hatten keinen konkreten Anlass, ihre Situationen waren gestellt und ausgedacht. Das Planspiel Ott hatte im Gegensatz dazu zwei konkrete Anlässe: den BVG-Streik und die „Neuen Weisungen", die soeben im Oktober 1932 erarbeitet worden waren. Und noch einen Unterschied gab es. Die routinemäßigen Kriegsspiele fanden unter strengster Geheimhaltung statt, um nicht die Entente-Mächte zu beunruhigen. Das Planspiel Ott fand zwar auch ohne jegliche Öffentlichkeit statt, aber sein Ergebnis wurde von Schleicher in der Kabinettssitzung am 2. Dezember 1932 publik gemacht.

---

[57] *Wolfram Pyta*, Verfassungsumbau, S. 190, vgl. auch *ders.*, Vorbereitungen.

Aus den Akten des Auswärtigen Amtes sind folgende Kriegsspiele ersichtlich:

1. „Führerkriegsspiel" der Marine vom 12. bis 17. Dezember 1927[58] mit der Zielvorgabe: „Beleuchtung der Möglichkeiten der Marine nach dem Stande des uns nach dem Versailler Vertrage belassenen Personals und Materials." Ausgangslage sollte sein, dass Frankreich und Italien gegeneinander Krieg führten. Polen greift auf Seiten Frankreichs ein, Deutschland auf Seiten Italiens. Frankreich und Italien haben Seestreitkräfte in der Ostsee, Polen hat Danzig besetzt.

2. Operatives Kriegsspiel für das Winterhalbjahr 1927 / 28.[59] Das Kriegsspiel sollte von folgender Annahme ausgehen: Deutschland wendet sich wegen polnischer Hetze an den Völkerbund. Polen bemächtigt sich im Gewaltstreich, ohne Kriegserklärung und ohne Mobilmachung Ostpreußens und fällt zwecks Absicherung dieser Aktion noch mit drei Stoßtrupps im Reichsgebiet ein. Die Reichsregierung entschließt sich zur Verteidigung Ostpreußens trotz ihrer schwachen Kraft. In der Holtenauer Schleuse wird versehentlich ein amerikanischer Dampfer versenkt, so dass die in den Nordseehäfen stationierten Flottenteile nicht gegen Polen aufzuführen waren – einmal ganz abgesehen von den diplomatischen Schwierigkeiten mit den USA. Ziel dieses Kriegsspiels sollte sein, der Reichsregierung vor Augen zu führen, dass der Grenzschutz gegen Osten unbedingt gefördert werden müsse. Das Kriegsspiel fand im Reichswehrministerium in der Königin Augusta-Straße 38 / 42 statt, und zwar am 11. Januar, am 25. Januar und 8. Februar 1928 mit den Reservetagen 22. und 29. Februar.

3. Fortsetzung des Winterkriegsspiels am 17. bis 28. April 1928: Die angenommene neue Lage sollte so aussehen, dass Polen an seiner Ostgrenze einem verstärkten russischen Heer, an seiner Westgrenze einem verstärkten deutschen Heer gegenüberstehen solle.[60]

4. Winter-Kriegsspiel vom 14. Januar bis zum 6. Februar 1929 mit der Ausgangslage: Polen greift Deutschland an bei gleichzeitiger Bedrohung durch Frankreich. Gleichzeitig herrscht Krieg zwischen Polen und Rußland, ohne dass es dem Völkerbund gelingt, eine Völkerbundsaktion gegen Russland als Aggressor zustande zu bringen.[61]

5. Kriegsspiel vom 27. bis 31. Mai 1930 mit der Ausgangslage: Frankreich und Belgien sind in Deutschland eingedrungen und haben auf einer Linie vom Teutoburger Wald bis zum Fichtelgebirge Stellung genommen. Ziel dieses Kriegsspiels sollte es sein, zu zeigen, dass das Zukunftsheer zwei- bis dreihunderttausend Mann und mehrere hunderttausende Bürger als Milizheer umfassen müsse.

6. Kriegsspiel zur Darstellung eines Handelskrieges vom 4. bis 14. Mai 1931 mit der angenommenen Ausgangslage einer kriegerischen Auseinandersetzung zwi-

---

[58] Politisches Archiv des Auswärtigen Amtes, R 30045 a Bd. I, S. 18 ff.
[59] Ebd., R 30045 a Bd. I, S. 16, 31.
[60] Ebd., R 30045 a Bd. I, S. 56.
[61] Ebd., R 30045 a Bd. I S. 114.

schen Frankreich und Deutschland. Wie wäre es dann möglich, die Handelsschifffahrt zu leiten? Wie könnten Auslandsvertretungen in diese Leitung eingeschaltet werden? Wie verhielt es sich mit der Stellung Danzigs im Hinblick auf die Munitionsdepots auf der Westerplatte?[62]

7. Am 18. Juni 1931 legte das Reichswehrministerium weitere Kriegsspielentwürfe vor. Es handelt sich dabei um drei als A), B) und C) gekennzeichnete Szenarien, die alle drei gleichzeitig ablaufen sollten: A) Im Memelgebiet hat sich in letzter Zeit die Spannung zwischen der deutschen Bevölkerung und dem Gouvernement verschärft. Nach Pressemitteilungen wurden am ... im Gouvernementsgebäude in Memel einige Fensterscheiben eingeworfen (...) Der Gouverneur hat daraufhin angeblich zur Aufrechterhaltung der öffentlichen Sicherheit und Ordnung die Wahrnehmung der Polizeigewalt der memelländischen Polizei entzogen und sie auf Ersuchen der autonomen Behörden auf ausschließlich litauische Militärpersonen unter einem litauischen Offizier übertragen. Angeblich sei die Einverleibung des Memelgebietes in den litauischen Staatsverband geplant. B) Im Saarland ist es am ... zu Ausschreitungen radikaler Elemente gekommen. Das französische Militär habe angeblich Lastwagen nach dem Saargebiet in Marsch gesetzt und sei dort teilweise schon eingedrungen. Das Reichswehrministerium schlage vorbereitende militärische Maßnahmen vor. C) Während einer Zuspitzung der deutsch-polnischen Beziehungen wegen polnischer Übergriffe gegen Danzig und gleichzeitiger Truppenansammlung im Korridor treffen drei französische Kreuzer nebst einigen Hilfsschiffen auf der Elbe ein, um den Kieler Kanal ostwärts zu passieren. Die Kanalbehörden sind im Zweifel, wie sie sich verhalten sollen. Die Franzosen drohen, die Durchfahrt gewaltsam zu erzwingen. Gleichzeitig treffen im Reichswehrministerium Meldungen über das Erscheinen ausländischer, vermutlich französischer Flugzeuge ein. Das Reichswehrministerium tritt für eine Ablehnung der Kanalpassage und gleichzeitig für die Vorbereitung militärischer Vorbereitungen in der Kanalzone ein. Als Ziel der Kriegsspiele A), B) und C) wird genannt, sie hätten darzutun, welche militärischen Maßnahmen neben der politischen Aktion geboten und zulässig erschienen.[63]

8. Kriegsspiel der Marineleitung vom 25. bis 30. Januar 1932 in Kiel. Das Reichswehrministerium informierte das Auswärtige Amt am 23. Dezember 1931 über das vorgesehene Spiel:[64] „In einem Zweifrontenkrieg gegen eine rote Ostmacht (Polen) und eine gelbe Westmacht (Frankreich / Belgien) ist Blau (Deutschland) infolge der Lage an den Landfronten und der Besetzung seiner östlichen und westlichen Industriegebiete in besonderem Maße gezwungen, die für die Kriegführung und den Unterhalt seiner Bevölkerung notwendigen Rohstoffe, Lebensmittel und Fertigwaren über See einzuführen. In Erkenntnis der Lebensnotwendigkeit dieser Einfuhr für Blau setzt Gelb seine Flotte auf die blaue Seezufuhr

---

[62] Ebd., R 30045 a Bd. II, S. 337.
[63] Ebd., R 30045 a Bd. II, S. 348 ff.
[64] Ebd., R 30045 a Bd. II, S. 358.

an, nachdem Rot durch Operationen von Blau gem. Studie I zur See im wesentlichen ausgeschaltet worden ist." Unter B) folgt ein ausführliches Szenario, wie es in der konkreten Spielsituation offenbar angenommen wurde: Landanlagen seien zerstört, der Kriegshafen völlig gesperrt, die Anlagen des Flughafens Putzig seien vernichtet, größte Teile der roten Seestreitkräfte seien vernichtet. In Danzig lägen beschädigte Kriegsschiffe. Die Luftstreitkräfte seien nicht wesentlich beeinträchtigt. Die Danziger Bucht sei in der oberen Hälfte unpassierbar wegen Verminung durch blaue und rote Minen. Durch die unerwartet drohende Haltung Russlands und Litauens sei Rot gezwungen, starke Heereskräfte an Nord- und Ostgrenze zu sammeln. Jedoch habe Rot in Oberschlesien das Kohle- und Industriegebiet besetzt. Gelb befinde sich in der Mobilmachung, warte jedoch vor der Kriegserklärung an Blau noch den Ausgang gewisser in Genf stattfindender Verhandlungen mit den übrigen Großmächten ab. Gelb sei bekannt, dass Blau seine Wehrmacht durch Aufruf verstärkt und stärkere Teile des Heeres seit dem 3. 9. an der Ostgrenze der neutralen Zone versammle.

Die Struktur dieser Spiele war immer dieselbe: Zunächst wird gesagt, welche Frage das Kriegsspiel klären soll und welchem Zweck es dient. Bei dem Kriegsspiel Ott wird das in der Einladung gesagt: Klarstellung der Fragen, die im Falle eines militärischen Ausnahmezustandes auf den Gebieten der Handhabung der vollziehenden Gewalt und der polizeilichen Exekutive an die Reichswehr herantreten können (s. o. H. III. Planspiel Ott). Das ist die exakte Beschreibung der „Neuen Weisungen". Sie unterstellten alle Behörden, insbesondere alle Polizeien der Länder im Ausnahmezustand dem Reichswehrministerium. Das sollte erprobt werden.

Für jedes Planspiel wird ein abstraktes Szenario entworfen. Es bleibt sich immer gleich: Deutschland wird von Osten oder/und Westen bedroht. Die Ausgangslage wird dargestellt anhand der bereits erfolgten Überschreitungen der deutschen Grenze oder anhand bereits geschehener Zerstörungen auf deutschem Boden. Von 1928 bis 1932 werden diese Szenarien immer dramatischer ausgemalt. Das Szenario des Planspiels Ott allerdings richtet sich vordringlich auf innenpolitische Schwierigkeiten, die in verschiedenen Teilen des Reiches auftreten. Das ist verständlich, denn es ging darum, bei innenpolitischen Schwierigkeiten das Zusammenspiel der Behörden mit der Reichswehr zu erproben. Es ist kein Zufall, dass der BVG-Streik eine Situation tatsächlich herbeigeführt hatte, die in dieses Planspiel wie maßgeschneidert hineingepasst hätte. Die „Neuen Weisungen" waren entstanden in dem Bewusstsein, dass ein militärischer Schlag im Innern immer wahrscheinlicher wurde. Der Preußenschlag hatte diesen Kelch noch einmal an der Reichswehr vorübergehen lassen. Aber Schleicher wollte eben mit den „Neuen Weisungen" für den Fall gerüstet sein, dass es beim nächsten Anlass zu Unruhen und Generalstreik käme. Mit dem BVG-Streik war dieser Fall eingetreten. Der BVG-Streik bestätigte Ott und Schleicher, wie nötig die „Neuen Weisungen" waren. Ott hielt es nun für dringend nötig, die „Neuen Weisungen" im Planspiel zu testen, nachdem der BVG-Streik gerade noch einmal ohne militärischen Ausnahmezustand vorübergegangen war. Das Planspiel Ott wird nicht nur als Reaktion auf den BVG-Streik anzusehen sein, sondern vordringlich als ein Austesten der „Neuen Weisungen".

Schleichers zunächst zögernde Haltung mag darin begründet gewesen sein, dass er die Situation nicht noch durch ein Planspiel zuspitzen wollte. Bredow hatte in der Ministerbesprechung vom 3. November 1932 im Hinblick auf den BVG-Streik gesagt, die Reichswehr sei für alle Fälle angewiesen. Weitere Anweisungen könnten nur als Schwäche ausgelegt werden (s. o. H. I. Berliner Verkehrsbetriebe-Streik). Das Planspiel würde als sicheres Zeichen von Schwäche gewertet werden. Insofern war Schleichers Zögern Anfang November, Ott ein Planspiel durchführen zu lassen, nur konsequent.

An den eigentlichen Spieltagen wird das Szenario jeweils konkretisiert. Es ist von eingeworfenen Fensterscheiben die Rede und anderen Einzelheiten, etwa der Versenkung des amerikanischen Dampfers in der Holtenauer Schleuse.

Im Sommer und Herbst 1928 kam es zu erheblichen Unstimmigkeiten zwischen dem Reichswehrministerium und dem Auswärtigen Amt wegen der Kriegsspiele. Das Auswärtige Amt sah keinen rechten Sinn an seiner Teilnahme. Im Gegenteil konnte die Kriegsspielerei unter Teilnahme des Auswärtigen Amtes zu Konflikten führen, wenn die Angelegenheit öffentlich, vor allem aber im Ausland ruchbar würde. Die Szenarien, so hielt das Auswärtige Amt dem Reichswehrministerium vor, seien so unrealistisch, dass sich damit keine Planspiele machen ließen. Groener antwortete darauf an das Auswärtigen Amt am 14. Juni 1928, dass die in den Kriegsspielen angenommenen Lagen natürlich unrealistisch seien. Die beobachtende Teilnahme des Auswärtigen Amtes sei nur darum nötig, dass die Offiziere die Beurteilung der Lage durch das Auswärtige Amt kennten und dass umgekehrt das Auswärtige Amt die militärischen Erfordernisse kenne.[65] Das Auswärtige Amt war daraufhin keineswegs von der Notwendigkeit überzeugt, weiterhin Beobachter zu den Kriegsspielen zu entsenden. Tat dies aber dennoch weiterhin, um das Reichswehrministerium nicht zu verärgern. Über das Planspiel Ott findet sich nichts in den Unterlagen des Auswärtigen Amtes. Vermutlich ist kein Vertreter des Auswärtigen Amtes hinzugezogen worden. Denn bei diesem Planspiel ging es hauptsächlich um innenpolitische Szenarien. Aus den Unstimmigkeiten kann man immerhin ersehen, dass die Kriegsspiele ganz allgemein „worst-case"-Spiele waren. So war es auch bei dem Planspiel Ott.

Dem entspricht Schleichers Äußerung in der Kabinettssitzung vom 2. Dezember 1932, dass bei dem Planspiel Ott ebenfalls der schlimmste aller Fälle als Ausgangsposition angenommen wurde, dass der schlimmste Fall aber deshalb keineswegs eintreten müsse. Gerade deswegen war es ein schwerer politischer Mißgriff, das Planspiel Ott in der Kabinettssitzung vom 2. Dezember 1932 überhaupt nur zu erwähnen. Denn die Kabinettskollegen und vor allem der von Papen sofort informierte Hindenburg verstanden es so, als stünde dieser „worst case" tatsächlich unmittelbar bevor und als könne die Wehrmacht ihn nicht meistern.

---

[65] Ebd., R 30045 a Bd. I, S. 101.

XI. Missverständnis des Planspiels Ott

Dem Kabinett am 2. Dezember 1932 ein „worst-case"-Szenario zu präsentieren und lediglich eher beiläufig zu sagen, so schlimm brauche es ja nicht zu kommen, konnte nach Lage der Dinge zu Missverständnissen führen. Die Kabinettsmitglieder und Hindenburg verstanden, dass Schleicher, wenn er zum Kanzler ernannt werde, auf jeden Fall ohne Staatsnotstand bzw. ohne militärisches Eingreifen im Wege des militärischen Ausnahmezustandes auskommen werde. Ferner missverstanden die Minister und Hindenburg das Planspiel dahin, dass der Staatsnotstand vollständig aussichtslos und zum Scheitern verurteilt sei. Schleicher hatte jedoch keineswegs versprochen, ohne Staatsnotstand und militärischen Ausnahmezustand auszukommen, wenn er das Kanzleramt übernähme. Nur würde der Staatsnotstand schwierig durchzuführen sein, vielleicht sogar schlimmstenfalls scheitern. Und Schleicher hatte auch nicht gesagt, dass das Militär auf gar keinen Fall den Staatsnotstand durchführen könne. Er sah nur eben größte Schwierigkeiten für einen Bürgerkrieg voraus. Das hieß aber nicht, dass Schleicher ihn nicht doch wagen werde, wenn es denn gar nicht anders ginge.

Folgende Begebenheiten sprechen dafür, dass Schleicher notfalls auch einen Bürgerkrieg auf sich nehmen würde:

1. In einer Chefbesprechung mit den Abteilungschefs des Reichswehrministeriums am 11. November 1932, als das Planspiel schon in Aussicht genommen, aber noch nicht durchgeführt war, erklärte Bredow, den Anwesenden werde sogleich der Ernst der Lage vor Augen geführt werden. Bredow sagte weiter: „Der Herr Minister läßt Ihnen sagen, dass Sie sich bei den kommenden schweren Zeiten ganz auf ihn verlassen können. Sollte es hart auf hart gehen, so weiß der Herr Minister, dass er der Wehrmacht voll vertrauen kann, und dass jede von ihm angeordnete Maßnahme ohne Wimperzucken rücksichtslos („rücksichtslos" ist handschriftlich eingefügt, d. Verf.) durchgeführt werden wird."[66] Schleicher wusste also zu diesem Zeitpunkt schon, auch ohne das Planspiel, dass ein Militäreinsatz äußerst hart werden würde. Aber er hielt einen solchen Einsatz für denkbar.

2. In der Ministerbesprechung am 25. November 1932 betonte Schleicher, der Reichskanzler dürfe nicht zugleich Reichswehrminister sein. „Es werde sich nicht vermeiden lassen, mit dem militärischen Ausnahmezustand ernsthaft zu rechnen", zitiert das Protokoll Schleicher. Wenn der militärische Ausnahmezustand verhängt werden müsse, richte sich die Aufmerksamkeit der Öffentlichkeit zwangsläufig auf den Reichswehrminister als den Inhaber der vollziehenden Gewalt. Die Öffentlichkeit würde dann von der Person des Reichskanzlers abgelenkt werden, der schon sehr angegriffen sei. Darin erblicke er dann einen gewissen Vorteil.[67] Diese Einlassung Schleichers ist wohl so zu verstehen, dass

---

[66] Ausführungen des Chefs des Ministeramts bei der Chefbesprechung am 11. 11. 32, Nachlass v. Bredow, N 97/2, Bl. 103.

[67] Ministerbesprechung vom 25. November 1932, AdR, Papen, Nr. 232.

er in einem Zuge zwei Situationen überlegt: Einmal der militärische Ausnahmezustand unter einem Kanzler, der zugleich Reichswehrminister ist, zum anderen der militärische Ausnahmezustand unter einem Kanzler Papen. Auf jeden Fall aber zeigt Schleichers Einlassung, dass er den militärischen Ausnahmezustand für eine sehr realistische Möglichkeit in der gegebenen Situation hält.

3. Am 29. November 1932 hatte Schleicher mit Justizminister Gürtner die verfassungsrechtliche Lage besprochen. Sie waren zu der Ansicht gelangt, dass der Reichstag noch vor seinem ersten Zusammentreten am 6. Dezember aufgelöst werden müsse und dass Neuwahlen in etwa 6 Monaten stattfinden sollten. Das könne man natürlich nicht mit Art. 48 machen, aber es gäbe eben ein Notrecht, soll Schleicher gesagt haben.[68] Das ist ein eindeutiges Bekenntnis zum Staatsnotstand, den Schleicher mit dem Ausnahmezustand durchführen wollte. Laut Papen solle Schleicher außerdem in jener Kabinettssitzung am 2. Dezember 1932 erklärt haben, dass er in materieller Hinsicht alle Vorbereitungen getroffen habe, um im Falle des Ausnahmezustandes die Funktion des Staatsapparates sicherzustellen.[69] Diese Äußerung sowie das Gespräch mit Gürtner ergeben nur dann Sinn, wenn Schleicher sehr wohl mit einem Ausnahmezustand rechnete und dafür gerüstet sein wollte. Eine andere Frage mochte sein, wie die Unruhen dann tatsächlich bewältigt wurden.

4. Eine „Vortragsnotiz" Bredows vom 6. Dezember 1932[70] besagt unter Ziff. 5): „Von verschiedenen Besuchern habe ich gehört, dass die Bedenken, die im Kabinett bezüglich der Schwierigkeiten beim Ausnahmezustand zur Sprache gekommen sind, die Meinung haben aufkommen lassen, dass die Reichswehr bei einem Ausnahmezustand nicht mehr sicher sei, ferner, dass es notwendig sei, den Stahlhelm jetzt vermehrt heranzuziehen, damit die Reichswehr eine starke Reserve habe." Ott hat den Text mit rotem Stift mit einem Sichtvermerk abgezeichnet und ihn am Rand mit zwei Ausrufezeichen versehen. Mit grünem Stift ist am linken Rand des Textes ein großes Fragezeichen gemalt. Das Fragezeichen dürfte von Schleicher stammen, wenn man davon ausgeht, dass die Schriftfarben in der Weimarer Republik so zugeordnet waren wie heute noch, also grün für den Minister, rot für den ihm Nachgeordneten. Diese Farbzuordnungen haben den Vorteil, dass jeder sofort den Schreiber erkennt, ohne dass dieser ausdrücklich genannt werden muss. Die Ausrufezeichen und das Fragezeichen machen deutlich, dass Ott und Schleicher sich über das alles nur wundern konnten und die Äußerungen der Besucher eher amüsiert konstatierten. Folglich dürfte Schleicher die Reichswehr in der Durchführung des Ausnahmezustandes für durchaus verlässlich gehalten haben.

---

[68] *Thilo Vogelsang,* Reichswehr, S. 331 m. w. N.
[69] *Thilo Vogelsang,* Zur Politik Schleichers, S. 114.
[70] Vortrag vom 6. 12. 32, Nachlass v. Bredow, N 97/2, Bl. 150.

XII. Seltene Klarsicht Papens

Papen war von Schleicher im Sommer 1932 als Kanzler ausersehen worden, weil er ein farbloser, lenkbarer Politiker war. Zu Schleichers Verwunderung änderte sich das im Laufe von Papens Kanzlerschaft, als dieser eigene Ideen entwickelte. Ende November 1932 hatte er sich vollkommen von Schleicher emanzipiert, so dass beide in der wichtigen Frage des Staatsnotstandes und des damit einhergehenden militärischen Ausnahmezustandes verschiedener Meinung waren. Es war eine existentielle Frage, eben weil davon Kampf gegen die NSDAP oder Einbeziehung der NSDAP in die Regierung und damit letztlich Hitlers Kanzlerschaft abhingen. Papen gilt noch heute als politisches Leichtgewicht, als Traumtänzer, Herrenreiter und was dergleichen herablassende Bezeichnungen noch sind. Sie alle sollen suggerieren, dass Papen als Kanzler ein völliger Missgriff war. Selbst wenn man diese Einschätzung teilt, wird man Papen die Hochachtung für seine Haltung am 1. und 2. Dezember 1932 nicht versagen dürfen. In diesen beiden Tagen hatte er, und zwar er allein, die politisch einzig richtige Maßnahme erkannt. Jetzt musste der Staatsnotstand bemüht und mit Art. 48 WV über den Ausnahmezustand notfalls mit Hilfe der Reichswehr Hitler und die NSDAP politisch unschädlich gemacht werden. Der Zeitpunkt war gekommen, energisch, deutlich und durchschlagend gegen die NSDAP vorzugehen, notfalls auch um den Preis eines Bürgerkriegs. Papen wollte Verfassungsbruch, Bürgerkrieg und Einsatz der Reichswehr in Kauf nehmen – und das war auch die einzig richtige politische Alternative Anfang Dezember 1932, so sehr man auch generell den Staatsnotstand und den damit verbundenen militärischen Ausnahmezustand ablehnen mag.

Papen hat noch am 2. Dezember für seine Version der Politik mit dem Ausnahmezustand gekämpft. Er hat, als er dem Reichspräsidenten von dem Planspiel Ott und der Aussprache im Kabinett berichten musste, für seinen Weg gestritten. Sicherlich ging es Papen nicht allein um die Frage „Staatsnotstand ja oder nein", sonder es ging ihm auch darum, Kanzler zu bleiben. Hindenburg hätte ihn auch am 2. Dezember 1932 gern als Kanzler behalten. Höher aber bewertete Hindenburg die Gefahr des Bürgerkrieges, den er vehement ablehnte. Papen hat Schleicher sogar noch im Anschluss an dieses Gespräch zwischen ihm und Hindenburg von seiner politischen Lösung überzeugen wollen. Doch Schleicher war nicht umzustimmen. Für Schleicher sprach immerhin die Trendwende bei den Wahlen, die darauf hoffen ließ, dass sich die Situation insgesamt bessern werde und das Thema NSDAP sich von selbst erledigen werde.

Papen hat in diesen beiden Tagen wirklich einmal, ein einziges Mal, politisches Profil und klaren Durchblick gezeigt. Schon zwei Wochen darauf, am 16. Dezember 1932 zeigte Papen sich bei einer Rede im Herrenklub geneigt, Hitler zur Kanzlerschaft zu verhelfen. Das ändert aber nichts daran, dass Papen am 1. und 2. Dezember 1932 die politisch richtige Entscheidung propagierte. Der einzige Vorwurf, den Papen sich in der Frage des Staatsnotstandes gefallen lassen muss, ist, das er nicht schon seit dem 30. August 1932 sein Handeln energisch an der Ausführung des Staatsnotstandes orientiert hat. Damals befürwortete auch Schleicher dessen Durchführung. Mit der ungeschickten Situation im Reichstag am 12. September 1932 vertat Papen die Chance, den Staatsnotstand mit einem Überraschungsschlag einzuleiten und ihn dann vielleicht ohne Bürgerkrieg durchführen zu können.

J. Kanzler v. Schleicher

Schleichers Kanzlerschaft dauerte knappe zwei Monate. Zunächst ließ sie sich gut an. Der gefürchtete Bürgerkrieg blieb aus. Hindenburg mag von Anbeginn dieser Kanzlerschaft an skeptisch gegenüber Schleicher gewesen sein, weil er lieber Papen als Kanzler behalten hätte. Mindestens bis zum Jahreswechsel blieb Hindenburg aber wohlwollend gegenüber Schleicher, dem er in einem herzlichen Schreiben für die ruhigen Feiertage dankte.

I. Regierungsbildung

Schleicher wollte anfangs durchaus nicht selbst Kanzler werden und suchte zunächst händeringend nach einem Politiker, der als Kanzler in Frage kommen könnte. Schleicher wandte sich ratsuchend an Brüning. Der äußerte, nun müsse Schleicher selbst an die Spitze der Reichsregierung treten. Brüning scheint das als eine fast erzieherische Maßnahme gegenüber Schleicher empfohlen zu haben. Denn wer stets hinter den Kulissen die Fäden zog, der sollte auch einmal im Rampenlicht erleben, was daraus entstand.

Am Abend des 2. Dezember 1932 trafen sich Schleicher, Ernst Jünger, Eugen Ott und Ernst Rudolf Huber. C. Schmitt war verhindert. Die Gesprächsrunde sprach von der Übernahme der Kanzlerschaft durch Schleicher. Sie sah darin den letzten Versuch, das Reich vor drohendem Unheil zu retten.[1]

Schleicher hatte am 1. Dezember in der Gesprächsrunde mit Papen, Hindenburg und Meissner eine Politik ohne Verfassungsbruch propagiert, die er in der Bildung eines möglichst breiten Rückhaltes in der Bevölkerung sah. Es gab theoretisch auch noch einen anderen als den von Schleicher aufgezeigten Weg, um ohne Verfassungsbruch eine Weile weiter zu regieren. C. Schmitt propagierte ihn. Der Weg Schmitts sah so aus:

– Schleicher wird Kanzler mit der Auflösungsorder in der Tasche.

– Er bleibt nach einer sicher zu erwartenden Reichstagsauflösung geschäftsführend die 60 Tage bis zur Neuwahl im Amt.

– Reichswehr samt Polizei dürfen während des Wahlkampfes nicht in die Hände irgendeines anderen gegeben werden.[2]

---

[1] *Andreas Koenen*, S. 206, Fn. 205.
[2] *Paul Noack*, S. 150.

Schmitt begründet diese Lösungsmöglichkeit wieder mit Art. 42 WV. Diese rechtliche Untermauerung musste Hindenburg zusagen, der seinen feierlichen Eid auf die Verfassung sehr ernst nahm. Schmitt erkannte die psychologische Wirkung, die in der Berufung auf Art. 42 WV lag: Es habe zum Einen eine ungeheure Vereinfachung darin gelegen, dass der alte Herr nur eines habe wissen wollen, nämlich, was im Augenblick verfassungsmäßig sei. Das Zweite sei die Frage gewesen, was man angesichts der Frage nach der Verfassungsmäßigkeit tun könne, um die vom Reichspräsidenten gewünschte Politik zu realisieren? Es sei kein anderer Weg ersichtlich, als über Art. 48 WV zu regieren. Die Entwicklung sei ohnehin schon darauf zugesteuert, dass der Reichspräsident bzw. die ihn beeinflussenden Politiker mit Art. 48 WV regierten.

Schleicher selbst konnte eine Kanzlerschaft als notwendige Übergangsmaßnahme für sich akzeptieren[3]. Denn wenn der Reichspräsident mit Art. 48 WV arbeiten musste, so wäre der Reichswehrminister seine rechte Hand bei der Durchführung gewesen. Wenn der Reichswehrminister gleichzeitig Reichskanzler war, so würde sich eine geschickte Kräfteverteilung ergeben.

Die Kabinettszusammensetzung gefiel Schleicher nicht hundertprozentig. Doch das wollte er später ändern. Wichtig war ihm jedoch, sofort Gereke in die Regierung hineinzunehmen, um ihn die Aufgabe der Arbeitsbeschaffung lösen zu lassen. Wichtig war auch die Besetzung des Innenressorts durch Bracht. Seit dem 29. Oktober 1932 hatte Bracht schon ohne Geschäftsbereich im Kabinett Papen mitgearbeitet. Im Kabinett Schleicher vereinigte Bracht in seiner Person die Ämter des Kommissars im Preußischen Innenministeriums und des Reichsinnenministers. Später, so hoffte Schleicher, werde er diejenigen Minister ersetzen können, die sich in der Regierung Papen gegen den Gereke-Plan gewandt hatten. Eventuell wollte Schleicher gern Leipart in die Regierung hineinnehmen. Dann wäre die „Querfront" sogar in der Regierung manifest gewesen.

II. Erste Erfolge, erste Fehler

Einen gewissen außenpolitischen Erfolg konnte Schleicher sehr bald nach Antritt der Kanzlerschaft in der Abrüstungsfrage für sich verbuchen. Schleicher entschied, die Genfer Abrüstungskonferenz nicht länger zu boykottieren. Deutschland trat damit wieder in den Dialog mit den Großmächten ein, die sich um das militärischen Kräfteverhältnis in Europa bemühten. Am 11. Dezember 1932 wurde die Kompromissformel veröffentlicht, nach der die USA, Frankreich, Großbritannien, Italien und Deutschland militärisch gleichberechtigt sein sollten.[4] Über die Erhöhung der Truppenstärke einigt er sich mit Frankreich und England.

---

[3] *Eugen Ott*, Bild, S. 371.

[4] Genfer Vereinbarung über die deutsche Gleichberechtigung in Rüstungsfragen, *Ernst Rudolf Huber*. Dok. 505.

Schleicher suchte sich eine Basis in der Bevölkerung zu schaffen durch wirtschaftliche Erleichterungen. Die zahlreichen immer noch in Kraft befindlichen Verordnungen, die für Ruhe und Ordnung sorgen sollten, sollten so weit als irgend möglich aufgehoben werden. Die Verordnungen vom 14. und 28. Juni 1932, die Verordnung gegen politische Ausschreitungen vom 9. August 1932, die Verordnungen zur Sicherung des inneren Friedens vom 2./3. November und 18. November 1932 wurden aufgehoben. An ihre Stelle trat die sog. StaatsschutzVO vom 19. Dezember 1932 (Verordnung des Reichspräsidenten zur Erhaltung des inneren Friedens, RGBl. 1932 I, S. 548), die auf unbegrenzte Dauer angelegt war. Dieses Entgegenkommen Schleichers erscheint etwas scheinheilig. Zum einen war das Geflecht der Verordnungen so eng, dass etliches doppelt geregelt worden war. Zum zweiten blieben Teile dieser Verordnungen erhalten in der StaatsschutzVO, einiges wurde in das StGB eingefügt. Schließlich aber – und das ist das wichtigste Argument gegen Schleichers angebliches Entgegenkommen – hatte Schleicher die oben erwähnte SchubkastenVO in der Hinterhand, mit der sich jede Opposition unterdrücken ließ.

Am 21. Dezember 1932 begann die „Winterhilfe für Unterstützungsempfänger" ihre Arbeit. Bedürftige erhielten Sachzuwendungen. Der Antrag dafür war Anfang Dezember von der SPD gestellt worden. Gleichzeitig startete Schleicher ein Siedlungsprogramm im Osten. Die Winterhilfe linderte die Not nicht durchschlagend und das Siedlungsprogramm hätte einige Zeit gebraucht, um zu greifen.

Allerdings traf Schleicher auch Maßnahmen, die ihn in der Bevölkerung höchst unbeliebt machten und das Klima vergifteten: Der Butterpreis drohte immer weiter zu verfallen. Die Regierung Schleicher diskutierte über einen Butterbeimischungszwang zu Margarine. Am 23. Dezember 1932 trat eine Beimischungs-Verordnung tatsächlich in Kraft. Die Landwirtschaft drängte darauf, dass sie endlich durchgeführt werde. Andererseits verteuerte diese Verordnung das Volksnahrungsmittel Margarine ganz empfindlich. Das brachte die Bevölkerung, vor allem die ärmere Bevölkerung, gegen die Regierung auf. Ein Entrüstungssturm in der Presse begleitete die Verordnung. Schleichers Hoffnung, die Landwirtschaft durch den Butterbeimischungszwang für sich zu gewinnen, scheiterte. Ihr ging die Verordnung offenbar nicht weit genug. Wenn Schleicher seine Politik auf breite Zustimmung in allen Kreisen stützen wollte, so war der Butterbeimischungszwang eine kontraproduktive Maßnahme gewesen.

III. Schleicher und der Reichstag

Schleicher hoffte, mit dem am 6. November 1932 gewählten Reichstag möglichst konfliktfrei umgehen zu können. Schon am 3. Dezember 1932 bat Ott C. Schmitt um juristische Hilfe, wie man ohne Reichstagsauflösung weiterarbeiten könne. Auch jetzt bestand wieder das Problem, dass der neu zusammentretende Reichstag sogleich über Misstrauensanträge gemäß Art. 54 WV die Regierung

Schleicher zu stürzen versuchen werde und dass er ferner mit Außerkraftsetzungsanträgen gemäß Art. 48 Abs. 3 WV gegen Notverordnungen vorgehen werde. Schmitt legte schon am 4. Dezember 1932 einen Entwurf einer Proklamation des Reichspräsidenten vor, an dessen Erstellung Horst Michael, ein Assistent Schmitts, beteiligt war.[5] Schmitt schlug dem Reichspräsidenten folgende Argumente gegen den Reichstag vor:

– Der Reichstag sei zu seiner eigentlichen Aufgabe, der Gesetzgebung, nicht fähig.

– Ferner mache er die Arbeit der Regierung mutwillig durch Außerkraftsetzungsanträge zunichte.

– Der Entwurf gipfelt in einer schlichten Außerachtlassung des Parlaments: „Einen Reichstag aber, der seinen verfassungsmäßigen Pflichten nicht nachkommt und außerdem noch einer Reichsregierung, die bemüht ist, an seiner Stelle die notwendige Arbeit zu tun, in den Rücken fallen will, betrachte ich nicht mehr als eine Volksvertretung im Sinne der Reichsverfassung."

Schleicher drohte, wie Goebbels schreibt, schon am 5. Dezember mit der Auflösung des Reichstages, wenn die NSDAP ihn nicht tolerieren wolle. Hitler nennt nochmals seine Bedingungen für eine Mitarbeit. Es sind dieselben Bedingungen wie am 1. Dezember. Entweder wollte er Kanzler sein oder es gab weder eine Regierungsbeteiligung eines anderen NSDAP-Mitgliedes noch Tolerierung. Die Lage blieb also genauso verfahren wie schon am 13. August 1932. Im Gegensatz zu Strasser, der Vizekanzlerschaft und Tolerierung bejahte, behielt Hitler unbeugsam seine harte Linie bei.

Am 5. Dezember 1932 beschloss die SPD, einen Misstrauensantrag gegen Schleicher und seine Regierung im Reichstag einzubringen. Dabei scheint die SPD gehofft zu haben, dass dieser Antrag auf gar keinen Fall durchkomme. Sollte es nämlich zu Neuwahlen kommen, so hätte eventuell die KPD die SPD überflügelt. NSDAP und Zentrum würden, so hoffte die SPD, dem Antrag nicht zustimmen. Die SPD hatte ihn wohl nur stellen wollen, um die eigene Klientel nicht durch scheinbare Nachgiebigkeit gegenüber Schleicher zu verärgern. Auch die KPD meldete sich mit einem Misstrauensantrag zu Wort. Im Gegensatz zur SPD ging es der KPD darum, ihren Misstrauensantrag auch wirklich sofort durchzbringen, um die neue Regierung Schleicher schleunigst zu stürzen. Die NSDAP fürchtete eine Reichstagsauflösung. Deshalb fürchtete sie im Grunde auch Misstrauensanträge, denn der 12. September 1932 hatte gezeigt, dass die Regierung einen Misstrauensantrag mit der Auflösung konterte. Einen weiteren Wahlkampf musste die NSDAP unbedingt vermeiden. Angesichts der Tendenzwende, die am 6. November zutagegetreten war und die am 4. Dezember bei den Gemeinde- und Kreistagswahlen in Thüringen mit dem herben Verlust von etwa 40 % der NSDAP-Mandate ihren vorläufigen Höhepunkt gefunden hatte, waren weitere Verluste zu befürchten. Die

---

[5] Abgedruckt in: *Wolfram Pyta*, Konstitutionelle Demokratie, VfZ 1999, 417, 432, 433.

Strasser-Krise brachte die NSDAP in höchste Gefahr. Die Parteikasse war leer. Ein erneuter Wahlkampf war schlicht unmöglich zu dieser Zeit.

Am 6. Dezember 1932 trat der neu gewählte Reichstag zu seiner konstituierenden Sitzung zusammen. Dabei gerieten KPD und NSDAP in handgreifliche Auseinandersetzungen, in der Wandelhalle prügelten sich die verfeindeten Abgeordneten. Der Antrag der KPD, ihren Misstrauensantrag für den kommenden Tag auf die Tagesordnung zu setzen, scheiterte.

Im Reichstag brachte der Nationalsozialist Frick einen Antrag zur Änderung des Art. 51 WV ein. Dort war die Vertretung des Reichspräsidenten geregelt. Dem Reichskanzler fiel die Vertretung des Reichspräsidenten zu. Das sollte geändert werden. Der Gesetzentwurf benannte den Präsidenten des Reichsgerichts als Stellvertreter. Nach der geltenden Regelung hätte Schleicher im Vertretungsfall in einer Person die Ämter des Reichspräsidenten, des Kanzlers und des Reichswehrministers ausgeübt. Das war eine ungeheure Machtfülle, die eine dauernde Diktatur ohne weiteres erlaubte. Vor allem erlaubte sie die schnelle Zerschlagung der NSDAP. Da Schleicher selbst vor seinem Amtsantritt Bedenken wegen dieser Machtfülle gehabt hatte, die er für einen möglichen Anlass für einen Bürgerkrieg hielt, trat er der Initiative der NSDAP folglich nicht entgegen. Das verfassungsändernde Gesetz wurde am 9. Dezember angenommen und trat am 17. Dezember 1932 in Kraft. Schleicher wies zu Beginn seiner Rundfunkrede vom 15. Dezember 1932 selbst noch einmal auf die Problematik der Ämterhäufung hin.[6] Das röche sehr nach Militärdiktatur. Auch sei die Gefahr nicht von der Hand zu weisen, dass durch diese Ämterhäufung die Reichswehr zu stark in die Politik hineingezogen werde.

Eine derartige Machtfülle hätte in der Tat eine Provokation für NSDAP und KPD sein können. Aber obwohl Schleicher und Hindenburg die gleichzeitige Inhaberschaft des Kanzleramts und des Amts des Reichswehrministers für problematisch hielten, hat Schleicher offenbar seine Kanzlerschaft an die Bedingung geknüpft, dass er gleichzeitig Reichswehrminister bleiben könne. Schleicher sah bürgerkriegsartige Unruhen voraus und wollte auf gar keinen Fall das Reichswehrministerium in dieser prekären Lage aus der Hand geben. So rechtfertigte er denn auch in der Rundfunkrede vom 15. Dezember 1932 diese Ämterhäufung damit, dass gerade sie Unruhestifter von ihrem Vorhaben abschrecken könne und deshalb um so geeigneter sei, die Ruhe aufrechtzuerhalten.

Angesichts der Vorgänge vom 12. September 1932 erscheint die parlamentarische Arbeit in der Sitzung vom 6. bis 9. Dezember 1932 geradezu diszipliniert und ruhig. Der Kanzler griff nicht mit Auflösung ein, er hatte auch gar keine Auflösungsorder „in der Tasche", wie C. Schmitt gewünscht hatte. Da der Reichstag sich vertagte, ohne über Misstrauensanträge zu beschließen, brauchte er auch nicht aufgelöst zu werden.

---

[6] Rundfunkrede des Reichskanzlers vom 15. Dezember 1932, AdR, Schleicher, Nr. 25.

IV. „Arbeit schaffen", die Rundfunkrede vom 15. Dezember 1932

Schleicher taktierte erst einmal vorsichtig. Eine Regierungserklärung von Schleicher vor dem Parlament gab es zunächst nicht, obwohl Schleicher sie in der Ministerbesprechung am 3. Dezember 1932 für den 12. Dezember angekündigt hatte.[7] Im Rundfunk sprach Schleicher erst am 15. Dezember 1932 über sein Regierungsprogramm. Die Kernbotschaft war: „Dieses Progamm besteht aus einem einzigen Punkt: Arbeit schaffen!"

Zunächst erklärte Schleicher sich ausdrücklich gegen eine Militärdiktatur. Seine Ansichten darüber seien allgemein bekannt. Er erkläre nochmals, dass es sich auf die Dauer auf Bajonette gestützt schlecht regieren lasse. Es bedürfe vielmehr einer breiten Volksstimmung im Rücken. Diese Stimmung werde seine Regierung durch Taten erwerben müssen.

Dieses vorausgeschickt, ging Schleicher in seiner Rede zur Arbeitsbeschaffung über. Er sagte: „Alle Maßnahmen, die die Reichsregierung in den nächsten Monaten durchführen wird, werden mehr oder weniger diesem einzigen Ziel dienen." Schleicher berichtet, dass er dem Reichspräsidenten die Ernennung eines Reichskommissars für Arbeitsbeschaffung vorgeschlagen habe. Schleicher erläutert: „Seine Aufgabe wird es sein, jeder Arbeitsmöglichkeit nachzuspüren, ein großzügiges Arbeitsbeschaffungsprogramm aufzustellen und seine Durchführung zu überwachen, wobei er bürokratischen und sonstigen Hemmungen gegenüber die Rolle eines Schäferhundes übernehmen muss." Schleicher weist darauf hin, dass für die Finanzierung eine Lösung gefunden worden sei, die jede Inflation ausschließe. Dafür böte die Mitarbeit des Reichsbankpräsidenten Luther, den man wohl als den Gralshüter der Währung bezeichnen dürfe, die sicherste Garantie. Dieser Passus seiner Rundfunkrede und die Einsetzung Gerekes als Reichskommissar für Arbeitsbeschaffung sind ein eindeutiges Bekenntnis zum Gereke-Plan.

Mit der Arbeitsbeschaffung hinge auch die Siedlungspolitik zusammen, erklärte Schleicher weiter, insbesondere gelte das für die dünn besiedelten Ostgebiete. Ein Aspekt ist dabei für Schleicher, dass es letzten Endes immer die Menschen auf eigener Scholle seien, die den besten Schutzwall gegen das Vordringen fremden Volkstums abgäben. Schleicher wendet sich dann der Beschäftigung insbesondere der Jugend zu. Es geht Schleicher dabei nicht nur um ein Beschäftigungsprogramm, sonders auch um die Wehrertüchtigung. Das wird besonders deutlich, als Schleicher die von ihm gewünschte Miliz erklärt. Das Diktat von Versailles habe eine Lösung unmöglich gemacht. Deshalb hätten sich verschiedene Bünde der Erziehung der Jugendlichen angenommen. Denen sei man zwar zu Dank verpflichtet, habe jedoch Auswüchsen entgegenwirken müssen. Deshalb hätten nunmehr das Kuratorium für Jugendertüchtigung und die Organisation des Freiwilligen Arbeits-

---

[7] Ministerbesprechung vom 3. Dezember 1932, AdR, Schleicher, Nr. 1.

dienstes sowie staatlich unterstützte Sportvereine die Jugendertüchtigung übernommen. Eine gewisse Befriedigung klingt aus Schleichers Rede heraus, wenn er fortfährt: „Das Erfreuliche an diesen Einrichtungen ist die Überwindung des Parteigeistes in einem Maße, dass Parteihäupter und Verbandsgrößen schon anfangen, unruhig zu werden und um die Seelen ihrer Schäfchen zu fürchten." Darin zeigt sich nochmals, wie Schleicher seine Ziele untereinander verbindet: Östliche Gebiete werden besiedelt, zusammen mit der Miliz stellen sie einen Schutzwall gegen äußere Feinde dar. Die Bildung der Miliz zieht Menschen aus missliebigen Verbänden wie SA und SS ab, so dass die Stärkung der Wehrkraft gleichzeitig die Schwächung dieser Verbände bedeutet.

Schleicher bekannte sich in seiner Regierungserklärung als „sozialer General". Er kündigte die Beseitigung des sozialpolitischen Teils der Wirtschafts-NotVO vom 4. September 1932 an. Die Arbeitgeber würden dann nicht mehr die Tariflöhne drücken können mit dem Argument, neue Arbeitsplätze schaffen zu wollen. Damit stieß Schleicher große Teile der Industrie vor den Kopf. Wer sich mit den Gewerkschaften einließ, der musste sich die Industrie zwangsläufig zum Gegner machen. Zudem hätten weite Teile der Industrie gern die Verfassungspläne Papens fortgesetzt gesehen. Derartigen Plänen erteilte Schleicher in seiner Regierungserklärung eine klare Absage. Außer Arbeit und Brot interessiere alles andere nicht, „am wenigsten Verfassungsänderungen und sonstige schöne Dinge, von denen wir nicht satt werden", heißt es in der Rundfunkrede.

Es ist nicht einfach gedankenlos gewesen, dass Schleicher mit seinem Bekenntnis zum „sozialen General" die Industrie verprellte. Dahinter steht der Wille, den Gereke-Plan umzusetzen. Dafür musste Schleicher die Gewerkschaften gewinnen, auch wenn das zu Lasten seiner Sympathien bei der Industrie gehen sollte.

V. „Querfront"

Schleicher führt die von Gereke begonnene Bildung einer „Querfront" während seiner Kanzlerschaft fort. Er wollte dabei selbst eine Art Mittelpunkt zu bilden, von dem aus Fäden zu den einzelnen „Front"-Partnern liefen. Einen verbindenden Faden zwischen allen Bündnispartnern gab es nicht, und Schleicher versuchte auch nicht, ihn zu knüpfen. Eine Verbindung zwischen den Gewerkschaften und Hitler zwecks Bildung einer „Querfront" war undenkbar, allenfalls wäre so eine Verbindung vielleicht mit Strasser möglich gewesen. Die Bezeichnung „Querfront", die sich für Schleichers Politik eingebürgert hat, ist deshalb irreführend. Denn bei einer Front ist die Verbindung der einzelnen Frontmitglieder untereinander unabdingbar.

Schleicher hatte schon vor seiner Kanzlerschaft den Gereke-Plan befürwortet und infolgedessen auch schon vorher nicht nur mit Strasser, sondern auch mit den Gewerkschaften Kontakte geknüpft. Am 28. November 1932 hatte Schleicher deswegen mit Leipart gesprochen.[8] Es war dabei um die Aufhebung der Notverordnungen vom 4. und 5. September gegangen und ausschließlich um Arbeitsbeschaffung. Dieses Gespräch ist ein deutliches Zeichen dafür, dass die „Querfront" einzig im Rahmen der Arbeitsbeschaffung wichtig war.

Sogleich nach Antritt des Kanzleramtes sprach Schleicher am 3. Dezember 1932 in Berlin mit Strasser. Diesem bot er das Vizekanzleramt und Amt des Ministerpräsidenten in Preußen an.[9] Strasser akzeptierte unter dem Eindruck des Wahlergebnisses vom 6. November und unter dem Eindruck der zu erwartenden Stimmeneinbuße bei den Kreistags- und Gemeindewahlen in Thüringen am 4. Dezember, der dann auch mit einem Einbruch von knapp 40% der Stimmen tatsächlich erfolgte. Strasser war sogar zu einer Tolerierung bereit. Schleicher hatte aus dem Gespräch zwischen Ott und Hitler am 1. Dezember begriffen, dass Hitler die Vizekanzlerschaft nicht akzeptieren werde. Folglich blieb Schleicher in dieser Situation nur die Möglichkeit, auf Strasser zu setzen und ihn als Vizekanzler zu gewinnen.

Am 7. Dezember 1932 teilt Schleicher in der Ministerbesprechung mit, wenn sich Zentrum, Bayerische Volkspartei, die sog. technische Arbeitsgemeinschaft, und die Nationalsozialisten in den wichtigsten Punkten einigten, werde eine Mehrheit auch ohne die Deutschnationalen zustandekommen. Die Nationalsozialisten wollten es jetzt nicht zu einer Auflösung des Reichstages kommen lassen. Augenblicklich werde ein Kampf um die Führerschaft in der Partei ausgetragen."[10] In der NSDAP kam es zu jener Krise, bei der Strasser am 8. Dezember alle Parteiämter niederlegte. Damit war Schleicher der Möglichkeit beraubt, Strasser und Hitler gegeneinander auszuspielen. Schleicher hatte offenbar die Position Strassers innerhalb der NSDAP verkannt. Im Dezember 1932 jedenfalls erwies sich Hitler gegenüber Strasser als überlegen. Theatralische Attitüden Hitlers, tränenreiche Händedrücke und lautstarkes Anprangern des Verrats an der gesamten Bewegung vermochten die eigenen Anhänger und mögliche Abweichler zur Einheit zusammenzuschweißen, die Strasser abschwor.

Strasser hatte nichts anderes getan, als Hitler und Goebbels seit Mai 1932: Er hatte mit dem Establishment verhandelt und hatte paktieren wollen. Hitler hatte – nach außen sehr diskret – schließlich auch mit Schleicher verhandelt über die Tolerierung Papens oder den Eintritt in ein Präsidialkabinett. Hitler geißelte diese Verhandlungen nun als Verrat an der Bewegung. An Hitlers theatralischer Reaktion auf Strassers Vorstöße in Richtung auf eine Kabinettsbeteiligung lässt sich erkennen, wie gefährlich Hitler die Tätigkeit Strassers einschätzte. Die Schleicher nahestehende „Tägliche Rundschau" schrieb am 9. Dezember, Strasser sei von seinen Parteiämtern nur deshalb zurückgetreten, um Hitlers Stelle in der Partei einzunehmen.

---

[8] Zusammenfassung Leiparts vom 29. November 1932, in: Ursachen und Folgen, Bd. 8, Nr. 1924.
[9] *William Shirer,* S. 171.
[10] Ministerbesprechung vom 7. Dezember 1932, 11.45 Uhr, AdR, Schleicher, Nr. 5.

Schleicher meinte auch nach dem 8. Dezember 1932 immer noch, mit Strasser einen erklecklichen Teil der NSDAP-Anhänger zu sich hinüberziehen zu können. Vom 13. bis 15. Dezember 1932 tagten die Gruppen- und Wehrkreisbefehlshaber im Reichswehrministerium in Berlin. Schleicher sagte vor ihnen, er strebe nach wie vor die Mitarbeit der Nazi unter Strasser unter dem Messiassegen Hitlers an. Sobald der Reichstag einberufen sei, stelle sich die Frage an die NSDAP: „Spielst du mit? Wenn nicht, dann Kampf da. Kein Kampf mit Mückenstichen, sondern Bestimmungen und Maßnahmen, wie die Nazis sie auch exerzieren würden. Also keine Lockerung der Zügel und Nachsicht, sondern auf Hauen und Stechen".[11] Dann sei der Zeitpunkt für die Auflösung des Reichstages und des Preußischen Landtages gekommen. Der Gedanke, beide Parlamente, den Reichstag und den Preußischen Landtag gleichzeitig aufzulösen, taucht am 6. Januar 1933 in einer Unterredung zwischen Schleicher und Otto Braun wieder auf. Braun schildert die Szene so, als habe er diesen Gedanken von sich aus aufs Tapet gebracht (s. u. J. VI. Otto Brauns Angebot an Schleicher).

Strasser selbst glaubte nach dem 9. Dezember weiterhin, er sei – auch ohne Parteiämter – ein Aspirant auf einen Kabinettsposten bei Schleicher. Nach einer Pause bis Anfang Januar, in der Strasser inneren Abstand von seiner Auseinandersetzung mit Hitler gewinnen will, unterhält Strasser wieder Kontakte zu Schleicher.

Am 3. Januar 1933 schreibt Goebbels in sein Tagebuch: „Die Berliner Großstadtpresse hat ein neues Thema: Strasser soll in das Kabinett Schleicher eintreten, um es vor dem vollkommenen Zerfall zu bewahren. Man munkelt, dass er mit dem General schon eine Reihe von Besprechungen abgehalten habe, in denen die Bedingungen für seinen Eintritt in das Kabinett festgelegt wurden. Für die Tatsache dieser Besprechungen haben wir bereits die Belege."

Am 10. Januar 1933 schreibt Goebbels weiter: „Wie wir erfahren, geht Strasser mit dem Gedanken um, bei einer Reichstagsneuwahl eine eigene Liste aufzustellen." Am 13. Januar: „Straßer wühlt. War bei Hindenburg! So stelle ich mir einen Verräter vor."[12] Am 14. Januar: „Das ewig wiederkehrende Thema unserer Diskussion heißt Strasser. Wenn es ihm gelingt, ins Schleicher-Kabinett hineinzukommen, dann wird unser Sieg um mindestens zwei Monate verzögert, aber aufhalten kann er ihn nicht. Die Berliner Zeitungen bringen die Meldung, dass er in der nächsten Woche zum Vizekanzler ernannt wird."

Das Ministeramt im Reichswehrministerium fand es in diesen Tagen immer schwieriger, den Gereke-Plan durchzuführen. Entsprechend ließ auch das Interesse Schleichers an Strasser nach. Zu der Schwierigkeit, dass Strasser mit Hitler gebrochen hatte und ersichtlich doch nicht, wie erhofft, einen großen Teil der NSDAP mitnehmen und die NSDAP spalten konnte, kam nun noch das Problem, dass auch die Gewerkschaften von dem Plan abrückten. In einer KO vom 10. Ja-

---

[11] *Axel Schildt*, S. 163.
[12] *Joseph Goebbels*, Tagebücher, Ausgabe Fröhlich.

nuar 1933 vermerkt Bredow dazu: „Gegen den Gereke-Plan hat sich der Kali-Industrielle Rosterg sehr scharf ausgesprochen. Der Artikel liegt bei. Auf Rosterg ist es vielleicht möglich durch Harbou einzuwirken. Ich bitte um entsprechende Anweisung. Cordemann, der jetzt bei Gereke arbeitet, machte mich auf den Artikel aufmerksam. Er betonte, dass im Gereke-Lager große Schwierigkeiten zu überwinden seien. Im jüngster Zeit habe das Interesse der Gewerkschaften für Gereke nachgelassen." Der letzte Satz ist am Rand mit einem roten Doppelstrich hervorgehoben. Cordemann, der zur Wirtschaftsgruppe der NSDAP gehörte, war mit Hitlers ausdrücklicher Genehmigung in Gerekes Büro eingetreten. Nach wenigen Tagen verlangte Hitler seinen Rückzug von Gereke. Cordemann tat das nicht, blieb Nationalsozialist, stellte aber alle Parteiposten zur Verfügung.

Während Strasser sich eine Regierungsbeteiligung überlegte, suchte Schleicher sein Heil gleichzeitig immer noch bei der Linken, nämlich gleichermaßen bei der SPD wie bei den Gewerkschaften. Die Annäherung fand geteiltes Echo. Die SPD lehnte insgesamt eine Annäherung ab. Da nutzte auch die Rundfunkrede des „sozialen Generals" am 15. Dezember 1932 nichts mehr. Schleicher selbst erschien als gar zu reaktionär, seine sozialen Ambitionen als unglaubwürdig und unaufrichtig, sein Vorgehen zu intrigant, als dass sich die SPD nun doch wieder auf Schleicher einlassen wollte.

Schleicher hatte in Richtung der Linken durch Bredow folgenden Plan unterbreiten lassen:

– unbefristete Ausschaltung des Reichstages
– Vereinigung von Reichsbanner und Stahlhelm in einem Reichskriegerbund
– Verbot der NSDAP
– Hereinnahme von zwei Sozialisten oder Gewerkschaftern in die Regierung.

Der Vorsitzende des Holzarbeiterverbandes Tarnow verhandelte mit Schleicher für die Gewerkschaften und lehnte eine Zusammenarbeit ab.[13] Der Gewerkschaftsführer Leipart jedoch wollte laut seiner Neujahrsbotschaft mit Schleicher zusammenarbeiten. Die SPD lehnte den Vorschlag jedoch rundweg ab.[14] Breitscheid erklärte Leipart, jede Zusammenarbeit mit dem Reaktionär Schleicher sei unmöglich.

Aufschluss darüber, wie im Reichswehrministerium die „Querfront"-Problematik gesehen wurde, gibt ein Stichwort-Protokoll von der Chefbesprechung im Reichswehrministerium vom 6. Januar 1933.[15] Die Abteilungschefs haben die allgemeine politische Lage und das weitere Vorgehen besprochen. Es heißt dort:

„*Kommunisten:* ungeheuer radikal.
Nazis und Sozis (...) Strasser – Hitler
                    Leipart – Wels. (...)

---

[13] *Ernst Niekisch*, S. 213.
[14] *Karl-Friedrich v. Plehwe*, S. 259.
[15] Chefbesprechung am 6. 1. 1933, Nachlass v. Bredow, N 97/3, Bl. 3 R.

Regierung will Klärung. Entweder Vertagung des Parlaments oder Auflösen.

Nazis: Hitler: Kein Interesse am Parlament
gegen Schleicher
mit Papen."

Diese wenigen Stichworte zeigen, dass das Reichswehrministerium die Lage realistisch einschätzte. Strasser und Leipart standen jeweils Hitler und Wels gegenüber. Damit zog sich ein Riß durch das rechte wie durch das linke Lager. Das musste Schleichers „Querfront"-Wünschen entgegenkommen. Das Gespräch zwischen Hitler und Papen im Hause des Bankiers Schröder in Köln hatte zwei Tage zuvor stattgefunden. Schleicher hatte von dem Gespräch erfahren, aber er hatte ersichtlich auch verstanden, dass sich hier eine Verschwörung gegen ihn anbahnte.

VI. Otto Brauns Angebot an Schleicher

Anders als seine Partei lehnte Otto Braun nicht von vornherein den „Reaktionär Schleicher" als Verhandlungspartner ab, sondern bat am 6. Dezember 1932 um eine Unterredung, die tatsächlich auch am 8. Dezember stattfand. Braun ging es hauptsächlich um die Preußenfrage. Schleicher wollte abwarten, ob der Preußische Landtag noch vor der Weihnachtspause einen Preußischen Ministerpräsidenten wählen würde. Als Preußischen Ministerpräsidenten und gleichzeitg Vizekanzler konnte er sich Strasser vorstellen. Das hatte Schleicher Strasser ja bereits am 4. Dezember angeboten. Schleicher erklärte Braun die Absicht, die NSDAP mit diesem Schachzug zu schwächen und zu spalten. Braun hielt davon nichts. Er meinte, wo die Kasse bleiben werde, da werde auch das Gros der Partei bleiben. Die Kasse aber werde Hitler behalten. Am 6. Januar 1933 trafen sich Braun und Schleicher noch ein weiteres Mal.

Braun entwarf nun einen Plan, der mit einiger Sicherheit Hitler verhindert hätte: Der Preußische Landtag und der Reichstag sollten aufgelöst werden. Dafür sollten sich Schleicher und er selbst, Braun, beim Reichspräsidenten verwenden. Die Neuwahlen sollten bis zum Herbst 1933 hinausgeschoben werden. Dann werde sich die NSDAP aus mehreren Gründen ohnehin in nichts aufgelöst haben. Finanziell sei sie nicht lebensfähig. Die Wirtschaft gehe allmählich bergauf. Glücksritter und Postenjäger, aus denen diese Partei hauptsächlich bestehe, würden ihr dann längst den Rücken gekehrt haben. Schleicher ging auf diesen Plan nicht ein.[16] Denn hinter Brauns Plan stand unabdingbar die Forderung nach Aufhebung der VO vom 20. Juli 1932, also die Rückgängigmachung des Preußenschlags. Das aber wollte Schleicher keinesfalls. In seiner Rundfunkrede vom 15. Dezember 1932 ging Schleicher auf das Thema Preußen ein, was als vorweggenommene Antwort auf Brauns Angebot verstanden werden kann. Schleicher sagte: „Ein Wort zur Preußenfrage. Ich weiß sehr wohl, dass die Beseitigung des Dualismus Reich-Preußen

---

[16] *Ernst Rudolf Huber,* Verfassungsgeschichte VII, S. 1217, 1218.

de jure heute nicht zu erreichen ist. Ich weiß aber ebenso gut, dass die Gefahrenlage noch auf längere Zeit vorhanden ist, die die Einsetzung eines Reichskommissars in Preußen notwendig gemacht hat. Eine Aufhebung des Reichskommissariats kann also nur in Frage kommen, wenn diese Gefahrenlage nicht mehr besteht, oder wenn anstelle des Reichskommissars andere ausreichende Garantien für eine übereinstimmende politische Führung in Reich und Preußen geschaffen sind." Diese Worte, die in der Rundfunkrede ein wenig beziehungslos wie nachträglich eingefügt stehen, zeigen Schleichers feste Absicht, die preußische Regierung keineswegs wieder voll in ihr Amt einzusetzen und sie eigene Wege beschreiten zu lassen. Damit war weiteren Verhandlungen die Grundlage entzogen.

Es mag dahingestellt bleiben, ob Hindenburg Schleicher zur Zeit jenes Gesprächs mit Braun am 6. Januar 1933 noch die Auflösungsorder erteilt hätte. Schleicher meinte jedoch am 6. Januar, der Reichspräsident werde die Auflösungsorder und die Zustimmung zur Hinauszögerung der Neuwahlen nicht geben. Die beiden Herren wollten sich in den letzten Januartagen 1933 wiedertreffen, um die Angelegenheit weiter zu erörtern. Das Treffen fand nicht mehr statt. Die Chance war vertan, nachdem Hindenburg klargemacht hatte, er werde seinem Kanzler keine Auflösungsorder mehr geben. Immerhin ist aber die Einlassung Schleichers, der Reichspräsident werde die Auflösungsorder und die Zustimmung der Wahlverzögerung nicht geben, ein bemerkenswertes Indiz: Allgemein wird angenommen, Schleicher habe sich von Anfang bis kurz vor Ende seiner Kanzlerschaft in Sicherheit gewogen, dass der Reichspräsident ihm jederzeit die Auflösungsorder erteilen werde. Schleichers Äußerung schon am 6. Januar 1933 legt das Gegenteil nahe. Es mag sein, dass er glaubte, die Auflösungsorder werde er zwar bekommen, jedoch nur bei strikter Einhaltung der 60-Tage-Frist.

Warum Schleicher nicht auf Brauns Angebot einging, mag der Bericht von Vincenz Müller erhellen: Schleicher habe ihm im April 1934 gesagte, jedes Paktieren mit der SPD habe die Lage von rechts her zuspitzen können. „Und dann hat gerade der 20. Juli selbst bewiesen, dass die SPD und die Eiserne Front keine Kraft darstellten. Darum habe ich auch Braun, als er im Januar 1933 mit mir Fühlung suchte, die kalte Schulter gezeigt," zitiert Müller Schleicher.[17]

VII. Schleichers Sturz

Schon zwei Wochen nach der Regierungsneubildung begann Papen gegen Schleicher zu arbeiten. Am 16. Dezember 1932 hielt Papen im Herrenklub zu Berlin eine Rede. Sie ließ vermuten, dass Papen nunmehr eine Regierung Papen-Hitler befürworten würde. Der Industrielle Keppler, Wirtschaftsberater der NSDAP, arrangierte daraufhin ein Treffen zwischen Papen und Hitler im Hause des Bankiers Schröder am 4. Januar 1933 in Köln.

---

[17] Nachlass *Vincenz Müller,* N 774/34, Antworten, Bd. 3, Bl. 52.

Von dem Gespräch zwischen Papen und Hitler am 4. Januar 1933 bekam Schleicher sofort Kenntnis. Er wollte an ein Komplott nicht glauben, bis er am 5. Januar die heimlich geschossenen Fotos der beiden Gesprächsteilnehmer sah, wie sie die Villa des Bankiers Schröder betraten. Schleicher wehrte sich dann gegen das Taktieren hinter seinem Rücken und beschwerte sich bei Hindenburg. Eine Aussprache mit Papen folgte. Am 9. Januar 1933 gab Schleicher ein Kommuniqué über diese Aussprache heraus. Darin hieß es, Spekulationen über Gegensätzlichkeiten zwischen ihm und Papen entbehrten jeglicher Grundlage.

Schleichers Reaktion über Papens Gespräch mit Hitler verwundert auf den ersten Blick ein wenig: Zum einen hatte Schleicher selbst hinter dem Rücken des amtierenden Kanzlers Müller mit Brüning über die Bildung eines Präsidialkabinetts verhandelt. Ebenfalls hinter dem Rücken des nunmehr amtierenden Kanzlers Brüning hatte Schleicher mit der NSDAP und mit Papen über die nächste Regierung, nämlich die Regierung Papen, verhandelt. Bei der Regierungsneubildung November/Dezember 1932 hatte Schleicher mit Hitler verhandelt, auch mit Strasser. Einen Auftrag, eine Regierung zu bilden, hatte Schleicher zu dem Zeitpunkt durchaus nicht. Schleicher musste also damit rechnen, dass auch andere hinter seinem Rücken Gespräche über eine Regierungsneubildung führen würden wie er selbst es schließlich auch getan hatte.

1. Der Landbund

Zu allem Überfluß wandte sich der Reichslandbund am 11. Januar 1933 an den Reichspräsidenten. Eine Delegation, angeführt von dem Grafen Kalckreuth, suchte Hindenburg auf und übte Kritik an Schleicher. Er habe gegebene Versprechen bei der Siedlungspolitik und der Osthilfe nicht gehalten. Schleicher trat im Verlauf der Unterredung hinzu. Hindenburg forderte von seinem Kanzler schnelle und durchgreifende Abhilfe. Noch in derselben Nacht, so Hindenburg mit erheblicher Lautstärke, solle das Kabinett zusammentreten, Gesetze in dem dargelegten Sinne beschließen und ihm am morgigen Vormittag zur Unterschrift vorlegen. „Gesetze", hatte Hindenburg allen Ernstes gesagt. Damit waren natürlich Notverordnungen gemeint. Aber dass der Reichspräsident ganz selbstverständlich von Gesetzen sprach, die ihm unterschriftsreif vorzulegen seien, ist bezeichnend für das Selbstverständnis des Staatsoberhauptes. Schleicher wehrte sich gegen den Reichslandbund. Mit dessen Mitgliedern würden Regierungsmitglieder künftig nicht mehr verhandeln.

In der Schleicher nahestehenden „Täglichen Rundschau" wurde angelegentlich von missbräuchlichen Verwendungen von Osthilfemitteln geschrieben. In diesem Zusammenhang fiel auch ein hässliches Licht auf Hindenburg und seinen Sohn Oskar. Um dem Sohn die Erbschaftssteuer zu ersparen, war das Gut Neudeck bei der Schenkung an den Reichspräsidenten sogleich auf Oskar v. Hindenburg als Eigentümer eingetragen worden. Das hing zwar nur sehr indirekt mit der Osthilfe zusammen, aber da es sich nun einmal um Junkertum, Geld und Missbrauch handelte, vermengte die öffentliche Meinung beides. Die Enthüllungen über die Osthilfe und über die Erbschaftssteuerangelegenheit dürften einerseits als eine Art Rache am Landbund und andererseits auch als ein Druckmittel gegen Hindenburg gedacht gewesen sein.

Im Reichswehrministerium war der Vorstoß des Landbundes bei Hindenburg bekannt. Am 13. Januar 1933 notierte Bredow die Stichworte[18]:

„1. Landbund" (...)

„2. *Hitler*
    a) Geld – Ämter – Kanzlerschaft (...)
    b) *Papen:* In nicht günstiger Lage... fällt hinein
    c) *Alter Herr* a) Hitler
                     b) Landbund".

Aus diesen Stichworten wird deutlich, dass Bredow wusste, dass Hitler das Kanzleramt immer noch anstrebte und dass Hindenburg vom Landbund beeinflusst wurde. Eindeutige Schlüsse läßt dieses Stichwortpapier nicht zu. Es hat aber den Anschein, als habe Bredow Papens Einfluss auf den Reichspräsidenten im Januar 1933 gering erachtet. Das wird aus der Formulierung „fällt hinein" deutlich.

Die Konfrontation zwischen Schleicher und dem Landbund zwang Hindenburg, sich für eine der beiden Seiten und gegen die andere Seite zu entscheiden. Entweder machte er sich den Reichslandbund zum Feind, indem er Schleicher im Amt hielt oder er entschied sich für den Reichslandbund, dann würde er Schleicher fallen lassen müssen. Diese Entscheidung machte Schleicher ihm leicht. Er drohte nämlich mit noch weiteren Enthüllungen im Zusammenhang mit der Osthilfe. Da Hindenburg mit dem Landbund sympathisierte, da einzelne Mitglieder des Landbundes nach wie vor das Ohr Hindenburgs hatten und kräftig gegen Schleicher Stimmung machten und da Hindenburg außerdem eine herbe Schädigung des eigenen Rufes wegen der Steuerangelegenheit fürchten musste, entschied sich Hindenburg für den Landbund und gegen Schleicher.

Die Haltung des Landbundes, vor allem aber der Osthilfeskandal und Schleichers Haltung dazu dürften Hindenburg veranlasst haben, Schleicher die Reichstagsauflösung zu verweigern. Das Zentrum unterstellte nämlich, dass eine Reichstagsauflösung der Vertuschung des Osthilfe-Skandals dienen solle. Da der Osthilfe-Skandal aber ausgerechnet auf Hindenburg selbst einen hässlichen Schlagschatten geworfen hatte, musste Hindenburg sich um so mehr davor hüten, in den Verdacht der Beihilfe zur Vertuschung des Skandals zu geraten.

---

[18] Nachlass v. Bredow, N 97/3, Bl. 11 R.

2. Ministerbesprechung am 16. Januar 1933

Am 16. Januar 1933 fand eine Ministerbesprechung statt. Am Vortag hatte die NSDAP in den Landtagswahlen des winzigen Landes Lippe einen gewissen Wahlerfolg zu verbuchen gehabt. Angesichts der Wahlergebnisse in Lippe vom 15. Januar würden die Nationalsozialisten nun möglicherweise darauf drängen, dass der vertagte Reichstag wieder zusammenträte. Das hätte ein Misstrauensvotum gegen die Regierung Schleicher und deren Sturz zur Folge haben können. Entsprechend aufgeregt scheint es in der Ministerbesprechung zugegangen zu sein. Schleicher ging in dieser Ministerbesprechung am 16. Januar 1933 noch davon aus, dass er die Auflösungsorder vom Reichspräsidenten erhalten werde.[19] Er stellte sich den Fortgang der Politik so vor:

– wenn er die Auflösungsorder bekäme, so sollten Neuwahlen hinausgezögert werden

– im Parlament müsse eine breite Basis für die Regierung hergestellt werden von Strasser bis zum Zentrum

– Strasser könne sogar in das Kabinett eintreten, er wolle keine neue Partei bilden, sondern in der NSDAP verbleiben. Hitler aber wolle offenbar nicht an die Macht, denn er stelle mit der Übertragung des Reichswehrministeriums an die NSDAP eine für den Reichspräsidenten ersichtlich unannehmbare Bedingung.

Dem Protokoll dieser Ministerbesprechung wurden 2 Papiere als Anlagen 1) und 2) beigefügt.

Die Anlage 1) zeigt alternative Situationen auf, in denen der Reichstag aufgelöst werden könnte. Diese Anlage 1) dürfte der von C. Schmitt am 4. und 5. September 1932 erstellte Entwurf von Auflösungsmöglichkeiten sein (s. o. G. VII. Reichstagsauflösung am 12. September 1932, Notstandspläne). Die Anlage 2) enthält drei Vorschläge unter der Überschrift „Vorgehen gegen den Reichstag". Auflösung, Zwangsvertagung, Nichtanerkennung eines Misstrauensvotums und Bestätigung der Regierung durch den Reichspräsidenten werden behandelt. Am Ende dieser Anlage 2) findet sich ein handschriftlicher Vermerk, datiert vom 20. Januar 1933: „Weg I", also Auflösung und Hinauszögerung der Neuwahl. Das ist bemerkenswert, denn die als „Vortrag" überschriebene Anlage 2) ist noch nach der Ministerbesprechung bearbeitet worden, gleichwohl aber dem Protokoll beigefügt.

Schmitt bzw. Horst Michael scheinen die Ideengeber auch für diese Anlage 2) gewesen zu sein. Horst Michael erstellte ein Papier, das die drei Alternativen „Auflösung des Reichstags, Zwangsvertagung, Ignorieren eines Misstrauensvotums" jeweils mit zwei „Pro" und „Contra" überschriebenen Unterpunkten auslotet.[20] Das tut auch die Anlage 2) und zwar in eben der Reihenfolge wie das Michael-Papier

---

[19] Ministerbesprechung vom 16. Januar 1933, 11.30 Uhr, AdR, Schleicher, Nr. 71.

[20] *Lutz Berthold,* Anhang, Horst Michaels Papier, S. 80 ff. mit eingehender Würdigung des Papiers, S. 38 ff.

und auch in der Gliederung mit „Vorteil" und „Nachteil". Die Anlage 2) bzw. das Papier von Michael kann nicht vor dem 10. Dezember 1932 geschrieben worden sein. Das ergibt sich aus dem Punkt „Das pro und contra für Weg I, *Contra 5*" des Michael-Papiers. Es heißt dort, die Arbeitsunfähigkeit des Reichstages könne nicht bewiesen werden, denn dem Reichstag sei vor Weihnachten Gelegenheit gegeben worden, gesetzgeberische Arbeit zu leisten. Das traf zu, denn der Reichstag hatte das verfassungsändernde Gesetz über die Stellvertretung des Reichspräsidenten und das Amnestiegesetz auf seiner Sitzung 6. bis 9. Dezember beschlossen. Eventuell könnte das Papier erst am 19. Januar oder gar am 20. Januar 1933 geschrieben worden sein. Denn in Punkt „Das pro und contra für Weg I, Ziff. 4" nimmt das Michael-Papier ausdrücklich Bezug auf eine Äußerung des Zentrumsabgeordneten Ensing vom 19. Januar 1933. Das bedeutet, dass das „Papier" von Michael und die Abzeichnung des „Vortrages" durch Ott und Boehme am 20. Januar 1933 in unmittelbarem zeitlichem Zusammenhang stehen. Daraus ist zu schließen, dass mit Sicherheit die Anlage 2), eventuell auch die Anlage 1) dem Protokoll der Ministerbesprechung am 16. Januar 1933 nachträglich beigefügt sind und auf die Besprechung keinen Einfluss hatten. Die Minister sprachen zwar von einer möglichen Auflösung des Reichstages, jedoch nur über die praktischen Folgen, nicht über die in den Anlagen erörterten rechtlichen Probleme. Die Anlagen könnten also als „in den Zusammenhang gehörig" mit dem Protokoll zusammen abgelegt worden sein.

Ott erklärte am 22. Januar 1933, er wolle den Reichstag aufgelöst sehen, am 26. Januar 1933 wiederholte er dies noch einmal gegenüber C. Schmitt.[21] Diese Äußerungen Otts zeigen, dass Schleicher sich noch immer in der Gunst Hindenburgs wähnte und ohne weiteres davon ausging, er werde die Auflösungsorder erhalten.

3. Putsch der Potsdamer Garnison?

Am Abend des 22. Januar 1933 traf Hitler mit Oskar v. Hindenburg im Hause Ribbentrops zusammen. Zu diesem Treffen hatte Hitler noch Frick mitgebracht, etwas später trafen Göring und sein Adjutant Körner in der Villa Ribbentrop ein. Außer Oskar v. Hindenburg waren noch Papen und Meissner gekommen. Hitler überzeugte den Sohn des Reichspräsidenten in einem Gespräch, dass um Hitler als Kanzler nicht herumzukommen sei. Schleicher erfuhr von dieser Zusammenkunft umgehend und erkundigte sich am nächsten Morgen bei Meissner, wie denn der Eintopf im Hause Ribbentrop geschmeckt habe.

Eine vorsichtige Spekulation – mehr aber auch nicht – mag über den Gesprächsinhalt erlaubt sein. Es gab kurz vor dem 30. Januar 1933 Gerüchte über einen Putsch, bei dem Hindenburg diskret nach Neudeck beiseite geschafft und des Präsidentenamtes enthoben werden solle. Notfalls solle das mit militärischer Hilfe durch die Potsdamer Garnison geschehen. Es ist unklar, wer dieses Gerücht ver-

---
[21] *Paul Noack*, S. 156, 158.

breitete und wann genau es auftauchte. Meist wird Werner v. Alvensleben, jener Zwischenträger zwischen Schleicher und Hitler im Mai und Juni 1932, als Urheber des Gerüchts genannt, der dieses am 29. Januar 1933 verbreitet habe. Vielleicht hat Hitler selbst am 22. Januar 1933 Oskar v. Hindenburg mit einem solchen angeblich bevorstehenden Putsch Angst gemacht. Dass Hitler notfalls ohne weiteres einen Putsch zusammenlügen konnte, zeigte ein Jahr später der sog. Röhm-Putsch.

Gereke schildert, Oskar v. Hindenburg habe ihn kurz vor dem 30. Januar 1933 in größter Aufregung davon unterrchtet, der „Verräter Schleicher" wolle den Reichspräsidenten nach Neudeck bringen lassen und selbst Reichspräsident werden. Die Wehrmacht werde Schleicher notfalls unterstützen bei diesem Vorhaben. Gereke habe den Sohn des Reichspräsidenten nicht von der Unsinnigkeit der Angelegenheit überzeugen können.[22] Vater und Sohn Hindenburg scheinen trotz Gerekes Beschwichtigungen mit einem von Schleicher initiierten Putsch durchaus gerechnet zu haben.

4. Keine Auflösungsorder und keine Hinausschiebung der Neuwahl

Am 23. Januar 1933, 11.30 Uhr, erschien Schleicher bei Hindenburg.[23] In dieser Zusammenkunft kam auch das Gespräch zwischen Oskar v. Hindenburg und Hitler in der vorangegangenen Nacht zur Sprache. Die Journalisten der „Täglichen Rundschau" hatten Schleicher unverzüglich von dem Treffen berichtet. Schleicher verbat sich Gespräche über eine künftige Regierungszusammensetzung hinter seinem, des amtierenden Kanzlers, Rücken. Eigentliches Anliegen dieses schon vor dem 22. Januar anberaumten Gesprächs war jedoch die Auflösung des Reichstages. Die nächste Reichstagssitzung war ursprünglich auf den 24. Januar 1933 anberaumt gewesen. Wenn Schleicher so zeitnah mit dem Reichspräsidenten sprechen wollte, rechnete er sich die günstigsten Chancen für die Auflösungsorder aus. Schleicher erklärte, es werde in der nächsten Reichstagssitzung sicher zu einem Misstrauensvotum kommen. Er schlage deshalb die Auflösung vor. Da eine Neuwahl innerhalb der vorgeschriebenen Frist nichts ändern werde, schlage er gleichzeitig die Hinausschiebung der Neuwahl vor. Hindenburgs Antwort war geteilt:

1. Die Auflösung werde er sich überlegen.

2. Die Hinausschiebung der Neuwahl könne er aber zur Zeit nicht verantworten. Ein solcher Schritt werde ihm als Verfassungsbruch ausgelegt.

Schleicher konnte in dieser Situation theoretisch immer noch hoffen, Hindenburg werde ihm die Auflösungsorder erteilen, allerdings ohne Hinauszögerung der Neuwahl. Der Plan allerdings, dann mit Art. 48 WV längerfristig zu regieren, wäre damit gescheitert.

---

[22] *Günther Gereke,* S. 226 ff.

[23] Niederschrift aus dem Büro des Reichspräsidenten über den Empfang des Reichskanzlers durch den Reichspräsidenten am 23. Januar 1933, AdR, Schleicher, Nr. 65.

VII. Schleichers Sturz

Das Protokoll der Unterredung zwischen Hindenburg und Schleicher vom 23. Januar ist sehr sachlich gehalten. Es scheint indessen zwischen den beiden Männern doch heftig zugegangen zu sein. Schleicher erklärte offenbar auch, er gestehe dem Reichspräsidenten das Recht zu, seine, des Kanzlers, Amtsführung zu kritisieren. Doch wundere er sich darüber angesichts des Schreibens des Reichspräsidenten vom Jahreswechsel, in welchem dieser seine, Schleichers, Arbeit gelobt habe. Er gestehe dem Reichspräsidenten aber nicht das Recht zu, hinter dem Rücken seines amtierenden Kanzlers über eine Neubesetzung dieses Amtes zu intrigieren.

Bei dem Neudecker Notstandstreffen hatte Hindenburg der Durchführung des Staatsnotstandes zugestimmt. Jetzt, wie schon am 1. und 2. Dezember 1932 lehnte er dies ausdrücklich ab. Inzwischen war die Situation aber auch für Hindenburg selbst gefährlich geworden. Hindenburg fürchtete, wegen eines Verfassungsbruches angeklagt zu werden. Die Politiker der SPD, des Zentrums, allen voran der NSDAP, der überwiegende Teil der Presse und die Gewerkschaften stellten sich Ende Januar 1933 auf den Standpunkt, dass, wie auch immer der Staatsnotstand rechtlich zu beurteilen sei, im Augenblick jedenfalls überhaupt kein Staatsnotstand vorliege. Die SPD prangerte den Staatsnotstand als verfassungswidrig an. Sich auf ihn einzulassen, hieße für den Reichspräsidenten, auf die Katastrophe zuzutreiben und namenloses Unheil über Deutschland zu bringen. Der Reichspräsident werde gegen Verfassung und Amtseid verstoßen, wenn er sich auf einen Verfassungsnotstand berufe und entsprechend vorgehe. In der „Germania" erschien am 29. Januar 1933 eine Stellungnahme Otto Brauns, der die Durchführung des Staatsnotstandes als Hochverrat geißelte.[24] Kaas, der Vorsitzende des Zentrum, drohte in einem Brief vom 26. Januar an Schleicher, veröffentlicht in derselben Ausgabe der Germania vom 29. Januar 1933 wie Brauns Stellungnahme, ein derartiger Verfassungsbruch werde alle Konsequenzen rechtlicher und politischer Natur nach sich ziehen.[25]

Hindenburg hatte seine eigene Stellung schon seit dem 20. Juli 1932 nach dem Preußenschlag für gefährdet gehalten. Die Nationalsozialisten hatten ihm nahegebracht, dass sie eine Präsidentenanklage durchaus ins Auge fassten. Nun wurde die Gefahr einer Anklage sehr konkret. Nicht nur die Nationalsozialisten, sondern auch das Zentrum und die SPD drohten politische und verfassungsrechtliche Konsequenzen an.

Otto Brauns vehemente Ablehnung des Staatsnotstandes verwundert. Denn Braun selbst hatte Schleicher die Auflösung des Reichstages und des Preußischen Landtages unter Hinauszögerung der Neuwahlen vorgeschlagen. Sehr eigenartig ist auch die Haltung, die Meissner in der Frage des Staatsnotstandes am 23. Januar

---

[24] *Ernst Rudolf Huber,* Schreiben Otto Braun an Schleicher vom 27. Januar 1933, veröffentlicht am 29. Januar 1933 in der „Germania", Dok. 518.

[25] *Ernst Rudolf Huber* Schreiben Prälat Kaas an Schleicher vom 26. Januar 1933, veröffentlicht am 29. Januar 1933 in der Germania, Dok. Nr. 517.

1933 einnimmt. Meissner war bei den Besprechungen über dieses Thema seit dem 30. August 1932 anwesend gewesen. Er hatte am 30. August 1932 keinerlei Bedenken gegen den Staatsnotstand erhoben. Er muss ihn also seinerzeit für rechtlich einwandfrei gehalten haben. Im Januar 1933 äußert Meissner eine andere Rechtsansicht. Möglicherweise hat Meissner aber auch nur eine andere Ansicht über die Erfolgschancen der Reichswehr in einem Bürgerkrieg. Die latente Bürgerkriegssituation besteht nach wie vor, sowohl im August 1932 wie im Januar 1933. Geändert hat sich allerdings durch das Planspiel Ott die Einschätzung, wie ein solcher Bürgerkrieg ausgehen werde.

Zu erklären sind die Kehrtwendungen sowohl von Braun als auch von Meissner nur dadurch, dass sie den Staatsnotstand damals, in den jeweiligen Situationen, als sie ihn befürworteten am 30. August 1932 bzw. am 8. Januar 1933, für das angemessene und einzig richtige Mittel hielten. In der Situation der letzten Januartage hielten sie die Durchführung des Staatsnotstandes aber offenbar nicht für das geeignete und richtige Mittel. Bleibt zu fragen, wie gerade Braun und Meissner sich das weitere Vorgehen ohne Durchführung des Staatsnotstandes dachten. Der Reichstag würde mit Sicherheit der Regierung Schleicher das Misstrauen aussprechen und die Regierung damit zum Rücktritt zwingen. Verstand sich die Regierung zu der Lösung, ihren Rücktritt unter Berufung auf die in Art. 53 WV nicht vorhandene Frist hinauszuzögern, so wäre die Bürgerkriegsgefahr gestiegen. Wäre die Regierung sofort zurückgetreten, so hätte Hindenburg einen neuen Kanzler ernennen müssen. Außer Hitler gab es keine Alternative, die nicht die Bürgerkriegsgefahr ebenfalls vergrößert hätte. Meissner scheint tatsächlich in einer Unterredung mit Hindenburg auf dessen Frage, ob es denn wirklich keine verfassungsmäßige andere Lösung als Hitlers Kanzlerschaft gäbe, die Antwort gegeben zu haben, es gäbe keine andere Möglichkeit. Dann müsste also Meissner und eventuell auch Braun den Bürgerkrieg für schädlicher erachtet haben als eine Kanzlerschaft Hitlers.

Am 27. Januar 1933 beschloss der Ältestenrat, dass der Reichstag am 31. Januar 1933 zusammentreten solle. Schleicher musste also schnellstens eine Lösung finden, um das drohende Misstrauensvotum des Reichstages zu verhindern.

Am Sonnabend, dem 28. Januar 1933, um 11.30 Uhr, fand eine Ministerbesprechung statt.[26] Schleicher erklärte seinen Ministerkollegen, nach seiner Kenntnis werde der Reichspräsident nicht bereit sein, ihm die Auflösungsorder zu erteilen. Das scheint Hindenburg Schleicher gegenüber am 26. Januar 1933 ganz deutlich gesagt zu haben. Die Verweigerung der Auflösungsorder bedeutete ein sicheres Misstrauensvotum für die Regierung Schleicher.

---

[26] Ministerbesprechung vom 28. Januar 1933, 11.30 Uhr und um 12.35 Uhr, AdR, Schleicher, 71. (Beide Besprechungen sind in einem einzigen Protokoll zusammengefasst. Zwischen 12.10 Uhr und 12.35 Uhr wurde die Sitzung unterbrochen, weil Schleicher sich zum Reichspräsidenten begab.

VII. Schleichers Sturz

Schleicher sah in dieser Situation nur zwei Lösungswege:

1. Der Reichspräsident könnte Hitler zum Kanzler ernennen. „Die Schwierigkeiten würden vielleicht nicht so groß sein, wenn der Herr Reichspräsident sich bereit finden könnte, Hitler zum Reichskanzler zu ernennen", so Schleicher in der Ministerbesprechung am 28. Januar 1933.
2. Der Reichspräsident könnte wiederum ein Präsidialkabinett ernennen, dem Papen und Hugenberg angehören sollten. Ein derartiges Kabinett habe die Stimmung der Massen in stärkster Weise gegen sich, sagte Schleicher. Es werde dann bald zu einer Staats- und Reichspräsidentenkrise kommen.

Schleicher muss gehofft haben, dass unter einem Kanzler Hitler ein Bürgerkrieg ausbleiben werde, dass aber in der augenblicklichen Situation eine erneute Kanzlerschaft Papens den sicheren Bürgerkrieg bedeuten werde. Die übrigen Kabinettsmitglieder, nach ihrer Meinung befragt, teilten Schleichers Ansicht.

Um 12.15 Uhr desselben Tages hielt Schleicher Hindenburg Vortrag. Er erörterte drei Möglichkeiten:

1. Ein Mehrheitskabinett Hitler. Doch glaube er, Schleicher, nicht an dessen Zustandekommen. In der Tat hätten sich dann Koalitionspartner finden müssen. Am ehesten kam das Zentrum in Betracht. Wie schwierig sich Koalitionsverhandlungen zwischen NSDAP und Zentrum gestalteten, hatte sich gerade in Preußen gezeigt.
2. Ein Minderheitskabinett Hitler. Doch entspräche dies nicht der bisherigen Haltung des Herrn Reichspräsidenten, meinte Schleicher. In der Tat hatte Hindenburg stets geäußert, er wolle Hitler nicht zum Kanzler machen. Das hätte zwar auch der Möglichkeit 1. „Mehrheitskabinett Hitler" entgegengestanden. Aber ein Minderheitskabinett, das also weiterhin mit Art. 48 WV arbeiten müsste, wollte Hindenburg grundsätzlich nicht mehr, und mit Hitler schon gar nicht.
3. Die Beibehaltung der jetztigen Präsidialregierung. Das wäre nur möglich mit dem Vertrauen und den Vollmachten des Reichspräsidenten – und zwar für die jetzt amtierende Regierung Schleicher. Denn gegen eine Regierung Papen auf der schmalen Basis der Deutschnationalen usw. ohne Nationalsozialisten wären 9/10 des deutschen Volkes, das würde zu revolutionären Erscheinungen und zu einer Staatskrise führen. Mit anderen Worten: Eine Präsidialregierung Papen würde folglich mit einem Bürgerkrieg beantwortet werden.

Hindenburg schloss die dritten Möglichkeit, nämlich ein Belassen der Regierung Schleicher, sofort aus mit der Erklärung, bei der gegebenen Lage könne er die Auflösungsorder nicht erteilen. Am 23. Januar hatte es noch geheißen, dass Hindenburg die Auflösung überlegen, aber ein Hinauszögern der Neuwahl nicht konzedieren werde. Nun hieß es am 28. Januar, die Auflösung könne er nicht bewilligen. Nun will Hindenburg also nicht einmal mehr die verfassungskonforme Auflösung zulassen. Er muss den Bürgerkrieg zu sehr gefürchtet haben. Aber auch zu einem Kabinett Hitler, sei es nun ein Mehrheitskabinett oder ein Minderheitskabinett, hat sich Hindenburg nicht ausdrücklich bereiterklärt. Er sagte nur, es müssten „nun andere Möglickeiten gefunden werden". Hindenburg sagte aber nicht, welche Möglichkeiten das seien. Auch diese in sachlicher Sprache protokollierte Unterredung scheint ebenso wie die Unterredung am 23. Januar durchaus mit Aufregung seitens Schleicher geführt worden zu sein. Der Reichspräsident berief sich darauf, er könne nicht vor seinen höchsten Richter treten mit der Schuld eines Bürgerkrieges beladen.[27] Schleicher bezweifelte daraufhin, ob Hindenburg überhaupt in den Himmel komme.

Bei der Frage des Bürgerkrieges wirkte sich das Missverständnis zwischen Hindenburg und Schleicher über das Planspiel Ott verheerend aus. Hindenburg meinte angesichts der Vorstellung des Planspiels Ott und angesichts der Einlassung Schleichers, dass Schleicher

1. den militärischen Ausnahmezustand keinesfalls durchführen werde
2. dessen Durchführung außerdem für unmöglich halte.

Schleicher selbst hingegen meinte, dass er

1. den militärischen Ausnahmezustand nur äußerstensfalls durchführen werde,
2. dessen Durchführung für äußerst schwierig hielte,
3. aber dennoch den Ausnahmezustand durchführen werde, auch mit einem Bürgerkrieg, wenn es nicht anders gehe.

Dieses fatale Missverständnis dürfte ganz entscheidend zu Schleichers Ende im Januar 1933 beigetragen haben. Hindenburg meinte nun, Schleicher sei in derselben Lage wie Papen Ende November 1932. Wenn Schleicher aber damals den Ausnahmezustand für undurchführbar gehalten habe, so könne er ihn schlecht nunmehr selbst in Anspruch nehmen.

Schleicher teilte dem Kabinett das Gesprächergebnis umgehend mit. Das Kabinett trat daraufhin noch am 28. Januar 1933 geschlossen zurück.

VIII. Reaktion des Ministeramtes

Am 28. Januar 1933 nachmittags fand eine Diskussion der Mitarbeiter Schleichers über die Durchführbarkeit des Ausnahmezustandes statt. Es nahmen teil: Staatssekretär Planck, der Chef des Ministeramtes Oberst v. Bredow, der Chef der Wehrmachtsabteilung Oberstleutnant Ott, Major Marcks und der Chef der Heeresleitung General v. Hammerstein. Vom Reichspräsidentenpalais war niemand bei dieser Besprechung dabei. Die Gesprächsrunde kam überein,

1. Der Reichspräsident solle ultimativ aufgefordert werden, Hitler nicht zum Kanzler zu ernennen;

---

[27] *Kunrad v. Hammerstein*, S. 44.

VIII. Reaktion des Ministeramtes

2. Der Chef der Heeresleitung Hammerstein solle, falls Hindenburg auf diese Forderung nicht eingehe, den militärischen Ausnahmezustand als gegeben erklären;

3. Schleicher solle letztendlich entscheiden, ob so verfahren werden solle.

Am Abend des 28. Januar 1933 begeben sich die Generale Hammerstein und Stülpnagel zu Hindenburg, um ihm von einer Kanzlerschaft Hitlers abzuraten. Hindenburg reagierte unwirsch, erklärte aber, er werde den „Gefreiten" nicht ernennen. Am Sonntag, dem 29. Januar 1933, morgens, besprachen Schleicher und Hammerstein in den Chefräumen des Reichswehrministeriums die Lage. Bredow, v. d. Bussche, Ott, Planck und Marcks kamen dazu. Schleicher und Hammerstein äußerten, sie hielten Hindenburg für nicht mehr im Vollbesitz seiner geistigen Kräfte. Sie hielten daher „eine möglichst baldige Präsidentenkrise für nötig."[28] Man müsse den Ausnahmezustand erklären, Hitler verhaften, sich dann mit der SPD verständigen. Denn deren Führer hätten doch Hitler am meisten zu fürchten. Man könne die Potsdamer Garnison alarmieren. Schleicher lehnte ab mit dem Argment, gegen Hindenburg werde man keine Garnison alarmieren können. Seine Gesprächspartner schwächten daraufhin ab, dann müsse Hindenburg eben isoliert und interniert werden. Das könne ganz diskret in Neudeck geschehen. Schleicher hat auch das abgelehnt mit dem Argument, Hindenburg werde nun einmal im Volk wie ein Halbgott verehrt. Die Reichswehr könne gar nichts gegen Hindenburg unternehmen. Die Deutschen und das Ausland würden sie, die Generale, als Generale verachten, die ihren Treueid brächen. Zu diesem Zeitpunkt wussten die Gesprächsteilnehmer bereits, dass Blomberg aus Genf nach Berlin zitiert worden war. Hindenburg hatte das veranlasst, um, wie sich am Morgen des 30. Januar 1933 herausstellen sollte, Blomberg als Reichswehrminister zu vereidigen. Die Gesprächsteilnehmer setzten auf Blomberg als ihre letzte Karte: Er solle Hindenburg sagen, dass Hitler für die Reichswehr untragbar sei.[29]

Dieses Gespräch macht verständlich, warum sowohl der Reichspräsident als auch das Reichswehrministerium jemanden zum Bahnhof schickten, um Blomberg abzuholen. Blomberg folgte dem Ruf zum Reichspräsidenten als oberstem Dienstherrn und ging nicht mit ins Reichswehrministerium. Es ist auch kaum anzunehmen, dass Blomberg sich gegen Hitler ausgesprochen hätte. Er war nämlich Hitler mehr gewogen als seine militärischen Kollegen bisher gemerkt hatten.

---

[28] Tagebuchaufzeichnung des Reichsfinanzministers über Vorgänge in Berlin am 29. und 30. Januar 1933 und die Bildung des Kabinetts Hitler, AdR, Schleicher, Nr. 79.

[29] H.-R. Berndorff, S. 262–264.

K. Schleichers Resümee

Schleicher hat sich später geäußert, wie er Hitler hatte in die Regierung einbeziehen wollen.[1]

In einem nicht abgedruckten Schreiben an die Vossische Zeitung vom 30. Januar 1933 erklärte Schleicher unter anderem:

- seit Herbst 1930 sei er konsequent und hartnäckig für die Heranziehung der Nationalsozialisten zur Regierung eingetreten;
- er, Schleicher, habe selbst nach dem Rücktritt Brünings Verhandlungen mit Hitler geführt. Dabei sei es um die Aufhebung des SA-Verbots, um Neuwahlen und um die Unterstützung des Kabinetts v. Papen gegangen;
- nach der Wahl vom 31. Juli 1932 sei er, Schleicher, nachdrücklich beim Reichspräsidenten für die Kanzlerschaft Hitlers eingetreten. „Hitler hatte mich in stundenlangem Spaziergang auf dem Lande von der Notwendigkeit seiner Kanzlerschaft überzeugt";
- „von diesem 13. August an habe ich die Kanzlerschaft Hitlers unter dem Reichspräsidenten Hindenburg nicht mehr für möglich gehalten, weil ich den Widerstand des Reichspräsidenten bzw. seines einzig einflussreichen Beraters für unüberwindlich hielt. In einer persönlichen Aussprache hatte mir der Reichspräsident zudem seinen unumstößlichen Willen, Hitler nicht zu berufen, in der ernstesten Weise und mit fast ungnädigen Worten bekanntgegeben. Ich habe Hitler über meine Beurteilung der Lage nicht im unklaren gelassen und mich deshalb um so mehr bemüht, die Nationalsozialisten wenigstens zur Mitarbeit zu gewinnen."
- Nach dem Antritt seiner, Schleichers, Kanzlerschaft sei nur die Wahl geblieben, einen Modus vivendi mit der NSDAP zu finden oder den bereits eingeleiteten Wiederaufbau Deutschlands im Kampf durchzuführen. Als v. Papen neue Kombinationen eröffnet habe, sei nur der Kampf übriggeblieben, für den alle Vorbereitungen sorgfältig getroffen gewesen seien und der auch erfolgreich gewesen wäre, hätte nicht der Reichspräsident plötzlich seine feierlich zugesagte Unterstützung zurückgezogen.[2]

---

[1] Brief vom 30. Januar 1934 an die Vossische Zeitung, Abschrift eines Briefes an Staatsrat Körner, undatiert; beide Briefe zit. in: *Thilo Vogelsang,* Zur Politik Schleichers, S. 86 ff.

[2] Vgl. *Kurt Schützle,* S. 207. Der „stundenlange Spaziergang auf dem Lande" dürfte jenes Treffen am 4. Juni meinen, bei dem Schleicher und Hitler auf dem benachbarten Gut von Severin zusammentrafen. Nach dem 31. Juli trafen sich Schleicher und Hitler am 6. August 1932 in Berlin bei Wedel-Fürstenberg, wo Hitler Schleicher von seiner Kanzlerschaft überzeugte. Schleicher könnte sich bei der Datierung des langen Spazierganges geirrt haben.

In einem Brief an Staatsrat Körner teilt Schleicher mit,

- seit Sommer 1931 habe er, Schleicher, sich unbeirrt für die Heranziehung der NSDAP zur Regierung eingesetzt;
- vor jenem denkwürdigen 13. August habe er, Schleicher, sich sowohl im damaligen Reichskabinett wie bei mehreren Unterredungen beim Herrn Reichspräsidenten nachdrücklichst für die Berufung Hitlers zum Kanzler eingesetzt.

Schleicher unterscheidet in diesem Brief zwischen der Heranziehung der NSDAP zur Regierung und der Betrauung Hitlers mit dem Kanzleramt. Das Kanzleramt für Hitler hat Schleicher nur temporär gefordert, um dann immer wieder von dieser Forderung abzurücken: Seit dem 6. August bis zum 13. August 1932 wünschte er Hitler als Kanzler zu sehen. Angesichts der starren Weigerung Hindenburgs rückte Schleicher von diesem Konzept wieder ab. Bei diesem Schreiben ist allerdings zu berücksichtigen, dass der Adressat ein Vertrauter Görings war. Schleicher wird das beim Aufsetzen dieses Schreibens bedacht haben.

Beide Schreiben besagen Ähnliches. Der Zeitpunkt für den nachdrücklich geäußerten Wunsch, die NSDAP in die Regierungsverantwortung hineinzuziehen, datiert Schleicher zwar unterschiedlich einmal auf den Herbst 1930, das andere Mal auf den Sommer 1931. Man wird aber davon ausgehen dürfen, dass beide Male das Erstarken der NSDAP gemeint ist, das sich einerseits in dem Wahlerfolg am 14. September 1930, zum andern in dem starken Anwachsen der Partei im Sommer 1931 manifestiert.

L. Politik nach dem 30. Januar 1933

Es fällt schwer anzunehmen, dass Schleicher und seine Freunde Ott, Marcks, Bredow und Planck die Übernahme der Kanzlerschaft durch Hitler als endgültigen Schlussstrich unter ihre Politik angesehen haben. Sie nahmen notgedrungen andere Plätze im politischen Leben ein. Schleicher wurde im Reichswehrministerium nicht weiter beschäftigt, Ott ging als Botschafter nach Tokio, Bredow und Planck verloren ihre Posten. Hitler wurde von vielen „Faschingskanzler" genannt. Er werde den Aschermittwoch politisch nicht überleben. Warum sollte ausgerechnet Schleicher, der für die Demission des Kabinetts Müller gesorgt hatte und der die Kanzler Brüning und Papen „gemacht" und gestürzt hatte, vor einem „Faschingskanzler" kapitulieren? Es fällt schwer, sich den umtriebigen Schleicher nach dem 30. Januar 1933 als resignierten Pensionär vorzustellen. Schleicher soll eifrig „Material" gegen Hitler und die NSDAP gesammelt haben. Das würde dafür sprechen, dass Schleicher sich einen politischen Wandel erhoffte.

Einen gewichtigen Grund für einen endgültigen Abschied von der Politik gab es allerdings: Schleicher hatte immer darauf gepocht, dass der Reichspräsident die höchste Autorität sei und diese notfalls mit Hilfe des Heeres durchsetzen könne. Der Reichspräsident aber hatte Schleicher seine Gunst entzogen. Für sich selbst konnte Schleicher also unter einem Reichspräsidenten Hindenburg kaum auf eine Rolle als Präsidialkanzler hoffen. Doch dass Schleicher sich nicht völlig aus der Politik zurückziehen wollte, läßt der oben zitierte Brief an die Vossische Zeitung vermuten. Er äußerte darin als Prognose, entweder werde Hitler die Verfassung brechen, dann werde man ihn notfalls mit dem Heer stürzen oder Hitler werde sich abnutzen, denn seine großen Versprechungen seien unhaltbar.[1]

Es gab theoretisch die Möglichkeit, Hitler als Kanzler wieder zu entmachten, wenn der Reichspräsident von seiner Entlassungsbefugnis gemäß Art. 53 WV Gebrauch machte. Dann hätte das Heer bereit sein müssen, dies notfalls durchzusetzen. Diese Möglichkeit haben offenbar Brüning und Schleicher kurz nach dem 30. Januar 1933 erörtert. Sie stützten nach dem 30. Januar 1933 ihre Erfolgshoffnung darauf, dass der von Schleicher seinerzeit berufene Chef der Heeresleitung Hammerstein von dem neuen Reichswehrminister Blomberg noch nicht von seinem Posten entfernt worden war.[2]

Brüning deutet an, dass vom Frühjahr 1933 an unter großen Schwierigkeiten und Gefahren Verbindungen zwischen verschiedenen Personen entstanden seien,

---

[1] *Karl-Friedrich v. Plehwe*, S. 225.
[2] *Heinrich Brüning*, Brief, S. 259.

die eine Basis für einen weitverbreiteten Widerstand gegen Hitler schaffen wollten. Starke Gruppen seien in der Reichswehr gebildet worden, die die Verbindung zwischen Männern, die früher in der Politik aktiv tätig gewesen waren, herstellten, und auch mit der wachsenden Zahl prominenter Nazis, die mit Hitlers Regime unzufrieden waren. Dabei muss man auch versucht haben, Schleicher einzubinden. Dafür spricht eine Episode vom Juni 1934. Damals wurde Schleicher auf Veranlassung von Beck gewarnt, er möge von der Fortsetzung jedweder politischer Tätigkeit Abstand nehmen. Schleicher wies weit von sich, sich überhaupt noch politisch zu betätigen. Im Gegenteil kämen dauernd alle möglichen Persönlichkeiten aus allen politischen Lagern zu ihm, um ihn für diesen oder jenen Plan zu gewinnen. Er habe sich stets ablehnend verhalten und wissen lassen, dass er sich politisch nicht mehr betätige. Auf die Warnung, es gäbe Hinweise, dass Schleicher sich mit Röhm treffe, reagierte Schleicher aufbrausend. Er habe Röhm seit dem 30. Januar 1933 nicht mehr gesehen.[3]

Ein guter Freund Schleichers, Hans-Henning v. Pentz, berichtet, er habe Schleicher im Juni 1934 zum letzten Mal gesehen: „Wir gingen immer um den Dorfplatz von Babelsberg herum, und Schleicher sagte wörtlich: „Wenn der alte Hindenburg jetzt stirbt, dann muss Fritsch unbedingt losschlagen, aber ich weiß nicht, ich weiß nicht, ob Fritsch sich dazu aufraffen wird."[4] Das spricht dafür, dass Schleicher sich nicht mit der Reichswehr und einem möglichen Plan zur Beseitigung Hitlers befasst hat, sondern diese Frage vielmehr Fritsch überließ.

Soweit ersichtlich, berichtet nur *Julius v. Friedrich* von einem Plan Schleichers, wie Hitler zu beseitigen sei. Bei einem Gartenfest am 23. Juni 1934 habe Schleicher erzählt, Hindenburg habe bei ihm angefragt, ob er einen militärischen Ausnahmezustand zu befehligen bereit sei. Er, Schleicher, habe geantwortet: „Bin bereit". Man habe gewusst, dass Röhm habe beseitigt werden sollen. Das habe man verhindern und dabei gleichzeitig Hitler beseitigen wollen. Eine Ministerliste für die Zeit nach der Absetzung Hitlers sei bereits ausgearbeitet gewesen. Danach habe Gregor Strasser Reichskanzler und Schleicher Reichswehrminister werden sollen.[5] Allerdings kursierten im Frühjahr 1934 etliche Listen präsumtiver Kabinette durch Berlin. So wird man den Worten des *Julius v. Friedrich* keine allzu große Bedeutung beimessen dürfen. Immerhin musste aber allein die Tatsache, dass überhaupt Ministerlisten in Umlauf waren, Hitler alarmieren.

---

[3] *Kunrat v. Hammerstein*, S. 74.
[4] *Kunrat v. Hammerstein*, S. 68.
[5] *Julius v. Friedrich*, S. 35 ff.

M. Schleichers Ermordung

Röhm hatte Anfang 1934 recht deutlich durchblicken lassen, dass er einen SA-Staat anstrebe. Die SA war zahlenmäßig inzwischen größer als die Reichswehr. In der Tat hatte die SA sich in rasantem Tempo vergrößert: Im Januar 1931, als Röhm sein Amt übernehmen sollte, zählte die SA etwa 77.000 Mann, im April 1931 waren es schon 118.982 Mitglieder, im November 1931 wurde die 200.000 Mann-Grenze überschritten, im Dezember 1931 zählte die SA 260.438 Mann, im Sommer 1932 waren es 445.279 Mann, Ende 1932 sogar 700.000 SA Mitglieder.[1]

Röhm hatte sogar innerhalb der SA ein „Ministeramt" und damit eine dem Reichswehrministerium parallele Struktur geschaffen. Das konnte nach der Planung eines Staatsstreiches aussehen, auf jeden Fall musste es die Reichswehr alarmieren.

Eine andere Staatsform, ein Ende der „nationalen Revolution", zumindest ein anderes Kabinett strebte auch Papen an. Anfang Juni 1934 hatte Papen offenbar in Diplomatenkreisen mehrfach geäußert, es stehe eine „Reinigung" bevor. Seine Marburger Rede vom 17. Juni 1934 brachte Klarheit in das, was Papen meinte. Diese Rede ließ eigentlich keinen anderen Schluss zu, als dass Papen das amtierende Kabinett stürzen wollte. Papen sagte, das nationalsozialistische System erfülle zunächst die Aufgabe, zu welcher der Parlamentarismus zu schwach geworden sei: Den unmittelbaren Kontakt mit den Massen wiederherzustellen als eine Art direkte Demokratie, die das Volk wieder an den Staat binde. Dahinter stehe aber ein noch viel größeres Ziel: Die Stiftung einer sozialen Ordnung, die auf gemeingültigen organischen Formen, und nicht nur auf einer geschickten Beherrschung der Massen basiere. Wörtlich sagte Papen weiter: „Die Vorherrschaft einer einzigen Partei an Stelle des mit Recht verschwundenen Mehrparteiensystems erscheint mir geschichtlich als ein Übergangszustand, der nur solange Berechtigung hat, als es die Sicherung des Umbruchs verlangt, und bis die neue personelle Auslese in Funktion tritt."[2]

Im Frühjahr 1934 war Hitler mit drei Problemen konfrontiert, von denen ihn jedes einzelne um die Macht hätte bringen können. Erstens: Das Verhältnis zwischen Reichswehr und SA strebte einer Klärung zu. Zweitens: Die ehemalige konservative Elite um Papen strebte nach Veränderungen und wollte die Revolution endlich beendet und geordnete Regierungsverhältnisse hergestellt sehen. Also würde Hitler diejenigen Personen beseitigen, die zu einer Regierungsbildung in

---

[1] Zahlen aus: *Heinz Höhne*, S. 111.
[2] Ursachen und Folgen, 10. Bd., Dok. 2357 a).

der Lage waren. Drittens: Was würde mit dem Amt des Reichspräsidenten geschehen, wenn Hindenburg starb?

Hitler sah darauf, dass alle, die als „neue personelle Auslese" überhaupt in Frage kamen, ihm nicht gefährlich werden konnten. Das waren neben Röhm und führenden SA-Mitgliedern in erster Linie die Männer, die im Reichswehrministerium mit Fragen des Ausnahmezustandes befasst waren, also zuvörderst Schleicher, Bredow und Ott. Im Falle von Hitlers Entlassung würden eventuell gerade diese Männer sofort wieder in das Reichswehrministerium berufen, um den Ausnahmezustand durchzuführen. In zweiter Linie waren das aber auch Papen und Edgar Jung, der die Marburger Rede verfasst hatte, und Gregor Strasser, der eventuell in einem künftigen Kabinett Schleicher eine Rolle spielen würde. Strasser hatte mit Brüning nach dem 30. Januar 1933 noch mehrere Gespräche geführt. Sie überlegten, „in welcher Weise es möglich sein könnte, ein Hitler-Regime zu vermeiden", schreibt Brüning und fährt fort, davon hätte vermutlich Himmler gewusst.[3] Ott war als Diplomat in Japan, Papen genoss zu sehr die Freundschaft Hindenburgs, als dass Hitler es hätte wagen können, ihn umbringen zu lassen. Die anderen überlebten die Morde Ende Juni 1934 nicht. Das Motiv, Schleicher umzubringen, war nicht nur Rache etwa wegen des 13. August 1932. Das Motiv war vor allem, führende Köpfe eines möglichen Regierungswechsels zu beseitigen. Und ein führender Kopf wäre gerade der ehemalige Reichswehrminister Schleicher gewesen. Unbehelligt blieb am 30. Juni 1934 Carl Schmitt, der zwar nur zu dem Umfeld des Kreises um Schleicher zählte, aber doch mit seinem juristischen Sachverstand diesem Kreis und Schleicher selbst Möglichkeiten aufgezeigt hatte, den Reichstag auszumanövrieren und so der NSDAP zu schaden, und der einer künftigen Regierung wiederum mit juristischem Sachverstand hätte helfen können.

---

[3] Eidesstattliche Erklärung von *Heinrich Brüning*, in: Udo Kissenkoetter, Dok. V.

N. Ergebnis

Schleicher ist nur 56 Tage lang Reichskanzler gewesen. Sein wesentlicher Einfluss auf die Politik lag jedoch in der Zeit vor seiner Kanzlerschaft. Schleichers politische Tätigkeit stellt eine jahrelange kontinuierliche Linie dar. Die Übernahme des Kanzleramtes ist dabei nicht ein kurzer Höhepunkt mit schnellem Absturz. Vielmehr ist diese Zeit als Kanzler nur der letzte Teil in dem Ringen um die Erhaltung und den Ausbau der Staatsautorität, die er in dem Reichspräsidenten und dessen Kompetenz aus Art. 48 WV verkörpert sieht. So wichtig und richtig die Stärkung der Staatsautorität unmittelbar nach 1918 auch war, so falsch war es doch, die Staatsautorität so zu verstehen und dahin auszubauen, dass der Reichspräsident unabhängig vom Parlament Präsidialkanzler ernannte und entließ. Als dieser Punkt erreicht war, nämlich mit der Ernennung des Kanzlers Brüning, hatte Schleicher das erste und wichtigste seiner drei Ziele, die Stärkung der staatlichen Autorität, auf die Spitze getrieben. Denn schon mit der Ernennung Brünings erhielt das parlamentarische System den entscheidenden Schlag. Schleichers alles entscheidender politischer Fehler war es, dieses System der Präsidialkabinette so weit ausgebaut zu haben und andererseits die SPD so weit aus der politischen Verantwortung ausgeklammert zu haben, dass eine Rückkehr zum Parlamentarismus unmöglich wurde.

Je mehr Schleicher die Macht des Reichspräsidenten ausbaute, desto wichtiger war es, wer den Reichspräsidenten beeinflussen konnte. Das war Schleicher vollkommen klar und er konnte sich lange Zeit in der Hoffnung bestätigt sehen, dass er selbst es war, der Hindenburg ganz maßgeblich beeinflusste. Schleicher zählte auf seine gesellschaftlichen Qualitäten, ohne einzukalkulieren, dass die Personen, die er einmal vor den Kopf gestoßen hatte, so einfach nicht zurückzugewinnen waren. Das galt besonders für Hindenburg. Eine erste Verstimmung Hindenburgs dürfte es schon bei dem SA-Verbot gegeben haben. Schleicher hatte sich wankelmütig gezeigt. So etwas gefiel Hindenburg nicht. Als Zumutung dürfte Hindenburg empfunden haben, dass Schleicher in den Tagen nach dem 6. August 1932 überhaupt nur die Kanzlerschaft Hitlers in Erwägung zog. Als Schleicher nach dem 16. Januar 1933 die Auflösugsorder erbat und notfalls einen Bürgerkrieg in Kauf nehmen wollte, musste sich Hindenburg vollends düpiert fühlen. Denn am 2. Dezember 1932 hatte das Planspiel Ott deutlich gemacht, dass die Reichswehr einen Bürgerkrieg nicht gewinnen könne und das war ursächlich dafür gewesen, dass Papen das neue Kabinett nicht hatte bilden dürfen.

Allerdings müssen in den Januartagen 1933 nicht nur bei Schleicher Zweifel aufgekommen sein, ob es klug und richtig war, die Stellung des Reichspräsidenten soweit ausgebaut zu haben, dass von dessen „Vertrauen" alles abhing. Die Putsch-

N. Ergebnis

gedanken, die auftauchten, aber doch verworfen wurden, belegen diese Zweifel. Schleicher selbst ging nie ernsthaft mit Putschgedanken um.

Ein schwerer Fehler Schleichers dürfte seine doppelbödige Art des Politisierens gewesen sein, die mit großer Heimlichtuerei verbunden war. Gleichzeitig wollte Schleicher die NSDAP auf parlamentarischem Wege zähmen, ihr sogar Regierungsverantwortung übertragen lassen. Für das Arbeitsbeschaffungs-Programm, den Gereke-Plan mit seiner „Querfront", versuchte Schleicher sich auf Teile der NSDAP zu stützen. Auf der anderen Seite bereitete Schleicher den bewaffneten Kampf gegen die NSDAP vor. Dabei verfuhr er mit den „Neuen Weisungen" und der Neuorientierung der Wehrmacht nach der alten Regel: „Je stabsmäßiger im Stab gearbeitet wird, desto besser". Sie soll besagen, dass von der Arbeit im Stab möglichst nichts hinausdringen soll, dann kann um so weniger hineingeredet werden. Das führte hinsichtlich der „Neuen Weisungen" dazu, dass außer den unmittelbar Beteiligten niemand wusste, dass Schleicher für eine militärische Auseinandersetzung mit SA und NSDAP sehr wohl vorsorgte. Vor allem wusste Hindenburg das nicht. Im Gegenteil musste das Planspiel Ott ihn davon überzeugen, dass eine militärische Auseinandersetzung unmöglich sei und dass Schleicher diese unter allen Umständen vermeiden werde. Die Heimlichkeit führte zu dem Missverständnis des Planspiel Ott und schließlich zum endgültigen Entzug des Vertrauens Hindenburgs.

Schleichers Ausbau der Staatsautorität, die die Präsidialkanzler von Hindenburg abhängig machte, und seine undurchschaubar doppelbödige Taktik der parlamentarischen Zähmung einerseits und des Militärschlags andererseits gegenüber der NSDAP ließen Schleicher scheitern. Das wichtigste Ziel Schleichers, die Stärkung der Staatsautorität, wurde ihm selbst und der Republik zum Verhängnis. Hinter diesem Ziel stand die Gläubigkeit an Leistungsfähigkeit und Leistungsberufenheit des Militärs in politischen Angelegenheiten. Schon die Aufforderung 1925 an den Militär Hindenburg, für das Amt des Reichspräsidenten zu kandidieren, war ein schwerer politischer Mißgriff – erklärlich nur aus dem rückwärtsgewandten Erfahrungshorizont des Weltkrieges, der den Mythos Hindenburg zum Übervater der Nation stilisierte. Das hochpolitische Amt des Reichspräsidenten hätte nur in die Hände eines in der Politik erprobten und der Republik zugetanen Menschen gelegt werden dürfen. Schleicher besorgte den Ausbau der Staatsautorität derart, dass das verfassungsrechtlich sorgsam austarierte Gleichgewicht zwischen Volk, Parlament, Regierung und Reichspräsident gänzlich zugunsten des Reichspräsidenten verloren ging. Die Verfassungswirklichkeit sah seit Beginn der Präsidialkabinette ganz anders aus als der Wille der Verfassung. Der Reichspräsident fungierte nicht nur als „Ersatzkaiser", sondern er hatte tatsächlich größere Macht, als Wilhelm II jemals hatte. Es nutzte Schleicher gar nichts, dass er mit den „Neuen Weisungen" den Militärschlag gegen die NSDAP vorbereitete. Schleicher und seine Umgebung bemerkten in der letzten Januarwoche 1933 immer deutlicher, dass die Stellung des Reichspräsidenten machtpolitisch völlig überzogen war. Aus dieser Erkenntnis heraus gab es hier und da Überlegungen, den Reichspräsidenten zu entmachten. Dies zu tun untersagte ihnen aber der alte Offiziersgeist.

Quellen- und Literaturverzeichnis

I. Quellen

Bundesarchiv, Militärarchiv, Freiburg (BAMA)
Nachlässe:
- Nachlass Ferdinand v. Bredow, N 97, RW 1/24, Bände 2, 3, 7, 9.
- Nachlass Hanshenning v. Holtzendorff, N 264/5: Die Politik des Generals von Schleicher gegenüber der NSDAP 1930-1933. Ein Beitrag zur Frage Wehrmacht und Partei.
- Nachlass Vincenz Müller, N 774/34: Antworten von Vincenz Müller auf Fragen zur politischen und militärischen Entwicklung in Deutschland von 1928-1933 (Band 1) Zitierweise: Vinvenz Müller, Antworten.
- Nachlass Vincenz Müller, N 774/22: Manuskript mit Änderungen und Ergänzungen zu dem Buch von Vincenz Müller „Ich fand das wahre Vaterland" (Band 1) Zitierweise: Vincenz Müller, Manuskripte.
- Nachlass Kurt v. Schleicher, N 42.
- Nachlass Joachim v. Stülpnagel, N 5/25: Brief an den Botschafter Ott vom 22. 7. 1959 „zu dessen Broschüre über Schleicher, die er mir zugeschickt hat". Zitierweise: Joachim v. Stülpnagel, Brief an Ott. Ebd.: Brief an Gordon vom 9. 11. 1959. Zitierweise: Joachim v. Stülpnagel, Brief an Gordon.

Politisches Archiv des Auswärtigen Amtes
Bestand: Akte R 30045 a, Band I und II.

Reichswehr:
Handakte des Chefs der Wehrmachtsabteilung Oberst Ott 1925-1933, RW 4.

II. Dokumentensammlungen

Akten der Reichskanzlei (AdR), Weimarer Republik, Boppard 1968 ff.
- Die Kabinette Brüning I und II, 30. März 1930 bis 10.Oktober 1931; 10. Oktober 1931 bis 1. Juni 1932, bearbeitet von *Tilman Koops,* 3 Bde., 1982; 1990. Zitierweise: AdR, Brüning.
- Die Kabinette Marx III und IV, 1. Mai 1926 bis Mai 1927; 2. Juni 1927 bis Juni 1928, 2 Bde., bearbeitet von *Günter Abramowski,* 1988. Zitierweise: AdR, Marx.
- Das Kabinett v. Papen, 1. Juni bis 3. Dezember 1932, bearbeitet von *Karl-Heinz Minuth,* 2 Bände, 1989. Zitierweise: AdR, Papen.

- Das Kabinett v. Schleicher, 3 Dezember 1932 bis 30. Januar 1933, bearbeitet von *Anton Golecki*, 1986. Zitierweise: AdR, Schleicher.
- Die Kabinette Stresemann I und II, 13. August bis 6. Oktober 1923; 8. Oktober bis 30. November 1923, bearbeitet von *Karl Dietrich Erdmann, Martin Vogt*, 1978. Zitierweise: AdR, Stresemann.

Flemming, Jens / *Krohn*, Claus-Dieter / *Stegmann*, Dirk / *Witt*, Peter-Christian (Hrsg.): Die Republik von Weimar, Band 1, Das politische System, 1979.

Horkenbach, Cuno: Das Deutsche Reich von 1918 bis heute (1931).

Huber, Ernst Rudolf (Hrsg.): Deutsche Verfassungsdokumente 1918–1933, Dokumente zur deutschen Verfassungsgeschichte, Bd. 4, 3. Aufl. 1992. Zitierweise: Ernst Rudolf Huber, Dok.

Michalka, Wolfgang / *Niedhart*, Gottfried (Hrsg.): Die ungeliebte Republik, Dokumentation zur Innen- und Außenpolitik Weimars 1918–1933, 1980.

Schüddekopf, Otto-Ernst: Das Heer und die Republik. Quellen zur Politik der Reichswehrführung 1918–1933, 1955.

Ursachen und Folgen. Vom deutschen Zusammenbruch 1918 und 1945 bis zur staatlichen Neuordnung Deutschlands in der Gegenwart. Hrsg. u. bearb. v. *Herbert Michaelis / Ernst Schraepler* unter Mitwirkung v. *Günter Scheel*, 1958 ff., Zitierweise: Ursachen und Folgen.

III. Literatur

Becker, Josef: Zur Politik der Wehrmachtsabteilung in der Regierungskrise 1926/27. Zwei Dokumente aus dem Nachlass Schleicher, Vierteljahreshefte für Zeitgeschichte (VfZ) 1966, S. 69 ff.

Berndorff, H.-R.: General zwischen Ost und West, 1956.

Berthold, Lutz: Carl Schmitt und der Staatsnotstand am Ende der Weimarer Republik, 1999.

Blasius, Dirk: Weimars Ende. Bürgerkrieg und Politik 1930–1933, 2005.

Blomeyer, Peter: Der Notstand in den letzten Jahren von Weimar: Die Bedeutung von Recht, Lehre und Praxis der Notstandsgewalt für den Untergang der Weimarer Republik und die Machtübernahme durch die Nationalsozialisten, 1999.

Braun, Magnus, Frhr. v.: Von Ostpreußen nach Texas, 1955.

Brauweiler, Heinz: Generäle in der Deutschen Republik. Groener, Schleicher, Seeckt, 1932.

Brüning, Heinrich: Memoiren 1918–1934, 1970. Zitierweise: Heinrich Brüning, Memoiren.

- Wie Hitler die Macht eroberte. Ein Brief an Dr. Pechel, in: Heinrich Brüning, ein deutscher Staatsmann, Reden und Aufsätze, hrsg. von Wilhelm Vernekohl unter Mitwirkung von Rudolf Morsey, 1968. Zitierweise: Heinrich Brüning, Brief.

Fischer, Rudolf: Schleicher, Mythos und Wirklichkeit, 1932.

Friedrich, Dr. Julius: Wer spielte falsch?, 1949.

Gereke, Günther: Ich war königlich preußischer Landrat, 1969.

Gessler, Otto: Reichswehrpolitik in der Weimarer Zeit, 1958.

Goebbels, Joseph: Die Tagebücher, Sämtliche Fragmente, hrsg. von Elke Fröhlich, 1987.

Gordon, Harold J.: Die Reichswehr und die Weimarer Republik, 1959.

Granier, Gerhard: Findbuch zu den Beständen des Bundesarchivs, Band 17, Bestand N 42, Nachlass Kurt von Schleicher, 1980.

Gusy, Christoph: Kurt von Schleicher (1882–1934), in: Die Weimarer Republik. Portrait einer Epoche in Biographien, S. 269 ff., hrsg. von Michael Fröhlich, 2002.

Hammerstein, Kunrad v.: Spähtrupp, 1963.

Heckel, Johannes: Diktatur, Notverordnungsrecht und Veerfassungsnotstand, in: Archiv des öffentlichen Rechts (AöR) 1932, S. 257 ff.

Herrfarth, Heinrich: Die Kabinettsbildung nach der Weimarer Verfassung, 1927.

Hillgruber, Andreas: Die Reichswehr und das Scheitern der Weimarer Republik, in: Weimar, Preisgabe einer Demokratie. Eine Bilanz heute, S. 177 ff., hrsg. von Dietrich Erdmann, Hagen Schulze, 1979.

Hoegner, Wilhelm: Die verratene Republik. Deutsche Geschichte von 1919–1933, 1958 (für Angaben im Personenregister).

Höhne, Heinz: Die Mordsache Röhm, Hitlers Durchbruch zur Alleinherrschaft 1933–1934, 1984.

Huber, Ernst Rudolf: Deutsche Verfassungsgeschichte seit 1789, Band VI: Die Weimarer Reichsverfassung, 1981, Zitierweise: Ernst Rudolf Huber, Verfassungsgeschichte VI;

– Band VII: Ausbau, Schutz und Untergang der Weimarer Republik, 1984, Zitierweise: Ernst Rudolf Huber, Verfassungsgeschichte VII.

– Band VIII: Register (für Angaben im Personenregister).

Hürter, Johannes: Wilhelm Groener. Reichswehrminister am Ende der Weimarer Republik (1928–1932); Beiträge zur Militärgeschichte, hrsg. vom Militärgeschichtlichen Forschungsamt, Band 39, 1993.

Kershaw, Ian: Hitler 1889–1936, 1998.

Kissenkoetter, Udo: Gregor Strasser und die NSDAP, 1978.

Klee, Ernst: Das Personenlexikon zum Dritten Reich. Wer war was vor und nach 1945, 2003 (Für Angaben im Personenregister).

Koenen, Andreas: Der Fall Carl Schmitt. Sein Aufstieg zum Kronjuristen des Dritten Reiches, 1995.

Kolb, Eberhard / *Pyta,* Wolfram: Die Staatsnotstandsplanungen unter den Regierungen Papen und Schleicher, in: Die deutsche Staatskrise 1930–1933. Handlungsspielräume und Alternativen, S. 155 ff., hrsg. von Heinrich August Winkler, Schriften des historischen Kollegs, Band 26, 1992.

Mannes, Astrid Luise: Heinrich Brüning. Leben, Wirken, Schicksal, 1999.

Meinecke, Friedrich: Die deutsche Katastrophe, 1946.

Meissner, Hans-Otto: Junge Jahre im Reichspräsidentenpalais. Erinnerngen an Ebert und Hindenburg 1919–1934, 1988.

Meissner, Otto: Staatssekretär unter Ebert – Hindenburg – Hitler. Der Schicksalsweg des deutschen Volkes, wie ich ihn erlebte; überarbeitete Neuauflage 1991.

Müller, Vincenz: Ich fand das wahre Vaterland; hrsg. von Klaus Mammach, 1963. Zitierweise: Vincenz Müller, Vaterland.

Niekisch, Ernst: Die Legende von der Weimarer Republik, 1968.

Noack, Paul: Carl Schmitt. Eine Biographie, 1993.

Nowak, Johann Rudolf: Kurt von Schleicher, Soldat zwischen den Fronten. Studien zur Weimarer Republik als Epoche der innenpolitischen Krisen, dargestellt an Leben und Laufbahn des Generals und Reichskanzlers Kurt von Schleicher, 1969.

Ott, Eugen: Ein Bild des Generals Kurt von Schleicher – Aus den Erfahrungen seiner Mitarbeiter dargestellt. Politische Studien, 1959, (Bd. 10), S. 360 ff. Zitierweise: Eugen Ott, Bild.

– Die letzten Tage der Weimarer Republik. Vortrag vor dem Deutschen Liberalen Club in Dahlem; teilweise zitiert in: Der Tagesspiegel, 2. Juni 1960, S. 6. Zitierweise: Eugen Ott: Letzte Tage.

– Moskau, Peking, Tokio. Wiedergabe des Vortrages vor dem Rhein-Ruhr-Klub e. V. am 25. März 1965; Hauptstaatsarchiv (HstA) Düsseldorf, RW 143 d 608. Zitierweise: Eugen Ott, Moskau.

– Aus der Vorgeschichte der Machtergreifung des Nationalsozialismus. Wiedergabe des Vortrages vor dem Rhein-Ruhr-Klub e. V. am 19. Mai 1965; Hauptstaatsarchiv (HstA) Düsseldorf, RW 265 d 21410. Zitierweise: Eugen Ott, Vorgeschichte.

Papen, Franz v.: Der Wahrheit eine Gasse, 1952.

Petzold, Joachim: Franz von Papen. Ein deutsches Verhängnis, 1995.

Plehwe, Karl Friedrich v.: Reichskanzler Kurt von Schleicher, Weimars letzte Chance gegen Hitler, 1983.

Pünder, Hermann: Politik in der Reichskanzlei. Aufzeichnungen aus den Jahren 1929–1932, hrsg. von Thilo Vogelsang, 1961.

Pyta, Wolfram: Vorbereitungen für den militärischen Ausnahmezustand unter Papen / Schleicher, in: Militärgeschichtliche Mitteilungen 51 (1992), S. 385–428. Zitierweise: Wolfram Pyta, Vorbereitungen.

– Konstitutionelle Demokratie statt monarchischer Restauration. Die verfassungspolitische Konzeption Schleichers in der Weimarer Staatskrise, in: Vierteljahreshefte für Zeitgeschichte (VfZ) 1999, S. 417–441. Zitierweise: Wolfram Pyta, Konstitutionelle Demokratie.

– Verfassungsumbau, Staatsnotstand und Querfront; Schleichers Versuche zur Fernhaltung Hitlers von der Reichskanzlershaft August 1932 bis Januar 1933, in: Wolfram Pyta / Ludwig Richter (Hrsg.), Gestaltungskraft des Politischen, Festschrift für Eberhard Kolb, 1988. Zitierweise: Wolfram Pyta, Verfassungsumbau.

Pyta, Wolfram / *Seibert,* Gabriel: Die Staatskrise der Weimarer Republik im Spiegel des Tagebuches von Carl Schmitt, in: Der Staat 38 (1999), Heft 3, S. 423 ff. / Heft 4, S. 594 ff.

Rabenau, Friedrich v.: Hans von Seeckt. Aus seinem Leben 1918/1936. Unter Verwendung des schriftlichen Nachlasses im Auftrag von Frau Dorothea von Seeckt, 1941.

Rüstow, Alexander: Diktatur innerhalb der Grenzen der Demokratie, in: Vierteljahreshefte für Zeitgeschichte (VfZ) 1959, S. 85 ff.

Schildt, Axel: Militärdiktatur und Massenbasis? Die Querfrontkonzeption der Reichswehrführung um General von Schleicher am Ende der Weimarer Republik, 1981.

Schmitt, Carl: Die geistesgeschichtliche Lage des heutigen Parlamentarismus, 1. Aufl. 1923. Zitierweise: C. Schmitt, Parlamentarismus.

– Der Hüter der Verfassung, in: Archiv für öffentliches Recht (AöR) 1929, (Bd. 55), S. 161 ff. Zitierweise: C. Schmitt, Der Hüter der Verfassung.

– Das Reichsgericht als Hüter der Verfassung, 1929, in: Carl Schmitt, Verfassungsrechtliche Aufsätze aus den Jahren 1924–1959. Zitierweise: C. Schmitt, Das Reichsgericht als Hüter der Verfassung.

– Die Verfassungsmäßigkeit der Bestellung eines Reichskommissars für das Land Preußen, in: Deutsche Juristen-Zeitung (DJZ) 1932, Sp. 953 ff. Zitierweise: C. Schmitt, Reichskommissar.

Schotte, Walther: Das Kabinett Papen, Schleicher, Gayl, 1932.

Schulze, Hagen: Otto Braun oder Preußens demokratische Sendung. Eine Biographie, 1977.

Schulenburg, Dieter v. d.: Welt um Hindenburg, 1935.

Shirer, William L.: Aufstieg und Fall des Dritten Reiches, 1961.

Stephan, Cora (Hrsg.): Zwischen den Stühlen oder über die Unvereinbarkeit von Theorie und Parxis. Schriften Rudolf Hilferdings 1904 bis 1940, 1982.

Strenge, Irene: Machtübernahme 1933 – Alles auf legalem Weg?, 2002.

Taddey, Gerhard (Hrsg.): Lexikon der deutschen Geschichte, 1977.

Treviranus, Gottfried R.: Zur Rolle und Person Kurt von Schleichers, in: Staat, Wirtschaft und Politik in der Geschichte der Weimarer Republik, Festschrift für Heinrich Brüning, 1967, S. 363 ff.

Trumpp, Thomas: Franz v. Papen, der preußisch-deutsche Dualismus und die NSDAP in Preußen. Ein Beitrag zur Vorgeschichte des 20. Juli 1932, 1963.

Turner, Henry Ashby Jr.: Hitlers Weg zur Macht. Der Januar 1933, 1996.

Vogelsang, Thilo: Zur Politik Schleichers gegenüber der NSDAP 1932, in: Vierteljahreshefte für Zeitgeschichte (VfZ) 1958, S. 86 ff. Zitierweise: Thilo Vogelsang, Politik.

– Reichswehr, Staat und NSDAP. Beiträge zur deutschen Geschichte 1930–1932, 1962. Zitierweise: Thilo Vogelsang, Reichswehr.

– Kurt von Schleicher. Ein General als Politiker, 1965. Zitierweise: Thilo Vogelsang, Kurt von Schleicher.

Winkler, Heinrich August: Weimar 1918–1933. Die Geschichte der ersten deutschen Demokratie, 1993, 2. Aufl. 1994.

Wohlfeil, Rainer / *Dollinger,* Hans: Die deutsche Reichswehr, Bilder, Dokumente, Texte. Zur Geschichte des Hunderttausend-Mann-Heeres 1919–1933, 1972.

Personenregister

Schleicher und Hitler werden hier nicht aufgeführt, da sonst praktisch jede Seite genannt werden müsste. Personen, auf deren Vita es nicht maßgeblich ankommt, werden ebenfalls nicht aufgeführt.

Alvensleben-Neugattersleben, Werner v., 4. 7. 1855 – 30. 6. 1947, konservativer Politiker, Mitglied des Herrenklub, am 30. 7. 1944 von den Nationalsozialisten verhaftet, jedoch wieder freigelassen. S. 102, 110, 224.

Beck, Ludwig, 29. 6. 1880 – 20. 7. 1944, 1912 beim Großen Generalstab, 1918 Major, 1933 Chef des Truppenamtes, 1. 7. 1935 Chef des Generalstabs des Heeres; Beck begrüßte die „Machtergreifung" in der Hoffnung auf die Wiederherstellung der militärischen Gleichberechtigung, distanzierte sich aber seit dem sog. „Röhm-Putsch" innerlich vom Nationalsozialismus. Als Gegner von Hitlers Annektionspolitik wird Beck zu einem der führenden Köpfe der Widerstandsbewegung. Nach dem gescheiterten Anschlag auf Hitler vom 20. 7. 1944 wird Beck hingerichtet. S. 223.

Berndorff, Hans-Rudolf, Pseudonym: Rudolf van Werth, 20. 9. 1895 – Dezember 1963, Journalist und Schriftsteller, Chefreporter beim Ullstein-Verlag, nach 1945 Reporter bei einem englischen Nachrichtenbüro, Korrespondent des Manchester Guardian. S. 80.

Best, Werner, 10. 7. 1903 – 23. 6. 1989, 1929 Richter in Hessen, 1930 Mitglied der NSDAP, 1931 Mitglied der SS, 1933 Polizeipräsident in Hessen, bis 1940 in der Führung des SD, von 1940 bis 1942 militärischer Verwaltungsbeamter in Franreich, 1942 Bevollmächtigter des Deutschen Reiches in Dänemark, 1948 zum Tode verurteilt, 1950 zu einer Gefängnisstrafe begnadigt, 1951 entlassen. S. 82.

Bilfinger, Carl, 1879–1958, Staatsrechtler, württembergischer Legationsrat, 1920 Privatdozent in Tübingen, 1924 ordentlicher Professor in Halle, ab 1935 in Heidelberg, seit 1944 Direktor des Kaiser-Wilhelm-Instituts (später Max Planck-Institut). S. 148 f.

Blomberg, Werner, 2. 9. 1878 – 14. 3. 1946, 1919/1920 im Reichswehrministerium, 1927 – 1929 Chef des Truppenamtes, 1929 – 1933 Befehlshaber im Wehrkreis I (Königsberg), 30. 1. 1933 Reichswehrminister, Mai 1935 Oberbefehlshaber der Wehrmacht und Reichskriegsminister. Am 4. 2. 1938 Rücktritt von allen Ämtern wegen nicht standsgemäßer Heirat. S. 35, 160, 219, 222.

Boehm, Max Hildebert, 16. 3. 1891 – 9. 11. 1918, tätig im Deutschen Grenzschutzbund, stellvertretender Direktor des Instituts für Grenz- und Auslandsstudien, zugleich 1933 – 1945 Lehrstuhl für Volkstheorie und Grenzlandkunde in Jena, Mitglied des Herrenklubs zu Berlin, ab 1951 Leiter der ostdeutschen Akademie in Lüneburg. S. 104.

Bracht, Franz, Dr. jur., 23. 11. 1877 – 26. 11. 1933, 1923/24 Staatssekretär in der Reichskanzlei im Kabinett Marx I und II, 1924 – 1932 Oberbürgermeister von Essen, seit dem Preußenschlag am 20. Juli 1932 stellvertretender Reichskommissar und damit Inhaber der Regierungsgewalt in Preußen, seit 29. 10. 1932 Minister ohne Geschäftsbereich im Kabinett Papen, Reichsinnenminister im Kabinett Schleicher vom 3. 12. 1932 bis 30. 1. 1933. S. 119 f., 157, 165, 171, 178, 199.

Braun, Magnus Frhr. v., 1878 – 1972, 1926 Generaldirektor der Deutschen Raiffeisen-Organisation, Regierungspräsident in Gumbinnen, Reichsernährungsminister im Kabinett Papen, 1933 Rückzug ins Privatleben. S. 30.

Braun, Otto, 28. 1. 1872 – 15. 12. 1955, Drucker, Redakteur, Führer der ostpreupischen Landarbeiterbewegung, 1913 SPD-Mitglied des Preußischen Abgeordnetenhauses, 1919 der Weimarer Nationalversammlung, 1920 des Reichstages. Braun übernimt im November 1918 das Preußische Landwirtschaftsministerium, ab März 1920 zugleich preußischer Ministerpräsident. Er behält dieses Amt mit kurzen Unterbrechungen 1921 und 1925 bis zum 20. Juli 1932 (Preußenschlag) / 6. 2. 1933 (sog. Zweiter Preußenschlag), und zwar seit 1925 an der Spitze einer „Weimarer Koalition" aus SPD, Zentrum und Demokraten. S. 60, 62, 78, 89 f., 93, 98, 105 f., 109, 125 f., 160 – 162, 206, 208 f., 215 f.

Brauweiler, Heinz, 1. 1. 1883 – 1976, Journalist. Er trat für Alldeutsches Gedankengut ein. Leiter der politischen Abteilung des Stahlhelm, 1932 / 33 Dozent an der Hochschule für Politik in Berlin. S. 24 f., 84, 104.

Brecht, Arnold, 26. 1. 1884 – 1977, 1918 bis 1921 in der Reichskanzlei tätig, 1921 bis 1927 Leiter der Abteilung Verfassung und Verwaltung im Reichsinnenministerium, 1927 bis 1932 Ministerialdirektor im Preußischen Staatsministerium, stellvertretender Bevollmächtigter Preußens im Reichsrat, Staatsrechtslehrer, nach der Emigration an der New School for Social Research, New York, tätig. S. 105, 115.

Bredow, Ferdinand Eduard v., 1884 – 30. 6. 1934, preußischer Offizier, seit 1926 im Reichswehrministerium, seit 1928 unter Schleicher in der Wehrmachtsabteilung tätig, Oberstleutnant; 1931 / 32 Chef der Abwehrabteilung, Anfang Juni 1932 bis 30. Januar 1933 Chef des Ministeramtes, Generalmajor, ermordet im Zuge des sog. „Röhm-Putsches". S. 13 f., 55, 85, 88, 113, 140 f., 146, 150 – 158, 162, 165, 167, 175 – 178, 193 – 195, 207, 211, 218 f., 222, 225.

Breitscheid, Dr. Rudolf, 2. 11. 1874 – 24. 8. 1944 in Buchenwald bei einem Luftangriff, 1920 – 1933 Mitglied des Reichstags, zunächst bis 1922 für die USPD, dann für die SPD. Er emigrierte 1933 nach Frankreich, wurde 1941 von der Gestapo in Paris verhaftet und nach Buchenwald verbracht. S. 182, 207.

Brüning, Dr. Heinrich, 26. 11. 1885 – 30. 3. 1970, Mai 1924 bis November 1933 als Abgeordneter für das Zentrum im Reichstag, 1929 Fraktionsvorsitzender, 1. 4. 1930 bis 30. 5. 1932 Reichskanzler, wobei das Kabinett Brüning II ab Oktober 1931 bewusst als Kabinett ohne parteimäßige Bindung gewollt war. 1933 Vorsitzender des Zentrum, 1933 Emigration nach England, dann in die USA, 1952 – 1955 Lehrtätigkeit an der Universität Köln. S. 13, 20, 29, 48, 52, 62 – 64, 67 – 73, 76, 78, 82 – 90, 93 – 101, 105 – 112, 120, 126, 142, 150 – 152, 198, 210 222, 225 f.

Bussche-Ippenburg, Erich Frhr. v. d., 1878 – 1957, Major in der OHL, Chef des Heerespersonalamtes, Generalleutnant. S. 219.

Cordemann, Hermann, Hauptmann a. D. S. 176 – 179, 207.

Curtius, Dr. jur. Julius, 7. 2. 1877 – 10. 11. 1948, Mitglied der DVP, Reichswirtschaftsminister, Okt. 1929 bis Okt. 1931 Reichsaußenminister. S. 49, 83.

D'Abernon, Edgar Vincent Viscount, 1857 – 1941, britischer Botschafter in Berlin. S. 22.

Personenregister 235

Darré, Richard Walter, 14. 7. 1895 – 15. 9. 1953, 1930 Mitglied der NSDAP, Mitglied der SS, 1931 bis 1938 Leiter des Rassen- und Siedlungshauptamtes und der agrarpolitischen Abteilung der NSDAP, Reichsbauernführer, 1933 bis 1945 Reichsminister für Ernährung und Landwirtschaft, im Wilhemlstraßenprozess zu 7 Jahren Gefängnis verurteilt, 1950 entlassen. S. 131.

Dingeldey, Eduard, 1886 – 1942, Mitglied der DVP, seit 1922 im Zentralvorstand der DVP, 1928 – 1933 Mitglied des Reichstages für die DVP, Ende 1930 bis Juni 1933 Vorsitzender des Parteivorstandes, 1932 / 33 gleichzeitig auch Vorsitzender der Reichstagsfraktion. S. 92, 181.

D'Ormesson, Wladimir Graf. S. 14, 113, 154.

Dumrath, Mitglied des Preußischen Herrenhauses 1918 für die DDP. S. 176.

Ebert, Friedrich, 4. 2. 1881 – 28. 2. 1925, seit 1889 Mitglied der SPD, 1913 Parteivorsitzender. Am 9. 11. 1918 erhält Ebert aus den Händen des amtierenden Reichskanzlers Max v. Baden die Macht, am 11. 2. 1919 wird Ebert zum vorläufigen Reichspräsidenten gewählt und im Amt nach Inkrafttreten der Weimarer Reichsverfassung bestätigt. Mit verfassungsändernder Mehrheit wird sein Amt bis zum 30. 6. 1925 verlängert. S. 18, 23, 26, 33, 36 f., 47, 53, 64.

Eggert, Wilhelm, geb. 1880, Mitglied der SPD, Gewerkschafter, 1924 – 1933 Mitglied des Vorstandes des ADGB in Berlin. S. 182.

Fischer, Rudolf, Mitglied des Herrenklubs zu Berlin, politischer Schriftsteller. S. 21, 98, 102, 131 f.

François-Poncet, André, 1887 – 1978, Vertreter Frankreichs im Völkerbund, dann 1931 bis 1938 Botschafter Frankreichs in Berlin, von 1938 bis 1940 Botschafter in Rom. Ab Dezember 1948 fungiert er als Deutschlandberater der französischen Regierung, 1949 bis 1953 Hoher Kommissar in Bonn, 1953 – 1955 Botschafter der Bonn. S. 80.

Frick, Dr. jur. Wilhelm, 12. 3. 1877 – 16. 10. 1946, Regierungsassessor und Oberamtmann bei der Polizeidirektion München in der Abteilung Politische Polizei, Teilnahme am Münchner Putschversuch November 1923, 1924 Mitglied des Reichstages, zunächst für die Nationale Freiheitspartei, dann für die NSDAP, 1928 Fraktionsführer der NSDAP, 1930/ 1931 Innenminister und Minister für Volksbildung in Thüringen, 30. 1. 1933 bis 1943 Reichsinnenminister, 1943 bis 1945 Reichsprotektor in Böhmen und Mähren, als Kriegsverbrecher in Nürnberg verurteilt und hingerichtet. S. 72 – 74, 78, 101 f., 131, 202, 213.

Friedrich, Dr. Julius v., 1883 – 1977, 1931 bis 1937 Oberbürgermeister in Wuppertal. S. 223.

Gayl, Wilhelm Frhr. v., 4. 2. 1879 – 7. 11. 1945, Mitglied der DNVP, Reichsinnenminister im Kabinett v. Papen, zog sich nach dem 30. 1. 1933 von der Politik zurück. S. 119, 124, 127, 141, 143 – 145, 149 f., 156 f., 165 f., 171, 182.

Gereke, Dr. Günther, 1893 – 1970, Mitglied des Reichstages für die DNVP von 1924 bis 1928, Übertritt zur Christlichen Bauern- und Landvolkpartei, Mitglied des Reichstages von 1930 bis 1932; 1932/ 1933 Reichskommissar für Arbeitsbeschaffung im Kabinett Schleicher, Gereke bleibt bis zu seiner Verhaftung am 23. 3. 1933 als Reichskommissar im Kabinett Hitler; nach 1945 Minister in Niedersachsen zunächst im niedersächsischen Innenministerium, dann im niedersächsischen Landwirtschaftsministerium, dabei gleichzeitig stellvertretender Ministerpräsident; Gereke wurde aus der CDU ausgeschlossen, er siedelte 1952 in die DDR über. S. 11, 15, 92, 131, 173 – 179, 199, 203 f., 206 f., 214, 227.

Gessler, Dr. Otto, 1875-1955, 1911 Bürgermeister in Regensburg, 1913 bis 1919 Oberbürgermeister von Nürnberg, 1920 bis 1924 Mitglied des Reichstags für die DDP, 1919 Reichsminister für den Wiederaufbau, 1920 bis 1928 Reichswehrminister, 1945 Präsident des Bayerischen Roten Kreuzes. S. 23, 30, 34, 36, 40, 42 f., 50-54, 84, 112, 161.

Gleichen-Russwurm, Heinrich Frhr. v., 14. 7. 1882 - 29. 7. 1959, politischer Publizist, 1919 Gründer des Juniklub, 1920 bis 1923 Leiter des „Politischen Kolleg" in Berlin, 1924 Gründer des Herrenklub zu Berlin und des Jungkonservativen Klub; 1919-1927 Herausgeber der Zeitschrift „Das Gewissen", 1928 bis 1933 Herausgeber der Zeitschrift des Herrenklubs „Der Ring." S. 102-104.

Goebbels, Dr. Joseph, 2. 10. 1897 - 1. 5. 1945, 1922 Eintritt in die NSDAP, 1926 Gauführer in Berlin, 1927 Herausgeber des „Angriff", 1929 Reichspropagandaleiter; 1933 Reichsminister für Volksaufklärung und Propaganda. S. 99 f., 102-104, 109-111, 114, 118-120, 131-136, 138, 151, 153, 174, 183, 201, 206.

Goerdeler, Dr. Carl Fridrich, 1884-1945, Oberbürgermeister von Marienwerder, später Königsberg, 1930 bis 1936 Oberbürgermeister von Leipzig, 1932 Reichssparkommissar, trat 1936 zurück; Goerdeler gehörte zu der Widerstandsbewegung gegen Hitler und wurde hingerichtet. S. 112, 178.

Göring, Hermann, 12. 1. 1893 - 15. 10. 1946, seit 1922 Mitglied der NSDAP, Teilnehmer am Putschversuch vom 9. November 1923, 1929 Mitglied des Reichstags, 1932 Präsident des Reichstags, 30. 1. 1933 Reichsminister ohne Geschäftsbereich, zugleich Reichskommissar im Preußischen Innenministerium, Reichskommissar für Luftverkehr, ab April 1933 preußischer Ministerpräsident, Reichsluftfahrtminister und Oberbefehlshaber der Luftwaffe, ab Oktober 1936 Generalbevollmächtigter für den Vierjahresplan, ab April 1938 Generalfeldmarschall, ab 1940 Reichsmarschall. S. 14, 113 f., 119, 130 f., 147, 154, 181, 183, 213, 221.

Gottheiner, Georg, 1879-1956, Mitglied des Reichstags für die DNVP von Mai 1928 bis 1932, 1928 vorübergehend im Reichsinnenministerium tätig, im Januar 1930 in den einstweiligen Ruhestand versetzt, Ministerialdirektor und Leiter der politischen Abteilung des Reichsinnenministeriums 1932/33. S. 119, 124.

Götting, Friedrich, 1886-1945, Seeoffizier, seit 1929 im Marinekommando, 1925 Admiralsoffizier beim Befehlshaber der Seestreitkräfte / Ostsee, 1927 Marinereferent in der Wehrmachtsabteilung, 1929 bis 1931 Chef der Wehrmachtsabteilung, 1931 bis 1934 Kommandant des Linienschiffes Schleswig-Holstein, 1943 verabschiedet. S. 55.

Grzesinski, Albert, 1879-1947, 1919 Unterstaatssekretär im preußischen Kriegsministerium, 1919 bis 1921 Reichskommissar und Leiter des Reichsabwicklungsamtes, 1925/26 Polizeipräsident von Berlin, 1926 bis 1930 Preußischer Innenminister, 1933 emigriert. S. 122.

Groener, Wilhem, 22. 11. 1867 - 3. 5. 1939, seit 1912 im Generalstab, Chef der Eisenbahnverwaltung im Großen Generalstab, 1918 als Nachfolger Ludendorffs Erster Generalquartiermeister, 1918 Mitgliedschaft in der DDP, 1920 bis 1923 Reichsverkehrsminister, 1928 bis 1932 Reichswehrminister, 1931/32 zugleich Reichsinnenminister. S. 11, 13, 21, 27-29, 53-55, 58, 61 f., 75, 83 f., 89, 91-96, 98-101, 105-107, 109, 118, 193.

Guérard, Theodor v., 1863-1943, Zentrumsmitglied, Mitglied des Reichstags von 1920 bis 1930; Reichsminister in den Kabinetten Müller II, Brüning I. S. 83.

Gürtner, Dr. jur. Franz, 26. 8. 1881 - 29. 1. 1941, Syndikus eines Brauereiverbandes, 1922/23 Bayerischer Justizminister, ab 1933 Reichsjustizminister. S. 167, 171, 195.

Personenregister

Hammerstein-Equord, Kurt Frhr. v., 26. 9. 1878 – 24. 4. 1943, ab 1929 Chef des Truppenamtes, ab November 1930 Chef der Heeresleitung. Trat aus Gegnerschaft gegen den Nationalsozialismus 1934 von seinem Posten zurück. S. 19, 21, 43, 70, 218 f., 222.

Heckel, Johannes, 24. 11. 1889 – 15. 12. 1963, Staats- und Kirchenrechtler, ab 1923 Privatdozent in Berlin, 1928 ordentlicher Professor in Berlin, ab 1934 in München. S. 128 – 130.

Heimannsberg, Magnus, 1882 – 1962, Polizeioffizier, Kommandeur der Berliner Schutzpolizei 1932, am 20. 7. 1932 amtsenthoben, 1945 bis 1948 Chef der Landespolizei in Hessen, Polizeipräsident in Wiesbaden. S. 122.

Held, Dr. jur. Heinrich, 6. 6. 1868 – 14. 8. 1939, Chefredakteur, dann Verleger des „Regensburger Anzeiger", 1907 Mitglied des Bayerischen Landtages für das Zentrum, 1918 Mitbegründer der BVP, 1919 – 1924 Mitglied des Bayerischen Landtages für die BVP, 1924 – 1933 Bayerischer Ministerpräsident. S. 90 f., 115.

Helldorf, Wolf Heinrich Graf v., 14. 10. 1896 – 15. 8. 1944, Führer des Freikorps Roßbach, dann Mitglied des Stahlhelm, ab 1924 Mitglied der NSDAP, Mitglied des Preußischen Landtages, ab 1931 SA-Obergruppenführer von Berlin-Brandenburg, ab März 1933 Polizeipräsident von Potsdam, seit 1935 Polizeipräsident von Berlin, Anschluß an die Widerstandsbewegung um Beck, hingerichtet. S. 99.

Heye, Wilhelm, 31. 1. 1869 – 11. 3. 1946, 1920 bis 1923 Chef des Truppenamtes in der Reichswehr, 1926 bis 1930 Chef der Heeresleitung als Nachfolger Seeckts. S. 43 f., 47, 55, 70, 161.

Hilferding, Dr. med. Rudolf, 10. 8. 1877 – Februar 1941, SPD-Mitglied vor dem 1. Weltkrieg, 1917 USPD-Mitglied, betrieb die Vereinigung mit den Mehrheitssozialisten, Reichsfinanzminister im Kabinett Stresemann, dann im Kabinett der Großen Koalition, Mitglied des Reichstags von 1924 bis 1933, emigrierte 1933 in die Schweiz. S. 89.

Himmler, Heinrich, 7. 10. 1900 – 23. 5. 1945, Diplomlandwirt, ab 1923 Mitglied der NSDAP, 1929 Reichsführer SS, 1933 Polizeipräsident von München, Chef der politischen Polizei in Bayern. Als Leiter der Gestapo war Himmler an erster Stelle verantwortlich für den Ausbau des Terrorsystems, die Errichtung von Konzentrationslagern und die Judenverfolgung. Himmler entzog sich der Verantwortung durch Selbstmord. S. 225.

Hindenburg, Oskar v. H. und Beneckendorff, 31. 1. 1883 – 12. 2. 1960, Oberst, seit 1925 persönlicher Adjutant seines Vaters, lebte 1933 bis 1945 auf Gut Neudeck, dann bei Nürnberg, schließlich bei Bad Harzburg. S. 13, 37, 56, 112, 150, 175, 185, 210, 213 f.

Hindenburg, Paul v. H. und Beneckendorff, 2. 10. 1847 – 2. 8. 1934, Teilnehmer am Preußisch-Österreichischen Krieg1866 und am Krieg gegen Frankreich 1870/71, 1903 bis 1911 Heeresdienst, 1914 wiederum Eintritt in den Heeresdienst als Oberbefehlshaber der 8. Armee, Oberbefehlshaber Ost, siegreiche Schlacht bei Tannenberg, 1916 Chef des Generalstabs des Feldheeres in der OHL, seit dem 3. 7. 1919 im Ruhestand. Als Kandidat der Rechtsparteien wurde Hindenburg nach Eberts Tod zum Reichspräsidenten gewählt, ohne dass er Neigung zu diesem Amt verspürt hätte. 1932 wird Hindenburg nochmals zum Reichspräsidenten gewählt, dieses Mal vornehmlich von Anhängern der Weimarer Koalition, was Hindenburg missfällt. Hindenburg beruft Brüning, Papen und Schleicher zu Kanzlern von Präsidialkabinetten, am 30. 1. 1933 ernennt er Hitler zum Kanzler. S. 13, 15, 18, 36 f., 43, 48 – 53, 63, 78 f., 83 – 88, 93 f., 97, 101 f., 107 – 110, 114 f., 119 – 121, 123, 127, 130, 134 – 136, 139, 143 f., 151 – 153, 159, 164 – 166, 177 f., 180 f., 183, 185 – 188, 193 f., 196, 198 f., 202, 206, 209 – 219, 222 f., 226 f.

Hohenzollern, Kronprinz Wilhelm v., 6. 5. 1882 – 20. 7. 1951, konnte 1923 aus dem Exil nach Deutschland zurückkehren, lebte zurückgezogen, jedoch immer auf die Wiederherstellung der Monarchie hoffend. S. 43, 85 f., 88.

Holtzendorff, Hanshenning v., Generalmajor. S. 12, 18, 58, 139.

Huber, Ernst Rudolf, 8. 6. 1903 – 28. 10. 1990, habilitiert 1931, ab 1933 ordentlicher Professor in Kiel, 1937 – 1941 in Leipzig, 1941 – 1944 in Straßburg, 1956 Honorarprofessor in Freiburg, 1957 an der Hochschule für Sozialwissenschaften in Wilhelmshaven, 1962 ordentlicher Professor in Göttingen, ab 1963 Mitglied der Akadamie der Wissenschaften. S. 88, 109, 121, 129, 140 f.

Hugenberg, Dr. rer. pol. Alfred, 19. 6. 1865 – 12. 3. 1951, 1890 Mitbegründer des Alldeutschen Verbandes, 1920 Mitglied des Reichstages für die DNVP, 1931 Mitglied der Harzburger Front, 1933 Reichsminister für Wirtschaft und Ernährung. Am 26. 6. 1933 trat er von den Ministerämtern zurück, blieb bis 1945 Mitglied des Reichstages, jedoch politisch ohne jeden Einfluss. S. 70, 81, 83, 108, 176, 181.

Jacobi, Erwin, 1884 – 1965, Staatsrechtslehrer, ab 1912 Privatdozent in Leipzig, 1916 ordentlicher Professor in Leipzig, ab 1920 in Greifswald, 1945 wieder in Leipzig. S. 148 f.

Joel, Kurt, 1865 – 1945, Verwaltungsbeamter, 1920 bis 1930 Staatssekretär im Reichsjustizministerium, ab 1924 stellvertretender Leiter des Ministeriums, 5. 12. 1930 – 2. 6. 1932 Reichsjustizminister. S. 91.

Kaas, Dr. theol., phil. et iur. Ludwig, 23. 5. 1881 – 15. 4. 1952, ab 1920 Mitglied des Reichstages für das Zentrum, ab 1921 Preußischer Staatsrat, 1928 Vorsitzender des Zentrums, 1933 Emigration nach Rom. S. 181, 215.

Kalkreuth, Eberhard Graf v., 1881 – 1941, Rittergutsbesitzer, Präsident des Reichslandbundes 1914 bis 1918 und 1930 bis 1933. S. 210.

Keppler, Wilhelm, 14. 12. 1882 – 13. 6. 1960, ab 1927 Mitglied der NSDAP, Wirtschaftsberater der NSDAP. Keppler pflegte die Verbindung zwischen Industrie und NSDAP. S. 209.

Körner, Paul, geb. 1883, ab 1926 Mitglied der NSDAP, 1932/33 Adjutant Görings, 20. 4. 1933 Staatssekretär im preußischen Innenministerium, Staatsrat, 1936 bis 1945 Mitglied des Reichstages. S. 213, 221.

Külz, Wilhelm, 1875 – 1948, Mitglied des Reichstages 1920 bis 1932 für die DDP, 1926 / 27 Reichsinnenminister, Mitbegründer und Vorsitzender der Liberaldemokratischen Partei in der SBZ. S. 38, 50.

Leipart, Theodor, 17. 5. 1867 – 23. 3. 1947, Gewerkschaftsführer, leitete 1920 bis 1933 leitete er den ADGB. S. 176 f., 181, 199, 205, 207.

Lersner, Kurt, 1920 Vorsitzender der Deutschen Friedendelegation in Paris, Freund Papens und von diesem als „Vertrauensmann der Reichsregierung bei den süddeutschen Ländern" ab 6. September 1932 zwecks schneller Information der süddeutschen Flächenländer eingesetzt. Hindenburg scheint dies als „Versorgungsposten" angesehen und missbilligt zu haben. S. 157.

Lohmann, Walter, 1878 – 1930, Kapitän zur See, ab 1920 Chef der Seetransportabteilung, 1928 verabschiedet. S. 53 f.

Ludendorff, Erich, 9. 4. 1865 – 20. 12. 1937, Chef des Stabes der 8. Armee im 1. Weltkrieg, 1916 Generalquartiermeister in der OHL, nahm teil am Kapp-Lüttwitz-Putsch und am Hitlerputsch, 1925 Abwendung von der NSDAP. S. 36.

Luther, Dr. jur. Hans, 10. 3. 1879 – 11. 5. 1962, 1918 Oberbürgermeister von Essen, 1922 Reichsminister für Ernährung und Landwirtschaft, 1923 Reichsfinanzminister, 1925 Reichskanzler, 1927 Mitglied der DVP, 1930 bis 1933 Reichsbankpräsident, 1933 bis 1937 Botschafter in den USA. S. 37 f., 41, 203.

Marcks, Erich, 1891 – 1944, seit 1919 im Reichswehrministerium, ab 1929 im Ministeramt im Reichswehrministerium, 1932/33 Reichspressechef, General. S. 13 f., 24, 31, 218 f., 222.

Marx, Wilhelm, 15. 1. 1863 – 5. 8. 1946, seit 1899 Zentrumsmitglied, 1924 Reichskanzler, 1926 Reichsjustizminister, 1926 bis 1928 erneut Reichskanzler. S. 44, 46, 48 f., 53, 60, 112, 161.

Meissner, Dr. jur. Otto, 13. 3. 1880 – 27. 5. 1953, seit 1920 Chef der Präsidialkanzlei, seit 1923 als Staatssekretär, seit 1937 als Staatsminister. S. 47 – 51, 53, 63, 67, 91, 93, 110, 118, 135, 139, 141, 146, 180, 183, 185, 1987, 198, 213, 215 f.

Michael Horst, Assistent von → C. Schmitt. S. 14, 141, 201, 212 f., 225.

Müller, Hermann, 18. 5. 1876 – 20. 3. 1931, 1906 Mitglied der SPD; Außenminister im Kabinett Bauer 1920. Müller unterzeichnete den Vertrag von Versailles. Letzter Reichskanzler der Weimarer Koalition vom 27. 3. 1920 bis zum 21. 6. 1920, erneut Reichskanzler vom 29. 6. 1928 bis zum 30. 3. 1930. S. 38, 51 f., 60, 62, 210, 222.

Müller, Ludwig, 23. 6. 1883 – 31. 7. 1945, Theologe, im 1. Weltkrieg Marinepfarrer, 1918 bis 1926 Stationspfarrer in Wilhelmshafen, dann Wehrkreispfarrer in Königsberg, ab 1933 „Vertrauensmann und Bevollmächtigter" Hitlers für Fragen der evangelischen Kirche, Reichsbischof. S. 88.

Müller, Vincenz, 1894 – 12. 5. 1961, seit 1923 im Truppenamt des Reichswehrministeriums, 1932/33 wiederum im Reichswehrministerium in der Wehrmachtsabteilung tätig; seit 1944 in russischer Gefangenschaft, im Nationalkommitee Freies Deutschland führend tätig, seit 1948 Aufbau der Volkspolizei, dann der Nationalen Volksarmee, 1953 bis 1956 stellvertretender Minister im Innenministerium der DDR, 1956/57 stellvertretender Verteidigungsminister der DDR. S. 17 f., 35 f., 57, 62, 122, 160, 170, 209.

Noske, Gustav, 9. 7. 1868 – 30. 11. 1946, Sozialdemokrat, schritt als Gouverneur von Kiel im November 1918 gegen die Aufständischen ein, schlug den Spartakusaufstand im Januar 1919 nieder, 1919/20 Reichswehrminister, nach dem Kapp-Lüttwitz-Putsch trat Noske unter dem Druck von Legien und Wels zurück; 1920 bis 1933 Oberpräsident von Hannover. S. 25, 33.

Ott, Eugen, 1889 – 1977, 1921 im Stab der 3. Kavallerie-Division in Kassel, 1924 in der Heeresabteilung des Truppenamtes 1926 in der Wehrmachtsabteilung, 1932 Chef der Wehrmachtsabteilung, Oberstleutnant, Anfang 1934 Militärattaché in Tokio, 1938 bis 1943 Botschafter in Tokio. S. 11 – 14, 16, 24, 32, 43, 45, 55, 121 f., 140 f., 145 – 153, 159, 165 – 170, 181 – 189, 192 – 200, 205, 213, 216 – 219, 222, 225 – 227.

Papen Franz v., 29. 10. 1879 – 2. 5. 1969, 1920 bis 1928 Mitglied des Preußischen Landtages für das Zentrum, 2. 6. 1932 bis 3. 12. 1932 Reichskanzler, 20. 7. 1932 bis 3. 12. 1932 Reichskommissar in Preußen, 30. 1. 1933 bis 1934 Vizekanzler, nach dem sog. „Röhm-Putsch" Gesandter in Wien, 1939 bis 1944 Botschafter in Ankara, im Nürnberger Kriegsverbrecherprozess freigesprochen. S. 12 – 15, 19, 49, 51, 55, 69, 79, 95 – 98, 102 – 104, 108 – 121, 127, 151 – 154, 159, 164 – 166, 170 – 181, 183, 185 – 189, 193 – 199, 204 f., 209 f., 213, 217, 220, 224 – 226.

Planck, Erwin, 1893 - 23. 1. 1945, Verwaltungsbeamter, 1924 Vertrauensmann des Heeres in der Reichskanzlei, 2. 6. 1932 bis Januar 1933 Staatssekretär und Chef der Reichskanzlei; im Zusammenhang mit dem Attentat vom 20. 7. 1944 verurteilt und hingerichtet. S. 13, 105, 135, 157, 171, 218 f., 222.

Pünder, Dr. iur. Hermann, 1. 4. 1888 - 3. 10. 1976, 1926 bis 1932 Staatssekretär in der Reichskanzlei, 1945 Mitbegründer der CDU, 1949-1957 Mitglied des Bundestages. S. 47, 49, 53, 91, 94, 105-108, 114, 134.

Primo de Rivera y Orban'eja, Miguel, 8. 1. 1870 - 16. 3. 1930, errichtete mit Einverständnis von König Alfons XIII am 13. 9. 1923 eine Militärdiktatur. Trotz erfolgreicher Beendigung des Aufstandes in Marokko und trotz seiner Erfolge bei der Reorganisation der Verwaltung und der Wirtschaft verabschiedete ihn der König auf Druck der öffentlichen Meinung. S. 18.

Rabenau, Friedrich v., 1884-1945, General, politischer Schriftsteller. S. 16.

Ribbentrop, Joachim v., 30. 4. 1893 - 16. 10. 1946, 1932 Eintritt in die NSDAP, ferner in die SS, 1933 Mitglied des Reichstages, 1938 bis 1945 Reichsaußenminister, verurteilt im Kriegsverbrecherprozess und hingerichtet. S. 213.

Röhm, Ernst, 28. 11. 1887 - 30. 6. 1934, 1923 aus der Reichswehr ausgeschieden, Beitritt zur NSDAP, Beteiligung am Hitlerputsch, 1925 Trennung von Hitler, 1928 Militärdienst in Bolivien, 1931 Rückkehr nach Deutschland auf Hitlers Wunsch, der Röhm als Stabschef SA einsetzt. Ab 1933 fungiert Röhm als Reichskommissar zur besonderen Verwendung in Bayern, ab Dezember 1933 Reichsminister ohne Geschäftsbereich. Röhm strebte eine Umwandlung der SA zusammen mit der Reichswehr zu einer Miliz an und geriet dadurch sowohl mit Hitler als auch mit der Reichswehrführung in Konflikt, Ermordung im sog. „Röhm-Putsch". S. 81, 85, 119, 134, 214, 223 f.

Schacht, Dr. phil. Hjalmar, 22. 1. 1877 - 30. 6. 1970, Bankier, Finanzpolitiker, 1918 Mitbegründer der DDP, im November 1923 als Reichskommissar an der Einführung der Rentenmark beteiligt, Dezember 1923 bis April 1930 Reichsbankpräsident. Schacht bezog gegen Kanzler Brüning Stellung und nahm an der Harzburger Front teil. Ab 1933 erneut Reichsbankpräsident, 1934 Reichswirtschaftsminister, 1937 Minister ohne Geschäftsbereich. Nach 1945 laufen mehrere Verfahren gegen Schacht, ab 1950 ist er als Finanzberater tätig. S. 131, 178.

Scheidemann, Philipp, 26. 7. 1865 - 29. 11. 1939, sozialdemokratischer Politiker, seit 1890 Journalist, seit 1903 Mitglied im Reichstag für die SPD, 1912 Vizepräsident des Reichstages, ab 1918 Staatsseketär, 1919 Ministerpräsident, Rücktritt vor der Unterzeichnung des Versailler Vertrages, 1920 bis 1925 Oberpräsident von Kassel, 1933 emigriert. S. 47.

Schmitt, Dr. jur. Carl, 1888-1985, 1915 bis 1919 Dienst beim stellvertretenden Generalkommando in München, dann bei der Stadtkommandantur, 1916 Privatdozent in Straßburg, 1919 an der Handelshochschule in München, 1921 Rechtsprofessor in Greifswald, 1922 in Bonn, 1928 an der Handelshochschule in Berlin, Januar 1933 in Köln, 1933 Preußischer Staatsrat, Mitglied im NS-Rechtswahrerbund, 1945 bis 47 Internierung. S. 14, 41, 64-66, 68 f., 121, 128 f., 140 f., 143, 145-149, 153, 198-202, 212 f., 225

Scholz, Dr. Ernst, 1874-1932, 1913 bis 1920 Oberbürgermeister von Charlottenburg, 1920 bis 1921 Reichslandwirtschaftminister, seit 1921 Mitglied des Reichstages für die DVP, Vorsitzender der Reichstagsfraktion der DVP, 1923 bis 1933 Vorsitzender der Reichstagsfraktion der DVP, 1929/30 Vorsitzender des Parteivorstandes. S. 62.

Schotte, Walther, Jungkonservativer, Mitglied des Herrenklubs zu Berlin. S. 104.

Personenregister 241

Schwerin-Krosigk, Johann Ludwig (Lutz), Graf v., 22. 8. 1887 – 4. 3. 1977, vom 2. 6. 1932 bis 1945 Reichsfinanzminister. S. 131.

Seeckt, Hans v., 22. 4. 1866 – 27. 12. 1936, 1919 Militärexperte der deutschen Delegation in Versailles, 1920 bis 1926 Chef der Heeresleitung, 1930 bis 1932 Mitglied des Reichstages für die DVP, 1933/34 Militärberater in China. S. 22 – 27, 32, 34, 36, 42 – 47.

Severing, Carl, 1. 6. 1875 – 23. 7. 1952, Schlosser, Gewerkschaftssekretär, Redakteur, seit 1893 Mitglied der SPD, ab 1907 Mitglied des Reichstages für die SPD, 1919 Reichs- und Staatskommissar für Westfalen, 1928 bis 1930 Reichsinnenminister, Preußischer Innenminister 1920/21, 1921 bis 1928 und 1930 bis 1932. S. 24 f., 73 f., 90, 105, 122, 126, 161.

Strasser, Gregor, 31. 5. 1892 – 30. 6. 1934, Apotheker, 1920 Mitglied der NSDAP, Beteiligung am Hitlerputsch, 1926 bis 1933 Reichstagsmitglied für die NSDAP. Strasser baute die Organisation der NSDAP in Norddeutschland auf, 1926 wurde er Reichspropagandaleiter, 1932 Organisationsleiter der NSDAP. Am 8. Dezember 1932 legte Strasser alle Parteiämter nieder, blieb aber Mitglied der NSDAP. Er wurde im Zuge des sog. „Röhm-Putsch" ermordet. S. 131, 173 f., 177 – 179, 183 f., 186, 201, 205 – 208, 210, 212, 223, 225.

Stresemann, Dr. Gustav, 10. 5. 1878 – 3. 10. 1929, vom 13. 8. 1923 bis zum 23. 11. 1923 Reichskanzler und Außenminister, danach Außenminister in verschiedenen Kabinetten. Stresemann entschied den Abbruch des passiven Widerstandes im Ruhrkampf. In Stresemanns Amtszeit als Reichskanzler fallen die separatistischen Schwierigkeiten mit Sachen, Thüringen und Bayern. S. 14, 24, 36, 80.

Stülpnagel, Joachim v., 1880 – 1968, Major in der OHL, Amtschef im Reichswehrministerium von 1929 bis 1931, seit Januar 1932 Geschäftsführer der „Berliner Börsenzeitung." S. 12, 47.

Tarnow, Fritz, 1880 – 1951, ab 1921 im Holzarbeiterverband tätig, 1928 bis 1933 Mitglied des Reichstags für die SPD, nach Dänemark emigriert. S. 207.

Treviranus, Gottfried Reinhold, 20. 3. 1891 – 17. 6. 1971, von Mai 1924 bis Juli 1932 Mitglied des Reichstages für die DNVP, gründet die Volkskonservative Vereinigung als Antwort auf die Haltung der DNVP gegenüber dem Young-Plan. 1930 Reichsminister für die besetzten Gebiete, Reichskommissar für die Osthilfe im Kabinett Brüning I, Reichsverkehrsminister im Kabinett Brüning II. 1934 Emigration nach England. S. 70, 84.

Warmbold, Prof. Dr. Hermann, 1876 – 1976, parteilos, Agrarwissenschaftler, 1921 im preußischen Landwirtschaftsministerium, Reichswirtschaftsminister in den Kabinetten Brüning II, Papen und Schleicher. S. 99, 131.

Wedel, Graf Botho v., 1862 – 1943, begann die Offizierslaufbahn, wechselte in den diplomatischen Dienst, 1904 Generalkonsul in Budapest, 1907 Preußischer Gesandter in Weimar, 1910 Vortragender Rat im Auswärtigen Amt, 1916 bis 1919 Botschafter in Wien. S. 131 f.

Weiß, Bernhard, 1880 – 1953, Polizeivizepräsident von Berlin 1927 bis 1932, am 20. 7. 1932 amtsenthoben, emigriert 1933 nach Prag, dann nach London. S. 122.

Westarp, Kuno Graf v., 12. 8. 1864 – 30. 7. 1945, 1908 bis 1918, ferner 1920 bis 1932 Mitglied des Reichstages, Vorsitzender der DNVP, Mitbegründer der Volkskonservativen Partei. S. 51 f., 63, 67, 70, 108.

16 Strenge

Willisen, Friedrich Wilhelm Frhr. v., 1876–1933, Chef der Zentralstelle Grenzschutz Ost, Oberst a.D., führend in der Volkskonservativen Partei. S. 63.

Zehrer, Hans, 1899–1966, Journalist, 1923 der „Vossische Zeitung", 1929 bis 1933 Herausgeber der Zeitschrift „Die Tat", 1932/33 Chefredakteur der vom Reichswehrministerium finanzierten „Tägliche Rundschau", 1948 bis 1953 Redakteur im „Sonntagsblatt", 1953 bis 1965 Chefredakteur „Die Welt". S. 113 f., 174.

Zweigert, Dr. jur. Erich, 1879–1947, 1919 Ministerialrat im Reichsjustizministerium, 1923 bis 1933 Staatssekretär im Reichsinnenministerium. S. 91.

Printed by Libri Plureos GmbH
in Hamburg, Germany